庸齋李炳天敎授定年紀念論叢 Ⅱ

경/제/학/을/새/롭/게/하/라

法古創新의 經濟學

한국 자본주의 발전궤적과 진로

이병천 편

도서출판 해남

法古創新의 經濟學

한국 자본주의 발전궤적과 진로 [廉齋李炳天教授定年紀念論叢 Ⅱ]

초판1쇄 인쇄 2018년 6월 1일
초판1쇄 발행 2018년 6월 8일

편저자 이병천
발행인 노현철
발행처 도서출판 해남

출판등록 1995. 5. 10 제 1-1885호
주 소 서울특별시 서대문구 충정로 38-12(충정로 3가) 우리타워 6F
전 화 739-4822 팩스 720-4823
이 메 일 haenamin30@naver.com
홈페이지 www.hpub.co.kr

ISBN 978-89-6238-122-1 93320
978-89-6238-120-7 (세트)

[감사의 글]

변방 국립대 교수 한 사람의 정년을 기념한다는 것이 무슨 의미가 있을까. 나름대로 공부를 좋아하고 시대가 던지는 화두 풀이에 열심이기는 했다. 그러나 이렇다 할 뚜렷한 학문적 업적을 남긴 것도, 훌륭한 제자를 길러낸 것도 아니다. 게다가 연구실적 부담 때문에 연구자들이 학술지 논문을 쓰는 데 급급한 것이 요즈음의 세태다. 글을 청탁하는 것 자체가 민망한 일이다. 그럼에도 불구하고 정년을 기념한다기보다 정년을 구실로 삼아 뭔가 우리 경제학을 새롭게 하는 데 작은 디딤돌이라도 하나 놓을 수 있다면 그것으로 변명이 되지 않을까 라는 생각을 했다. 그렇다 해도 이는 편자의 자기 생각일 뿐 호응이 없다면 불가능한 일이다. 다행히도 편자와 이런저런 학술 인연을 가진 여러 분들이 기꺼이 우리 경제학을 새롭게 하자는 법고창신의 취지에 호응하시고 옥고를 보내주셨다. 이양수, 박지웅, 최정규, 김용창, 박종현, 박형준, 박경로, 안현효, 이강국(이상 제 I 권《경제사상과 전환시대 자본주의》 기고), 서익진, 정준호, 송원근, 전병유, 유철규, 신승배, 진정란, 조석곤, 전강수(이상 제 II 권《한국 자본주의 발전궤적과 진로》 기고), 이 분들이 바로 법고창신의 경제학 숲을 살려 낸 분들이다.

분수를 모르는 나의 행동은 이것으로 그치지 않았다. 허물 없는 벗이라는 죄 때문에 김영 · 박기동 · 홍윤기 교수께서 징발당해 축사를 써 주셨다. 그리고 존경하는 황재국 선배 교수님께서 〈법고창신의 경제학〉 제자를 기꺼이 써 주셨다. 황 선생께서 주신 선물은 단지 당신의 넉넉한 글씨만은 아니었다. 정년의 정은 "머무를 정(停)자가 아니라 정할 정(定)자"라는 귀한 깨우침을 함께 주셨다. 아, 단지 새롭게 시작할 때가 되었을 뿐이니 방일(放逸)하지 말라. 언제나 “청춘은 바로 지금이다”. 집필자와 출판사 사이에서 원고를 받고 정리하는 수고로운 일은 나의 제자 최은경 선생이 맡아 주었다. 이 책은 노현철 대표의 특별한 호의로 진작에 도서출판 해남에서 안정된 둥지를 찾았고 순탄하게 태어날 수 있었다. 작은 디딤돌 하나를 놓는 큰 일을 함께 해주신 모든 분들께, 그 모든 수고와 기쁨에 진심으로 고개 숙여 감사드린다.

2018년 5월

평화가 오는 길목에서

이병천

[축사]

법고창신의 학문 자세

- 이병천 교수의 정년을 기념하면서

김영(인하대학교 교수)

"옛것을 본받는다는 사람은 지난 자취에만 얽매이는 것이 병통이고, 새로운 것을 만들겠다는 사람은 상도(常道)에서 벗어나는 게 걱정이다. 진실로 법고(法古)를 하면서도 변통할 줄 알고, 창신(創新)하면서도 능히 전아(典雅)하다면, 요즘의 글이 오히려 옛글이 될 것이다."(法古者, 病泥蹟, 創新者, 患不經. 苟能法古而知變, 創新而能典, 今之文, 猶古之文也. (朴趾源, 『燕巖集』「楚亭集序」))

"옛것을 익혀 새로운 것을 안다"(溫故知新)는 공자의 정신을 이어받아, 조선후기 실학파 문인 연암 박지원도 "옛것을 본받아 새로운 것을 창조한다"(法古創新)고 말한다. 인류가 남긴 옛 문화적 전통과 경험을 배워서, 그것을 바탕으로 새로운 것을 알고 미래를 창조하자는 가르침이다.

이것이 어디 문장에만 해당되겠는가. 옛것과 새것의 변증법적 균형을 꿈꾸며, 동양과 서양의 지혜를 고루 수용하여 자유와 평등과 사랑이 넘치는 평화로운 미래를 위해, 한반도와 세계의 문제를 창의적으로 해결하려는 것이 학인이 가야 할 길이 아닐까.

평생 경세제민(經世濟民)의 학문을 하며 후학을 양성하고 시대를 일깨운 이병천 교수의 정년을 맞으며, 공자와 연암의 가르침을 생각한다.

[축사]

법고창신의 공부길[1)]
사소한 것으로 선생의 오늘과 내일을 말하고 드러낼 수 있을까?
- 定年을 맞이하는 庸齋 이병천 교수를 위하여

박기동(시인 · 강원대학교 스포츠과학부 교수)

뜬금없이 등장한 저로 말할 것 같으면, 순전한 토종 강원도 사람입니다. 저는 초등학교로부터 대학교까지 강원도 산입니다. 단지 대학 때부터 전국적인 응모와 당선으로 시를 써온 것이 내세울 것의 전부라고 하겠습니다. 요즈음 2, 3년 사이는 용재 선생과 비교적 가끔 만나서 각자 주고 싶은 책을 주고받은 적은 있습니다.

얼마 전에 학교 커피숍에서 용재 선생을 만났습니다. 고별 강연이나 적당한 곳에 써먹을 시 한 편이 필요하다는 것이었습니다. 시 한 편으로 뭔가를 할 수 있다면, 그거야 제가 하겠다고 했습니다. 그 자리에서 머무를 정(停)자와 정할 정(定)자를 말씀하셨습니다. 제가 대학 다닐 때, 벽서 최승순 교수님께 한문 강의를 듣기도 했고, 벽서 선생이 퇴직하실 때, 정할 정(定)자를 쓰셨다는 기억이 선명하게 남아 있습니다.

이 또한 사소한 것으로 큰 그림자를 드리우는 것이 아니겠습니까?

1 이 시는 용재 선생의 강원대 정년기념강연(〈자본주의의 다양성과 한국 모델의 교훈〉, 2017. 12. 6)을 시작할 때, 초입에 시인이 직접 연단에 나아가 읽었다.

얼마 전 경향신문 2017. 12. 2일자 27면에 선생의 공부하신 약사라 할까, 〈법고창신의 공부길〉이 실렸습니다. 배우고 익히는 공부를 좋아했다로 시작하여 맨 끝에는 느닷없이 다음과 같이 끝납니다. 청바지!

나이 60 정도는 되어야 귀담아 듣기도 하는 말이라고 생각합니다. 그러니까 사소한 것으로 일생일대의 마무리와 새로운 인생의 시작과 지속이 몽땅 이 한 마디에 담겨 있다고 생각됩니다.

다시 한 번 조용히 발음해 봅니다. 청바지!

청–청춘은
바–바로
지–지금이다.

[축사]

'경제가 있어야 할 곳'에 '경제' 갖다놓기 또는 '이병천 경제학'의 '시민경제' 호출

홍윤기(동국대학교 교수 · 철학)

대한민국의 국가와 사회가 그렇게 애지중지하건만 한국 경제는 위기가 아니었던 적이 없고, 그렇게 발전했다고 하건만 1960년대 이래 환갑이 되어 가면서 세계 12위를 달리는 성장경제는 아직 대한민국 시민 모두에게 안정된 생활을 보장할 만큼 성숙하지 못하고 있다. 이런 점을 확인할 때마다 나는 대한민국의 대학, 정부, 기업에 포진하는 경제학자들은 도무지 우리나라 경제를 위해 무엇을 하고 있는가 내심 분통을 터트리곤 한다.

나의 이런 분통에 대해서는 당연히 곧바로 반론이 제기된다. 연구나 하는 경제학자들이 왜 현실 경제의 문제점들에 대해 실질적인 책임을 져야 하냐고? 역시 경제학이나 경제에 대해 잘 모르는 철학 교수니까 그런 수준 이하의 분통이나 터트리는 것은 아니냐고.

그러나 나는 현대 경제를 움직이는 힘 가운데는 자본가, 기업경영인, 정부의 경제 관료, 노조 그리고 소비자 대중 이외에도 경제학자들이 무시할 수 없는 비중을 차지하고 있다는 사실을 알고 있다. 특히, 국가 주도 성장경제를 기본틀로 하는 대한민국 경제 구도의 설정에 그야말로 연구실에나 있어야 함직한 '한국 경제학자들'이 주도적 역할을 하였음은 그 무슨 국가 기밀도 아닌 것이다. 더 나아가 애덤 스미스 이래 경제학자들은 자본권력 못지 않는 지식권력으로 시장경제의 판세를 좌우해 왔고 이 점에 대해서는 케임브리지대학 경제학과의 장하준 교수가 증언한 바 있다. 즉, "경제학자들은 2008년 위기를 불러올 환경을 만드는 데 중요한 역할을 해왔다. 사실 그들은 1982년 제3세계 채무위기, 1995년 멕시코 페소 위기, 1997년 아시아 금융위기, 1998년 러시아 위기 등 1980년대 초 이후 크고 작은 수십 개의 금융위기에도 책임이 있다. 금융 규제 철폐와 무제한적 단기 이윤 추구를 이론적으로 정당화해 준 것이 바로 그들이다. 더 넓게 생각하면 그들은 경제성장의 둔화, 고용 불안과 불평등 악화, 그리고 지난 30년간 전 세계를 괴롭혀 온 잦은 금융위기를 불러온 정책을 정당화하는 이론을 주장해 왔다. 그에 더해 그들은 개발도상국의 장기 발전 전망을 약화시켰다. 부자 나라에서는 사람들로 하여금 새로운 기술의 위력을 과대평가하도록 유도했고, 사람들의 생활을 점점 더 불안정하게 만들었으며, 경제에 대한 국가의 통제력이 상실되는 현상을 모르는 체하도록 했고, 탈산업화 현상에 안주하도록 만들었다. 게다가 대부분의 사람들이 바람직하지 않다고 생각할 만한 경제 현상들, 즉 점점 심화되는 불평등, 지나치게 높은 경영자들의 보수, 가난한 나라 사람들의 극심한 빈곤 등은 이기적이고 합리적인 사람의 본성과 각자 생산 기여도에 따라 보상 받을 필요성을 감안할 때 모두 피할 수 없는 현상일 뿐이라고 주장해 왔다. 다시 말해, 경제학은 그저 실생활에서 동떨어진 것 이상의 우를 범한 것이다. 지난 30여 년 동안 경제학이 한 짓은 사람들에게 실제로 해를 끼쳤다"(장하준, 《그들이 말하지 않은 23가지》(2014) 중 〈Thing 23 좋은 경제정책을 세우는 데 좋은 경제학자가 필요한 건 아니다〉).

나는 경제'학자'들의 말을 들을 때마다 그들이 말하는 경제가 정말 내가 사는 그 경제가 맞는지 항상 의문을 품어 왔다. 그리고 그런 의문이 들 때마다 나와 같은 의문을 품은 것으로 확신하는 '경제'학자 한 분이 말하는 경제를 들어 보려고 애써 왔다.

이병천 선생은 내가 철학에서 학문생활을 하기 이전에 이미 경제학으로 학문의 길을 시작하신 '학계의 선학(先學)'이지만 한국 경제'학'에서 말하는 경제가 정말 우리 시민들이 사는 그 '한국 경제'가 맞는지 줄기차게 검증을 해온 그 이력에서는 '인생의 향도(嚮導)'이셨다. 선생의 논문이나 책의 제목들을 보면 선생은 마치 경제학자나 경제학과 교수가 아닌 것처럼 보인다. 정치학자들이나 물음직한 박정희 정권이나(《개발독재와 박정희 시대》, 2003) 대한민국을 묻는가 하면(《다시 대한민국을 묻는다》, 2008), 조금은 생경맞게 한국의 민주주의와 자본주의를 묶어(《한국의 민주주의와 자본주의》, 2016) 글들을 모은다. 그러나 이런 책들에서 담론의 핵심은 그야말로 '우리가 매일 살아가는 그 한국의 경제'인데, 이런 거시적 구도 안에서 '경제'는 그야말로, 세상의 도리에 따라(經世) 백성들의 삶을 평안하게 한다(濟民)는 동양의 구도에 맞추어 이 도리와 삶을 모두 꾸리는 살림살이(oikos)야말로 경제라는 서양의 어원적 개념도 모두 충족시키는 혈맥의 위상을 지닌다. 이런 발상에 따르면 경제는 경제'학'의 대상이 아니라, 정의를 비롯한 윤리규범뿐만 아니라 효율성이나 공정성 같은 수단적 가치들, 이타성과 이기성이 서로 얽혀 있는 인간관계, 산업화 초기에서 제4차 산업혁명을 추정하는 생산력 변천 속에서 그 양태를 달리하는 자본주의 생산관계 그리고 나아가 대한민국 헌법 체계와 그 안에서 엇나가는 경제대중의 부채관계 등, 그야말로 수많은 관계와 규범들이 얽히고설켜 그 안에서 우리 시민 개개인이 꾸려 가는 '살림살이' 그 자체가 경제임이 드러난다.

스미스에서 마르크스에 이르는 고전적 정치경제학의 패러다임을 이으면서 칼 폴라니의 '생활로서의 경제'라는 컨셉으로 한국 경제를 보려는 이병천 선생의 필생의 노력은 한 마디로, '경제'학의 이름으로, '경제가 있어야 할 곳'

에 '경제'를 갖다 놓으려는 때마다의 학문적 시도라고 요약할 수 있다. 그리고 경제'학'에 대해서, 나아가 '경제'에 대해, 우리의 삶과 관련하여 누구든 물을 수 있고 묻고 싶어하는 아주 근본적인 문제를 그때마다 제기한다. 즉, "그 경제학으로, 또 그 경제로, 우리 살림살이는 제대로 꾸려질까요?" 아니면 "그런 경제학과 경제로 우리 살림살이는 좀 나아지는 건가요?"라는. 이 물음이야말로 그야말로 경제학과 시대마다의 경제가 대답해야 할 경제의 가장 근본적인 문제, 즉 경제철학 수준의 문제이다. 이병천 경제학의 학도로서 나는 추상적인 계량 모델과 아주 선동적인 경제명제 그리고 강압적인 경제정책들이 나날이 꾸려져야 할 우리 살림살이에 어떤 의미를 함축하고 있는지를 끈질기게 묻는 '이병천 경제학'을 통해 내 나름의 경제인문학(經濟人文學)을 열어 갈 단서를 얻어 왔다.

이런 이병천 경제학에 아직은 그 어떤 은퇴는 없다고 생각한다. 왜냐하면 선생의 경제학은 항상 모순과 위기 속에서 약동하는 경제생활 그 안에서 계속 경제가 있어야 할 자리, 경제가 해야 할 구실을 탐색해 왔기 때문이다. 나는 이번《법고창신의 경제학》으로 이제 이런 탐색의 여정이 그 시작을 마무리하는 것으로 본다. 그리고 이와 같이 '경제철학적 물음'을 사고 단서로 하고 '경제인문학의 관점'으로 시장 안에서 살아가는 다양한 시민생활을 대한민국의 국가경제와 지구시장의 맥락 위에 출연시키면서, 이 시민들의 행복을 위해 살림 구석구석에 안정된 소득과 고용이 분배되고 순환되는 과정을 설계하는, 한국 경제학에 있어 전대미문의 과제가 달성되는 그 순간 '시민경제학'이 등장할 것이다. 이렇게 시민경제학의 호출이 끝나는 그때 비로소 이병천 선생은 은퇴할 권리가 생기리라 믿는다.

[차례]

서장

우리 경제학의 법고창신을 위하여, 작은 디딤돌 하나

이병천

위태로운 전환의 시대에
우리의 창조적 조정의 자유를 확대하기 위해,
우리의 생존기회를 높이기 위해
인간의 물질적 살림살이라는 문제를
전면적으로 재검토해야 한다.
–칼 폴라니

여기서 내가 말하려는 것은 무슨 특별시에 사는 사람들의 특별히 고상하게 잘 먹고 잘 사는 문제가 아니다. 나는 대다수 보통 사람들, 보통 시민들의 소박한 희망, 평범한 내 이웃 여남노소의 간절한 희망에 대해 말하려는 것이다. 그들은 안정적으로 먹고살기 위해, 그리고 더 나은 삶을 살기(living well) 위해 물질적 필요가 충족되기를 원한다. 함께 같은 배를 타고 가는 시민들의 공동체라면 그 무리들의 공공의 일에서 우선적 경제 문제란 구성원들이 육체적 생존은 물론 더 좋은 문화적 · 정치적 삶의 기회를 가질 수 있도록, 좋은 삶을 위한 역량을 키울 수 있도록 기본적 시민권으로서 항산(恒産), 즉 실체적 경제의 굳건한 기반을 보장하는 것이다. 어떤 이들이 "바보야 문제는 경제야" 라고 했을 때 문제의 경제란 다름 아닌 바로 이것이다.

선량한 보통 사람들이 괜찮은 생업(生業)을 갖고 안정적으로 소득을 얻고 안정적 거주처를 갖고 삶의 현재 필요와 미래 불안에 대처할 기초적 복지와 자산 기반을 보장 받는 사회, 그러면서 단지 더 많은 물질적 재화의 소유와 소비에 매달리거나 내몰리지 않는 사회, 물질적으로 다소 적게 갖는다 해도, 다소간 물질적 불평등이 존재해도 저마다 존엄한 인간과 시민적 주체로서 역량을 키울 수 있는 사회, 그들이 일과 삶의 균형('워라밸')을 되찾아 이웃과, 자연과 유대감을 갖고 더불어 살아가는 사회, 시장가치로는 별 볼 일 없다 해도 '돈으로 살

수 없는 것들'[1]이 갖는 가치의 소중함을 인정할 줄 알고 저마다 좋은 삶을 추구할 수 있는 사회, 이런 정의로운 사회를 갖는 것이 그렇게도 어려운 일인가? 무슨 까닭에 오늘날 우리 시대 다수 보통 사람들, 보통 시민들은 더불어 사는 실체적 경제의 기반을 잃고 이토록 거대한 불평등과 지대 수탈, 부패 비리로 얼룩진 신도금시대와 마주해 '프레카리아트'로서 위태로운 각자 도생의 불안의 삶을 살며 떨게 되었나? 숱한 세월 동안 경제학 그리고 경제학으로 밥을 먹고 살아온 사람들, 경제정책가들은 무슨 일을 했나? 자기 조정 시장의 환상을 유포해 온 지배적 경제학은 너무 많은 죄를 지었다. 그러나 책임은 그들에게만 있는 것은 아니다. 시장처럼 보기, 국가처럼 보기 이 두 가지 거대한 미망에서 벗어나 새로운 창조적 다원주의 길을 개척해야 한다. 그러면서 국가, 시장, 사회적 연대경제 삼자의 시너지와 갈등이 빚어내는 다원적 진보의 개방체계로 진입해야 한다.

나는 묻는다. 소박하면서도 얼마든지 다채롭고 풍요로울 수 있는(human flourishing) 우리들의 살림살이는 왜 불가능한가. 어떻게 무너진 경제를 다시 일으켜 세워 그것이 있어야 할 제자리에 가져다 놓을 것인가?[2] 경제학이라는 말의 본 뜻, 즉 '오이코노미아'(oikonomia, *οἰκονομία*) 또는 '경세제민'(經世濟民)이라는 말의 참뜻은 보통 사람들의 안정된 살림살이 방도에 대해 절실하게 묻고 그 해답을 찾고자 했던 것이 아니던가?[3] 유능한 경세제민책과 억강부양책으로 특권층의 고삐 풀린 기득권과 무책임 지배 체제를 견제하고 지혜롭게 조율하는 방

---

1 마이클 샌델, 《돈으로 살 수 없는 것들 – 무엇이 가치를 결정하는가》, 와이즈베리, 2012.
2 홍윤기, 〈'경제가 있어야 할 곳'에 '경제' 갖다놓기〉, 이 책 축사.
3 이병천, 〈경제문명사와 실체적 비시장경제학〉, 《법고창신의 경제학 – 경제사상과 전환시대 자본주의》, 해남, 2018, 제4장 참고. 좋은 삶을 위한 역량 접근과 행복 접근의 대화에 대해서는 L. Bruni, F. Comim & M. Pugno, eds., *Capabilities and Happiness*, Oxford University Press, 2008 참고.

도를 찾는 것, 보통 사람들이 튼튼한 항산의 기반을 갖게 하고 항산이 있어 항심(恒心)의 덕을 키우며 인간으로서, 시민으로서 좋은 삶을 위한 역량을 키울 수 있는 살림살이와 제도적 조정 방도에 대해, 나아가 민생주의와 민주주의가 공진하며 선순환하는 길에 대해 묻고 답하는 것이 경제학의 본령이 아니었던가.

이전 사람이 한 말이라 해서 이미 지나간 말이라 생각한다면 이는 큰 착각이다. 연암 박지원은 우리에게 "옛것을 본받으며 새로운 것을 창조한다"(法古創新)라는 말을 남겼다.[4] 그는 잘 알려진 대로 조선을 망친 독단적 소중화주의와 북벌 도그마와 대결하며 당대 '빨갱이' 사상이라 할 북학의 깃발을 높이 올린 사람이다. 그렇지만 그는 또한 아무리 좋다 해도 옛것, 중국 것을 모방하는 데 급급하지 말라, '오랑캐'라면 오랑캐답게 "지금 조선의 시를 쓰라"라는 말도 했다. 연암의 깨어 있는 법고창신의 정신은 단지 문예만이 아니라 경제학도 겨냥하고 있다. 오늘날 살림살이 경제학의 새 길은 이 같은 이전 사람의 가르침을 저버리고 달리 열리지는 않을 것이다.

오해하지 말자. 법고(法古)는 결코 고루한 훈고(訓詁)가 아니다. 죽은 훈고가 아니라 제대로 살아 있는 법고를 해야 한다. 법고 없는 창신은 위태롭다. 그러나 창신 없는 법고는 어둡다. 법고와 창신은 두 바퀴로 공진한다. 법고와 창신의 두 바퀴로 가는 살림살이 경제학은 자폐적 독단주의를 단호히 배격한다. 두 바퀴 경제학은 다원적·다중심적 사고가 여는 창조적 혁신의 가능성과 민주적 실험주의를 주창한다. 또한 이 다중심적 실험주의 경제학은 경제의 시공간적 착근성, 국민적·지역적 다양성의 경제학이다. 오늘날 법고창신의 경제학을 도모하는 자는 '민족지식인'으로서 새롭게 '조선의 경제학'을 해야 할 것이다.

---

4 김영, 〈법고창신의 학문 자세〉, 이 책 축사.

이 책은 편자의 강원대학교 정년을 기념하는 의미로 만들어진 두 권의 책 중 제II권(한국 자본주의 발전궤적과 진로)에 해당한다. 편자의 청탁 취지는 간단했다. 한국의 지난 경제학 연구 경과와 오늘의 상황을 되돌아보고 타성을 벗어나 한 마디라도 소신껏 법고창신형 발언을 해주기 바란다는 것이었다. 오직 그것일 뿐 나머지는 자유롭게 쓰라는 것이었다. 1부, 2부로 나눈 것은 흐릿한 윤곽이 있었을 뿐 처음부터 계획한 것은 아니었고 입고된 원고의 내용을 보고 정돈한 결과이다. 글쓰기의 자유도가 높았음에도 불구하고 나름대로 책의 모양새가 갖추어진 것 같아 다행이라 생각한다.

한국의 자본주의 발전 모델은 이미 한국인들만의 관심 대상이 아니다. 그 강렬한 빛만큼이나 짙은 어둠을 품고 있는 이 흥미로운 발전 모델은 이미 오래전부터 세계인의 관심사가 되었으며 후후발국들에게는 중요한 선행학습 경험이기도 하다. 이런 까닭에 한국인들이 한국을 가장 잘 안다고 말하기도 어려운 실정이다. 한국처럼 제2차 세계대전 이후 산업화와 민주화 모두를 성공적으로 달성한 나라는 개발도상국들 중에서 매우 드물다. 앞으로 북한의 개혁 개방의 길도 남한에서 배워야 할 부분이 적지 않을 것이다. 그렇지만 오늘날 우리에게 이 이중 성공 스토리는 매우 낯설게 들린다. 저성장과 불평등 심화, 가계부채 폭증의 악순환 속에서 다수 대중이 삶의 불안에 허덕이고 있는 한편(OECD 국가군 중 자살률 1위, 행복지수 세계 56위), 정경유착과 부정부패, 지대수탈에 기대며 '갑질'(gapjil)하는 재벌주도 세습자본주의 체제가 우리의 살림살이를 질식시키고 나라경제의 발전적 진화의 앞길을 가로막고 있다. 산업화, 민주화의 벅찬 성공 스토리 대신에 볼썽사나운 과두지배 자본주의와 사회경제적 민주주의 간의 심각한 불화와 불균형, 노동권과 복지권으로 대표되는 사회권의 현격한 저발전, 국가권력과 재벌의 사익 담합에 대한 견제 감시력의 결핍 같은 것들이 한국형 발전 모델의 어두운 얼굴로 떠오른다. 여기서 우리가 '현대 한국은 민주적 자본주의의 준거 모델을 갖고 있는가'라는 물음을 던지게 되는 것도 바로 이 때문이다.

한국형 발전 모델을 구성하고 있는 권력 양식, 제도 형태, 기술 패러다임, 그리고 공유신념 체계 전반에 걸쳐 보다 깊이 있는 진단과 대안 모색이 요구되고 있다. 법고창신의 경제학 제II권《한국 자본주의 발전궤적과 진로》는 위와 같은 요청에 조금이나마 부응해 보려는 취지에서 만들어 졌다. 제II권은 연구동향과 과제에 대한 글 두 편, 재벌 · 노동 · 가계부채 문제를 다루는 글 세 편, 경제민주화에 대한 글 세 편, 그리고 정년을 맞은 편자의 강연록과 인터뷰로 이루어졌다.

한국 자본주의 발전 모델의 연구 동향과 과제를 다루는 첫 번째 글에서 서익진은 조절이론에 입각한 그간의 한국 경제 분석을 살펴보고 있다. 1980년대 후반에서 1997년까지 시기를 대상으로 한 한국 포드주의 논쟁, 고도성장기 한국 발전 모델의 규정과 관련된 조절론적 정식화 시도, 그리고 1997년 외환위기 이후 시기 축적체제의 특성과 대안적 축적체제 모색에 관한 논의 등 세 가지가 주요한 검토 대상이다. 이어서 저자는 이 같은 연구가 주는 시사점과 새 발전 모델 출현의 조건에 대해 말하고 있는데, 정합성 있는 새로운 제도적 구도를 어떻게 창출할 것인가, 어떤 헤게모니 블록을 형성해 어떤 전략과 경제정책체제를 실행할 것인가 등이 중요하다고 보고 있다. 정준호의 글은 기술혁신과 경제성장 주제에 대한 연구 동향과 과제를 다루고 있다. 저자는 이 주제를 신고전파의 솔로우 모형과 내생적 성장론, 총요소생산성(TFP) 추정을 통한 성장 방식의 해석(요소주도형이냐 혁신주도형이냐), 기술역량 형성과 국가혁신체제, 슘페터적 경제추격론 등 네 가지로 나누어 검토한다. 특히, 관심을 끄는 것은 저자가 경제추격론을 별도로 다루고 있는 부분이다. 저자는 기술수명주기론을 제시한 경제추격론의 연구사적 기여를 높이 평가한다. 그러면서도 그는 추격의 기본 특성, 이른바 '추격의 역설'을 넘어서는 탈추격의 문제, 그리고 추격모형을 일반화하는 문제 등 세 가지 측면에서 문제점을 비판적으로 언급하고 향후 연구과제를 제시하고 있다.

이어지는 재벌, 노동 및 가계부채 등 세 가지 문제는 한국 자본주의 모델의 척추를 구성한다고 할 만큼 중요한 주제다. 먼저 재벌주제인데, 오늘에 이르기까지 한국은 재벌개혁 관문을 통과하지 못했는데 왜 우리는 이런 곤경에 빠져 있을까? 물론 재벌은 힘이 매우 세다. 그러나 송원근은 여기서 더 나아가 전체 경제 구조가 일종의 '사회적 딜레마' 또는 용의자의 딜레마에 처해 있기 때문이라고 진단한다. 저자는 재벌과 관련된 기업 간 관계를 재벌 대기업 간의 경쟁, 동일 재벌집단 내 대기업과 계열사 간의 관계 그리고 재벌기업과 중소협력업체 간의 거래 등 세 가지로 구분한다. 그러면서 각각의 관계에서 발생하는 딜레마의 성격을 분석하고 그 해결을 통한 재벌개혁의 방향을 제시한다. 우리는 구체적 대안의 바탕에 깔려 있는 저자의 개혁철학에 주목할 필요가 있는데, 그것은 구체적 개혁조치들이 기존의 시장규칙을 지키도록 하는 행위규제를 넘어서 구조개혁을 지향해야 한다는 것이다. 글로벌 시장의 시대에 각국은 노동시장을 유연화하고 이에 따른 위험과 불안은 사회적 보호를 늘려 대처한다는 이른바 유연안전성 전략을 추구했다. 1997년 외환위기 이후 한국도 본격적으로 이 흐름에 편승했다. 이같은 유연안정성 전략과 담론적 발상은 얼마나 적실성을 가진 것일까. 전병유의 글은 이 문제를 비판적으로 검토하고 한국에 주는 함의를 이끌어내고 있다. 저자는 매우 심층적으로 문제를 파헤치고 있다. 그는 유연안전성론이 전제하고 있는 실증적 근거 문제, 실행과 적용의 문제, 현실적 성과 문제 등을 비판적으로 검토한다. 이어 고용보호와 사회적 보호의 역할 및 관계, 적정 고용보호의 수준, 고용불안의 심각성, 패키지로 진행되는 개혁의 정치경제 문제 등에 대해 분석한다. 유럽의 현실에서도 숱한 의문이 제기되는 전략을 한국에 가져와서 될까? 저자의 결론인즉 고용보호 완화의 효과성과 가능성, 1997년 외환위기의 트라우마와 고용불안 심리, 고용보호와 사회적 보호 간 교환의 등가성, 노동시장의 이중화와 불평등 등 복합적 문제를 고려할 때, 기왕의 유연안전성 전략의 이식이나 이에 기초한 노동개혁은 재고되어야 한다는 것이다. 노동시장 유연화와 불평등 심화, 낙후된 사회복지라는 양극화 성장체제의 또 다른 얼굴은 가계부채의 폭증 현상이다. 선행 연구들이 없는 것은 아니지만 문제의 중요성에 비하면 이 문제의 심층적 연구는 의외로 적다. 구체적 자료도 부족하다. 이런 면에서 유철규 · 신승배 · 진정란의 공동연구는 매우 귀중하다. 이들은 성남시 사례의 조사와 분석을 통해 가계부채 문제의 실상에 다가가고 있다. 이 조사연구에 따르면 부채발생 원인은 주거비와 임대료, 교육비, 저임금 등의 순서로 나타난다. 문제가 복합적 · 구조적 성격을 가지고 있는 이상 어느 한 측면으로만 접근해서는 쉽게 해결될 리가 없다. 저자들이 제시하는 정책제언으로는 부동산정책을 주거복지 및 금융 시스템 안정화라는 측면에서 수립하는 일, 금융소비자 보호를 전담하는 기구를 설립하고 금융소비자 보호를 위한 법적 · 제도적 장치를 마련하는 일, 복지사각지대에 놓인 계층들의 사회안전망 및 파산제도를 현실화하는 정책을 마련하는 일 등이 있다.

민주화 시대임에도 불구하고 경제의 민주화는 오래 동안 죽은 말이었다. 심지어 시장근본주의자들은 경제는 민주화와 아무 상관이 없다고 강변해 왔다. 그러나 분분한 논의에 현혹될 필요 없이 우리 헌법은 경제민주화 논의가 기본 준거로 삼아야 할 훌륭한 국민교과서다. 저성장과 불평등 심화의 악순환 속에서 미래가 암담한 대중의 살림살이가 헌법의 경제민주화 규정을 현실정치와 학술연구의 장으로 불러냈고, 보수 · 진보를 막론하고 이 말을 입에 올리게 되었다. 문재인 정부가 국정기조로 삼은 소득주도 성장과 혁신 성장도 경제민주화를 빼놓는다면 앙꼬 없는 찐빵이 되고 말 것이다. 먼저 조석곤의 글은 현행 헌법에 규정된 경제민주화 가치가 한국 경제의 발전 과정과 조응하는 시대정신을 내포한 개념이라는 것, 오늘날 이 개념의 의미는 재벌체제의 적폐를 해소해 경제양극화라는 구조적 위기를 극복함으로써 실현될 수 있음을 보이고자 한다. 저자는 한국 경제 전환을 반영한 헌법 경제 조항의 변화, 87년 헌법상의 경제민주화, 이른바 1987년 체제 속의 한국 경제가 안고 있는 딜레마에 대해 설명한다. 이어 헌법가치와 현실상황이 불일치한 이유를 미시적 · 거시적 · 사회적 차원으로 나누어 살펴보면서 재벌체제 적폐를 해소해 양극화라는 구조적 위기를 극복함으로써 경제민주화 과제가 실현될 수 있음을 보인다. 다음에, 이병천의 글은 헌법 제119조의 문맥을 살펴보면서 1987년 헌법의 양면성을 밝히고 있다. 먼저 저자는 제헌헌법상의 경제적 · 사회적 민주주의의 가치지향이 사유재산권 행사가 공공복리에 적합하게 한 것, 모든 국민에 기본적 수요를 충족시키는 사회정의 실현을 경제적 자유보다 앞세운 것, 국가소유 및 통제로 거대자본의 전횡을 막도록 한 것 등에서 나타나 있다고 본다. 그렇지만 노동자 경영참여권이 빠진 것, 토지사유권 제한이 빠진 것, 중소기업 보호나 협동조합을 비롯한 연대경제 조항이 빠진 것 등에서 제헌헌법도 국유와 사유의 이분법 틀에서 벗어나지는 못한 한계를 갖고 있다고 지적한다. 그리고 1987년 헌법의 119조가 제헌헌법을 이어받고 있는 한편, 제헌헌법을 수정 · 변질시킨 1962년의 헌법, 즉 제3공화국에서 개악된 헌법의 기본 틀을 따르고 있다고 비판적으로 지적한다. 그 수정의 핵심적 내용으로 제헌헌법의 기본 기조인 사회정의와 평등·균형주의보다 경제적 자유, 무엇보다 기업의 자유를 앞세운 것을 들고 있다. 이어서 전강수가 다루고 있는 주제는 토지공개념이다. 부동산 투기와 불로소득 추구가 창궐함으로써 한국은 어느새 지대추구 사회로 변질되었다. 자산불평등이 심화되었을뿐더러 경제적으로도 지대추구와 저성장의 악순환에 빠져 혁신 성장의 길이 좌초될 지경이 되었다. 문재인 정부에 들어와 토지공개념을 명문화한 개헌안이 발의된 것도 그만큼 문제가 심각함을 말해주고 있다. 저자는 먼저 그간 투기적 부동산정책이 실시된 이유와 결과를 구명하여 토지공개념 헌법 명시의 필요성을 제시한다. 이어 토지공개념 조항의 등장과 진화 과정을 추적해 토지공개념 헌법 명시의 역사적 의의를 밝힌다. 마지막으로, 토지공개념을 둘러싼 주요 쟁점들을 검토하여 토지공개념의 철학이 반(反)시장적이기는 커녕, 자본주의 시장경제와 사유재산의 정신에 잘 부합하며 오히려 토지공개념이 실현되어야만 지대추구형 자본주의가 진정한 공정한 자본주의로 거듭날 수 있음을 논증한다. 저자는 토지공개념의 헌법 명시 여부와 더불어 정책 수단에 대한 논의도 본격적으로 이루어져야 한다고 말하고 있다.

제II권의 마지막 부분에는 정년을 맞은 편자 이병천의 강연록 원고와 인터뷰가 수록되어 있다. 강연록에서 저자는 민주화 이후 30년에 이른 한국 사회경제를 돌아보면서 우리가 성공스토리를 넘어 개발독재 및 압축시장화의 이중적 폐가 낳은 한국 모델의 '불편한 진실'을 회피하지 말아야 한다는 것, 그리고 촛불혁명의 아들로 태어난 문재인 정부가 이 불편한 진실을 교훈으로 삼아 이전의 한계지점을 극복하고 민주적 평화복지국가를 세워야 할 책무를 갖고 있음을 말하고 있다. 그리고 인터뷰는 시대가 던지는 물음을 화두로 삼아 법고창신(法古創新)의 정신으로 독자적 공부 길을 걸어온 편자의 지난날을 회고하는 내용을 담고 있다.

이 책에 실려 있는 글들은 우리 경제학의 쇄신과 전환시대 한국 자본주의의 해명, 대안 모색을 위해 사이좋게 서로 보완재 역할을 해주면서도, 적지 않은 견해의 차이 나아가 어쩌지 못하는 대립도 내포하고 있다. 법고창신의 길에 어찌 진통이 없을 것인가. 나는 이렇게 여러 분면에서 보완과 경합을 거치면서 법고창신의 살림살이 경제학의 길이 열리지 않을까 기대하고 있다. 위태로우면서도 새 희망이 열리고 있는 전환 시대 이중운동의 길 위에서 아리아리.

제1부 한국의 자본주의와 민주주의

제1장 조절이론과 한국 경제 분석 - 회고와 전망 / 서익진

제2장 기술혁신과 경제성장: 연구 동향과 과제 / 정준호

제3장 재벌 리스크와 사회적 딜레마

- 기업 간 관계의 유형과 개혁방향 / 송원근

제4장 유연안전성 담론과 전략 비판 / 전병유

제5장 가계부채와 부채 주도 경제

- 성남시 사례를 중심으로 / 유철규 · 신승배 · 진정란

제6장 한국 경제의 발전과 경제민주화 과제의 변화:

헌법의 경제민주화 개념을 중심으로 / 조석곤

제7장 우리 헌법의 경제민주화 사상과 제119조의 문맥

- 1987년 헌법이 얻은 것과 잃은 것 - / 이병천

제8장 토지공개념 헌법 명시의 의의와 쟁점 / 전강수

제1장

조절이론과 한국 경제 분석 - 회고와 전망

서익진

1. 머리글

조절이론이 한국에서 소개되기 시작했던 1990년대 초반의 높았던 관심이 지속적으로 이어져 독자적인 연구 그룹을 형성하는 데까지 이르지 못한 이유는 무엇일까? 무엇보다 조절이론이 선진 자본주의 경제들의 포드주의 축적과 위기 해명을 위해 조탁된 것이어서 한국과 같은 개드국의 발전을 설명하기에는 걸맞지 않은 점들이 많았기 때문일 것이다(Lee et al., 2010). 그러나 그 후 조절이론이 라틴아메리카나 아시아 등 나라별 사례 탐구로 확산되면서 자본주의 일반이론으로의 발전 지향을 드러내었음에도 한국 자본주의 관련 연구 성과가 그 틀 속에 제대로 반영되거나 조절이론의 발전에 나름의 기여를 하고 있는 것으로 보이지는 않는다. 이는 한국의 조절이론 친화적 연구자들이 해외, 특히 프랑스의 조절이론가 그룹과 학문적인 교류가 활발하지 못하다는 사실과 무관하지 않을 것이다. 다음, 1900년대 초 베를린 장벽의 붕괴와 소비에트 체제의 와해를 계기로 국내 (정치)경제학계에도 새로운 변화가 일기 시작했지만 여전히 국내의 학문적 풍토가 신고전파 주류 경제학과 교조적 마르크스 경제학에 의해 지배되고 있어 마르크스 경제학의 쇄신을 주장하면서 주류 경제학, 특히 제도이론과 포스트케인시언의 연구 성과까지 받아들이는 조절이론에 대한 나름의 거부감이 연구자층의 확산에 걸림돌이 되었을 것이다. 셋째, 마지막으로 조절이론의 주요 저작들이 프랑스어로 되어 있고 그중 일부만 영어나 일어로 번역 출간되었기에 조절이론의 다양한 문헌에 대한 접근에 언어적 제약이 작용하지 않았나 싶다. 프랑스에서 경제학을 공부한 몇몇 연구자들이 공부 모임을 형성하기도 했지만 세를 구축할 정도는 못 되었다.[1] 이처럼 한국에서 조절이론은 독자적인 연구 그룹을 형성하지 못하고 있음은 사실이지만, 그럼에도 조절이론의 기본 개념(제도 형태, 조절양식, 축적체제, 발전 모델 등)과 분석도구는 국내의 정치경제학자들의 작업에 알게 모르게 스며들어 있다는 것도 부정할 수 없는 사실이다.

이 글은 이러한 상황을 염두에 두고 조절이론 자체의 발전 현황과 조절론적 접근으로 한국 자본주의를 해명하려는 노력에 대한 우리 나름의 개괄적인 검토를 하는 데 목적이 있다. 이를 위해 우리는 먼저 제2절에서 조절이론이 현재까지 도달한 발전 상태를 소개 겸 평가한 후, 제3절에서는 그동안 조절론적 관점에서 한국 자본주의의 변화를 다룬 작업들을 몇 가지 논제를 중심으로 개관함으로써 조절이론의 수용 과정을 살펴보고 향후 발전을 위한 나름의 의견을 개진하고자 한다. 끝으로 제4절에서 조절이론의 국내 수용 전망에 관한 간략한 언급으로 마무리하고자 한다.

2. 자본주의 정치경제학 일반이론을 지향하는 조절이론

조절이론에 대한 본격적인 소개는 정명기(1992)와 서환주(2005)에서 이루어진 바 있다. 정명기(1992)는 초기 조절이론의 인식론적 및 방법론적 특징과 기본 개념을 소개하고 사적유물론과의 관계를 밝힌 후 한국 자본주의 분석을 위한 함의를 제시했고, 서환주(2005)는 조절이론의 문제의식, 방법론, 기본 개념 및 분석도구를 설명함은 물론 조절이론의 발전 역사와 타 이론들과의 관계를 명

1 이 모임은 그럼에도 조절이론 관련 프랑스어 원서를 꾸준히 번역 출간함으로써 조절이론에 관한 국내 학계의 관심을 유지시키는 데 일정한 기여를 해왔다. 《금융의 세계화》(2002), 《신자본주의》(2006), 《자본의 세계화》(2007), 《세계자본주의의 무질서》(2009), 《위기 왜 발발했으며 어떻게 극복할 것인가》(2009), 《조절이론 1. 기초》(2013) 등이 그것이다.

료하게 정리했다. 특히, 조절이론이 1980년대에 받았던 비판(기능주의적 제도 설명, 경제주의, 단순 묘사, 정치 영역 고려 미흡 등)을 극복하면서 1990년대에 새롭게 이루어 낸 이론적 발전(제도 형태 간 위계와 보완성, 기호 · 이념 · 표상의 재발견)까지 포괄적으로 소개했다. 그런데 2000년대 이후 최근까지 조절이론이 이루어 낸 이론적 발전에 대한 종합적인 소개는 지금껏 이루어지지 않았다.

그래서 이 장은 부아예가 2013년에 출간한 *Economie politique des capitalisms: Théorie de la régulation et des crises*의 독해를 바탕으로 한다.[2] 우리는 이 책의 풍부한 내용을 충실히 요약 소개하기보다는 책 전체의 독해로부터 우리가 중요하다고 생각하는 몇 가지 테마를 중심으로 소개 겸 평가하는 방식을 취하고자 한다.[3] 조절이론의 핵심 사항은 이미 앞선 두 논문에서 잘 소개된 바 있고 이미 지적했듯이 이 책 자체가 현 단계 조절이론을 소개하는 총괄 개론서이기 때문이다.

1) 기본 방법론: 전체론적 개체론

조절이론의 핵심 방법론은 전체론적 개체론(hol-individualism)이다. 이는 거시를 대표 주체의 개인 행동과 동등한 것의 결과로 다루는 표준적인 전체론(holism)과 집단적이거나 사회적인 준거를 전혀 인정하지 않는 순수한 방법론적

2 이 책은 필자가 참여한 번역진에 의해 《자본주의 정치경제학: 조절이론 매뉴얼 – 기초와 발전》이라는 제명으로 출간되었다.

3 따라서 일일이 인용 표시를 하지 않았음을 미리 밝혀두고자 한다. 참고로 이 책은 1부 '기초'와 2부 '발전'으로 구성된다. 1부는 1장 '자본주의 경제의 기반: 제도형태', 2장 '자본주의의 철칙에서 조절양식의 계승으로', 3장 '축적체제와 역사적 동학', 4장 '위기 이론' 등 네 개의 장으로, 2부는 5장 '행동의 논리, 조직 및 제도', 6장 '현대 자본주의의 새로운 제도적 장치들', 7장 '정치 영역과 경제 영역: 근대 세계의 정치경제학', 8장 '자본주의 형태의 다양성과 쇄신', 9장 '조절의 수준: 국가적 · 지역적 · 초국가적 · 세계적', 10장 '한 조절양식에서 다른 조절양식으로' 등 여섯 개의 장으로 짜여 있다.

개체론(methodological individualism) 양자를 모두 극복하고 거시와 미시의 접합을 도모하기 위해서이다. 조절론자들은 방법론적 개체론과 이를 바탕으로 한 신고전파 표준이론의 비판에 많은 노력을 기울여 왔다. 그런데 우리가 보기에 가장 결정적인 비판도구인 '구성의 오류'라는 개념에 의한 비판이 없다는 것은 다소 놀라운 일이다.[4]

전체론적 개체론의 실행을 가능하게 해줌과 동시에 미시에서 거시로 그리고 거시에서 미시로 나아가는 쌍방향 운동을 동시에 포착할 수 있도록 해주는 것이 바로 제도이다. 조절이론이 제도를 중심으로 미시와 거시를 접합하는 중시 경제 분석임을 자처하는 이유다. 제도를 기반으로 한 중시 수준은 미시제도적 수준과 거시제도적 수준으로 나뉜다. 거시제도적 수준에서는 개별 행동들이 제도를 형성하고, 미시제도적 수준에서는 개별 행동들이 주어진 제도 환경 속에서 이루어진다. 따라서 거시 수준에서는 제도적 행위자의 행동이 규율에 영향을 미치지만, 미시 수준에서는 행위자들이 주어진 규율의 테두리 안에서만 행동한다.

이리하여 조절이론에서는 제도가 거시사회적 기초로 됨과 동시에 미시경제적 의사결정의 기반이 된다. 이제 거시의 미시적 기초에 관한 탐구는 기각되고, 개체의 합리성도 제도적으로 규정된다. 표준이론의 '제한적 합리성'을 넘어 '제도 또는 맥락 의존적 합리성'이라는 개념으로 나아간다. 모든 경제 주체는 그가 처한 제도적 환경이나 맥락에 의해 구속되는 합리성을 가질 수 있을 뿐이다. 이러한 합리성 개념은 개체의 자율적인 의사결정을 배제하지 않는다는

4 구성의 오류에 의한 신고전파 비판은 포스트케인시언 Jespersen(2011)에서 잘 이루어지고 있다. 우리가 보기에 구성의 오류는 전체론에 대한 비판 수단이기도 하다. 나아가 미시와 거시가 각자 나름의 논리를 가지며 그 논리가 서로에게 그대로 적용되지 않는다는 인식은 제도라는 중시 수준의 중간 매개체를 설정하는 조절이론이 인식론적으로 타당함을 보여 주는 근거가 될 수도 있다.

점에서 궁극적으로 구조가 개체의 행동을 결정한다고 보는 전체론과도 다르다. 이제 개인은 과거로부터 물려받은 네트워크와 조직, 그리고 제도 안에서 행동하면서 동시에 이것들을 변화시킬 수도 있다.

제도에 관한 이러한 논지는 신제도학파나 '신'구제도학파와 완연히 다르다는 것을 알 수 있다. 신제도학파는 제도의 기원 분석에서 미시적 기초를 제공하는 데 기여했지만 제도를 외생적으로 부과된 제약이 아니라 개인의 합리성이 가진 한계라는 제약을 극복하기 위해 창출된 내생적 기제로 분석하고, 방법론적 개체론에 의거해 제도를 개인들의 선택의 결과로 환원시켰다. 반면 최근 원래의 제도경제학파가 품었던 문제의식의 계승을 표방하는 이른바 '신'구제도학파는, 제도의 형성과 발전에 있어 미시경제적 기제의 중요성을 인정하면서도 방법론적 개체론을 거부해 제도는 개인으로 환원될 수 없을 뿐 아니라 오히려 개인이 제도의 산물이라고 본다(장하준, 2005, pp. 62-65).

2) 정치경제학: 구체로의 지향, 역사와 사회, 경제 영역과 정치 영역의 착종

우리가 기본 텍스트로 삼고 있는 부아예의 책 제목은 '자본주의(들) 정치경제학'이다. 조절이론이 처음부터 정치경제학임을 표방해 오기는 했지만 책이나 논문의 제목에 정치경제학이라는 단어를 직접 사용한 것은 우리가 아는 한 이 책이 처음이다. 이는 한편으로는 조절이론이 자본주의 일반이 아니라 역사적으로 실재한 특정한 경제 형태의 하나인 자본주의로 규정되는 경제들의 작동과 그 장기 변동을 연구 대상으로 삼는다는 것, 다른 한편으로는 이러한 분석을 함에 있어 순수한 경제 영역에 한정하지 않고 경제 영역이 사회 및 정치 나아가 이데올로기 영역들과 수행하는 상호작용을 명시적으로 고려한다는 의미를 갖는 것으로 해석된다. 한마디로 조절이론은 시장체제를 중심으로 하는 경제학(economics)을 완전히 배격하고 자본주의를 대상으로 삼는 정치경제학(political economy)의 전통을 계승하고 있음을 명확히 한 것이다.

부아예를 비롯한 조절이론가들이 명시적으로 밝히고 있지는 않지만 조절이론은 추론의 수준을 가급적 최대한 낮은 곳까지 내려가고자 한다. 우리가 보기에 조절이론이 추상에서 현실로 내려가기 위해 취하는 방향은 다음 두 가지이다. 하나는 추상적 시간을 버리고 실제의 역사적 시간을 고려하는 방향이고, 다른 하나는 경제 영역을 독립적으로 설정하지 않고 정치, 사회, 문화 등 다른 영역들과 상호작용하는 사회경제 전체의 공간을 탐구하는 방향이다.

먼저 역사의 도입이다. 첫째, 시간에 대한 관념이다. 추상적인 계산적 시간을 버리고 역사적 현실의 시간(비가역성과 중단 없는 흐름)을 고려한다. 그래서 조절이론은 단기보다는 장기를, 정학이 아니라 동학을 중시하고, 궁극적으로 생산양식으로서의 자본주의의 장기 동학 분석을 중심 과제로 삼는다. 시공을 고려하지 않는 자본주의 원형의 모순적인 작동의 분석에 집중하는 마르크스 경제학의 약점을 극복하기 위해 "각 사회는 나름의 구조와 그 구조에 따른 나름의 위기를 가진다"라는 아날학파의 교훈을 수용해 성장과 위기를 반복해 온 실재하는 자본주의(들)의 장기 역사적 발전 과정을 구체적으로 분석한다.

둘째, 조절이론은 시공 없는 세계에서 전개되는 신고전파 표준이론의 완전경쟁 균형 모형 자체를 부정하지만 불완전경쟁과 불균형에 관한 이론적 성과는 긍정적으로 수용한다. 이와 동시에 마르크스의 축적 법칙과 재생산 도식이 상정하는 가장 추상적인 수준에서 조절양식(정합적인 제도 형태들의 집합)과 축적체제(규칙적이고 안정된 축적이 이루어지는 거시경제적 연쇄)가 작동하는 중간 수준의 개념으로 나아가고, 이어서 제도적 장치들이 개별 주체들의 행동을 위한 참조 틀이 됨과 동시에 축적체제가 계량경제학적으로 측정 가능한 거시경제 변수들의 관계로 이루어지는 거시경제 회로로 정식화되는 행동과 측정의 수준까지 내려간다. 거시경제 회로와 관련해 특히 칼렉키를 비롯한 포스트케인시언 거시경제 모델을 적극 받아들인다. 제도적 구도의 나라별 차이가 거시변수들의 크기와 그 관계를 다르게 만들기 때문에 축적체제는 시공적으로 다양한 형태를 띨 수 있고, 거시경제의 규칙성은 물론 그 성과도 나라별로 달라질 수 있다.

셋째, 역사적 시간의 고려는 '시간대' 개념의 도입으로 발전된다. 이 개념은 어떤 경제 활동의 회로가 완결되는 시간적 범위, 통상 사이클이라 부르는 것을 일반화한 개념으로 생각된다. 쉽게 알 수 있듯이 소비, 생산, 투자는 각 활동의 사이클이 완결되는 기간이 다르다. 나아가 소비의 경우 제품의 내구성에 따라, 생산의 경우 산업(예컨대, 농업, 제조업, 서비스업 등)에 따라 그리고 투자의 경우 금융투자와 실물투자 그리고 연구개발투자, 혁신투자 등 그 대상에 따라 시간대는 달라진다. 그런데 조절이론에서 강조하는 것은 제도적 장치와 영역(경제 · 정치 · 사회 · 문화 영역)은 물론 심지어 경제정책의 시간대도 다르다는 데 주목한다. 그 이유는 이러한 시간대 차이가 주체(개인이나 집단)들 간의 이해갈등을 야기하고, 경제적 동학을 발생시키고, 장기 변형 과정을 조장하고 심지어 위기를 초래한다고 보는 데 있다.

다음, 경제 영역의 사회 영역에의 삽입과 특히 정치 영역과의 착종이다. 역사적으로 경제 영역(즉, 시장)은 정치 영역(즉, 국가)으로부터 독립한 후 재결합하는 과정을 거쳤다. 현대 자본주의에서 정치와 경제는 각기 독자적인 영역을 형성하면서 상호 긴밀히 착종되어 있다. 말하자면 정치 영역은 경제에 봉사하는 수동적인 영역(예컨대, 자본가 계급의 이익의 수호자)이 아니라 고유의 논리(사회정의 구현과 헤게모니 투쟁)를 가진 독자적인 장으로서 경제 영역과 다양한 방식으로 결합된다. 여기서는 집단들 간의 세력(power)관계와 제휴 등이 중요하며, 헤게모니 블록이나 거버넌스 같은 개념이 도입된다. 조절이론에서 정치 영역이 갖는 중요성은 분권화된 경제 활동과 이해관계들로부터 나오기 마련인 다양한 경제 주체들 간의 이해 갈등이 사회적으로 최종 해결되는 장이라는 데 있다. 왜냐하면 갈등의 최종 해결은 법률에 의거하거나 법률의 제 · 개정을 요구하는 경우가 많기 때문이다. 경제적 제도는 경제적 성격의 필요를 기반으로 삼지만 그 형성 여부와 구체적인 형태 및 내용은 궁극적으로 정치 영역에서 결정되고, 심지어 제도 변화도 그러하다.

조절이론은 이러한 정치 영역과 경제 영역 간의 착종에 대한 인식을 바탕으로 근대 세계의 정치경제학을 조탁하기 위해 공공 개입의 경제적 분석, 규범과 갈등 그리고 양자의 분리와 결합, 헤게모니 블록 개념의 유용성, 시간대 차이가 초래하는 갈등, 정치경제 체제나 경제정책 체제 등 새로운 개념의 조탁, 아이디어와 표상의 역할, 자본주의와 민주주의의 관계 등 다양한 주제를 발전시켜 왔다.

조절이론이 새롭게 천착해 온 문제의식 중 하나는 어떤 한 담론이 어떻게 정책으로 변신하고 더욱이 전 세계로 확산되어 온 것을 어떻게 이해할 수 있는가라는 것이다. 이에 답하려는 노력 속에서 아이디어, 담론, 이론, 정책의 연계에 관한 인식이 가능했고, 이것들이 이해집단과 맞물려, 특히 헤게모니 집단의 형성을 계기로 실천의 영역으로 옮겨 간다는 것도 알게 되었다. 예컨대, 신자유주의 담론의 경우 거의 모든, 특히 가격 관련 거시경제 변수들의 변동성이 조성하는 불확실성과 불완전한 정보 하에서 불안에 사로잡히고 의사결정을 내리기 어려운 경제 주체들에게 이른바 '만능의 자유시장'이라는 간단 명쾌한 해답을 제시하기 때문이라고 본다.

3) 제도의 중심적인 역할: 조절과 축적

부아예는 조절이론을 '제도로 둘러싸인 정치경제학'으로 규정한다. 제도적 구도가 조절양식과 축적체제를 좌우하고 심지어 위기의 성격과 그 극복 여부까지 결정한다고 보기 때문이다. 그렇다면 앞서 언급된 제도 중심의 중시 분석으로서의 특징 외에 조절이론이 표방하는 제도이론의 또 다른 특징은 무엇일까?

무엇보다 먼저 제도를 자본주의 경제의 성립에 불가결한 기반 그 자체로 간주함으로써 경제적 동학의 해명에 제도를 직접적이고도 체계적으로 도입한다는 점이다. 이를 위해 일종의 위계를 이루는 제도 관련 개념들을 창조한다. 먼저 기본적인 사회관계를 식별하고 이를 코드화한 것을 '제도 형태'라 칭한다. 지금까지 화폐체제(거래관계), 경쟁 형태(생산자 간 관계), 임노동관계(노자관계), 국가-경제 관계(시장과 정부 관계), 국제적 편입 방식(국민경제와 나머지 경제와의 관계)이라는 다섯 개의 제도 형태가 규정되어 있으며,[5] 현재 경제와 자연과의 관계를 포착하는 여섯 번째 제도 형태의 가능성이 검토되고 있다. 각 제도 형태는

5 다섯 가지 제도 형태를 간략히 소개하면 다음과 같다. 첫 번째 제도 형태는 화폐체제라 불리며, 분권화된 경제 주체들 간의 (거래) 관계를 규정하는 일반적인 등치물로서 축적체제의 핵심 파라미터인 금리, 환율, 물가 등으로 파악된다. 두 번째는 경쟁 형태로서 독립적인 생산자들 간의 관계가 어떻게 조직되는가를 보여 준다. 시장 구조의 결정, 시장지배력, 기업 간 관계 등을 포괄하며 생산성, 생산량, 가격 등이 결정된다. 세 번째 형태는 임노동관계라 지칭되는 것으로 작업조직, 생활양식, 노자관계 등을 포괄한다. 잉여의 창출과 분배가 이루어지는 방식을 포착하며 생산성, 임금, 소비 등이 결정된다. 네 번째 형태는 국가-경제 관계로서 공권력이 경제동학에 개입하는 방식, 각종 규제, 제도의 구체화 및 법률의 시행 등을 포괄한다. 조세, 공공지출, 복지 등의 내용과 수준이 결정된다. 마지막 다섯 번째 형태는 국제적 편입양식으로서 국민경제가 국제 공간과 맺는 제반 관계와 관련된 정치적 선택이 포괄된다. 국민국가의 자율성과 대외적 제약이 동시에 작용하는 '전략 영역'이 설정되며, 환율, 수출입, 국제투자 등이 결정된다.

현실 경제에서 야기될 수밖에 없는 분권화된 주체들 사이에 발생할 수밖에 없는 다양한 갈등이나 집단적인 문제를 해결하기 위해 만들어지는 주로 부문별로 형성되는 '제도적 장치들'(예컨대, 변동환율제, 최저임금제 등)로 구성된다. 제도적 장치는 개념상 법률, 규칙, 협정, 규약, 규범, 관습, 아비투스 등 개인에게 일정한 행동 유형을 강제하거나 유도하는 모든 것을 망라하지만, 통상 이것들을 정당화하는 법률과 그것들을 관장하는 기관으로 구체화된다. 이제 제도 형태들 전체가 형성하는 구도를 '제도적 구도'(환경 또는 구축물)라 지칭하며, 이 구도가 일정한 정합성을 가지고 축적 또는 확대재생산의 안정성과 규칙성을 보장한다는 것을 확인할 수 있을 때 비로소 '조절양식'을 거론할 수 있다. 지금까지는 역사적으로 네 가지 조절양식(구식 조절, 경쟁적 조절, 대량소비 없는 조절, 대량소비를 동반한 조절 또는 독점적-관치 조절)의 존재가 식별되었고, 오늘날의 위기에서는 몇몇 제도 형태가 각기 자신이 지배하는 제도적 구도를 창출하기 위해 각축을 벌이고 있지만, 아직은 어느 것도 안정적이고 지속 가능한 축적을 보장하는 생명력 있는 조절양식을 정착시키지 못하고 있는 상황으로 간주된다. 이처럼 정합성 있는 제도적 구도를 통한 조절양식의 작동이 안정적이고 규칙적인 축적을 보장할 때 '축적체제'가 거론될 수 있다. 끝으로 이 양자를 포괄해 '성장(또는 발전) 모델'이라 부른다.

조절이론은 조절양식의 작동 여부를 선험적으로는 알 수 없다고 본다. 현실에서 관찰 가능한 것은 축적(성장 또는 발전)이 규칙적이고 안정적으로 이루어지는지 여부다. 따라서 축적이 위기에 빠지면 기존의 조절양식이 제대로 작동하지 않는다고 볼 수밖에 없다. 특히, 대위기의 시기에는 기존의 제도 형태들의 재편이나 새로운 제도 형태가 모색된다. 이처럼 조절양식은 성장과 위기에 대해 열려 있을 수밖에 없다. 조절양식의 이러한 개방성은 기능주의 비판을 받기 마련인데, 조절양식 개념의 정의상 그리고 이론과 현실의 관계를 고려하면 이러한 기능주의는 불가피한 것으로 보인다.

나아가 조절론적 제도이론의 특성을 더 잘 보여 주는 것은 조절양식의 정합성을 제도 형태들 간의 보완성(상호양립성 또는 상응성)과 위계라는 개념으로 구체화한다는 점이다. 보완성의 대표적인 사례는 잘 알려져 있다. 예컨대, 장기 고용과 고용안정성 기반 숙련제도를 특징으로 하는 임노동관계와 장기 투자를 지원하는 주거래은행제도 중심의 금융 시스템 사이에, 단기 수익률과 유동성을 강조하는 금융제도와 유연성 고용 시스템 사이에, 그리고 북유럽 모델에서처럼 복지제도와 교육-학습 체제 사이에 보완성이 있음이 확인되었다. 마지막 사례에서 생산성 향상에 기여하는 복지는 성장과의 상충관계를 극복하고 제도 매트릭스 내부의 상호의존성을 통해 수확체증을 발생시킴으로써 지속적인 성장과 시스템의 구조적 안정성을 가져다준다. 제도 형태들 간의 위계는 대개 최상위 제도 형태의 존재로 파악된다. 이때 여타의 제도 형태들은 최상위 제도 형태에 의해 규정을 당하고 그 목적에 부수하는 방식으로 재편됨으로써 지배적인 제도 형태와 보완성을 가지든가 아니면 적어도 상충되지 않아야 한다. 포드주의에서 임노동관계가 가졌던 지위가 대표적인 사례이며, 신자유주의 시대에서 국제화 체제의 경우 경쟁 형태가 그리고 혁신-금융 주도 체제의 경우 주가가 갖는 지위 역시 그러하다. 최상위 제도 형태는 특히 위기를 거치면서 새로운 조절양식의 출현에 중요한 역할을 한다.

한국의 사례와 관련해 제도 형태들 간의 보완성과 위계라는 관점은 시사하는 바가 크다고 보여진다. 예를 들어, 개발독재 시기 국가가 창조했던 수많은 제도와 정책들에 대해 그것들 간의 보완성과 위계라는 관점에서 검토해 본다면 흥미로운 결과를 가져다줄 수 있을 것이다. 한국의 주입식 위주의 학습 교육

제도와 생산성 체제와의 관계에 있어 과거 한국 모델의 경우에는 상보성이 작동했다면, 수출체제의 성공에 따른 혁신 주도 축적체제로의 이행에 있어서는 기존 교육제도의 관성으로 인한 교육개혁의 애로가 성장체제의 변신을 가로막고 있다는 분석이 가능하지 않을까. 그리고 위계라는 개념은 한국의 이른바 개발독재 조절양식에서 국가-경제 형태가 지배적인 제도 형태의 역할을 어떻게 수행했는가를 분석할 수 있는 좋은 수단이 될 수 있을 것이다.[6)]

나아가 조절이론은 현대 자본주의에서 부문별 및 국지적으로 출현하고 있는 새로운 제도적 장치들을 적극적으로 탐구한다. 예컨대, 생산 모델, 사회적 혁신 시스템, 훈련관계(임노동관계와 교육 시스템의 상호작용), 국가 사회보장 시스템, 환경 관련 제도적 장치 등이다. 이처럼 수적으로 늘어나는 제도적 장치들이 제도 형태들을 복잡하게 만듦으로써 정합성 있는 제도적 구도, 즉 조절양식의 출현을 어렵게 만들고 있다. 제도 형태들의 다양화와 복잡성 증대는 자본주의 다양성(차별화)을 강화하는 요인임과 동시에 자본주의의 회복력을 설명해 주는 요인이기도 하다. 자본주의는 그 내재적 모순에도 불구하고(무계획성과 분권적인 의사결정, 생산과 소비의 불일치, 불평등 조장 경향 등) 적어도 지금까지는 필연적 붕괴론의 예언과는 달리 크고 작은 수많은 위기를 겪으면서도 생산양식 자체의 위기(봉건체제의 붕괴, 소비에트의 몰락 등)에 봉착하지는 않았다. 이러한 자본주의의 회복력의 근원이 제도적 장치들의 다양화와 복잡화 및 상호연계에 있다고 보는 것이다.

이 점과 관련해 우리는 자본주의와 민주주의의 결합이라는 측면에 더 많

6 예컨대, 서익진(2002)은 이러한 제도적 구도의 위계와 보완성이라는 관점을 명시적으로 도입하지는 않았지만 한국의 개발국가가 어떻게 다양한 제도적 장치들을 창출하고 성장을 촉진할 수 있는 정합성 있는 제도적 구도를 형성했던가를 보여 주었다.

은 방점이 주어져야 한다고 생각한다. 기존의 다른 생산양식과는 달리 자본주의는 유일하게 민주주의(대상의 정치참여)와 연계된 생산양식이다. 신분제 대신 능력주의 원칙(누구나 의지와 역량이 있다면 자본가가 될 수 있다), 법치주의, 보통선거와 대의제도 등은 자본주의의 내생적인 모순들을 억제하는 역할을 한다. 그렇다면 소수의 산업 또는 금융 자본가에 의한 권력독점 강화 현상은 생산양식으로서의 자본주의의 근본 토대를 무너뜨리는 격이고, 민주주의의 위기야말로 자본주의의 파멸을 초래하는 계기가 되는 것은 아닐까?

끝으로, 조절이론은 조절양식의 이행이 어떻게 이루어지는지를 설명하고자 시도한다. 제도 변화에 따르는 어려움이 얼마나 큰지를 확인하고, 선진국들에서 세계대전과 같은 특수한 사건이 제도적 장치들의 설치 · 개편이나 제도적 구도의 변동을 둘러싼 제도적 타협을 조장하는 결정적인 계기였음을 인정한다. 또한 조절양식의 이행은 이를 주도하는 새로운 헤게모니 블록의 완만한 형성과 무관하지 않다. 특정한 제도적 장치의 변화나 게임 규칙의 변경은 네트워크 속의 행위자들이 자신의 이익을 관철하기 위해 수행하는 게임을 통해 이루어지며, 이 과정에서 사익을 추구하는 특정 집단의 논리는 아이디어(이론)–이해관계–정책 간의 상호작용을 통해 공익이나 공공성의 구현이라는 사회적 가치로 정당화된다는 데 주목한다. 이처럼 제도 형태의 변화와 조절양식의 이행은 정치, 학술, 문화 등 다양한 영역의 접합을 고려할 때 비로소 설명될 수 있다는 것이다.

요컨대, 조절이론에서 제도이론은 경제주의(자본주의의 발전 법칙에 따른 필연적인 변동 프로세스)와 주지주의(변화를 계급투쟁의 산물로만 보는 견해)라는 양 극단을 극복하는 수단으로 생각된다. 특히, 민주주의 정체 하에서 제도개혁은 경제적 제약 하에서 이루어지는 정치적 과정이라 할 수 있다.

4) 성장-위기 통합이론: 내생적 신진대사

이처럼 제도가 자본주의의 변화와 경제 변동에서 중심적인 역할을 한다는 관점에서 보면, 위기는 단순히 축적의 교란이나 성장의 정체 또는 위축으로만 파악될 수 없다. 축적의 안정을 보장할 수 있는 조절양식의 재편, 즉 활력 있는 제도적 구도를 창출할 수 없는 주체들의 능력 그리고 그들 간의 관계의 문제로 파악된다.

역사적으로 발생했던 위기들은 서로 다르다는 것, 즉 위기의 다양성(역사적 및 공간적)이 인정되고 그럼으로써 위기의 유형화가 가능해진다. 조절이론은 애초 소위기와 대위기의 구별에서 시작한 후 현재는 다음과 같은 다섯 종류의 위기를 구별한다. 외적 교란에 의한 위기, 내적 또는 순환 위기(소위기), 조절양식의 위기, 축적체제의 위기, 생산양식의 위기가 그것이다. 역사적 시간의 흐름 속에서 각 축적체제는 나름의 위기를 가지며 결코 이전과 동일한 양태로 반복될 수 없다고 보는 이유는, 역사적 시간의 흐름 속에서 위기를 유발한 제도적 구도가 다르고 위기에 대응하는 경제정책체제가 다르기 때문이다. 그래서 1929년의 대공황에 비견되곤 하는 2007년의 위기를 결코 전자와 동일한 것으로 간주해서는 안 된다는 것이다.

위기의 원인과 관련해 조절이론은 더욱 독창적이다. 조절이론은 위기의 폭발적인 발발을 초래하거나 위기의 심도를 증폭시키는 외생적 계기를 인정하지만,[7] 이러한 외부 충격이 없어도 위기는 내생적으로 발생할 수 있다고 본다. 경제의 변동 과정을 내생성의 관점에서 파악함으로써 성장(축적)과 위기를 통

7 예컨대, 포드주의 위기의 발발에서 석유파동이 수행한 역할이 그것이다. 수출(주도 축적)체제의 경우에는 외부 충격이 위기의 격발 요인이 되는 경우(일차산품 수출체제만이 아니라 공산품 수출체제의 경우에도)가 흔하다.

일적으로 파악하기 때문이다. 그렇다면 위기는 다름 아닌 성장(축적)의 결과로 간주되어야 한다. 기본적인 제도 형태들이 나름의 정합성을 가지고 원활하게 작용함으로써 안정되고 규칙적인 축적(성장)이 전개될 때 이 과정 속에서 스스로 불안정을 증대시키는 힘들이 증대함으로써 기존의 제도 형태들은 서서히 활력을 상실하고 발전 모델은 부식되어 간다. 이것이 바로 '내생적 신진대사' 과정이며, 축적체제의 파라미터들이 완만히 변화하면서 구조적 안정을 보장하는 임계치를 넘어서면 거시경제 변수들의 조정이 유발된다고 본다. 결국 위기가 성장(발전) 모델의 성공의 대가인 까닭은 축적의 성공 자체가 구조 변형과 모델의 불안정을 초래하기 때문이다.[8] 그 대표적인 사례로 양태는 서로 다르지만 포드주의의 위기(소득 증가에 따른 수요 다변화와 서비스 산업화에 부응하기 위한 제품 차별화로 인한 생산성 향상의 애로 증가, 석유파동에 따른 인플레이션 충격), 일본 모델의 위기(노동 강화에 따른 내부 긴장의 누적, 무역흑자의 누적에 따른 플라자 합의 등 외부 충격이 야기한 거품의 형성과 폭발), 라틴아메리카 수입대체 모델의 위기(기술집약적 및 수확체증적 재화의 수입대체 애로 곤란, 신기술혁명에 따른 추격의 곤란)는 모두 기존 모델의 성공과 그 내생적 부식 과정으로 분석될 수 있다.

여기서 우리는 이른바 '한국 모델'의 위기 역시 동일한 시각에서 분석될 수 있을 것으로 생각한다(대외차입-수출 축적체제를 통한 재벌 주도 공업화의 성공, 모델의 성공이 동반하는 대외채무 누적, 임금 상승에 따른 국제경쟁력 약화, 수출 급증으로 인한 무역마찰 증대 등)(Seo, 1999; 2000). 이렇게 해서 위기는 축적의 성공에 따른 불가피한 현상이며, 모든 축적체제는 이러한 내생적 신진대사를 통해 위기를 맞게 된다는 일반적인 가설이 나오게 된다.

8 내생적 신진대사라는 개념은 모든 변화가 기본적으로 내부 모순의 발현으로 보는 '정-반-합'이라는 변증법 논리를 상기시킨다. 하지만 조절이론가들이 변증법에 대해 직접 언급한 적은 없는 것으로 안다.

위기를 초래하는 두 번째 일반적인 원인으로 축적이 조절의 공간을 초월하려는 경향이 지목된다. 이러한 축적의 국제화 경향은 상업자본주의 이래 자본주의 축적이 끊임없이 드러내 온 외부지향성을 포착한다. 그런데 포드주의의 경우에는 소득 증대에 따른 제품 차별화 요구가 산업내무역의 증가를 유발하는데, 이에 따른 대외개방도가 일정한 임계점을 넘어서면 임금이 수요체제(특히, 수출)에 불리한 요인으로 반전된다는 것이다. 일종의 내생적 신진대사의 하나로 간주되는 이 현상은 수출 주도 대외의존적 축적체제의 경우 더욱 적나라하게 나타난다. 이때 그 지속 여부는 국내의 산업예비군의 존재에 따른 실질임금의 안정 여부에 달려 있다. 예컨대, 중국의 경우 농촌의 산업예비군 여력이 있는 한 수출 주도 축적체제는 지속될 수 있을 것이다. 한국의 경우에도 노동의 무한공급이 소멸되기 시작한 1970년대 중반 이후 실질임금의 상승으로 수출체제의 역동성이 서서히 약화되어 왔음이 확인된 바 있다.

그렇다면 위기는 어떻게 극복되는 것일까. 특히, 대위기 속에서는 정치 영역에서 헤게모니 블록의 변동과 집단들 간의 투쟁을 통해 제도적 장치들과 제도적 구도가 변화한다. 이때 정합성(위계와 보완성)을 가진 조절양식이 출현하면 새로운 축적체제가 정착될 수 있고, 그렇지 못하면 불균형들이 상존하는 축적체제의 위기가 지속될 수도 있다.

5) 자본주의 다양성과 조절 수준들의 착종

이미 본 바와 같이 자본주의들을 차별화하는 궁극적인 원인이 제도에 있다고 보는 조절이론이 자본주의의 다양성 테제에 집착하는 것은 당연한 일이다. 자본주의 다양성을 초래하는 원인으로 애당초 생산/혁신 시스템의 나라 간 차이가 강조되었지만, 연구의 진전과 더불어 제도 형태들의 복잡화와 다양화, 각국의 정치 문화 사회적 및 역사적 요인들에 의한 제도적 구도의 차별화(위계와 보완성의 구체적 현상의 차이), 경제와 정치 영역 간의 접합 방식의 차이, 국제화에 대한 각국의 대응 방식의 차이 특히 대위기 시 헤게모니 블록의 대응 전략의 상이함 등도 부가되었다. 최근에는 '이종교배'라는 요인이 부가되었다. 이종교배는 국민경제들 사이에서 이루어질 수 있는 모든 유형의 접촉에서 일어난다. 대표적인 사례로 제국주의의 식민지 침투, 다국적기업의 해외 진출, 다른 나라 제도의 벤치마킹, 기존 체제의 붕괴 후 다른 체제의 도입을 들 수 있다. 어떤 경우든 이종교배 과정의 결과는 일률적이지 않다. 이는 무엇보다 현지의 역사적 및 사회적 조건이 다르며, 심지어는 현지 세력의 저항을 유발해 상호작용이 일어날 수밖에 없기 때문이다. 일국에서 성공한 제도나 실천이라도 타국에서 성공적으로 이식되는 경우는 극히 드물며, 심지어 이식의 결과 전혀 새로운 제도적 구도나 발전 모델이 출현할 수도 있다.

자본주의 다양성 테제는 수많은 나라의 연구자들을 끌어들이는 모티브 역할을 하고 있는 것으로 보인다. 조절이론의 분석 틀로서 각국 자본주의의 특징을 규명하거나 상호 비교 분석하는 것은 매력적인 작업이 아닐 수 없다. 특히, 중국 경제에 대한 관심이 증폭되고 있는 것은 중국이 자본주의의 새로운 형태를 보여 준다는 점 때문이다. 이는 한때 조절이론이 기울였던 일본을 비롯한 동아시아 자본주의에 관한 관심의 연장선상에 있다.[9] 이처럼 나라별 · 국제지역별 연구가 확산되고 있다. 최근 유로존 위기는 회원국들의 차이에 주목하는 계기가 되었고, 라틴아메리카의 지대추구체제와 다양한 유형의 수출체제에 관한

---

9 대표적인 작업으로 Aglietta et al.(2012)와 R. Boyer et al., eds.(2011)을 들 수 있다.

관심으로도 발전되고 있다.

다음, 자본주의 다양성 테제가 '세계화'라는 용어가 내포하고 있는 단일한 체제로의 수렴이라는 인식의 기각으로 이어지는 것도 논리적이다. 조절이론은 포드주의 분석에서 시작해 지나치게 오랫동안 거기에 집착함으로써 조절의 일국적 구도에 집중한 나머지 그 국제적 차원을 상대적으로 경시한다는 비판을 받아 왔다. 하지만 이 비판은 미국 포드주의를 분석한 아글리에타의 초기 연구에 대한 것이었고, 그 후 조절이론은 국제적 편입 양식을 제도 형태의 하나로 설정해 일국적 차원의 분석을 벗어나고자 했다. 하지만 이 제도 형태는 각국 경제가 국제경제와 맺는 다양한 관계를 포착하는 개념이지 국제적 차원의 조절을 전제하는 것은 아니라는 점에서 일국적 조절을 중시하는 관점을 초월한 것은 아니다. 최근 국민적 · 지역적 · 글로벌 차원의 다양한 조절 수준들 간의 착종에 주목하게 된 것은 이러한 약점을 극복하려는 노력의 일환으로 보인다.

사실 조절이론은 글로벌 기업들의 국제화 활동과 IMF와 WTO 등 국제기관들의 활동 그리고 FTA의 증가와 더불어 이른바 '세계화' 현상이 빠르게 진행되어 왔음을 인정하지 않는 것은 아니지만, 그렇다고 국민적 논리를 초월한 국제적 심급의 조절 기제나 주체(국제기관)는 사실상 존재한다고 보지 않는다. 여기서 세계화는 단일한 체제로의 수렴이나 글로벌 수준의 조절의 출현이 아니라 단순히 국민경제들 간의 상호의존의 증대로 파악된다. 왜냐하면 세계 정치경제계는 글로벌 공공재에 관한 합의 도출은커녕 제대로 된 논의조차 실행하지 못하고 있고, 다양한 국제기관들이 존재하지만 권한과 강제력을 갖춘 진정한 글로벌 조절기관으로 재탄생되지 못하고 있기 때문이다. 조절이론의 이러한 세계경제관은 자본주의 다양성과 차별성의 강화라는 인식에 조응한다.

조절의 심급과 관련해 조절이론은 국민적 · 국제적 · 글로벌 차원이 서로 얽혀 있다고 인식한다. 예컨대, 유럽연합과 유로화 도입 사례는 많은 함의를 가져다준다고 본다. 2010년대의 유로존 위기, 특히 그리스 위기는 일국 차원의 재정 정책(국가–경제 관계)과 유럽 차원의 통화 정책(화폐체제) 간의 부조응, 말하자면 제도 형태 차원에서 드러나는 부정합에 기인한 것으로 분석된다(Aglietta, 2014). 이와는 달리 동아시아의 경우 정치적으로 국제적 차원의 제도화 노력 없이 민간 주체들 간의 경제적 교류의 활성화를 통해 사실상의 국제적 공간을 형성했기에, 이 과정이 향후 순조롭게 진행되기 위해서는 국제적 차원의 조절을 위한 적절한 제도화 노력이 필요할 것으로 본다.

우리가 보기에 국제적 또는 글로벌 차원의 조절 심급, 한마디로 국제체제의 부재는 아마도 1970년대 초 브레턴우즈 체제의 붕괴로 시작되었고, 이는 선진국 포드주의의 와해의 시작과 시기적으로 거의 일치한다. 그 후 이른바 신자유주의 담론이 선진국은 물론 개도국까지 세계적으로 관철되어 가는 과정 속에서 국민적 차원의 안정된 발전 모델이 출현하지 못하고 각종(부동산, 금융, 외환, 경제) 위기만 빈발하고 있는 것은, 어쩌면 국제적 또는 글로벌 차원의 진정한 조절양식의 부재라는 현실과 조응하는 것인지도 모른다.

이와 관련해 최근 세계경제를 하나의 분석 단위로 삼고자 하는 새로운 시도가 감지된다. 그것은 그동안 외부 충격이라는 요인으로 간주되어 왔던 국제유가 변동과 같은 요인을 내생화시키는 것이다. 현행 세계경제가 지대체제와 여러 형태의 자본주의들로 구성되어 있다고 보고 이들 간의 상호연관을 파악해 하나의 총체로서의 세계경제 동학을 설명하려는 시도다. 우리가 보기에 검토 단계에 있는 이 시도가 과거 세계 시스템을 중심의 동학에 의해 주변의 동학이 결정되는 '중심부–주변부' 세계체제론을 극복하는 계기는 될 수 있다고 생각되나 새로운 세계체제론의 발전 여부는 기다려보아야 할 것으로 보인다.

끝으로, 지금까지 Boyer(2013) 책을 바탕으로 조절이론의 최신 연구 경향까지 소개하고 나름의 평가를 첨부했지만 열린 이론으로서의 장점을 가진 조절이론은 향후에도 많은 발전을 할 것으로 보인다. 그러나 한때 포드주의에 집중했던 노력이 비판을 받게 되었던 것처럼 자본주의 다양성 테제에 지나치게 몰두하다 보면, 세계 자본주의를 구성하는 각국 자본주의의 차별성 강조가 국경도 전통도 사라진 통합된 세계에서 단일한 가치법칙에 종속하는 하나의 단일한 축적 공간으로 만들고자 하는 자본주의의 근본 경향(Adda, 2012)에 대한 경시로 이어지지 않을까 염려된다. 그리고 현실의 이해와 설명을 중시하는 실증이론을 자처하며 규범적인 정책 제언을 스스로 삼가하는 조절이론이 세계를 해석하는 데만 집착해 세계의 변혁에는 무관심하게 될까봐 우려스럽기도 하다.

3. 한국 경제 분석에 적용된 조절이론과 그 함의

돌이켜 보면 Lipietz(1987)의 *Mirages and Miracles*의 한역본(《기적과 환상》) 출간이 국내에 처음으로 조절이론에 관한 관심을 불러일으킨 계기가 아니었나 생각된다. 이 책은 신흥공업국의 공업화를 글로벌 포드주의의 시각에서 분석해 조절이론의 세계경제론이라는 평을 얻었고, '한강의 기적'이라 불리던 한국의 경제성장에 대한 새로운 시각을 제공하는 계기가 되었을 것이다. 1992년에 나온 정명기 편《위기와 조절》은 조절이론 소개글과 함께 당시 주요 조절론자들의 논문도 소개했다. 이처럼 조절이론에 관한 관심의 증대가 Aglietta(1979)의 기념비적 저작 *A Theory of Capitalist Regulation*이 1994년에《자본주의 조절이론》으로 번역 출간될 수 있게 했을 것이다.[10)]

1990년대 중엽 이후 프랑스에서 직접 또는 간접으로 조절이론을 공부하고 돌아온 소장학자들이 활동하기 시작했고, 2000년대 초에는 경북대학교의 새정치경제학 연구팀(김형기 교수 주도)이 조절이론을 비롯한 대안적 경제이론에 관한 좀더 체계적인 연구를 수행해 그 성과를 《현대자본주의 분석》(2001)과 《대안적 발전모델》(2002)로 출간했다. 비슷한 시기에 부아예와 세이야르가 당시까지 조절이론이 이룬 성과를 집대성한 책 *Théorie de la régulation: État des savoirs*(2002, '조절이론의 현황')을 가지고 서울대 경제학과 대학원생 중심으로 공부가 이루어진 바 있다.[11] 일본에서 조절이론가 그룹과 함께 공부했던 연구자(양준호 등)도 가세하면서 조절이론은 국내에서 나름의 진지를 구축하기 시작했다. 그런데 이러한 연구 노력들이 일본에서처럼 독자적인 연구 그룹으로 발전하지는 못했다. 이후 개별 연구자들이 주로 생산체제나 임노동관계 그리고 발전 모델이라는 조절이론의 핵심 개념들을 활용해 한국 자본주의의 변동을 분석한 논문을 발표하는 정도에 머물렀고, 조절이론의 개념과 분석 수단 등 이론 자체에 대한 연구, 이른바 원천이론에 관한 연구는 거의 이루어지지 못하고 있는 상황이다.

조절이론이 국내에 본격 도입되기 시작한 1990년대 초 이래 조절이론의 관점과 방법론으로 한국 자본주의를 해명하려는 시도는 다음 세 가지 논점을 중심으로 이루어져 왔다고 볼 수 있다. 첫째, 1980년대 후반에서 1997년 금융위기 이전까지의 시기를 대상으로 한 한국 포드주의의 존재와 성격에 관한 일종의 논쟁이다. 둘째, 고도성장기의 이른바 '한국 모델'의 규정과 관련한 조절론적

10 국내에서 조절이론은 경제학만이 아니라 경제지리학이나 정치학 · 사회학 분야에서도 경제학계 못지않은 관심을 끌고 있다. 실제로 검색 엔진을 통해 '조절'이라는 단어를 검색하면 거의 대부분의 논문이 비경제학 분야의 논문임을 알 수 있다. 여기에는 제솝을 비롯한 영국 정치경제학계의 국가론 및 문화정치경제학 중심의 조절이론이 미친 영향이 큰 것으로 보인다. 어쨌든 이는 조절이론의 학제 간 성격과 그 버전의 다양성을 잘 드러내 준다. 이 글에서 우리는 당연히 조절이론의 (정치)경제학 버전에만 초점을 맞출 것이다.

11 이 책에 관한 공부를 바탕으로 한역 출간이 시도되었지만 성과를 보지 못했다.

정식화 시도이다. 셋째, 1997년 경제위기 이후 시기를 대상으로 축적체제의 존재 여부와 대안적 축적체제의 모색에 관한 논의이다. 하나씩 간략히 살펴보기로 하자.

1) 한국 포드주의 논쟁

조절이론이 한국 자본주의 분석에 적용되기 시작한 것은 조절이론의 시작이 그랬던 것처럼 포드주의와 연관된다. 1980년대 중엽 이래 이른바 '3저호황'을 계기로 재개된 급속하고 지속적인 경제성장과 한국 사회의 대전환(특히, 1987년 정치적 및 노사관계 민주화 개시, 대외 활동의 자유화 시작)을 계기로 가시화된 사회경제적 변동을 둘러싸고 1990년대 초부터 그 성격 규정에 관한 논의가 활발했다. 이 과정에서 노동의 무한공급 상태의 종식, 1987년 노동대투쟁 이후 임금의 급격한 상승과 중산층 형성에 따른 수요체제에서 임금과 내수의 역할 증대 등이 확인되었다. 이는 앞서 지적한 조절이론에 관한 관심 증대와 연계되어 자연스레 한국 포드주의 축적체제의 존재와 그 성격에 관한 논의로 이어졌다. 한국 포드주의에 관한 연구는 리피에츠의 주변부 포드주의론에 많은 영향을 받은 것으로 보인다. 그의 논지의 핵심은 제3세계 일부에서 나타난 신흥공업국 현상은 세계경제적 관점에서 볼 때 중심부 포드주의가 위기극복 수단으로 주변부로 확장(생산성 둔화에 따른 자본수출)되면서 만들어 낸 현상이며, 이 주변부 포드주의는 기술 · 생산 · 시장 면에서 구조적인 대외의존성을 띤다는 데 있다.

이 시기의 한국 포드주의 논쟁을 종합정리한 梁峻豪(2003)에 따르면, 이 논쟁은 주로 포드주의의 핵심 제도 형태인 임노동관계에 생산성 연동임금제와 대량생산-대량소비라는 거시경제적 연계를 중심으로 이루어졌다. 포드주의 부재론의 강력한 근거는 바로 생산성 연동임금제라는 핵심 제도의 존재가 확인되지 않으며 임금분배율도 하향 안정되었다는 점이다(권우현, 2002). 양준호는 이 논지가 포드주의의 지나치게 경직적인 규정에 따른 것으로 비판하고 또 다른 기준인 대량생산-대량소비 연쇄의 중요성을 인정해 미약한 생산성 연동임금제와 포드주의 거시경제 연계를 결합하면 주변부 포드주의가 타당하다는 결론을 내렸다. 당시 대표적인 포드주의 논자인 김형기(1996)에 따르면, 이미 1970년대 중반 이래 자동차 부문을 중심으로 대량생산 시스템이 도입되기 시작했고, 노동시장에서는 노동의 무한공급이 제한적인 공급 상태로 전환됨으로써 임금 상승 기반이 구축되어 왔고, 1987년 노동대투쟁 이후 노사관계의 민주화와 단체교섭의 활성화를 통해 빠르게 상승한 실질임금이 대량소비를 성립시켰다. 그럼에도 그는 기술종속을 비롯한 주변부성을 탈각하지 못해 그 동학이 중심부 포드주의의 동학에 의해 좌우되었다는 점에서 '예속적' 포드주의라 규정하고, 이 예속적 포드주의가 1997년 외환위기 이전까지 약 10년간 작동했다고 보았다.

한국 포드주의의 주변성(예속성 또는 기형성)에 대한 비판적 대응은 김형기와 서익진(2006)에서 나왔다. 이들은 1997년 경제위기의 원인과 관련해 그 직전까지 존재했던 축적체제의 정체를 문제 삼아 그것이 통상 인정되던 개발독재 수출체제가 아니라 '한국적' 포드주의 축적체제라고 주장했다. '한국적'이라는 수식어는 한국 포드주의가 주변성이라는 차별성만 갖는 것이 아니라 나름의 독자성도 가지고 있음을 포착한 것이다. 한국에서 '대량생산-대량소비'라는 거시적 연계는 본래적 포드주의에서처럼 내수에만 근거한 것이 아니라 내수와 수출 양자 모두에 근거했다는 것이다. 이러한 두 시장 간의 상보성을 지지하는 근거로 이 시기에 실질임금 상승률이 노동생산성 상승률을 상회하지 않는 한 내수 증가가 수출을 저해하지 않을 수 있고 또 실제로 내수와 수출은 양적으로 동시에 증가했다는 점, 투자는 수출보다 내수에 의해 더 많이 추동되었다는 점, 그리고 수출이득은 국내 산업연관을 통해 순환되어 내수를 증가시켰다는 점을 들었다. 나아가 이러한 한국적 포드주의의 주요 모순으로 과잉 생산 경향과 새로운 대외채무화 경향을 들고, 이 모순의 누적이 1997년 외환위기의 주원인이 되었다는 점에서도 논지의 일관성이 확인된다고 주장했다.

이와 관련해 조절이론의 대변자라 할 수 있는 부아예(Boyer, 2013)는, 대외의존 경제는 설비와 중간재의 대외수입 의존과 판로의 대외의존 때문에 축적의 연쇄가 국내 공간에서 완결되지 않는다는 점에서 포드주의의 한 변종으로 볼 수 없다고 진단했다. 그럼에도 부아예는 수출체제에서 수출 부문의 주체가 외국기업이냐 현지기업이냐에 따라 개도국의 운명은 달라질 수 있으며, 이 점이 아시아의 수출체제를 라틴아메리카의 수출체제와 달라지게 만든 주요인이라는 지적은 의미심장하다. 사실 한국의 경우 포드주의 이전 개발독재 시기에 작동한 차입–수출 주도 축적체제에서 수출 부문은 외국인 기업이 아니라 국민기업이 주도해 기술 · 자본 · 시장 의존 하에서도 외자 차입으로 도입한 수입 생산재와 기술을 학습동학을 통해 소화(적어도 응용과 부분적 혁신의 누적)시킴으로써 일정 수준까지 기술추격을 할 수 있었다. 이러한 수출 부문의 역동성이 한국적 포드주의 시기에도 계속 작동한 것으로 볼 수 있다. 결국 한국 포드주의의 성격은 주변부성(기형성과 예속성)을 탈각할 수 있는 잠재력을 가진 능동적인 주변부 포드주의라는 점에서 '한국적인' 특수한 포드주의였다는 주장이 타당한 것으로 보인다. 조절이론이 포드주의 성장체제를 헤게모니 블록에 의한 관치 조절과 내수 주도 축적체제의 결합으로 규정한다면, 한국적 포드주의는 국가–재벌 헤게모니 블록에 의한 관치 조절과 내수–수출 주도 축적체제라는 포드주의의 한 변종으로 규정할 수 있다. 이러한 논지는 자본주의의 원형이 아니라 각국의 제도적 차이에 따른 성장 모델의 다양성을 포착하는 조절이론의 기본 입장과도 조응한다. 조절이론은 이미 선진 자본주의 국가들 사이에서도 포드주의의 상이성을 확인하고 있는 만큼 '한국적' 포드주의 규정도 가능하다고 하겠다.

2) 이른바 '한국 모델'의 규정

한국 포드주의에 관한 관심이 상당했던 반면 포드주의 이전 시기의 국가 주도 고도성장체제, 이른바 '한국 모델'로 알려진 발전 모델에 관한 조절론적 분석은 거의 없다고 해도 과언이 아니다. '한국 므델'의 해명은 신고전파의 자유주의적 해석(국제기관들 주도 하에)이나 개발독재 또는 개발국가 용어에 의한 분석(암스덴을 대표로 하는)에 의해 주도되어 왔다. 자유주의적 해석을 완전히 기각하고 개발국가론의 성과를 바탕으로 조절론적 시각과 방법론을 적용한 시도는 서익진(2002)이 거의 유일하다.

그는 1960년대 초에서 1980년대 중반에 이르는 한국의 고도성장 시기를 대상으로 이 시기의 발전 모델을 개발독재 조절양식과 차입-수출 주도 축적체제의 결합으로 규정한다. 개발독재 조절양식은 국가가 경제개발계획을 세우고 각종 제도적 장치들을 만들어 거의 전방위적인 개입을 통해 시장을 대신하여 경제적 조정을 수행하는 양식을 지칭하며, 수출 주도는 성장의 동력이 수출에 의해 주어지는 축적체제를 지칭한다. 하지만 당시 급속한 공업화에 필요한 생산재의 수입이 해외 차입을 통해 이루어짐으로써 수출은 대외제약(무역수지 균형과 대외채무의 변제)으로 인해 불가피한 성격을 띤다는 특징이 있다. 이러한 축적체제의 작동을 위해 국가가 개발독재 조절양식을 구성하는 다양한 제도적 장치들 간의 보완성과 위계의 확립을 통해 어떻게 그 정합성을 보장했는지를 밝힌다.

여기서 개발독재 조절양식은 관치조절의 극단적인 형태로 간주될 수 있으며, 국가-경제 관계라는 제도 형태의 지배 하에 화폐체제(중앙은행의 국가기관화, 중앙은행에 의한 금융 통제), 경쟁 형태(일상적인 투자 조정), 임노동관계(노사관계에 국가의 일상적이고 체계적인 개입) 그리고 국제편입 방식(수입 통제와 환율-외환 통제)이라는 나머지 제도 형태가 모두 차입-수출 주도 축적체제의 작동을 위해 보완성을 갖도록 편제되었음을 밝힌다. 축적체제를 구성하는 거시경제적 연쇄라는 측면에서 보면 차입을 통한 생산재 수입과 소비재 수입 통제, 저임금 유지와 학습동학을 통한 고생산성이 수출 증대를 조장하고 수출을 통한 외환 가득으로 결국 대외채무를 상환해 연쇄고리를 완성시키는 메커니즘을 명시했다.[12)]

이 축적체제의 모순은 1970년대 말-1980년대 초의 대외채무 위기로 격발된 바 있지만 이 위기는 제도적 개혁 없이 극복되었다는 점에서 소위기로 간주될 수 있다. 이와 관련해 서환주(2005)는 1970년대 말 외채위기는 기존 제도들의 개편 없이 정부의 강제적인 투자 재편과 과잉 생산 능력의 조정, 생산성 향상 및 임금 압박을 통해 그동안 누적된 불균형(과잉 중복투자, 과잉 생산 능력)을 해소하

12 이 논의는 의도치 않게 한국의 사례를 통해 개도국의 특정한 발전 모델의 정식화를 위한 기초를 닦은 것으로 보인다. 이렇게 규정된 '한국 모델'이 중국을 비롯한 많은 아시아 후발공업국들에게 수출되었기 때문이다. 그러나 이 모델을 개발도상 단계에 있는 모든 나라의 경제발전을 설명할 수 있는 모델로 간주할 수는 없다. 무엇보다 현재의 선진국들이 개도국 시절에 이룬 경제발전 사례와 인도와 같은 개발독재 없는 경제발전의 사례가 있을 뿐만 아니라 산업화를 통한 경제적 도약이 이루어지는 역사적 시기의 차이로 이미 국제적 환경(대외제약의 성격과 강도)에서 많은 차이점이 있기 때문이다. 그럼에도 불구하고 개발도상국의 성공적인 공업화 과정에 필요한 특정한 조건을 규명하는 데 나름의 기여를 했다고 볼 수 있다. 그리고 선진 자본주의만이 아니라 개발도상 자본주의들을 포함한 자본주의의 장기 역사적 과정에서 '개발독재 조절양식'을 조절양식의 한 원형으로 정립하는 노력이 필요한 것으로 보인다. 이는 조절이론의 자체의 발전에도 기여하는 바가 있을 것이다.

고 기업 이윤율과 성장을 회복할 수 있었다는 점에서 순환위기(이른바 소위기)로 규정한다. 반면 1997년의 외환위기는 한국 경제의 성공과 더불어 대내외적 제도 형태들의 변경이 강제되면서 기존 제도들 간의 정합성이 약화되었고, 위기 이후 신자유주의적 제도 개혁과 더불어 위기를 극복할 수 있었다는 점에서 조절 시스템 자체의 위기, 즉 조절양식의 위기로 규정했다.

Kim Huungkee(2011)는 1962년 이후 1987년 민주항쟁과 노동대투쟁 발발에 이르는 시기에 '저임금-대량수출-대량생산-고생산성'의 거시경제 회로를 가진 수출 주도 축적체제가 작동했고, 이에 조응하는 조절양식은 개발독재(정부에 의한 투자 조정과 신용할당, 기업에 대한 포괄적인 행정 규제를 가진 국가적 통제를 함의하는 '규제된 시장경제')와 시장전제(노동의 공급과잉 하에서 전제적 노사관계)라는 특징을 가진다고 보았다. 그리고 1997년에 그가 말하는 두 번째 대변형(구조 변화를 동반한 발전 모델의 전반적인 이동)이 일어나기 이전 시기에는 개발독재 하에서 두 개의 축적체제가 계기적으로 존재했다고 본다. 첫 번째 대변형인 1987년 노동대투쟁에 따른 노사관계 민주화 이전의 수출 주도 체제와 그 이후의 포드주의 체제가 그것이다. 앞선 거시경제 회로는 '고임금-대량소비-대량생산-고생산성'으로 전환되었다. 이 시기에 1972-1973년(개발독재체제 확립과 중공업화), 1975-1976년(노동시장 무한공급에서 제한공급으로, 자동차 부문의 대량생산 시스템 도입), 1985-1986년(경제적 종속 감소 시작, 무역자유화 개시), 1987년(개발독재 붕괴, 노사 민주화)이라는 네 번에 걸친 전환점(제도 또는 경제 구조상의 부분적 변화)이 있었다고 본다.

3) 1997년 경제위기 이후의 축적체제 진단과 대안적 축적체제 모색

조절이론의 시각과 방법론은 1997년 경제위기 이후의 한국 경제의 변동을 설명하는 데도 여전히 유효하다. 조절론적 시각으로 보자면, 1997년의 금융위기 이후 한국 자본주의의 사회경제적 변동에서 어떤 조절양식이나 축적체제를 포착할 수 있는지 또는 대안적 축적체제로 가능한 것은 무엇인지라는 문제가 제기된다. 몇몇 조절론적 논자들의 문헌을 검토해 보면 신자유주의 조절양식과 하이브리드(혼합) 축적체제라는 규정에 대해 상당한 친화성을 보임을 알 수 있다.

위기 발발 직후의 시점에 안승국(1999)은 한국의 포드주의가 중심부 포드주의의 위기에 따른 수출 성장의 둔화와 포드주의의 전형적인 문제인 생산성 정체(규모의 경제를 바탕으로 한 외형 성장 치중과 포드주의 노동 과정의 숙련 박탈과 조직화)라는 한계를 드러내면서 수출경쟁력 약화, 경상적자 누적, 기업 재무 구조 악화가 진행되어 1997년에 포드주의 복합위기를 맞았다고 본다. 이 위기를 타개하기 위해서는 임노동관계의 유연화 등 신자유주의적 조치가 필요하지만 이는 노자 간의 새로운 사회계약을 바탕으로 한 것이어야 한다고 말한다. 그는 1997년 위기 이후 제도 형태들의 신자유주의적 변경이 신중하게 추진될 필요가 있음을 강조하는 것으로 보인다.

Kim Huungkee(2011)는 1997년 금융위기를 계기로 신자유주의 정책이 체계적으로 도입됨으로써 개발국가 모델이 최종적으로 붕괴하고 하이브리드 체제로 이행 중인 것으로 본다. 여기서 하이브리드 체제는 신자유주의적 성격을 띤 금융 주도 축적과 지식 주도 축적이 혼합된 체제이다. 하지만 이 혼합체제는 주주가치, 단기주의, 고배당의 결과인 설비투자 증가율 격감에 따른 경제의 취약성 증대, 부품과 기술의 대외의존이 높은 IT 산업의 수출-내수 간 연계 약화와 포드주의의 붕괴와 글로벌 아웃소싱에 따른 대-중소기업 간 산업연계의 축소에 따른 산업 부문 간 양극화 심화, 소득 불평등 증가와 고용 없는 성장에 따른 소득 양극화, 미약한 사회투자와 사회보장 동반, 지식투자는 증가하지만 유연하고 불안정한 노동시장 등의 특징을 드러내고 있어 지속 불가능하다고 판단한다. 그는 대안적 발전 모델로 저탄소 녹색경제를 제시한다.

Ok & Yang(2011)은 1997년 금융위기 이후의 제도 변화를 금융시장과 노동시장 측면에서 추적한다. 우선 금융제도는 조정된 금융제도에서 자유주의 금융제도(은행 대형화와 은행대출 경기순행적 대출)로 변화했는데 연구개발과 설비투자의 불안정 증대를 초래한 것으로 본다. 환율제도는 시장변동환율 시스템으로 바뀌었고 환율변동성이 증가했다. 2008년 위기 이후에는 주가 연계는 약화된 반면 수출 의존은 강화되었다. 다음, 노동시장에서는 고용 창조 패턴이 대기업에서 중소기업으로, 제조업에서 서비스업으로 이동한 결과 비정규직이 급증하고 대기업과 중소기업 간 그리고 정규직과 비정규직 간의 이중성이 확대되었고, 이는 금융위기에 대한 노동시장의 대응으로 간주된다. 결과적으로 축적체제는 1997년 이전의 소비/투자 주도에서 주가/수출 하이브리드 체제로 이행한 것으로 본다.

양준호(2013)는 한국 자본주의에서 금융제도의 변화가 축적체제에 미친 영향을 분석한다. 1997년 외환위기 이전의 금융 시스템은 은행대출과 경기변동 간의 상관관계 부재, 은행 총자산의 급속한 증대 없는 간접금융 중심 기업 자본조달, 시장평균환율제도에 의한 환율변동의 상대적 안정이라는 특징을 가졌지만, 외환위기 이후 변화된 금융 시스템은 은행대출의 경기탄력성 강화, 은행의 대형화 및 직접 금융화 진전, 원/달러 환율변동성의 대폭 증가라는 특징을 나타낸다. 축적체제는 외환위기 이전의 내수–투자 주도형 체제가 해체되고 수출 주도형 체제가 다시 구축되기 시작했다고 본다. 상기의 금융 시스템 변화가 축적체제에 미친 영향은 내수 중심의 중소기업에 대한 대출의 경기탄력성을 높여 투자 일반의 불안정성을 심화시키고 거시경제 불안정성을 증대시킨 데 있다. 결론적으로 국내 수요 요인인 투자와 소비의 안정성 확보를 통한 축적의 안정을 위해서는 은행 중심의 간접금융체제를 강화해 기업의 안정적인 장기 자본 조달과 영세자영업자 등의 자금수요에도 부응하는 자금공급상의 제도개혁이 필요하다고 주장한다.

이들의 논의를 제도적 구도의 변화라는 관점에서 보면, 주로 화폐체제(특히, 신용과 환율)와 임노동관계의 제도적 장치들의 변모에 초점을 맞추고 있고 나머지 제도 형태들을 함께 고려한 종합적인 시각은 보이지 않는다. 따라서 제도 형태들 간의 위계와 상보성 관계에 입각한 고찰도 당연히 없다. 축적체제의 측면에서는 이윤–수출 기반 하이브리드 축적을 제시하면서도 그 안정성과 지속 가능성에 의문을 제기한다는 점에서 활기찬 축적체제의 존재를 확인하지 못하고 있다. 그렇다고 대안적 축적체제에 관한 이론적 모색도 활발하지 못하다는 점에서 조절론적 관점에서 1997년 체제를 규정하고 대안적 성장 모델을 모색하는 과업은 여전히 유효하다.

4) 조절이론이 주는 새로운 시사점

상기 과업의 수행과 관련해 제2절에서 검토한 조절이론의 최근 발전에서 몇 가지 시사점을 도출해 본다.

첫째, 1997년 위기 이후 한국 경제가 수출 주도 축적의 양상을 강화해 왔다는 데는 의문의 여지가 없다. 그렇다면 수출 주도 축적체제는 안정되고 지속 가능한 체제가 될 수 있을까? 조절이론은 세계화 속에서 글로벌 무한 경쟁이 관철되는 경쟁 형태라는 제도 형태가 글로벌 차원에서는 물론 국민경제 차원에서도 제도적 위계상 최상급의 지배적인 제도 형태로 등장하는 경향에 주목한다. 이로부터 우리는 각국에서 기업과 국가 경쟁력을 강화하는 방향으로 여타 제도 형태들을 재편하는 경향이 노골화되고 있는 까닭을 알 수 있다. 그러나 수출 강화 경향은 임금 정체와 불평등 강화를 초래해 각국의 내수를 억제할 뿐만 아니라 글로벌 수요를 정체시킴으로써 수출 주도 체제의 활력을 보장할 수 없다. 이러한 추론은 세계경제의 장기 침체 경향에 의해 지지될 수 있다. 이처럼 세계경제가 처해 있는 제로섬 게임의 상황이 국제적으로도 각국에서도 내수 진작을 위해 임금 인상, 소득 보장, 불평등 축소 등에 관한 논의를 활성화시키고 있다. 따라서 수출 주도 축적은 그 자체만으로는 안정성을 확보하기 어려워 보인다. 만약 국내외 시장의 구분이 무의미해진 글로벌 시장을 대상으로 단지 수출 주도 축적만을 추구할 수밖에 없다는 식으로 논지(문우식, 1993)를 계속 견지한다면, 이는 글로벌 조절을 위한 제도적 장치들(극단적으로는 세계정부)이 사실상 부재하는 세계경제에서는 여전히 국민적 조절과 축적의 논리가 지속될 수밖에 없다는 현실을 무시한 것이다.

둘째, 부아예(Boyer, 2013)는 별다른 논거 없이 한국을 일본, 대만 등과 함께 제조업 혁신 주도 축적체제를 가진 경제로 분류한다. 이러한 진단이 나온 것은 국제적 비교라는 상대적인 관점 때문일 것이다. 우리가 보기에 경쟁력 지상주의는 혁신을 불가피한 선택지로 강제하고 있으며, 혁신이 고용 없는 성장을 추동하는 주요인이라는 점에서 혁신은 생산성 체제에는 유리하게 작용하지만 수요체제에는 불리하게 작용해 생산과 소비의 불균형(과잉 생산)을 더욱 악화시킬 수 있다. 이러한 불균형 강화 경향을 억제할 수 있는 임노동관계의 재편(일자리 창출, 임금이나 소득 보장, 복지 증대 등)이 이루어지지 않을 경우 이 축적체제가 안정성을 확보하기는 어려울 것으로 판단된다.

셋째, 조절이론의 최신 논의로부터 포드주의 위기 이래 작동해 온 성장 모델이 신자유주의 조절양식과 불평등을 조장하는 외연적 축적체제의 결합으로 이루어진 것일 가능성이 가장 높다는 가설 하에 연구가 진행 중임을 알 수 있다. 이 가설은 이윤에 의해 조장되는 투자(혁신) 주도 축적 하에 생산성 향상이 가시화되지 않고 있는 상황을 포착하려는 시도로 보이지만, 시장만능주의와 승자독식 그리고 승자에 의한 게임 규칙의 변경을 정당화하는 이데올로기인 신자유주의가 이러한 축적체제의 지속을 담보할 수는 없을 것이다. 어쨌든 이 가설을 한국의 경우에 적용해 보는 것은 매우 흥미로운 시도일 것이다. 그럼에도 이 시도가 현실을 더욱 설득력 있게 설명할 수는 있겠지만 대안적 축적체제로 확인될 가능성은 거의 없어 보인다.

넷째, 1997년 이후 한국 자본주의의 제도적 구도를 신자유주의적인 것으로 규정하는 것은 상당히 유혹적이다. 예를 들어, 국가-경제 관계에서는 개발국가의 후퇴와 친자본적 국가로의 변신, 화폐체제에서 금리와 환율 같은 기본적인 거시가격 변수의 자유변동과 시장금융의 일반화와 투기 행태의 일반화, 경쟁형태에서 나타나는 독과점체제에 의한 중소기업 지배와 글로벌 금융자본의 완벽한 침투, 임노동관계의 특징을 이루는 파편화된 노동시장과 국제경쟁으로 압박 받는 임금, 고용의 조정 변수화, 국제편입 양식에서 무역과 서비스, 투자, 정부조달 등 모든 부문의 개방과 자유화, 무역 및 경상수지의 흑자 기조 지속, 국내 자본의 해외 진출의 급증 등은 이러한 유혹을 강화하는 사실들이다. 문제는 이러한 특징을 보이는 제도 형태들이 정합성 있는 구도를 형성해 안정적인 축적을 담보하고 있음을 확인할 수 없다는 데 있다. 그리고 한국에 신자유주의가 지배적인 담론으로 정착되게 된 과정에 대한 해명은 이제 시작이나 다름없다(지주형, 2011).

다섯째, 조절이론이 가르쳐 주는 바에 따르면 오늘의 상황에서 새로운 발전 모델의 출현 여부는 결국 정합성 있는 새로운 제도적 구도를 어떻게 창출하느냐에 달려 있다. 이를 위해서는 특히 정치 영역에서 어떤 헤게모니 블록을 형성해 어떤 전략과 어떤 경제정책 체제를 시행할 것인가에 대해 답해야 한다. 나아가 현재의 경제적 조건에 관한 객관적인 이해를 가능케 할 아이디어와 이론을 요구하며, 이를 정치적 담화로 담아내 다수의 표상으로 만들어 낼 수 있어야 한다.

4. 맺음말: 한국 자본주의 이해를 심화시켜 줄 것으로 기대되는 이론

한국 자본주의를 조절이론으로 해명하고자 하는 노력은 여전히 미진한 것으로 보인다. 열린 이론을 자처하는 조절이론 자체가 끊임없이 발전하고 있음에도 그 성과의 국내 소개는 거의 이루어지지 못하고 있고, 규범적 판단과 정책을 제시하기보다는 있는 그대로의 현실 설명을 더 중시하는 실증주의적 성격 때문인지는 모르나 조절이론을 수용하는 국내 연구자가 늘어나는 것 같지도 않다.

이러한 상황에서 조절이론의 성과를 가지고 한국 자본주의의 과거를 분석하고 현재를 진단하며 미래를 전망하는 작업들이 갑자기 활성화되기를 기대하기는 어려울 것이다. 그럼에도 프랑스 조절론자들의 작업을 한역으로 번역 출간하는 작업이 이어지고, 기존 연구자들의 노력이 지속되고 있는 한 조절이론과 한국 자본주의의 인연은 끊어지지 않을 것이다.

2017년에 번역 출간된 부아예가 2013년에 쓴 조절이론이 지금까지 이루어낸 이론적 성과를 종합 정리한 책《자본주의 정치경제학》이 국내 학계에 다시 한 번 신선한 바람을 불러일으킬 것으로 기대해 마지않는다. 한편으로 이 책을 통해 조절이론의 역사적 심화 발전 과정을 파악할 수 있음과 동시에 그동안 제기된 다양한 비판에 대해 조절이론이 나름으로 대응한 노력의 성과도 볼 수 있을 것이다. 경제(학)의 위기를 극복할 수 있게 할 대안적 경제(이론)의 모색과 구축에는 물론 오늘날 세계경제 전체가 맞고 있는 미증유의 위기 상황을 어떻게 이해할 것인가라는 문제에 답하는 데도 상당한 함의를 줄 것으로 기대한다. 다른 한편으로 마르크스 경제학의 쇄신과 사회과학의 여러 학제들의 성과를 적극적으로 포섭해 자본주의 일반이론으로의 발전을 추구하는 조절이론이 한국 자본주의의 발전 과정과 그 특수성을 더 잘 설명할 수 있게 해줄 뿐만 아니라 한국 경제가 당면한 과제의 해법을 모색하는 데도 상당한 영감을 제공할 수 있을 것으로 기대한다. 나아가 무엇보다 경제의 위기와 경제학의 위기라는 이중의 위기를 극복하는 데도 일조할 수 있을 것으로 기대한다.

참고문헌

권우현, 〈누적성장모형을 이용한 한국 제조업 성장체제의 성격 분석〉, 한국경제발전학회, 《경제발전연구》, 8(1), 2002.

김형기, 〈1980년대 한국자본주의: 구조전환의 10년〉, 한국경제학회, 《경제학연구》, 44(4), 1996.

김형기 · 서익진, 〈IMF 외환위기 직전에 존재했던 발전모델은? – 개발독재인가 '한국적' 포드주의인가〉, 한국경제학회, 《경제학연구》, 54(1), 2006.

김형기 외, 《현대자본주의 분석》, 한울, 2001.

______, 《대안적 발전모델》, 한울, 2002.

문우식, 〈한국의 경제성장: Kaldor 법칙에서 성장양식 분석까지〉, 한국개발연구원, 《한국개발연구》, 15(2), 1993.

서익진, 〈발전양식으로서의 한국의 개발독재: 작동방식과 논리의 규명을 중심으로〉, 한국경제학회, 《경제학연구》, 50(1), 2002.

서환주, 〈경제의 위기와 경제학의 위기, 조절이론의 도전〉, 박만섭 편, 《경제학, 더 넓은 지평을 향하여》, 이슈투데이(주), 2005.

서환주 · 김준일, 〈주주가치 경영과 금융화는 고용 및 임금 결정에 어떠한 영향을 미치는가? 한국 기업자료를 이용한 분석〉, 한국경제학회, 《경제학연구》, 61(4), 2013, pp. 85-115.

안승국, 〈한국에 있어서 포드주의의 위기에 관한 정치경제적 재성찰: 조절이론의 접근을 중심으로〉, 한국정치학회, 《한국정치학회보》, 33(2), 1999.

양준호, 〈한국의 금융 시스템과 축적체제 – 조절이론의 새로운 축적체제론의 가능성을 중심으로〉, 한일경상학회, 《한일경상논집》, 58, 2013.

장하준, 〈사람은 시장만으로 살 수 없다, 제도경제학〉, 박만섭 편, 《경제학, 더 넓은 지평을 향하여》, 이슈투데이(주), 2005.

정명기, 〈현대자본주의와 조절이론〉, 정명기 편, 《위기와 조절: 현대자본주의에 대한 조절론적 접근》, 창작과비평사, 1992, 제1장.

주상영, 〈진보적 성장 담론의 현황과 평가〉, 《사회경제평론》, 41, 2013.

지주형, 《한국 신자유주의의 기원과 형성》, 책세상, 2011.

梁峻豪, 〈韓國におけるレギュラシオン · アプロチ – その導入からフォーディズム論争へ〉, 《京都大學經濟論集》, 21, 2003.

Adda, Jaques, *La Mondialisation de l'economie – de l'origine a la crise –*, Paris: La Decouverte, 2012.

Aglietta, Michel, *A Theory of Capitalist Regulation*, New left Books, 1979(성낙선 역, 《자본주의 조절이론》, 한길사, 1994).

______, *Europe: Sortir de la crise et inventer l'avenir*, Paris: La Decouverte, 2014.

Aglietta, Michel and Guai Bao, *La voie chinoise: capitalisme et empire*, Paris: La Decouverte, 2012.

Boyer, Robert, *Economie politique des capitalisme: Théorie de la régulation et des crises*, Paris: La Decouverte, 2013(서익진 · 서환주 역, 《자본주의 정치경제학: 조절이론 매뉴얼–기초와 발전》, 한울, 2017).

Boyer and Sailard, *Théorie de la régulation: État des savoirs*, Paris: La Decouverte, 2002.

Boyer, Robert, Hiroyasu Uemura, and Akinori Isogal, eds., *Diversity and Transformations of Asian Capitalisms*, London: Routledge, 2011.

Jespersen Jesper, *Macroeconomic Methodology: A Post-Keynesian Perspective*, E. Elgar, 2011.

Kim, Hyungkee, "The great transformations in the Korean economy since 1962: processes and consequences," in Robert Boyer, Hiroyasu Uemura, and Akinori Isogal, eds., *Diversity and transformations of Asian Capitalisms*, London: Routledge, 2011.

Lee, Seung-Ook and Joel Wainwright, "Revisiting Regulation Theory for the Analysis of South Korean capitalism," *Journal of the Economic Geographical Society of Korea*, 13(4), 2010, pp. 562-583.

Lipietz, A., *Mirages and miracles: the crisis in global Fordism*, London: Verso, 1987(김종한 역, 《기적과 환상 – 레규라시옹 학파의 세계경제론》, 한울, 1991).

Ok, Wooseok and Junho Yang, "The Korean economy between two economic crises: hybridization or convergence towards a market-led economy?," in Robert Boyer, Hiroyasu Uemura, and Akinori Isogal, eds., *Diversity and Transformations of Asian Capitalisms*, London: Routledge, 2011.

Seo, Ick-Jin, "La crise comme processus de destruction du systeme productif: le cas de la Coree du Sud," in *Economie et Société*, Hors Série, 36(11-12), 1999, pp. 47-74.

______, *La Corée du Sud: Une analyse historique du processus de developpement*, Paris: L'Harmattan, 2000.

제2장

기술혁신과 경제성장: 연구 동향과 과제

정준호

이 글은 과학기술정책연구원 · 기술경영경제학회, 《한국 기술혁신연구의 현황과 과제》, 2017, 제5장 〈기술혁신과 경제성장 연구의 현황과 과제〉를 수정 · 보완한 것임.

1. 서론

제2차 세계대전 직후 우리나라는 후진국의 대명사였다. 하지만 지금은 세계 5위의 제조업 규모를 가진 국가로, 구매력 평가 기준으로 환산한 1인당 국민소득 수준이 거의 일본의 그것에 근접한다는 점에서 제2차 세계대전 이후 선진국 문턱까지 추격한 몇 안 되는 국가들 중의 하나이다. 한국, 홍콩, 싱가포르, 대만 등 동아시아 국가들은 이러한 경험을 공유하고 있다. 이처럼 역사적으로 놀랄 만한 경제성장을 이룩한 동아시아의 경험에 대한 연구는 소위 '개발국가론'으로 정리되어 있다(Johnson, 1982; Amsden, 1989; Wade, 1990; Kim, 1997; Kim & Nelson, 2000).

경제학의 논의에서 경제성장은 장기적으로는 기술진보에 의해 결정된다. 그러나 기술혁신이 경제성장에 영향을 미치는 경로에 대한 해석은 다양하다. 신고전파 경제학의 Solow(1956) 성장론과 Romer(1986) 및 Aghion & Howitt(1992)로 대표되는 내생적 성장론은 기술진보가 장기적 경제성장의 핵심 요인이라고 주장한다. 하지만 그것이 경제성장에 미치는 경로에 대한 이해는 상이하다. 전술한 개발국가론에서는 저발전국이 선진국을 따라잡는 '추격'의 문제가 관심거리인데, 이 논의에서 기술은 공공재가 아니라 학습을 통해 획득되는 것으로 비용과 노력을 수반한다. 신고전파 경제학은 기술(이전)의 외부 효과로 인한 '시장실패'를 문제시하지만, 추격에 관한 연구는 역량 형성의 불충분으로 인한 '역량실패'를 문제 삼는다. 진화주의 입장에서는 혁신에 대한 시스템적인 사고와 기술 변화에 영향을 미치는 사회경제적이고, 제도적인 상이한 구성요소들의 상호작용을 강조한다. 기술은 누적적이고 집합적인 것으로 기술주의적 사고를 지양한다(Dosi, 1982; Freeman, 1987; Lundvall, 1992; Nelson, 1993). 이러한 관점에서는 '시스템 실패'가 주요 논의의 초점이다.

이처럼 기술혁신과 경제성장에 관한 다양한 견해들이 제출되어 있다(Verspagen, 2005; Fagerberg et al., 2010). 여기에서는 경제학에서 논의되는 기술혁신과 경제성장에 관한 다양한 견해들을 정리하거나 이를 비판적으로 고찰하는 것에 직접적 관심을 두지는 않는다. 이러한 작업은 기존 연구인 Verspagen(2005) 및 Fagerberg et al.(2010)을 참조한다. 그 대신에 경제학 내 이러한 다양한 논의들의 프레임 속에서 우리나라를 대상으로 한 기술혁신과 경제성장에 관한 연구 현황을 비판적으로 검토하고 이러한 비판적 검토와 성찰을 토대로 향후 연구 과제를 제시하는 것이 본고의 목적이다.

이 글은 다음과 같이 구성된다. 제2절은 경제학 내 경제성장에서 혁신의 역할에 대한 여러 가지 입장들을 개관한 후에, 이러한 프레임 속에서 우리나라를 대상으로 한 연구 동향을 정리하고 이에 대한 비판적 평가를 수행한다. 제3절에서는 우리나라 맥락에서 경제추격론의 논의가 매우 중요한 위상을 갖고 있기 때문에 절을 달리하여 이에 대한 비판적 검토가 이루어진다. 마지막 절은 이러한 비판적 검토와 성찰을 통해 앞으로의 연구 과제들을 제시한다.

2. 기술혁신과 경제성장에 관한 주요 연구 동향

이 절은 우리나라에서 수행된 기술혁신과 경제성장 간 연구 동향을 검토하는 작업을 본격적으로 시작하기에 앞서 경제학에서 기술혁신을 어떻게 사고하는지 간략히 검토하고자 한다. 각 경제학 유파의 기술혁신과 경제성장에 관한 사고방식과 프레임에 따라 우리나라에서 수행된 기술혁신과 경제성장에 관한 연구 동향을 분류하고 검토하고자 한다.

1) 기술혁신과 경제성장

기술혁신과 경제성장에 관한 이론적 · 경험적 논의는 Verspagen(2005) 및 Fagerberg et al.(2010) 등의 논의를 참조하여 슘페터 경제학, 신고전파 경제학의 솔로우 성장모형과 내생적 성장론, 진화주의 경제학, 추격경제학의 시각에서 다루어질 것이다. 본고는 기존 경제학 논의에서 기술혁신의 역할을 비판적으로 검토하는 것이 아니라 우리나라 사례를 대상으로 기술혁신과 경제성장에 관한 연구 현황을 비판적으로 검토하는 것이기 때문에, 경제성장에서 기술혁신의 역할에 대한 이하 논의는 심층적이라기보다는 개괄적이다.

애덤 스미스(A. Smith)나 칼 마르크스(K. Marx)와 같은 고전파 경제학자들은 기술 변화가 경제성장에 핵심적인 역할을 한다고 생각하였다. 이러한 사고는 조지프 슘페터(J. Schumpeter)에 의해 명료하게 계승되었는데, 그는 《자본주의, 사회주의 그리고 민주주의》(*Capitalism, Socialism and Democracy*)란 책에서 경제성장에서 '기업가의 파괴적(disruptive) 활동'과 '대기업'이 주요한 역할을 수행한다는 점을 강조하였다(Schumpeter, 1942).

신고전파 경제성장론을 정초한 Solow(1956)는 완전경쟁 하에서 자본과 노동의 비율이 일정하다면 생산성 향상이 멈추게 되고, 따라서 경제성장이 외생적인 요인인 기술진보에 의해 결정된다고 주장했다. 이러한 사고에서 기술은 '마지막'(last resort) 설명 요인으로 성장은 궁극적으로 기술진보에 의해 좌우된다.

경험적 차원에서 기술진보의 결과는 '잔차(residual)인 총요소생산성'(total

factor productivity, 이하 TFP)으로 파악된다(Solow, 1957; Nelson, 1981). TFP는 생산성 증가에서 요소성장을 '압축하고 남은 것'(squeeze down the residual)으로 볼 수 있다. 이처럼 생산성 증가에서 자본, 노동 등의 요소성장과 잔차 요인의 기여도를 추정하는 작업을 '성장회계'(growth accounting)라고 한다. 통상적으로 TFP는 기술 변화가 성장에 미친 효과를 근사하는(proximate) 지표로 수용되고 있다. 이러한 논의에서 기술은 누적적이고 암묵적인 특성을 가져 그것의 획득과 사용에 노력과 비용이 수반되는 것이 아닌 '공공재'로서 이해된다.

1980년대와 1990년대에 기술혁신의 복잡성을 인식하게 되면서 신고전파 경제학 내에서 새로운 성장론이 제출되었다. 이를 가리켜 '내생적 성장론'이라고 한다(Romer, 1986, 1990; Aghion & Howitt, 1992). Romer(1986)는 R&D(research and development)를 내생화하여 '자본에 대한 한계수익 체감'을 가정하는 기존 Solow의 성장론을 수정 · 보완하였다. Aghion & Howitt(1992)는 새로운 혁신이 기존 혁신을 능가하는 혁신 과정을 '질의 사다리'(ladder of quality)라고 명명했다. 여기서 R&D는 본질적으로 성공적인 혁신에 대한 보상을 수반하는 '로또'(lottery)로 이해되고, 이는 비용과 확률적 계산이 가능한 '약한' 불확실성을 수반한다고 가정한다(Verspagen, 2004).

내생적 성장론은 부분적인 공공재로서 기술을 바라보기 때문에, 기술 변화의 외부 효과와 확산 효과(spillovers)에 따라 총계 수준에서 '규모에 대한 수확체증'이 나타난다. 국가별 경제성장의 차이는 국가 내 내생적인 지식축적 차이의 결과로 해석된다. 국가 간에 기술이 확산될 수 있지만, 이러한 과정에는 예를 들면 지식재산권, 비공식적인 무역장벽 등의 방해요소들이 있다. 장기적으로 경제성장은 기술혁신 성과의 전유성(appropriability)의 조건과 지식재산권의 행사(enforcement)에 의존한다(Fagerberg et al., 2010).

진화주의 입장은 지식의 확산 효과에 따른 혁신의 시스템적인 성격과 역사적 시간상에서 기술과 사회적 요인들 간의 상호작용을 중시한다. 경제성장은 '선택과 새로움의 창출'에 의해 이루어지는데, 혁신은 바로 새로운 것을 창출하는 과정이고 시장과 기타 제도는 중요한 선택기제들 중의 하나이다. 기술은 암묵적이고 누적적이기 때문에 '인지실패'가 발생하고 이에 따라 R&D의 효율성이 저하될 수 있다(Lundvall, 1992; Nelson, 1993).

진화주의는 기술과 경제에 대해 역사적으로 접근하여 이론적 · 경험적인 차원에서 '발견적' 도구를 제공하였다. 예를 들면, Dosi(1982)의 "선택된 기술 문제에 대한 해결 모형이나 패턴"을 지칭하는 '기술 패러다임'과 혁신이 시간상에서 고르게 분포하는 것이 아니라 일정 시기에 집중하는 경향을 지칭하는 '혁신의 시간적 클러스터링' 등이 그것이다(Verspagen, 2005). 따라서 경제성장에서 기술혁신은 불균등한 시간적 패턴을 보여 주기 때문에 경제는 언제나 균형에서 벗어나 있다는 주장이 제기된다.

또한 기술, 경제, 제도 간의 상호작용이 기술 변화를 이해하는 데 중요하다. 특히, 제도적 배치에 대한 이해는 '기술결정론'을 넘어서는 데 적실성이 있다. 이러한 사고는 확대되어 '국가혁신체제'의 개념화로 나아갔다(예: Freeman, 1987; Lundvall, 1992; Nelson, 1993). 그러나 국가혁신체제의 비교 경험연구 방법론은 논쟁거리로 남아 있다(Fagerberg et al., 2010). 국가혁신체제는 통상적으로 혁신의 개발, 확산, 사용에 영향을 미치는 중요한 경제, 사회, 정치, 조직, 제도, 그리고 기타 요인들을 포함하고, 이들 간의 상호작용 시스템으로 이해된다.

후발국가와 선발국가 간에 1인당 소득과 생산성 격차가 좁혀지는 '추격'(catch-up) 과정에서 기술혁신의 역할을 탐색하는 '추격의 경제학' 논의(Fagerberg & Godinho, 2005)는 우리나라에서 기술혁신과 경제성장 간의 관계를 이해하는 데 적실성이 매우 크다. 예를 들면, 미국, 독일, 일본과 같은 후발국가들은 각각 대량생산과 규모의 경제, 화학과 엔지니어링 산업에서의 R&D와 연관된 생산조직의 혁신, 적기 생산 방식과 같은 조직적 혁신을 통해 그 당시 선진국을 따라잡았다.

이러한 논의에서 유럽의 경우 독일의 영국 추격 과정 그리고 한국, 일본, 대만, 홍콩, 싱가포르 등과 같은 동아시아 국가들의 서구 추격 과정이 중요한 역사적 사례들로서 제시된다. 전자에 대해서는 Veblen(1915)과 Gerschenkron(1962)의 추격조건에 대한 논의가 대표적이고, 반면에 개발주의 국가론(예: Johnson, 1982; Amsden, 1989; Wade, 1990; Lall, 2000)이 후자의 사례를 다루었다.

Veblen(1915, pp. 191-192)은 '기계기술'(machine technology)의 진보는 국가 간 기술이전, 즉 추격 과정을 용이하게 만들었으며, 따라서 추격은 '금전적' 요인과 신산업에 의한 '기회'에 좌우된다고 주장했다. 그는 기술이 쉽게 가용하기 때문에 숙련과 인프라 측면에서 기술이전은 힘들지 않고 외부 기관의 적극적 개입이 없이도 시장이 필요한 조정 역할을 수행할 수 있다고 생각했다. 반면에, Gerschenkron(1962)은 성공적 추격을 위한 역량(capabilities) 형성의 필요성을 제기했다. 그는 독일이 영국을 추격할 당시 자본과 기술집약적인 기술이 일반적이었기 때문에 자원을 동원하기 위한 새로운 '제도적 수단'으로서 투자은행에 주목했다. Gerschenkron(1962)은 Veblen(1915)과 달리 기술이전은 쉽지 않으며, 성공적인 추격을 위해서는 외부 기관의 시장에 대한 적극적 개입이 필요하다고 생각했다. 추격을 위한 제도적 수단은 "선진기술과 시장(및 사용자)과의 연계, 필요한 숙련, 서비스, 기타 투입요소의 공급, 지역혁신체제 · 네트워크" 등을 포함한다(Verspagen, 2005, p. 536). 반면에, 동아시아 사례에 대해서는 베블런 유형의 시장친화적인 추격 과정으로 동아시아 국가의 경제적 기적을 설명하는 World

Bank(1993)의 입장과 정부의 적극적인 개입으로 추격 성공을 파악하는 거센크론 유형의 입장(예: Johnson, 1982; Amsden, 1989; Wade, 1990)이 있다.

거센크론과 발전국가론에 따르면, 추격은 자동적인 것이 아니고 많은 노력과 '역량 구축'이 필요한 과정으로 이해된다. 지식과 기술은 공공재가 아니라 학습 또는 조직된 R&D를 통해 창출된 것이고, 이는 민간기업과 이들 간 네트워크의 특정 역량에 깊이 착근되어 있기 때문에 쉽게 이전하기가 힘들다. 이를 위해서는 전술한 외부 기관의 개입에 의한 제도적 수단의 지원이 필요하다는 것이다.

Abramovitz(1986)는 거센크론과 유사한 입장을 견지하며 전후 유럽의 미국 추격 과정 연구를 통해 역량 형성을 통한 추격의 가능성을 제기하였다. 그는 기술체제가 시장 규모, 요소공급 요인들과 일치하는 정도를 일컫는 '기술적 일치'(congruence) 개념과 추격을 위해 후발국가가 개발해야 하는 역량(예: 교육 수준, 금융 시스템과 같은 사업 인프라 등)을 지칭하는 '사회적 역량'(social capabilities)의 개념을 고안했다. 그는 전후 유럽이 미국을 추격할 수 있었던 것은 유럽의 경제적 통합으로 규모집약적인 기술도입이 가능해졌으며 교육 수준의 전반적 증가와 효과적인 금융체제 덕분이었다고 설명한다.

2) TFP 추정과 내생적 성장론: '요소주도형' vs '혁신주도형' 성장

신고전파 성장론에서 자본과 노동 등의 생산요소의 성장 기여로 설명되지 않는 잔차로서 정의되는 TFP는 그 개념의 모호성으로 인해 '기술 블랙박스'(Solow, 1957) 또는 '무지의 척도'(measure of ignorance)로 일컬어지기도 한다(Abramovitz, 1956). 내생적 성장론이 R&D와 인적자본 스톡을 내생화하여 이 부분을 설명하고자 한 시도라고 이해한다면 TFP의 의미는 과소평가될 수가 없다.

우리나라에서 TFP는 거시경제의 기술혁신 지표, 즉 경제성장이 양적 성장인가, 아니면 질적 성장인가를 가늠하는 지표로 중요하게 받아들여지고 있다. 이러한 계기는 Krugman(1994), Young(1995), Kim & Lau(1994), Crafts(1999) 등 일련의 서구 학자들이 TFP 추정 결과를 통해 동아시아 성장의 한계를 지적한 것에서 비롯되었다. 이들은 한국을 포함한 동아시아 국가들의 고도성장이 지식자본 축적이나 기술진보에 의한 '혁신주도형' 성장이 아니라 자본과 노동 등의 '요소투입형' 성장에 기인한 것이라며 이러한 양적 성장은 머지않아 한계에 도달할 것이라고 예측하였다. 1997년 동아시아 금융위기가 고도성장의 원동력으로 거론되었던 과도한 자본축적에 의해 야기되었다는 반성이 일어나면서 Krugman(1994)으로 대표되는 이들의 연구는 더욱더 주목을 받게 되었다. 이러한 맥락에서 TFP는 '혁신주도형' 경제로의 이행을 가늠하는, 즉 기술진보와 생산효율성을 나타내는 중요한 지표로 인식되었다.

성장회계를 통해 TFP를 추정하는 연구들은 무수히 많으며, KDI, KIET 등의 국책연구기관 연구자들이 이를 주도하여 왔다고 볼 수 있다. 외환위기 이전 기간을 대상으로 한 연구들은 전술한 서구 학자들의 분석 결과와 크게 다르지 않다. 외환위기 이전 한국의 경제성장은 대체적으로 자본과 노동 투입에 힘입은 바가 크고, TFP의 성장 기여는 작아 질적 성장으로 이어지지 않았다는 것이다. 김적교 외(1984), 이성순(1992), 김종일(1998)은 각각 1969-1979년, 1970-1987년, 1970-1986년 기간을 대상으로 제조업의 성장이 물리적 자본축적 등의 요소투입형 성장에 의해 주도되고 있음을 보여 주었다. 김원규 외(2000)는 1970-1996년 기간을 대상으로 1970년대는 자본의 성장기여도가, 1980년대에 TFP 기여도가, 1990년대에는 다시 자본의 기여도가 크게 증가했다는 분석 결과를 내놓았다.

외환위기 이후를 대상으로 한 연구 결과들은 대체적으로 1990년대에 비해 2000년대 초반에는 TFP 증가율이 상승했으나 2000년대 후반 이후 하락하는 추세를 보여 준다. 하지만 이러한 추세에 대한 반론들도 존재한다. 따라서 외환위기 이후에는 TFP 증가율 추세를 일률적으로 재단하기는 어렵다. 한진희 외(2002)는 TFP의 성장기여도가 1980년대에 1.7%p 수준에서 1990년대 전반기에 0.4%p로 크게 떨어졌으나 1990년대 후반기에는 1.7%p로 상승했다는 분석 결과를 내놓았다. 1990년대 전반기의 물적 자본 증가율의 상승 및 TFP 증가율의 하락은 외환위기 이전의 과잉 투자를 뒷받침하는 증거로, 1990년대 후반 물적 자본 증가율의 하락 및 TFP 증가율의 상승은 외환위기 이후 기존 '요소투입형' 성장 방식에 변화가 발생하고 있는 것으로 해석했다. 1991-2005년 기간을 분석한 김종일(2006)에 따르면, TFP의 증가율이 1990년대 1.7%에서 2000년대 전반에 2.2%로 상승했다. 한진희 · 신석하(2008)의 연구도 TFP 증가율이 2000년대 전반기에 2%로 1990년대 전반기의 0.8%보다 높았다는 점을 보여 주었다. 남광희(2012)의 연구는 TFP 증가율이 1991-2000년 2.1%에서 2001-2007년 2.7%로 상승했다는 분석 결과를 내놓았다. 곽노선(2007)의 분석 결과에 따르면, TFP 증가율이 1980년대 3.3%, 1990년대 1.4%, 2000년대 전반기에 1.5%로 나타났다. 김동석 외(2012)는 외환위기 이후 TFP 증가율이 다소 커지고 있음을 보여 주었다. 신석하(2013)는 2000년대 TFP 증가율이 1990년대와 유사한 수준이라는 분석 결과를 내놓았다.

한국생산성본부(2012)는 TFP 증가율이 1990년대 0.33%, 2000년대 전반 0.31%, 2000년대 후반 0.13%로 추정되어 2000년대 이후 둔화되고 있다는 분석 결과를 보여 주었다. OECD(2012)의 추정 결과에 따르면, 1985-2010년 기간 한국의 TFP 증가율이 3.8%로 OECD 국가들 중에 가장 높았으며, 이는 1990년대에 비해 2000년대에 다소 하락했다. 반면에, 조태형 외(2012)는 2000년대 후반기의 TFP 증가가 전반기에 비해 요소 투입의 그것을 능가했다는 것을 보여 주었다.

기존의 추정 방식과는 달리 정교한 방법론을 사용한 연구는 기존 연구 결과와 상이했다. 장인성(2015)은 경쟁 형태와 규모수익 가정의 완화를 통해 기존 방식과는 달리 정교하게 TFP를 추정하였다. 그에 따르면, TFP 증가율이 1980년대에 2.2%로 정점이었으나 그 이후로 점차 감소하여 2000년대에는 1.3%에 이르렀다. 또한 그는 이러한 TFP 증가가 체화되지 않은(disembodied) 기술진보보다는 규모에 대한 수익의 증가에 기인하는 바가 더 크다는 점을 보여 주었다.

R&D가 혁신을 통해 경제성장에 정(+)의 기여를 한다는 주장은 이론의 여지가 없으나 R&D 투입과 TFP 증가율 간의 구체적 관계를 일률적으로 재단할 수는 없다(하준경, 2005). Jones(1995)는 R&D 활동은 지수적으로 늘어나지만 TFP 증가율은 거의 일정하게 유지되는 현상을 관측하고는 내생적 성장론의 경험적 적실성에 이의를 제기하였다. R&D 수준과 TFP 증가율 간의 정(+)의 관계를 가정하는 기존의 제1세대 내생적 성장론과 달리, R&D가 경제성장에 정(+)의 영향을 미치는 전달경로에 대해 상이한 견해를 가지는 제2세대 내생적 성장론에는 '준내생적'(semi-endogenous) 성장론과 '완전한 내생적'(fully-endogenous) 성장론이 있다. 전자는 R&D 투자의 수익체감을 가정하고 이를 상쇄하기 위한 R&D 투자 수준의 지속적인 증가를 주장하는 반면에, 후자는 R&D 투자의 수익불변을 가정하며 생산물의 확산에 따른 R&D 투자의 희석 효과를 강조한다(Aghion & Howitt, 1992; 하준경, 2005).

Ang & Madsen(2011)은 중국, 인도, 일본, 한국, 싱가포르, 대만 등 동아시아 국가들을 대상으로 완전한 내생적 성장이론이 강력히 지지되지만 준내생적 성장이론은 제한적으로 지지된다는 분석 결과를 내놓았다. 하준경(2005)은 전술한 제2세대 내생적 성장론의 두 모형 모두가 우리나라에 적용되지 않는다는 분석 결과를 제시하였다. 반면에 김시원(2016)은 내생적 성장론의 관점에서 1980년대 중반 이후 TFP 증가율의 하락세가 R&D 투입과 인적자본에 기인한다는 점을 밝혀내고자 하였다. 즉, 1980년대 이후 TFP 증가율의 하락세는 신고전파가 가정하는 장기 균형 수렴 과정에서 나타난 현상이 아니라 R&D 투입의 효율성 둔화와 인적자본의 추격 효과의 소진에 기인한다는 것이다. 후자는 1980년대 중반 이후 선도기술과의 격차가 줄어들면서 인적자본 스톡의 증가에 의한 기술추격 효과가 점차 사라지고 있다는 것을 의미한다. 따라서 신고전파 모형과 제1세대 내생적 성장모형이 아니라 R&D 투입의 한계수익 체감을 가정하는 준내생적 모형과 인적자본 효과와 관련한 추격 효과 모형이 우리의 경험에 부합된다는 것이다.

이제까지 TFP 추정과 내생적 성장론에 관한 주요 연구들을 검토했다. 결론적으로 신고전파 사고에서 기술혁신이 장기 경제성장의 핵심 결정 요인이라는 것에는 이론의 여지가 없다. 그러나 이제까지의 TFP 추정 작업은 몇 가지 문제들을 제기하고 있다. 첫째, 자료와 방법론에 따라 상반되는 TFP 추정 결과가 나와 기술진보의 추이에 대한 명확한 평가를 내리기가 어렵다는 것이다. 이러한 점에서 과연 TFP가 현실정합성이 있는 거시경제의 대표적인 기술혁신 지표인가에 대한 의문이 제기될 수 있다. Griliches(1979)는 TFP를 '사후'(ex-post) 지표로서 과거 경제성장을 분석하는 회계적인 방법으로 받아들이고 있다. 둘째, 성장회계에서 측정하는 기술진보는 자본재에 체화되어 있지 않은 협소한 의미의 기술발전을 의미한다는 점이다. 기술진보에 따른 자본재의 질적인 변화가 자본스톡의 증가에 반영되는 경우 성장회계를 통해 추정된 기술진보의 효과는 제한적일 수밖에 없다. 예를 들면, 기술 · 자본집약적인 산업(예: 반도체)의 기술혁신 활동이 설비투자(자본투입 증대)와 밀접한 연관을 가질 경우 TFP 기여도는 예상보다 작을 수 있다. 특히 우리나라의 경우 설비투자 또는 자본집약적인 산업들이 경제성장을 지탱하여 왔기 때문에 TFP의 추정 결과를 신중하게 해석할 필요가 있다. 셋째, TFP를 추정한 기존 연구들은 완전경쟁과 규모에 대한 수익불변을 가정함으로써 독점과 규모의 경제가 나타나는 경제현실을 제대로 반영하지 못하였다는 점이다.

TFP의 변동 추이가 경제성장률의 그것과 유사하다면 장인성(2015)과 김시원(2016)의 분석 결과대로 1980년대 중반 이후 성장률의 둔화를 어떤 경제성장 모형으로 설명하는가에 따라 상이한 정책적 시사점이 도출될 수 있다. 예를 들면, 김시원(2016)은 R&D 투입 증가의 한계수익 체감 효과와 인적자본 스톡 증가의 추격 소진 효과를 이야기하면서 R&D의 효율화와 인적자본의 질적 전환을 통해 탈추격의 정책적 시사점을 제기하고 있다. 하지만 기술진보에 영향을 미치는 구조적 · 제도적 요인은 체계적으로 고려되지 못하였다. 향후 R&D, 인적자본, 구조적 · 제도적 요인 등을 모두 반영하고 어느 요인이 더 중요한지를 구분하는 연구가 요구된다. 특히, 우리나라의 혁신투자 경험에 부합되는 거시경제의 성장모형에 대한 연구의 축적이 일천하여 이에 대한 심도 있는 연구가 요구되고 있다.

3) 기술역량과 국가혁신체제: 기술추격과 시스템 전환

우리나라에서 기술추격에 대한 기술역량(technological capabilities) 접근을 체계적으로 정립한 이는 고(故) 김인수 교수이다. 한국의 기술추격에 대한 그의 이론적 · 경험적 연구는 선구적이었을 뿐만 아니라 경제개발 초창기 우리의 기술학습 경험에 대한 성찰적인 자화상을 그려내고 있다. 이러한 점에서 이하에서는 김인수 교수의 학습과 경제발전 간의 관계에 대한 그의 기술역량론을 중심으로 논의를 전개할 것이다.

전술한 바와 같이, 추격에 대한 유럽 사례(예: Gerschenkron, 1962; Abramovitz, 1986)와 동아시아 발전국가에 대한 논의들(예: Johnson, 1982; Amsden, 1989; Wade, 1990; Kim, 1997; Kim and Nelson, 2000)은 의식적인 '역량 형성'(capability building)과 관련되어 있다. Kim(1980; 1997)은 기술역량 개념을 통해 한국의 급속한 기술추격을 설명하고자 하였다. 그는 기술역량을 "기존 지식을 소화, 사용, 그리고 변화시키기 위해 효과적으로 기술지식을 사용할 수 있는 능력"으로 정의하였다(Kim, 1997). 이는 '생산역량', '투자역량', '혁신역량' 등으로 구성되며, R&D와 기술의 상업적 이용을 위한 기타 능력들을 포함한다.

외국기술에 대한 의존에서 벗어나 선진기술을 추격하기 위한 맥락에서 Kim(1980)은 주로 우리의 경험을 토대로 개도국 기술발전의 세 단계를 제시했다. 첫째는 외국 수입기술의 '실행'(implementation)으로 외국 전문가들에 의존하는 단계이다. 둘째는 외국 수입기술의 '소화'(assimilation)로 내부역량의 형성을 토대로 제품의 다각화가 가능한 단계이다. 셋째는 국제시장에서 경쟁력을 높이기 위해 제품과 공정기술 측면에서 기술을 '개선'(improvement)하는 단계이다. 즉, 그는 후발국의 기술발전 단계를 '복제적 모방, 창조적 모방 및 혁신적 단계'로 구분한 것이다. Kim(1997)은 삼성전자를 사례로 '실행-소화-개선'의 연쇄로서 '수입기술의 도입 → 점진적 개선 → 혁신기반 경쟁'으로 진화하는 과정을 보여 주었다. 그의 논지는 이러한 일련의 단계를 거쳐 국내의 과학과 엔지니어링 역량이 형성될 수 있다는 것이다. 따라서 기술추격 전략이 성공하기 위해서는 국내 인적자원이 제품수명주기 초기 단계에서 나타나는 숙련집약적인 활동으로 전환해야 한다는 것이다.

외국기술을 단지 사용하는 것이 아니라 그 기술을 습득해야만 진정한 기술추격이 가능하기 때문에(Perez & Soete, 1988) 그는 다양한 유형의 기술학습 채널들을 제시하였다. 그는 우리나라 기업들이 자본재 수입, 기술 라이선싱, 역엔지니어링, 무역정책, 엄격하지 않은 지식재산권 규범 등 여러 채널들을 통해 선진기술을 학습하고 획득했다는 것을 예증하였다(Kim, 1997; 2003). 또한 그는 외국기술을 소화하기 위한 기업 능력으로 R&D 및 기업들 간의 긴밀한 상호작용(연계)도 강조했다(Kim, 1980). 경제개발 초창기 우리나라 기업들의 성공적인 추격은, 그의 해석에 따르면, 외국 기업과의 거리두기(arm's length), 국내 대기업의 역량형성, 기술학습을 위한 정책(예: 교육, 산업, 무역, 기타 정책) 등 이러한 요인들의 결합의 산물이다.

국가혁신체제 논의는 STEPI로 대표되는 국책연구기관의 연구자들을 중심으로 이루어졌으며 혁신정책의 정책적 수요와 조응하였다. 국가혁신체제는 정책적 담론으로 유통·소비되면서 대중적으로 확산되었다. 한국의 국가혁신체제 구조와 특성에 관한 주요 연구들로는 이공래 외(1999), 이공래·송위진(1998), 송위진 외(2004), 송위진 외(2006) 등을 거론할 수 있다.

이공래 외(1999)와 이공래·송위진(1998)은 출연(연), 대학과 기업 간 관계, 교육훈련체제, 금융 시스템 등 국가혁신체제의 구성요소들을 개별적으로 분석하였다. 의도하든 의도하지 않든 국가혁신체제는 이러한 요소들의 단순한 결합으로 이해된 셈이다. 이들은 한국 혁신체제의 단점과 장점을 제시하고 있는데, 전자는 미약한 혁신 주체 간의 연계, 기술혁신 메커니즘의 취약, 취약한 대학의 연구 기능, 기초과학 능력의 부족 등에 따른 국가과학기술 기반의 취약성을 지적하고 있으며, 후자로는 고학력 인력의 왕성한 공급, 양호한 기업의 생산 기반, 증가하는 기업연구소, 대학의 연구잠재력 등으로 인한 기술혁신 잠재력을 제시하고 있다.

송위진 외(2004)는 국가혁신체제를 구성하는 개별 요소들에 대한 분석을 수행하고 그것을 병렬적으로 열거하는 기존 연구와는 달리 기술혁신 모형을 중심으로 이들 구성요소들의 기능과 역할을 구조적으로 접근하는 방식을 취하였다. 그들은 한국 혁신체제가 '모방형 · 각개약진형' 기술혁신 모형에 기반하고 있으며 새로운 기술과 경제 환경의 변화에 대처하기 위해서는 '창조형 · 혁신공동체형' 기술혁신 모형으로의 시스템 전환이 필요하다고 주장하였다. 그들의 분석에 따르면, 과거 요소주도형 고도성장기에 형성되어 1980년대 말에서 1990년대 초에 완성된 '모방형 · 각개약진형' 한국의 국가혁신체제는 외국 원천기술과 핵심 부품소재의 도입을 통한 조립 · 생산에 부합되는 것이었다.

송위진 외(2006)는 기존 연구들이 한국 혁신체제가 앞으로 창조형 · 선도형으로 전환해야 한다고 하지만 이에 대한 구체적인 모습을 제시하지는 못했다는 점을 비판하고, 탈추격형(post catch-up) 국가혁신체제의 조감도를 그려내고자 시도하였다. 여기서 탈추격형 혁신은 "추격형 혁신 활동과 구분되고 또한 선진국형 혁신 활동과도 차이가 있는" 것을 지칭한다. 그들은 탈추격형 혁신 활동의 패턴들을 파악하기 위해 기업, 대학 · 출연연구소의 연구팀, 핀란드, 일본, 한국의 정부 및 행정체제에 대한 사례연구를 수행하였다. 예를 들면, 기업 차원에서 나타난 탈추격형 혁신유형으로 "기존에 축적된 능력을 바탕으로 원천기술 개발"을 하는 경우(예: 고압소화용기, 나노 섬유, 반도체 등 자본집약적인 주력산업), "지배적 설계 설정 직후 진입하여 아키텍처 혁신"을 수행하는 경우(예: 휴대폰 칩, 셋톱박스 등 IT산업), "원천기술을 보유하고 제품유동기에 진입"한 경우(예: 바이오 신약과 마이크로 프로세서) 등을 제시하였다. 각개약진형 혁신 주체들이 공진화하는 모습이 나타나 추격형 혁신체제와 구별된다고 지적하였다.

국가혁신체제의 국제 비교연구가 이루어졌다. 대표적인 연구로는 한국과 대만의 제도적 연계와 혁신성과를 비교한 Choung & Hwang(2000) 그리고 추격형과 선진국형 국가혁신체제의 특성을 도출한 이근(2014a)과 Lee(2013)를 들 수가 있다. Choung & Hwang(2000)은 특허와 과학출판물 자료를 통해 민간 부문 기술역량의 강화가 국가혁신체제 강화의 원동력으로 작용했으며, 이는 또한 과학기술 지식의 창출에서 민간과 공공 부문 간의 연계를 강화시켰다는 분석 결과를 제시하였다. 이근(2014a)은 미국의 특허인용 자료를 가지고 혁신체제의 국가간 비교를 위한 "지식생산의 토착화, 집중도, 독창성, 기술수명주기, 기술다각화" 등의 조작적 변수들을 제안하였다. 이들 변수들을 가지고 Lee(2013)는 한국과 대만의 국가혁신체제를 다른 중진국 및 선진국과 비교하여 추격형 국가혁신체제의 특성들을 규명하였다. 분석 결과에 따르면, 성공적인 기술추격 국가는 기술수명주기가 짧은 분야(예: IT)에 특화하여 성장했다는 것이다. 그는 한국의 경우 2000년대 이후 기술수명주기가 긴 분야(예: 바이오, 의료, 소재 등)로 진입하고 있지만 성공적인 상업화로 이어지지는 못했으며, 선진국보다 상대적으로 낮은 지식생산의 토착화와 기술다각화 정도와 선진국보다 과도하게 높은 집중화의 정도가 개선되어야 선진국형 국가혁신체제로의 전환이 가능하다고 제안하였다(이근, 2014a).

고 김인수 교수의 기술역량론은 외환위기 이전 우리나라 기업들의 기술학습에 기반한 선진기술의 추격 과정을 잘 보여 주고 있다. 이 논의에 대한 평가를 해보면 다음과 같다. 첫째, 기술역량론은 신고전파 경제학의 기술에 대한 이해와 차이가 있다. 신고전파 경제학에서는 기술을 공공재 또는 부분적 공공재로 인식하고 기술 확산과 이전을 강조하지만 그것이 작동하는 채널들에 대한 논의가 거의 없다. 하지만 기술역량론은 추격이 외국기술의 수입과 사용에 의한 학습이 가능한 자동적인 과정이 아니라 많은 노력과 '역량 형성'을 필요로 한다는 점을 명확히 인식하고 있다. 그리고 그러한 기술학습의 다양한 채널들을 예증하고 있다.

둘째, 기술역량론은 단계론적 사고에 기반하여 있다. 즉, 일련의 단계들을 통해 기술역량이 누적되고 확대 · 심화된다. 이러한 사고방식에 대해 이근(2014b)은 선진국의 제품수명주기에 기반한 누적적 · 선형적인 기술인식(Perez & Soete, 1988)이라고 비판했다. 이렇게 사고할 경우 개도국이 선진국을 따라잡기는 사실상 불가능하다. 비선형적인 과정으로 기술혁신을 이해해야 단계를 생략하거나 넘어설 수 있는 여지가 있다는 것이다.

셋째, 기술역량론은 과학지식과 엔지니어링 역량 형성에 초점이 맞추어져 있다. 기업의 혁신역량을 전방위적으로 구축하기 위해서는 R&D, 엔지니어링, 작업장 수준의 숙련(제조역량) 등이 유기적으로 연계되고 결합되어야 한다. 기술역량론은 R&D와 엔지니어링 역량의 형성에 관심을 두고 있지만, 작업장 수준의 숙련 형성에 대해서는 그다지 초점을 두지 않는다. 생산 과정에서 나타나는 '실행에 의한 학습'이 여전히 중요한 학습기제이고, 일본의 경우 현장숙련과 엔지니어링 간의 유기적 연계에 의해 형성된 '조직적 학습'이 기업경쟁력 원천의 일부라는 점을 인식한다면, 그리고 기계, 자동차 등 점진적 혁신이 주가 되는 산업들이 우리나라 산업경쟁력의 중추를 형성하고 있다는 점에서도, 작업장 수준에서 숙련 형성의 역할과 학습 메커니즘에 관한 관심은 중요하다.

국가혁신체제론은 정부정책에서 기술혁신정책의 위상을 높이는 계기를 마련했다. 이는 기술주의적인 시각을 지양하고 시스템적이고 역사 · 제도적인 접근을 택하기 때문에 다른 부문 정책들과의 연계 또는 대화의 가능성을 높였다. 하지만 국가혁신체제론에 대한 연구에서 한국 혁신체제의 특성과 구조에 대한 심층적인 역사 · 제도적인 비교 분석이 요구되고 있다. 기술 변화와 연관된 국가혁신체제 구성요소들과의 상호작용은 긴장과 갈등을 수반하기도 하고 이들의 제도적인 배치 변화를 통해 보완적으로 연계되기도 한다. 하지만 혁신체제를 구성하는 요인들 간의 '제도적 보완성'에 대한 연구는 문제의식의 단계에 머물러 있다. 예를 들면, '독일형'의 제도적 배치를 가정하는 주력기간산업과 '미국형'의 제도적 배치를 가정하는 IT산업의 혁신체제 내 공존과 병행을 어떻게 이해해야 하는가에 대한 정교한 분석은 아직 걸음마 단계이다(송위진, 2009).

다른 한편으로, 국가혁신체제의 비교연구에서 이근(2014a)과 Lee(2013)는 미국 특허인용 자료를 활용하여 조작적 변수들을 생성하고 '기술수명주기' 가설에 따라 국가혁신체제의 특성을 규명하였다. Fagerberg et al.(2010)이 지적한 바와 같이, 국가혁신체제의 비교연구 방법은 논쟁거리로 남아 있는 상황에서 이근(2014a)과 Lee(2013)의 작업은 이 분야에서 매우 진일보한 연구라고 생각한다. 하지만 그는 국가혁신체제를 "지식의 습득 · 창조 · 확산 · 사용에서의 효율성에 관한 개념"으로 이해하고 있어 그 인식이 다소 협소한 것으로 보인다. 그의 작업은 한국의 혁신체제를 규정짓는 새로운 유형의 기술학습 채널을 발견하고 개념화하는 데까지는 이르지 못한 것으로 보인다. 국가혁신체제론이 기본적으로 기술 변화에 부합되는 제도적인 배치의 동학(dynamics) 또는 메커니즘을 강조한다면, '조직적 루틴' 또는 '조직적 학습' 개념을 통해 일본이 자동차 및 반도체 분야에서 급성장을 했던 과정을 분석한 Freeman(1987)과 같은 연구가 요구된다.

4) 슘페터적 개발론: 경제추격론

이근 교수와 그 연구집단은 우리나라에서 경제추격에 대한 논의를 통해 '슘페터적 개발론'을 체계화하였다. 이들은 국가 · 산업 · 기업 수준에서 기술추격에 관한 다양하고 광범위한 연구로 '추격의 경제학'을 심화시켰다. 동 분야에서 연구 범위와 업적을 고려하면 이근 교수와 그 사단에게 심심한 경의를 표하지 않을 수 없다.[1] 이하에서는 이근 교수의 '경제추격론'을 중심으로 논의를 전개한다. 그와 그의 사단의 연구 성과가 방대하고 국내 · 외적으로 영향력이 매우 크기 때문에 이에 대한 비판적 평가는 다음 절에서 따로 언급한다.

Lee & Mathews(2010)는 워싱턴 컨센서스(Washington Consensus)에 대안으로 '북경–서울–동경'(Beijing-Seoul-Tokyo; BeST), 즉 '역량 형성 중심 발전론'인 베스트 컨센서스를 제시하였다. 이는 개방, 외자도입, 특화 대 다각화 등에 대한 이분법적 논리와 서구 중심적인 경제성장론을 넘어서고자 한다. 후발국의 역량 형성에 도움이 되는지 여부가 중요시 되어 여기에는 실용적인 사고가 깃들어 있다. Lee & Kim(2009)은 경제성장 단계별로 상이한 제약 요인들(binding constraints)이 존재하지만, 특히 중진국에서 선진국으로의 이행에서 핵심 요인은 고등교육과 혁신 능력이라는 것을 경험적으로 보여 주었다.

중진국에서 선진국으로 이행하기 위한 처방전으로서 베스트 컨센서스는 민간기업과 정부 간 연계를 통한 역량 형성의 과정으로 '외부 지식 학습 채널의 다양화', '수출 주도의 개방 전략(규율과 학습 효과)', '핵심 기술과 산업의 수입대체', '동적 비교우위를 위한 단계적 업그레이딩(관련 · 비관련 다각화)'을 제

---

1 '추격의 경제학'에 관한 그와 그의 집단의 주요 저서들은 다음을 참조할 수 있다. 이근(2007; 2014b), 이근 편(2005; 2007; 2008; 2013), 이근 · 박태영(2014), Lee(2013).

시하고 있다. 또한 외부 환경을 정비하여 역량을 형성하기 위해 정부는 '인적 자본 육성', '추격 친화적인 금융 시스템', '거시안정성', '비시장적 개입의 단계적 축소' 등의 역할을 열거하고 있다(Lee & Mathews, 2010). 베스트 컨센서스는 혁신역량의 차이가 국가 간의 장기 경제성장을 좌우하기 때문에 후발국의 역량 형성을 통한 경제추격 전략이 적실성이 있다고 주장하고 있다.

Lee & Lim(2001)에 따르면, 경제추격은 '경로추종형', '단계생략형', '경로창출형'으로 유형 구분이 가능하며 성공적 추격은 '단계생략'이나 '경로창출'을 요구한다. 이는 신기술의 출현(예: 디지털 기술(Lee, 2013)), 경기변동이나 시장수요 변화(예: 불황기(이근, 2014b)), 정부 개입이나 규제 변화(이근, 2014a; 2014b) 등과 같은 '기회의 창'을 적극적으로 활용한 결과이다.

Lee(2013)는 중진국에서 선진국으로의 이행에서 기술수명주기가 짧은 단명기술(예: IT 부문(Park & Lee, 2006)) 분야의 특화가 유효한 전략이라고 주장한다. 저소득국에서 중소득국으로의 이행에서는 역(逆)제품수명주기론의 적실성이 인정되지만, 중소득국에서 고소득국으로의 이행에서는 기술수명주기론이 더 적실성이 있다는 것이다. 여기서 기술수명주기는 미국의 특허인용 자료를 사용하여 "해당 특허가 인용한 특허들의 평균 출원(등록) 연도를 가지고 측정한" 것으로서 기술사용의 단명과 장수의 정도를 의미한다(이근, 2014b).

그는 '누적적' · '단선적' 과정으로 기술추격을 암묵적으로 가정하는 역제품수명주기론에 입각한 기술역량의 형성으로는 중진국 함정을 벗어날 수가 없다고 단언한다(이근, 2014b). 전술한 바와 같이, 경로창출과 단계축약, 즉 '비약'을 동반해야 경제추격이 가능하기 때문이다. 중진국 함정의 탈출을 위한 '틈새기술'의 선택 기준은 기술수명주기가 적합하며(Lee et al., 2013), 한국과 대만은 1980년대 중반에 단명기술 분야로 전환하여 성공적인 추격을 이룩했으며 2000

년대 이후 선진국형 장수기술 분야로 진입하기 위해 노력하고 있다. 우리나라의 경제추격은 기술수명주기가 긴 기술에서 짧은 기술로 이행해 온 과정으로 이해될 수 있다. 예를 들면, 1960년대 저부가가치형 기술수명주기가 긴 분야(예: 의류), 1970년대 중반 이후 중간 정도의 기술수명주기 분야(예: 자동차, 조선 등), 1980년대 중반 이후 짧은 기술수명주기(예: TDX, 반도체, 이동전화, 디지털 TV 등) 분야의 특화로 이어졌다(이근, 2014b).

이근(2014b)과 Lee(2013)는 다각화는 추격형 성장의 수단이 아니라 결과라고 주장하면서 Hausemann et al.(2007)의 '제품공간론'을 비판하고 있다. 또한 그는 대기업 집단의 위험공유 기능의 편익을 강조하고 있으며, 성공적인 추격을 위해서는 능력 배양 후 인센티브 제공을 통한 '우회'와 '비약' 전략이 필요하다고 주장한다. 즉, 성공적 추격은 '추격의 역설'을 대면한다는 것이다. 그는 세 가지의 추격의 역설을 이야기한다. 첫째, 선발자의 경로를 답습해서는 성공적인 추격이 가능하지 않다는 것이다. 둘째, 성공적인 추격을 위해서는 우회 전략이 요구된다는 것이다. 셋째, 기술 패러다임의 변동과 같은 기회의 창은 후발자의 비약적인 추격을 이끌어 내기도 하지만 후발자 추격의 진입장벽 또는 장애 요인으로 작용할 수도 있다는 것이다.

요약하면, 이근의 슘페터적 추격성장론의 핵심 키워드들은 '경로창출과 비약', '기회의 창', '틈새', '기술수명'이고, 이러한 개념적 장치들은 국가, 산업, 그리고 기업 차원에 적용될 수 있다. 그는 한국과 대만의 경험을 바탕으로 기술수명주기론을 정초한 것이다.

3. 경제추격론에 대한 비판적 평가

1) 추격의 기본 특성: '단순 조립' 대 '첨단 조립', '연속성' 대 '단절성'

Lee(2013)의 기술수명주기 가설에 의하면 1980년대 후반 이후 특히 한국과 대만은 기술수명주기가 짧은 IT 부문에 특화하여 성공적인 경제추격을 이루어 냈다. 그렇다면 이러한 성공적인 추격의 기본적인 특성은 무엇인가? 이에 대한 논의를 진행하기 위해 우리나라의 공업화에 기존 연구들을 검토해 볼 필요가 있다.

일본 학자 핫또리 타미오(2005)는 대만이 IT 분야에 진입하면서 한국처럼 '조립형 공업화'의 경로를 밟고 있다는 견해를 피력하였다. 그의 조립형 공업화 가설은 기계장비, 소재 · 부품 분야에서 한국의 만성적 대일무역수지 적자를 설명하기 위한 것이었다. 그의 논지는 1970년대 NC 자동화 기계의 일반화와 가격 하락, 냉전에 따른 국제분업체제, 그리고 정부의 적극적인 산업정책 등 삼자의 결합으로 핵심 부품 · 소재와 기계장비를 수입하여 가공이 아니라 이를 조립하는 조립형 공업화 기반이 한국에 구축되었다는 것이다. 이는 지경학적인(geo-economic) 기술적 조건(예: 일본) 하에서 누적적인 기술 축적이 더딘 공업화 패턴을 의미하며, Veblen(1915)이 언급한 '기계기술'의 기술적 조건에 따른 용이한 추격 효과를 연상시킨다. 우리나라의 공업화는 1970년대 중반 이후의 NC 자동화 기계의 도입과 확산, 1980년대 중반 이후의 노동배제적인 자동화 설비투자, 그리고 1990년대 중반 이후의 IT기술에 기반한 생산 모듈화의 경로를 밟아왔다. 누적적인 기술역량의 축적이 필요한 분야보다는 제품 수준의 고도화가 가능한 분야(예: 전자, 반도체, 휴대폰)에 특화했으며, 최근에는 자동차산업에서도 생산의 모듈화가 광범위하게 이루어지고 있다(정준호, 2016). Ley & Kuo(1991)는 한국 기업의 전략을 '조립형 전략'(assembly strategy)이라고 명명하였다. 이 전략에 따르면, 기업은 시장가격을 초과하는 단위비용에 직면하더라도 일단 조업을 감행하고 규모의 경제와 실행에 의한 학습을 통해 기술경험을 기업 내부에 축적시켜 제품설계와 조업역량을 확보한다. 또한 단순기술에서 복잡기술로 상향하는 기술학습 과정을 거쳐서 최신 공정기술의 확보가 생산성 증대와 경쟁력 확보에 필수적이다. Fujimoto(2006)는 한국 기업은 반도체나 범용강, 범용석유화학제품 등과 같은 자본집약적인 개방형 모듈제품에 경쟁우위를 보유하고 있다고 지적하는데, 그 이유는 재벌 대기업이 가진 자금동원력과 신속한 의사결정의 집중성이 뛰어나기 때문이라는 것이다.

이들의 논리를 정리하면, 규모의 경제를 향유하기 위한 대규모 설비투자, 공정기술의 중시와 작업장 숙련의 경시, 표준화, 위험공유 수단으로서 재벌과 정부의 산업정책 등을 언급하고 있다. 즉, 베블런의 '기계기술'의 효과와 거센크론의 '제도적 수단'의 결합으로서 한국의 공업화 전략을 설명하고 있다고 하겠다. 기술수명주기론이나 조립형 공업화 가설이나 결국은 추격을 위한 기술학습의 난관이 덜했다는 것이다. 그렇다면 남은 문제는 투자 문제와 시장수요의 문제이다. 위험공유 수단으로서 재벌체제와 정부정책은 이를 해결하기 위한 제도적 수단이다. 예를 들면, 철강, 조선, 반도체, 휴대전화, 디지털 TV 등은 표준화와 모듈화를 통한 적기의 투자 타이밍 덕분에 경쟁력을 확보한 것이다. R&D 역량과 작업장의 제조역량과 비교해 보면 엔지니어링 역량의 내부 축적은 성공적인 추격에 중요한 역할을 수행하였다(Amsden, 1989).

한국의 이러한 공업화 경로는 기업 규모에 따른 이중구조, 막대한 설비투자에 따른 장시간 노동, 기술과 숙련의 분단으로 인한 조직적 혁신의 저해를 야

표 2-1 제조업 종사자 만 명당 운영 중인 로봇 대수(로봇 밀도)의 국제 비교

(단위: 대수)

	1990	1994	1998	2002	2006	2010	2013
일본	182.7	252.7	298.8	292.1	303.2	270.1	293.2
미국(북미)	19.6	30.1	41.5	60.1	59.6	76.2	88.9
독일	30.9	50.4	90.0	129.8	171.6	191.5	214.7
이탈리아	25.7	41.6	64.7	96.6	129.7	148.0	144.7
프랑스	17.5	28.7	38.6	57.3	80.5	102.0	102.0
영국	10.0	16.9	24.8	35.8	46.5	47.5	53.4
스페인	7.3	17.3	31.8	60.5	83.8	121.9	136.4
한국	6.1	26.7	80.2	104.4	168.6	250.9	373.1

주: 1) 2006년 이후 미국은 북미(미국, 캐나다, 멕시코) 기준임.
2) 로봇 밀도는 ILC의 제조업 고용 자료와 IFC가 발표하는 연말 기준 운영 중인 산업로봇 대수를 이용하여 산정한 것임.

자료: 정준호(2016).

기했다. 즉, 숙련 기반의 기능적 · 계층적 통합의 기반이 매우 협소하고, 미국처럼 작업장을 배제한 채 엔지니어와 경영자가 주도하고, 중간 엔지니어가 현장 노동의 역할을 적극적으로 보완한다(조성재 외, 2006; 김철식 외, 2011). 〈표 2-1〉에서 보는 바와 같이, IT 분야에 특화되면서 로봇에 대한 의존도는 점차로 높아졌으며, 현재는 확고한 세계 1위이다.

1970년대 이후 공업화 궤적에서 성공 요인들이 크게 변하지 않았다면, 이영훈(2014)이 언급한 바와 같이, 한국의 공업화는 '단순 조립'에서 '첨단 조립'으로 이행한 것이 아닐까 하는 의심이 든다. 경제추격은 기술추격의 문제 이상으로 투자와 시장을 뒷받침하는 제도적 수단의 배치 문제로 소급되는 것이 아닐까 하는 생각이 든다. 이처럼 R&D, 엔지니어링, 작업장 숙련 등 가치사슬 구성요소들 간의 불균형한 학습 능력 제고를 수반한 기술추격과 1인당 소득의 증가를 수반한 경제추격 간의 괴리가 심하다면 이러한 추격은 어떻게 이해되어야 하는 것일까?

성공적인 추격을 설명하는 기술수명주기론은 기술추격이 작동하는 새로운 유형의 기술학습 유형이나 채널을 보여 주지 못하였다. 기존의 '실행'에 의한 학습기제 이외에 '사용'이나 '상호작용' 또는 '모니터링'에 의한 학습기제의 작동 방식의 발견 또는 이의 구체화로 나아가지 못하였다. 교역재, 인력의 이동성, 기술제휴, 클러스터 내의 '분위기' 등과 같은 기술이전이나 학습의 채널들이 단명기술로의 전환 이후 어떻게 결합이 되고 새로운 유형이 출현하는지에 대한 논의가 거의 없다. 기술수명주기론은 기술에 대한 누적적이고 단선적인 이해를 비판하고 있지만 우리나라 기술추격 과정에서 기술학습의 연속성과 단절성에 대한 문제의식이 두드러지지는 않는다. 전술한 바와 같이, 최근의 정교한 방법론에 입각한 TFP 추정 결과는 1980년대 중・후반 이후 TFP 증가율이 둔화되고 있다고 제시하고 있다. 하지만 또 다른 각도로 보면 우리나라는 1980년대 중반 이후 단명기술에 특화하여 성공적인 추격을 이루어 냈다. 이 둘을 어떻게 연관을 지어 이해하는가는 기술추격 과정에서 연속성과 단절성의 문제의식과 맞닿아 있다.

2) '추격의 역설'을 넘어서는 '탈추격'의 문제

성공적인 추격을 위해서는 비약 전략이 요구된다. 하지만 여기에는 "초기시장의 확보와 올바른 기술표준 선택"이라는 두 가지 위험이 도사리고 있다. 대기업 재벌체제와 정부의 각종 정책 수단들(예: 산업기술정책, 정책금융 등)은 집합적 위험공유 기능을 제공하는 제도적 수단들이다. 전술한 바와 같이, Veblen(1915)은 국가기구의 개입에 의한 제도적 수단의 구축에 대해 비판적이었다. 이것이 가져오는 비민주주의적인 폐쇄성을 인식하였기 때문이다.

우리나라 대기업 재벌체제는 폐쇄적인 기술학습, 즉 기술적 분업의 심화와 기술확산 효과의 제한으로 특징지어진다. '○○동물원'이라는 비유는 이를 잘 예증한다. 재벌대기업은 수직적 계열화를 통해 지대를 전유하고 있으며 이익을 사유화하고 비용을 빈번하게 사회화하고 있다. 반면에, 정부정책은 도덕적 해이, 지대추구, '시장관리주의'(market managerialism) 문제 등에 직면하여 있다. 특히, 혁신과 관련하여 시장관리주의 문제가 심각한 것으로 보인다. 형용모순적인 용어들로 구성된 이 개념은 O'Riain(2011)이 아일랜드의 금융위기를 기술혁신의 입장에서 설명하기 위해 사용되었다. 이는 중앙집권적인 성과관리와 시장선별, 즉 수월성의 원리에 따른 연구 과제 선정의 결합을 일컫는 것이다. 혁신은 이종 간 결합을 전제로 한다. 하지만 양적 지표 중심의 형식적인 성과지상주의는 과도한 경쟁에 따른 과제 선정, 유지, 그리고 생존을 1차적 과제로 내몰기 때문에 혁신의 토양인 비시장적인 수평적 네트워크의 구축을 저해한다. 따라서 연구 과제가 다분히 형식적 · 폐쇄적으로 수행되면서 혁신의 확산 효과가 제한된다. 이는 혁신투자의 장기적인 경제적 성과를 끌어내린다.

역량 형성에서 능력 배양 후 시장 인센티브로 전환하는 '우회 전략'이 추격에 효과적이라고 지적되지만, 경로의존성, 지대추구, 시장관리주의 등의 문제가 발생하면서 '전환의 역설'이 발생하고 있다. 단명기술과 장수기술에 대한 추격에서 기술학습 유형들이 상이하다면 단명기술에 적합한 기존 제도적 수단들은 제조의 '창조적 파괴'를 거쳐야 선진국형 장수기술로의 추격이 가능한 것이 아닐까 생각한다. 왜냐하면 이근(2014b)이 강조하고 있듯이, 추격은 기존의 순차적이고 누적적이고 선형적인 발상으로는 가능하지 않기 때문이다. 따라서 비약 전략에 수반되는 리스크 헤징, 우회 전략의 전환 역설, 기회의 창이 갖는 이중성 등 추격의 역설을 넘어서는 소위 '탈추격'의 문제의식이 그에게는 미흡한 것으로 보인다.

3) 추격모형의 일반화 문제

Lee & Mathews(2010)는 단명기술의 혁신을 통한 동아시아 국가들의 성공적인 추격 경험에 기반하여 '역량 형성 중심의 'BeST Consensus'를 제안하였다. 이는 특히 한국과 대만의 추격 사례들을 일반화하려는 시도로 볼 수 있다. 한국의 놀랄 만한 추격에 대해 많은 논란이 있지만 Khan & Jomo(2000)는 한국은 특수한 성공 사례로 정리하고 있다. 그의 주장에 따르면, 인도의 경우 경제발전 초기에 한국과 거의 동일한 정책 수단과 산업을 선별했으나 지대의 전유와 배분이 자본축적과 기술혁신으로 이어지지 못하였다. 이는 이를 둘러싼 다수 이해관계의 분파가 존재하였기 때문이다. 반면에 한국은 독재를 통한 탈정치화 기제가 작동하고 있었다. 이러한 점에서 한국의 모형은 모범 사례로 수용되기에는 한계가 있을 수밖에 없다.

베스트 컨센서스는 민주화 이후의 한국의 추격 경험에 기반하고 있다는 점에서 Khan & Jomo(2000)의 비판에서 벗어날 수 있을지 모르겠다. 그렇다면 베스트 컨센서스의 구성요소가 추격모형의 일반화 문제를 판단하는 데 중요한 단서가 될 수 있을 것으로 보인다. 이근(2014b, p. 17)은 민간과 정부 간의 긴밀한 대화, 즉 '기업가적 자기발견'을 통해 제약 요인을 확인하고 이를 해결하고자 하는 Rodrik(2009)의 '신산업정책론'은 개도국의 추격에는 적합하지 않는다고 비판하고 있다. 왜냐하면 너무나 많은 제약 요인들이 있기 때문에 그것의 우선순위를 정하는 것이 쉽지 않기 때문이다. 베스트 컨센서스는 국제학계에서 '제도중시론'의 대표주자의 한 사람인 Rodrik(2009)을 겨냥해 서구 중심주의를 넘어서려 한다. 그런데 Rodrik(2009)도 워싱턴 컨센서스를 비판하면서 양질의 성장을 위해 마땅히 갖추어야 할 제도들의 목록을 제시하고 있다. '재산권', '규제제도', '거시안정화를 위한 제도', '사회적 보장을 위한 제도', '갈등관리를 위한 제도' 등이 그것이다.

Lee & Mathews(2010)와 Rodrik(2009)의 양질의 성장을 위한 목록들을 직접 비교할 수는 없으나, 전자의 경우 '재산권' 항목이 목록에서 빠져 있다. 워싱턴 컨센서스에서 '재산권 보호' 항목은 매우 중시된다. 이근(2014b)과 Kim et al.(2012)은 기술혁신과 연관된 지재권 보호에 대해서 능력 배양 후 인센티브로의 전환이라는 우회 전략의 시각에서 '시장실패'가 아니라 '역량실패'를 중시하여 접근해야 한다고 주장한다. 즉, 엄격한 지재권 보호는 추격 단계에 적합하지 않고 추격이 완료된 선진국에 부합된다는 것이다. 반면에, Rodrik(2009)은 재산권이 형식적 · 법률적 소유권이 아니라 실질적 통제권이 중시되어야 하고, 중국의 사례에서 보듯이, 통제권은 무조건 사적일 필요가 없으며 다양한 형태의 병존이 가능하고, 공공의 이익을 위해 사유재산권이 제한될 수 있다고 생각한다. 그의 주장은 소위 보편적이고 무차별적인 적용을 강조하는 워싱턴 컨센서스의 '재산권 보호' 내용과는 사뭇 다르다.

재산권 문제는 혁신에 대한 보상 또는 인센티브의 문제이기도 하지만 권력 배분의 문제이기도 하다. 이는 단순히 우회 전략의 옵션으로 다룰 수 있는 차원의 문제가 아니라 이를 넘어선다. 이는 금융억압 또는 금융제약 등과 같은 투자자금 조달과 금융제도의 문제, 재산권 제약, 기업 지배 구조 등과 관련된 제도적 수단의 배치를 둘러싸고 경쟁과 갈등이 벌어지는 장이다. 이러한 점에서 성장강화적인 제도 형성에서 핵심 요소로 거론되는 이 조항이 베스트 컨센서스 목록에서 왜 빠졌는지 이해하기 어렵다.

앞으로의 기술추격 과제가 바이오와 같은 장수기술로 나아가는 것이라고 한다면, 재산권을 어떤 형태로 가져가야 할지 하는 문제는 더욱더 중시되어야 한다. 특히, 바이오 분야에서 과도한 특허 때문에 권리들의 다양한 조합이 힘들어 혁신이 지체되는 '반공유지의 비극'(the Tragedy of the Anti-Commons) 현상이 나타날 수 있다(Heller & Eisenberg, 1998). 따라서 재산권제도에서 실질적인 통제권과 잔여 사용권에 대해 혁신적인 '제도적 수단'의 도입이 필요하다. 이러한 문제의식이 베스트 켄센서스에서는 누락되어 있는 것으로 보인다. 따라서 베스트 컨센서스를 일반화하기 위해서는 핵심 제도들의 제안과 그것들의 재배치가 필요할 것으로 보인다.[2]

4. 향후 과제

이제까지 기술혁신과 경제성장 간의 관계에 대한 연구 동향을 비판적으로 검토하였다. 경제성장에서 혁신의 역할에 대한 여러 입장들이 존재하는데, 이러한 입장들에 따라 연구 동향을 정리하였다. 신고전파의 성장론, 국가혁신체제론, 기술역량론, 경제추격론 등의 관점에 따라 우리나라를 대상으로 기술혁신과 경제성장에 관한 주요 국내외 연구가 이 글의 검토 대상이었다. 이러한 비판적 검토와 성찰을 통해 얻어진 연구 과제들을 제시하면 다음과 같다.

첫째, 신고전파 성장론에서 기술혁신이 경제성장의 궁극적 요인이라는 것

2 1987년 민주화 이후 한국의 재산권 체제의 변화에 대해 이근이 어떻게 보고 있는지 검토해 볼 필요가 있다.

에는 이론의 여지가 없다. Solow의 성장회계 방식에 따라 추정된 TFP는 거시경제의 기술혁신 지표로 이해되는 경향이 있다. 사용되는 자료와 방법론에 따라 상반되는 추세의 TFP 추정 결과가 나오고 있다. TFP가 가지는 이론적 · 경험적 한계에도 불구하고 그것의 의의는 부정될 수가 없기 때문에 현실과 좀더 부합되는 모형에 기반한 추정 작업이 필요할 것으로 보인다. 그리고 이에 대한 추정 결과는 신중하게 해석될 필요가 있을 것이다. 다른 한편으로, 혁신투자가 성장에 영향을 미치는 전달경로에 따라 상이한 해석이 제기될 수 있다. 따라서 앞으로 우리나라의 혁신투자 경험에 부합되는 거시경제의 성장모형에 대한 연구의 진전이 요구된다.

둘째, 기술은 공공재나 부분적 공공재가 아니라면 이것의 습득에는 비용과 노력이 들어간다. 따라서 기술역량론은 기술혁신 연구에서 중요한 위치를 차지하고 있다. 가치사슬 전반에서 보면 역량은 R&D 역량, 엔지니어링 역량, 작업장 수준의 숙련 형성으로 구성되어 있다. 역량 관련 연구는 주로 R&D와 엔지니어링 역량 형성에 관한 연구를 중심으로 이루어져 왔다. 앞으로는 각 영역에서의 역량 형성에 관한 풍부한 연구뿐만 아니라 세 가지 영역을 통합하는 역량 형성에 관한 연구가 진행되어야 할 것이다. 또한 역량은 학습을 통해 형성된다. 다양한 학습 채널에 대한 경험연구가 필요하다. 즉, '실행-사용-상호작용-모니터링' 등에 의한 학습 유형들과 교역재, 인력의 이동성, 기술제휴, 클러스터 내 분위기 등과 같은 학습 채널들이 어떻게 현실에서 지배적으로 나타나고 그것들이 상호 결합되는지에 관한 중범위 수준의 연구가 필요하다.

셋째, 국가혁신체제론은 정책 서클에서 국가경쟁력에서 차지하는 기술혁신의 위상에 대한 대중적 인식을 제고하는 데 기여하였다. 하지만 국가혁신체제의 연구에서 한국 혁신체제의 특성과 구조에 대한 보다 심층적인 역사 · 제도적인 비교연구가 요구되고 있다. 국가혁신체제론이 기본적으로 기술 변화와 부합되는 제도적 배열의 동학 또는 그 기제에 관심을 두는 것이라면, 예컨대 '조직적 루틴' 개념을 통해 일본의 성장 과정을 해부한 Freeman(1987)과 같은 연구가 필요하다.

마지막으로, 한국을 비롯한 동아시아 국가들의 단명기술로의 성공적인 추격 경험을 일반화한 기술수명주기에 입각한 경제추격론은 혁신연구에서 소중한 성과이자 자산이다. 이에 따르면 우리나라 추격에서 저부가가치형 장수기술에서 중간 수명기술로의 전환, 그리고 다시 중간 수명기술에서 단명기술로의 전환이 1980년대 중반에 일어났다. 그렇다면 1980년대 중반 전후로 시기별 기술추격의 특성에 관한 연구, 즉 기술추격의 연속성과 단절성에 관한 연구가 보완되어야 한다. 최근 정교한 방법론에 따른 TFP 추정 결과는 1980년대 중·후반 이후 TFP 증가율이 둔화되고 있다. 이를 보면 성공적인 추격 시기에 TFP 증가는 둔화되었다. 따라서 이 둘을 연관지어 해석하는 작업이 필요할 것으로 보인다.

기술수명주기에 입각한 경제추격론 연구에 따르면, 우리나라는 2000년대 이후 단명기술에서 장수기술로의 제2의 기술적 도약에 직면해 있다. 진정한 추격은 비약이나 단계를 생략해야 가능하다. 단명기술과 장수기술에 대한 추격에서 기술학습 유형들이 상이하다면 단명기술에 적합한 기존 제도적 수단들은 '창조적 파괴'를 거쳐야 선진국형 장수기술로의 추격이 가능하다는 추론에 이르게 된다. 그렇다면 비약 전략에 수반되는 리스크 헤징, 우회 전략의 전환 역설, 기회의 창이 갖는 이중성 등 추격의 역설을 넘어서는 소위 '탈추격'의 문제가 제기되며 이에 대한 연구가 필요할 것으로 보인다. 이와 관련하여 재벌체제와 정부정책과 같은 기존의 위험공유 수단, 즉 제도적 수단의 재배치를 가정하면 탈추격을 위한 제도적 수단은 무엇인지에 대한 연구도 당연히 필요할 것으로 보인다.

역량 형성 중심의 발전론인 베스트 컨센서스는 핵심적인 요인, 예를 들면, 재산권, 갈등, 복지 등의 요인들을 목록에 포함하여 이를 좀더 일반화하는 것이 필요하다. 특히 재산권 문제는 혁신에 대한 성과 배분의 인센티브를 넘어서 권력 배분의 추동력으로 작용하는 이슈이다. 바이오와 같은 장수기술 분야에서 혁신을 촉진하기 위해서는 다양한 권리들의 조합을 가능케 하는 제도적 수단의 창안이 필요하다. 이러한 문제의식을 가지고 경제추격론이 비판적으로 확장될 필요가 있다고 생각된다.

참고문헌

곽노선, 〈성장회계를 이용한 외환위기 전후의 성장요인 분석과 잠재성장률 전망〉, 《경제학연구》, 55(4), 2007, pp. 549-588.

김동석 · 김민수 · 김영준 · 김승주, 《한국경제의 성장요인 분석: 1970-2010》, 연구보고서 2012-08, 서울: 한국개발연구원, 2012.

김시원, 〈우리나라 총요소생산성 증가율 하락추세에 대한 실증분석: 신고전학파, 내생적 또는 준내생적 성장모형?〉, 《국제경제연구》, 22(4), 2016, pp. 1-32.

김원규 외, 《한국산업의 생산성 분석》, 서울: 산업연구원, 2000.

김적교 · 유지성 · 황규호, 《한국 · 대만 · 일본의 제조업 생산성 분석》, 서울: 한양대학교, 1994.

김종일, 〈한국의 산업별 성장요인 분석과 생산 효율성 비교〉, 《경제학연구》, 46(1), 1998, pp. 3-24.

______, 《구조적 관점에서 본 한국의 주요 경제정책》, 뉴브리지연구 06-08, 서울: 중소기업연구원, 2006.

김철식 · 조형제 · 정준호, 〈모듈 생산과 현대차 생산방식: 현대모비스를 중심으로〉, 《경제와 사회》, 92, 2011, pp. 352-385.

남광희, 〈경제위기 이후 한국경제의 성장 둔화에 대한 신고전파 성장모형의 일 해석〉, 《국제통상연구》, 17(1), 2012, pp. 75-99.

송위진, 〈국가혁신체제론의 혁신정책〉, 《행정논총》, 47(3), 2009, pp. 79-104.

송위진 외, 《한국 국가혁신체제의 발전방안 연구》, 서울: 과학기술정책연구원, 2004.

송위진 · 성지은 · 김연철 · 황혜란 · 정재용, 《탈추격형 기술혁신체제의 모색》, 서울: 과학기술정책연구원, 2006.

신석하, 《성장회계 분석방법 비교를 통한 2000년대 생산성 증가세 평가》, KDI 정책연구시리즈 2013-15, 2013.

이공래 · 송위진, 〈한국 국가혁신체제의 구조와 특성〉, 《기술혁신연구》, 6(2), 1998, pp. 1-31.

이공래 외, 《한국의 국가신체제 – 경제위기 극복을 한 기술신정책의 방향》, 서울: 과학기술정책연구소, 1999.

이근, 《동아시아와 기술추격의 경제학: 신슘페터주의적 접근》, 서울: 박영사, 2007.

______, 〈한국의 국가혁신체제: 국제비교와 추격형에서 선진국형으로의 전환〉, 이영훈 편,

《한국형 시장경제체제》, 서울: 서울대학교출판문화원, 2014a, pp. 58-75.

______, 《경제 추격론의 재창조: 기업 · 산업 · 국가 차원의 이론과 실증》, 서울: 오래, 2014b.

이근 편, 《중진국 함정과 2만불 전략》, 서울: 이투신서, 2005.

______, 《해방 이후 한국기업의 진화 1: 1976-2005년간의 통계의 구축과 기초분석》, 서울: 서울대학교출판부, 2007.

______, 《기업 간 추격의 경제학》, 서울: 21세기북스, 2008.

______, 《국가의 추격, 추월, 추락》, 서울: 서울대학교출판문화원, 2013.

이근 · 박태영 편, 《산업의 추격, 추월, 추락: 산업주도권과 추격사이클》, 서울: 21세기북스, 2014.

이성순, 《한국 · 일본 제조업의 생산성 변화와 기술수준 분석》, 서울: 한국경제연구원, 1992.

이영훈, 〈한국형 시장경제체제를 찾아서〉, 이영훈 편, 《한국형 시장경제체제》, 서울: 서울대학교출판문화원, 2014, pp. 2-55.

장인성, 〈경쟁형태와 규모보수 가정의 완화를 통한 총요소생산성의 측정〉, 《경제학연구》, 63(1), 2015, pp. 93-127.

정준호, 〈한국 산업화의 특성과 글로벌 가치사슬〉, 이병천 · 유철규 · 전창환 · 정준호 엮음, 《한국의 민주주의와 자본주의: 불화와 공존》, 서울: 돌베개, 2016, pp. 70-111.

조성재 · 장영석 · 오재훤 · 박준식 · 善本哲夫 · 折橋伸哉, 《동북아 제조업의 분업구조와 고용관계(II)》, 서울: 한국노동연구원, 2006.

조태형 · 김정훈 · Paul Schreyer, 〈1980-2010년 중 우리나라 실질소득의 증가요인 분석〉, 《금융경제연구》, 480, 한국은행, 2012.

하준경, 〈연구개발의 경제성장 효과 분석〉, 《경제 분석》, 11(2), 2005, pp. 83-105.

한국생산성본부, 《총요소생산성 국제비교》, 서울: 한국생산성본부, 2012.

한진희 · 신석하, 〈경제위기 이후 한국경제의 성장: 성장회계 및 성장회귀 분석〉, 《한국개발연구》, 30(1), 2008, pp. 33-70.

한진희 · 최경수 · 김동석 · 임경묵, 《한국경제의 잠재성장률 전망: 2003~2012》, 서울: 한국개발연구원, 2002.

핫또리 타미오, 〈북동아시아에서의 중국경제 출현 그 충격과 장래〉, 김흥종 · 박성훈 · 페터 가이 편, 《세계화의 새로운 국면과 도전: 한국과 독일의 경험을 중심으로》, 서울: 대외경제정책연구원, 2005, pp. 80-115.

Abramovitz, M., "Resource and Output Trends in the United States Since 1870,"

American Economic Review, 46(2), 1956, pp. 5-23.

______, "Catching up, Forging Ahead, and Falling Behind," *The Journal of Economic History*, 46(2), 1986, pp. 385-406.

Aghion, P. and P. Howitt, "A Model of Growth through Creative Destruction," *Econometrica*, 60, 1992, pp. 323-351.

Amsden, A., *Asia's Next Giant: South Korea and Late Industrialization*, Oxford: Oxford University Press, 1989.

Ang, J. B. and J. B. Madsen, "Can second-generation endogenous growth models explain the productivity trends and knowledge production in the Asian miracle economies?," *Review of Economics and Statistics*, 93, 2011, pp. 1360-1373.

Choung, J.-Y. and H.-R. Hwang, "National Systems of Innovation: Institutional Linkages and Performances in the Case of Korea and Taiwan," *Scieniometrics*, 48(3), 2000, pp. 413-426.

Crafts, N., "East Asian Growth Before and After the Crisis," *IMF Staff Papers*, 46, 1999, pp. 139-166.

Dosi, G., "Technological paradigms and technological trajectories: as suggested interpretation of the determinants and directions of technical change," *Research Policy*, 11(3), 1982, pp. 147-162.

Fagerberg, J. and M. Godinho, "Innovation and Catch-up," in J. Fagerberg, D. C. Mowery, and R. R. Nelson, eds., *The Oxford Handbook of Innovation*, Oxford University Press, 2005, pp. 514-542.

Fagerberg, J., M. Srholec, and B. Verspagen, "Innovation and Economic Development," in B. H. Hall and N. Rosenberg, eds., *Handbook of the Economics of Innovation*, Vol. 2, Amsterdam: Elsevier, 2010, pp. 833-872.

Freeman, C., *Technology Policy and Economic Performance: Lessons from Japan*, London: Pinter, 1987.

Fujimoto, T., "Architecture-Based Comparative Advantage in Japan and Asia," in K. Ohno and T. Fujimoto, eds., *Industrialization of Developing Countries: Analysis by Japanese Economics*, Tokyo: National Graduate Institute of Policy Studies, 2006, pp. 1-10.

Gerschenkron, A., *Economic Backwardness in Historical Perspective*, Cambridge, Mass.: Harvard University Press, 1962.

Griliches, Z., "Issues in Assessing the Contribution of Research and Development to Productivity Growth," *Bell Journal of Economics*, 10, 1979, pp. 92-116.

Hausman, R., J. Hwang, and D. Rodrik, "What You Export Matters," *Journal of Economic Growth*, 12(1), 2007, pp. 1-25.

Heller, M. A. and R. S. Eisenberg, "Can Patents Deter Innovations?: The Anti-commons in Biomedical Research," *Science*, 280(5364), 1998, pp. 698-701.

Johnson, C., *MITI and the Japanese Miracle: The Growth of Industrial Policy, 1925-1975*, Redwood City: Stanford University Press, 1982.

Jones, C. I., "Time Series Tests of Endogenous Growth Models," *Quarterly Journal of Economics*, 110(2), 1995, pp. 495-525.

Khan, M. H. and K. S. Jomo, *Rents, Rent-Seeking and Economic Development: Theory and Evidence in Asia*, Cambridge: Cambridge University Press, 2000.

Kim, J. I. and L. J. Lau, "The Sources of Economic Growth in the East Asian Newly Industrialized Countries," *Journal of Japanese and International Economics*, 8, 1994, pp. 235-271.

Kim, L., "Stages of development of industrial technology in a less developed country: a model," *Research Policy*, 9(3), 1980, pp. 254-277.

______, *Imitation to Innovation: the Dynamics of Korea's Technological Learning*, Boston: Harvard Business School Press, 1997.

______, "The dynamics of technology development: lessons from the Korean experience," in S. Lall and S. Urata, eds., Competitiveness, *FDI and technological Activity in East Asia*, Cheltenham: Edward Elgar, 2003, pp. 143-167.

Kim, L. and R. Nelson, *Technology, Learning, and Innovation: Experiences of Newly Industrializing Economies*, Cambridge: Cambridge University Press, 2000.

Kim, Yee Kyoung, Keun Lee, Walter G. Park, and Kineung Choo, "Appropriate Intellectual Property Protection and Economic Growth in Countries at

Different Levels of Development," *Research Policy*, 41, 2012, pp. 358-375.
Krugman, Paul, "The Myth of Asia's Miracle," *Foreign Affairs*, 73, 1994, pp. 62-78.
Lall, S., "The Technological Structure of Performance of Developing Country Manufactured Exports, 1985-1998," Working Paper No. 44, Oxford: Queen Elizabeth House, 2000.
Lee, K. and C. Lim, "Technological regimes, catching-up and leapfrogging: the findings from Korean industries," *Research Policy*, 30, 2001, pp. 459-483.
Lee, Keun and Byung-Yeon Kim, "Both Institutions and Policies Matter but Differently for Different Income Groups of Countries: Determinants of Long-Run Economic Growth Revisited," *World Development*, 37(3), 2009, pp. 533-549.
______, *Schumpeterian Analysis of Economic Catch-up: Knowledge, Path-Creation, and the Middle-Income Trap*, Cambridge: Cambridge University Press, 2013.
Lee, Keun and J. A. Mathews, "From Washington Consensus to Best Consensus for world development," *Asian Pacific Economic Review*, 24(1), 2010, pp. 86-103.
Lee, Keun, Byung-Yeon Kim, Young-Yoon Park, and Elias Sanidas, "Big businesses and economic growth: Identifying a binding constraint for growth with country panel analysis," *Journal of Comparative Economics*, 41(2), 2013, pp. 561-582.
Levy, B. and W.-J. Kuo, "The Strategic Orientations of Firms and the Performance of Korea and Taiwan in Frontier Industries: Lessons from Comparative Case Studies of Keyboard and Personal Computer Assembly," *World Development*, 19(4), 1991, pp. 363-374.
Lundvall, B., *National Systems of Innovation: Towards a Theory of Interactive Learning*, London: Pinter, 1992.
Nelson, R., "Research on Productivity Growth and Productivity Differences: Dead Ends and New Departures," *Journal of Economic Literature*, 19, 1981, pp. 1029-1064.
______, *National Innovation Systems: A Comparative Analysis*, New York: Oxford

University Press, 1993.

______, "National Systems of Innovation," in Z. J. E. Acs, ed., *Regional Innovation, Knowledge and Global Change*, London: Pinter Publisher, 2000, pp. 11-26.

OECD, *OECD Compendium of Productivity Indicators 2012*, Paris: OECD, 2012.

O'Riain, S., "From developmental network state to market managerialism," in F. Block and M. R. Keller, eds., *State of Innovation: The US Government's Role in Technology Development*, Boulder: Paradigm Publishers, 2011, pp. 196-216.

Park, K. and K. Lee, "Linking Technological Regimes and Technological Catch–up: Analysis of Korea and Taiwan using the US Patent Data," *Industrial and Corporate Change*, 15(4), 2006, pp. 715-753.

Perez, C. and L. Soete, "Catching up in technology: Entry barriers and windows of opportunity," in G. Dosi, C. Freeman, R. Nelson, G. Silverberg, and L. Soete, eds., *Technical Change and Economic Theory*, London: Pinter Publishers, 1988, pp. 458-479.

Rodrik, D., *One Economics, Many Recipes: Globalization, Institutions, and Economic Growth*, New Jersey: Princeton University Press, 2009.

Romer, P. M., "Increasing Returns and Long-run Growth," *Journal of Political Economy*, 94, 1986, pp. 1002-1037.

Schumpeter, J. A., *Capitalism, Socialism and Democracy*, New York: Harper and Row, 1942.

Solow, R. M., "A Contribution to the Theory of Economic Growth," *Quarterly Journal of Economics*, 70(1), 1956, pp. 65-94.

______, "Technical Change and the Aggregate Production Function," *Review of Economics and Statistics*, 39, 1957, pp. 312-320.

Veblen, T., *Imperial Germany and the Industrial Revolution*, New York: Macmillan, 1915.

Verspagen, B., "Innovation and Economic Growth," in J. Fagerberg, D. C. Mowery, and R. R. Nelson, eds., *The Oxford Handbook of Innovation*, Oxford University Press, 2005, pp. 487-513.

Wade, R., *Governing the market: Economic theory and the role of government in East Asian industrialization*, Princeton: Princeton University Press, 1990.

World Bank, *The East Asian Miracle: Economic Growth and Public Policy*, Oxford: Oxford University Press, 1993.

Young, A., "The Tyranny of Numbers: Confronting the Statistical Realities of the East Asian Growth Experience," *Quarterly Journal of Economics*, 110(3), 1995, pp. 641-680.

제3장

재벌 리스크와 사회적 딜레마 - 기업 간 관계의 유형과 개혁방향

송원근

1. 서론

뇌물을 통해 경영권을 승계한 이재용에 대한 항소심 결과는 '우려'했던 대로 집행유예로 방향을 잡았다. 법원은 삼성의 승계작업 존재 자체를 부인했고, 명시적 · 묵시적 부정 청탁도 인정하지 않았다. 박근혜 탄핵 전까지 삼성 재벌의 가장 큰 숙제는 삼성전자(주) 부회장 이재용의 지배력 확대였고, 이 승계작업은 이건희 사망 '선고' 전에 완수되어야 했다. 이재용이 최대주주인 삼성바이오로직스를 적자기업에서 2조 원의 흑자기업으로 만든 분식회계도 제일모직과 삼성물산 합병을 위한 준비였음이 분명하다. 에버랜드 불법 전환사채 발행으로 시작된 불법과 편법의 이재용 승계 시나리오가 진행되는 동안 무노조 경영, 삼성전자서비스 노조탄압, 반도체 노동자 황유미의 죽음, 갤럭시노트7 배터리 폭발사고, 삼성증권 배당사고 등이 이어졌고, 이는 우리 사회의 부끄러운 모습들로 남아 있다.

이 사건을 지나면서 삼성 재벌은 '정경유착'의 주범이라고 알려진 그룹 총괄조직인 미래전략실을 해체하고, 또 계열사들의 독립 · 책임경영 체제를 강화하겠다고 밝혔다. 이러한 변화는 두 가지로부터 비롯되었다. 하나는 총수(일가)가 아주 적은 지분으로 다수의 계열사를 지배하는 총수지배체제에서 비롯된 것이고, 이는 적어도 외환위기 이후 재벌 규제의 핵심이 기업 지배 구조 개선이었다는 것에서 증명된다. 이재용 게이트도 이재용 부회장이 삼성전자 중심의 제조업과 삼성생명 중심의 금융업을 동시에 장악하기 위한 안정적 지분(삼성물산 지분 17.08%) 확보를 위한 서막에 불과하다. 지금은 제동이 걸린 상태이지만 만약 이재용이 수감되지 않았더라면 지금쯤은 삼성전자 인적 분할, 삼성전자 자사주(12.79%)의 의결권 부활 등 3세 승계의 마지막 퍼즐 조각을 맞추는 작업이 진행되고 있었을 것이다. 또 한 가지, 탄핵된 대통령 박근혜의 임기가 끝나기 전에(송원근, 2017). '기업 지배 구조 리스크'와 함께 다수의 제조업 혹은 금융업 기업들이 거대 그룹을 형성하고 있는 기업집단 자체의 '경쟁력 리스크'도 이런 변화를 가져온 주요 요인이다. 이재용 구속이 재벌 해체를 의미하며, 삼성그룹이 해체되면 대한민국 경제가 위기에 빠질 것이라는 걱정과 우려가 삼성근본주의(이종보, 2017)의 왜곡이 내장되어 있는 것이라고 해도 후발국 정부의 지원과 비용의 사회화로 확보한, 발빠른 추종자(fast follower) 시대의 기업(집단)의 경쟁력은 한계를 노정한 지 오래이다. 낙수 효과(trickle down effect)가 더 이상 발생하는 않는 경제의 성장도 지속 가능하지 않다.

문재인 정부 출범 이래 재벌개혁에 대한 요구는 어느 때보다 더 강하고, 대중적인 지지도도 높지만, 국가 지원 하에 후발산업화를 이루는 과정에서 거대 기업집단의 장단점을 지닌 채 나름대로 진화해 온 재벌 중심의 경제 구조를 바꾸기는 쉽지 않다. 그것은 개혁 대상인 재벌들의 반발과 저항이 만만치 않을 것이고, 과거에도 그랬다는 사정 때문만은 아니다. 더 근본적인 이유는 바로 현재의 기업지배체제와 재벌 대기업을 정점으로 형성된 기업 간 관계 구조, 산업 구조, 그리고 전체 경제 구조가 사회적 딜레마 혹은 용의자들의 딜레마(PD)와 유사한 상황에 처해 있기 때문이다. 나아가 문재인 정부 출범 후 재벌개혁을 통해 집합적 이익을 가져올 수 있는 새로운 기업 간 관계를 모색하는 것 역시 집합적 딜레마, 즉 '딜레마 속의 딜레마'에 직면해 있다. 이러한 상황 진단이 옳은 것이라면 새로운 인식과 해결책이 필요하다. 이를 위해 제2절에서는 사회적 딜레마를 두 가지로 구분하여, 그동안 재벌이 형성될 수 있었던 장점에서 이런 딜레마의 단서들이 존재함을 밝히고, 재벌 중심의 경제 구조를 다양한 수준에서 사회적 딜레마 상황으로 진단해 본다. 이어 제3절에서는 재벌(대기업)이 참여하는 기업 간 관계를 세 가지로 유형화해 보고, 각 기업 간 관계에서 발생하는 딜레마의 성격과 해결책을 재벌개혁 방안으로 제시된 여러 논의들에 비추어 제안해 본다.

2. 사회적 딜레마에 빠진 한국 경제

1) 사회적 딜레마: 두 개의 딜레마

사회적 딜레마는 개인의 합리성과 사회 전체의 합리성이 일치하지 않은 상황을 표현하는 말로서 개인이나 기업이 이득을 얻기 위한 이기적 행동이 그가 속한 집단에는 오히려 손실을 초래하는 현상이나 상황을 말한다. 용의자들의 딜레마(prisons' dilemma: 이하 PD), 공유자원 혹은 공공재의 관리를 둘러싼 집합행동의 딜레마, 사회함정(social trap) 등은 이런 사회적 딜레마의 다른 표현들이다. 콜록은 "개인이나 집단이 당장의 이익을 위한 선택을 하지만 이 선택은 장기적으로는 집단 전체에 부정적 효과나 심각한 부작용을 초래함으로써 최적이 아닌 결과를 야기하는 현상"을 사회적 딜레마로 정의한다(Kollock, 1998; Schroeder, 1995). 이런 점에서 현재와 같은 재벌 중심의 경제 구조 혹은 성장체제 역시 이러한 광의의 사회적 딜레마 상황에 가깝다고 할 수 있다.[1] 이 사회적 딜레마는 거대한 경제권력을 바탕으로 한 재벌이 게임 규칙을 바꿀 수 있는 '정치권력

1 지금은 공정거래위원장이 된 김상조는 (조금 다른 맥락이기는 하지만) 한국 사회를 용의자의 딜레마 상황에 빠져 있다고 보고, 그 원인으로 (1) 분리 취조: 협조적 행동을 위한 소통 부재, (2) 왜곡된 보상 구조: 기회주의적 행동에 대한 벌칙 부재 때문이라고 지적한다(김상조, 2015).

화'하면서, 혹은 '재벌 우위의 정경유착'(김기원, 2012)을 통해 그 해결이 더욱 어렵게 되었다. 노스(D. North)에 따르자면 "힘 있는 자들이 그 힘을 바탕으로 자기들에게 유리한 제도를 만들기 때문이다"(North, 1981; Acemoglu, 2006). 과거 발전도상국 시절부터 현재에 이르기까지 기업과 경제의 성장을 촉진하는 제도는 그것이 (재벌)대기업의 사적 이익에 득이 되는 만큼만 추구되었다고 해도 과언이 아니다. 여기에 사적 이익을 둘러싼 재벌 간 경쟁, 즉 집단 간 경쟁도 재벌 그룹을 공고하게 하면서 재벌 중심의 산업 구조 형성을 고착화했다. 총수의 전횡적인 지배라는 내부 문제에도 불구하고, 다른 재벌과 벌이는 경쟁에서 이른바 '그룹 이익'이라는 집단정체성이 작동한 결과였다.[2] 그렇게 형성되고 작동하는 경제제도는 비록 그것이 바람직하지 않을 지라도(sub-optimal) 하나의 균형점으로서 개인과 기업 행동의 유인 구조를 정의하며, 이 유인 구조는 사회의 경제적 성과를 결정한다(North, 1994). 일단 하나의 균형점에 도달하면 이 균형은 자기강화적이어서 그것을 깰 수 있는 외적 충격이 강하지 않은 한 다른 균형 상태로 변화하기란 쉽지 않다. 1997년 외환 금융위기와 2012년 대선과 같은 몇 번의 외적 충격에 이은 재벌개혁 시도에도 재벌 중심의 경제 구조가 크게 달라지지 않은 이유도 바로 이런 데 있다. 따라서 재벌 중심의 산업 구조가 하나의 제도화된 규칙으로서 하위(sub optimal)의 '나쁜' 균형에 도달해 있다고 할 때, 현재 상태를 개선함으로써 집합적 이익을 더 크게 할 수 있는 기업 간 관계 개선 규칙을 어떻게 찾을 것인가? 그러나 새로운 규칙을 통해서 새로운 균형을 찾아가야 하는 상황 그 자체도 집합적 딜레마, 달리 말해 제2차 사회적 딜레마에 직면한 상황이다(Bates, 1988, p. 395).

2 집단정체성에 관한 일반적인 논의는 Akerlof & Kranton(2000), Akerlof(2010)를 참조하기 바람.

2) 재벌의 형성과 진화: 장점

총수를 비롯한 특정 일가에 의해 지배되는 다수 기업들의 집단으로서 우리나라 재벌체제의 형성과 진화를 결정했던 요인들은 흔히 재벌체제의 장점으로 알려져 있는 것들이다. 그래서 이 장점들은 재벌체제를 정당화하고 재벌개혁을 반대하는 근거가 되었다. 그것은 바로 (1) 시장(자본시장 포함)의 미형성, (2) 거래비용의 절약을 통한 기업조직의 효율화, (3) 지원과 규율 수단을 동시에 수행했던 국가개입, 그리고 그동안 잘 지적되지 않았던 (4) 그룹 간 경쟁 메커니즘이다. 먼저 시장이 제대로 형성되어 있지 않던 개발도상국에서 인력 확보, 정보 수집과 활용, 자금, 브랜드, 생산적 자원을 공동으로 확보, 상호보완 활용을 위해 재벌체제의 형성은 불가피했다는 것이다. 기업 외부의 상품시장, 자본시장, 노동시장과 같은 시장제도가 발전하지 않은 개발도상국의 경우 기업집단 형태가 효율성을 증진시킬 수 있었다는 여러 연구들이 이를 지지해 준다 (Khanna & Palepu, 1997; Khanna & Yafeh, 2007).

재벌체제의 장점 두 번째는 소수주주체제(Controlling Minority Shareholder: CMS) 구조에서 가능한 거래비용 절감을 통한 기업조직의 효율 제고이다. 즉, 다수 기업으로 이루어진 대규모 복합기업(conglomerate)은 시장거래를 내부화함으로써 거래비용을 감소시킬 수 있는데 CMS, 특히 피라미드 출자 구조와 상호출자를 통한 CMS는 최소한의 자본으로 이러한 효과를 달성할 수 있는 장점을 가진다. 이 CMS 구조 하에서는 (1) 주식회사에서 보편적으로 발생할 수 있는 대리인 비용을 초래하는 구조를 제한하는 다른 체제가 작동할 수 있었고, 또 (2) CMS 구조를 통해 대리인 비용을 능가하는 이익을 확보할 수 있었기 때문에 광범위하고 장기적으로 지속할 수 있었다(Bebchuk et al., 1999).

재벌의 형성과 진화에 영향을 주었던 세 번째 요인은 국가개입이다. 국가–재벌의 발전지배연합체제(조영철, 2003)는 국가가 산업정책, 정책금융 등을 통해 재벌을 지원하고, 동시에 규율하는 체제였다. 그러나 1980년대 후반 이후 재벌을 규율했던 발전국가가 자기 임무를 다해 가고 이를 대신할 장치가 없는 상황에서 급속하게 시장자유화가 전개되었고, 그 결과는 제조업에서 독점과 경제력 집중 심화였다. 1980년대 이후 은행민영화로 재벌들이 제2금융권을 장악하고 또 증권시장이 발전하면서 간접금융이나 직접금융을 통한 자금조달 여력도 확대되었다. 이는 과거 관치금융을 통해 재벌을 규율하던 국가의 영향력이 크게 감소했음을 의미한다. 국가–재벌의 수직적 발전지배연합 혹은 '정부 → 금융 → 재벌 → 노동 → 시민사회'로 이어지는 수직적 자원배분체계는 약화되고, 시장이 확대되었지만 재벌 중심의 경제 구조는 큰 변화가 없었다. 특히, 1997년 외환위기 후 '워크아웃'이라는 이름으로 진행된 부실 재벌기업들에 대한 정부 주도의 구조조정은 경제력 집중을 오히려 심화시켰다.[3] 이어 이명박 정부의 고환율정책으로 인한 차익 실현, 법인세 감면, 민영화와 규제 완화는 재벌의 경제력 집중을 심화시켰다. 국책은행 중심의 구조조정과 관치금융은 재벌 총수들의 도덕적 해이를 부추기고, 정경유착을 오히려 강화하는 부작용을 낳았다(박상인, 2016). 이러한 과정에서 수출주도형 대기업 중심의 경제 구조가 형성 · 구조화되었고, 대기업과 중소기업 간 격차는 확대되었으며 경제의 양극화도 크게 심화되었다.

---

3 부실 재벌기업 구조조정은 책임성과 투명성의 원칙을 위배해, 주주 · 채권자, 노동자 · 하도급기업 등 이해당사자 간 신뢰를 손상시키고, 단기 이익추구 행동을 초래하였다. 워크아웃 기업들은 부실의 상당 부분을 채권은행으로 넘겼고, 이는 공적자금, 즉 국민 세 부담을 통해 회생하였다. 또 다른 문제는 공적자금을 최대한 회수해야 하는 정치적 부담 때문에 경영권 프리미엄을 지불하는 인수자에게 워크아웃 기업들을 매각함으로써 경제력 집중이 더욱 심화되었다는 점이다. 또한 외국 자본이 워크아웃 기업을 인수하거나 적대적 M&A를 시도한 것이 한국 국민 특유의 민족주의적 정서를 자극하여 재벌개혁정책의 후퇴를 초래하는 결과를 낳기도 하였다(김상조, 2011b).

네 번째, 재벌의 형성과 진화에 중요한 역할을 한 또 다른 요인은 '(재벌)집단 간 경쟁'이다. 경쟁하는 단위가 집단이고 이 집단들 사이의 경쟁이 격화되면 집단 내 구성원들 간 협력 성향은 높아진다. 특히, 나누어야 할 자원이 한정되어 있을 경우 외부 집단에 대한 경쟁심 혹은 적대감은 더욱 높아진다. 집단선택 메커니즘의 기본 전제는 특정 소집단의 생존이 그 집단 안의 협동자들의 비율과 강한 양(陽)의 상관관계가 있다는 것이다. 또 협력적 행동 양식이 진화하려면 협력으로 얻을 수 있는 집단 단위의 이익(intergroup advantage)이 협력 때문에 집단 내에서 입는 손실(intragroup disadvantage)보다 더 커야 한다.

우리나라 재벌이라는 기업집단 역시 내부자들의 협력과 자기집단 중심주의가 공진화한 결과이다(Choi & Bowles, 2007). 집단 간 경쟁은 집단 내 개별 행위자들, 즉 재벌에 속한 계열사들의 다른 행동에 수반되는 비용을 줄이고, 집단 내 지배적인 관행을 따르도록 만든다. 계열사 간 출자를 바탕으로 형성된 강력한 총수지배력 행사는 일종의 '순응적 문화전수'의 메커니즘(Hodgson, 1996)이었다. 이 메커니즘은 집단 내 개별 행위자들로 하여금 공동체 행위 규범을 준수하도록 함으로써 무임승차 문제를 제어했다. '그룹 이익'이라는 집단정체성은 개인들의 행동에 어떤 '현저함'(prominence)을 낳고, 이는 협조적 행위규칙을 유지할 수 있도록 작동했던 것이다(Sugden, 1989).

3) 사회적 딜레마로서 재벌체제

발전국가 성장체제를 이끈 재벌체제의 장점에도 현재의 재벌체제는 총수일가라는 소수의 이익을 위해 경제 전체의 가치를 파괴하고 다수에게 불이익을 초래하고 있다. 특정 재벌 혹은 재벌총수(일가)의 이익이라는 것도 따지고 보

표 3-1 재벌체제를 통한 가치의 창조와 파괴

가치 창조	가치 파괴
1. 계열사들 간의 낮은 거래비용 2. 계열사들을 위한 내부 자본시장의 역할 3. 희소한 기업가 정신의 원천 4. 경영 능력의 원천 5. 평판은 제품의 질에 대한 신호이며 요소시장에서 희소 자원을 획득하는 데 유리 6. 상호 보험 장치 7. 소유권 공백을 메우고 효과적으로 자회사를 감시 8. '따라잡기'(catch up) 수단 9. 공공 하부 구조가 결여된 지역의 경제발전 촉진	1. 계열사를 수탈할 수 있도록 설계된 피라미드 조직 2. 소수 엘리트의 수중에 집중된 기업통제 3. 기업가의 지대 추구 4. 무능력한 경영 참호파기(entrenchment) 5. 내부자가 복잡하고 불투명한 구조를 이용하여 외부 투자자를 수탈하는 데 이용. 외부자는 위험 프리미엄을 요구 6. 약한 기업에 대한 비용 전가 7. 부적절한 감시로 도덕적 해이와 비효율적 투자 촉진 8. 모방 단계에 고착 9. 독점력의 행사

자료: Carney(2008), p. 599.

면 그렇지 않을 경우 생길 수 있는 이득보다 더 크다고 할 수 없다는 점에서 일종의 사회적 딜레마라 할 수 있을 것이다. 이상과 같은 가치 파괴가 발생하는 사회적 딜레마의 현상을 기업 수준에서 그리고 기업 간 관계 차원에서 살펴보기로 하자.

(1) 주주 중심의 지배 구조

주주들이 기업경영자를 감시하고 규율하는 것이 원천적으로 불가능한 주식회사에서 경영자들이 자기 이익만을 위해 행동하는 대리인 현상과 대리인 비용으로 인한 기업효율 저하는 기업에 내재하는 전형적인 용의자들의 딜레마(PD)이다. 여기에 더하여 순환출자 등을 통해 형성된 재벌기업 지배 구조 하의 소유-지배 괴리는 기업 가치를 하락시킨다. 즉, 소유권-지배권 격차가 큰 기업

일수록 총수일가의 사익 추구 빼돌리기와 같은 지배주주-소액주주 대리인 비용이 크게 발생하는 것이다(윤성민, 2005).

1997년 외환위기 이후 경영자 혹은 기업총수가 주주이익 극대화를 위해 노력하도록 만드는 재벌개혁을 통해 소위 시장규율(market discipline)이 제도화되었지만, 이러한 딜레마를 해결할 수 없었다. 이처럼 자본시장 규율이 불충분한 상황에서 지배주주의 사익 추구에서 비롯된 기업가치 하락의 피해를 주주들이 감당할 수밖에 없는 이 '역설적' 주주 중심의 지배 구조는 투자자들로 하여금 단기 수익을 추구하도록 함으로써 자본시장(주식시장)에 의한 기업규율을 더 어렵게 하였다. 또 명목상의 '주주가치 경영은 경기호전(boom) 시기에는 자기충족적 기대(self-fulfilling expectation)에 기초한 과잉(exuberance)이 확대재생산하여 시장 버블을 형성하는 반면, 침체기(bust)에는 수익성 확보를 위한 단기 구조조정 전략을 택하도록 함으로써 장기적으로 기업역량 혹은 기업경쟁력 약화를 초래하였다.

(2) 약탈적 산업생태계와 비용의 사회화 구조

외환위기 이후 단기주의, 거리두기 금융, 이탈(exit) 중심 시장규율이 강화되면서 기업들 사이의 협력관계도 현저하게 약화되었다. 이는 글로벌 금융위기 이후 재벌(대기업)들이 수직계열화를 강화하면서 더욱 심화되었다. 소수의 재벌 소속 선도기업을 중심으로 한 수직계열화는 산업별로 다르게 나타날 수 있지만[4] 이 수직계열화가 수탈적 기업관계, 경쟁기업에 대한 교차판매를 허용

4 일반적으로 산업을 선도하는 기업이 재벌기업이고 해당 재벌의 계열사가 협력기업에 참여도가 높은 업종일수록(통신, 전자, 자동차, 철강금속 등) 수직계열화 정도가 높아 아주 계층적인 구조를 가지고 있으며, 반대로 재벌에 속한 선도기업이 적거나 이들 계열사의 협력기업 참여도가 적은 업종(섬유의복, 전기, 식품음료, 유통)이 상대적으로 계층성이 낮다(홍장표 · 남종석, 2016).

하지 않는 전속적인 또는 종속적인 거래 시스템을 구조화한다는 점에서 공통적인 특성을 가진다. 시장 혹은 산업 내 기업 간 관계의 형성과 진화라는 측면에서 본 사회적 딜레마는 다음 세 가지로 현상되었다. 산업조직 측면에서 수직계열화 자체를 나쁘다고 할 수 없지만, 재벌을 정점으로 한 수직계열화 구조는 ① 종속적이고 약탈적 산업생태계(홍장표 · 남종석, 2016)를 형성함으로써 기업 간 협력적 거래 유인을 감소시켰다. 납품단가 인하 등 불공정거래, 즉 거래 대기업의 비협력행위를 통해 손해를 입은 하청기업은 고용조정이나 비정규직 확대 등 비용 감소로 대응했다. 또 하위의 거래기업들에 대한 불공정거래를 통해 손실을 만회하려고 했다. 특히, 재벌 그룹들은 1차 벤더(계열사)를 설립, 아웃소싱에 의존하던 '물량'을 1차 벤더에게 '몰아주기'를 하고 기존의 하청기업들은 2차, 3차 벤더가 되어 1차 벤더에게 납품하도록 하였다. 이로써 원청 재벌기업과 특수관계에 있는 1차 벤더에게 2차, 3차 벤더들이 착취당하는 먹이사슬이 형성되었다. 재벌총수(일가)의 이익 사취는 이러한 수직계열화된 중층적인 하청 구조, '1차 벤더를 이용한 하청기업 착취'를 통해 이루어졌다.

② 하청기업들의 대부분을 구성하고 있는 중소기업들은 산업화 성장 과정에서 대기업의 부품공급기지로 육성되었고, 값싼 인건비를 기초로 저렴한 가격에 대기업에게 부품을 공급함으로써 매출을 확보하고 생존 기반을 마련하는 이른바 '대중소기업 간 공생적 하청관계'(이병천, 2016)를 유지해 왔다. 그러나 외환위기 이후 이러한 관계는 해체되고, 중소기업들은 대기업들의 수익중시 경영의 일차적 희생자가 되었고, 따라서 기업 간 수탈적 관계가 강화되고, 기업 간 관계에서 '착취의 사회적 자본'(Dasgupta, 2009)이 형성 · 유지되었다. 또 계열사 간 내부거래(일감 몰아주기)를 통한 부(富)의 이전은 기업 간 거래, 즉 계약과 재협상에 있어서 중요한 요인인 성과 배분 시스템을 왜곡시켰다. 기업 간 거래

에서 홀드업(hold-up) 전략이 퇴출, 혹은 수급거래 단절을 의미할 수도 있는 상황에서, 거래를 통해 얻어야 할 이득 일부가 재벌(총수)에게 돌아가는 시스템은 거래 중소기업들의 관계특수자산에 대한 투자나 새로운 시장개척 유인을 줄여 기업경쟁력을 제고할 수 없게 만들었다. 물론 이는 독과점화된 대부분의 내수시장에서 경쟁하는 국내 중소부품기업들의 협상력 약화의 원인이자 결과이기도 하다.

③ 협력 대신 배신(비용의 사회화 전략)을 조장하는 약탈적 기업 간 구조는 혁신기업의 시장진입을 막고 경쟁을 제한, 기술혁신을 방해함으로써 산업 자체의 경쟁력을 약화시켰다(장지상 · 홍장표, 2016).[5] 아웃소싱 전략이 더 발전한 형태인 수직계열화 체제 하에서는 중소부품업체의 독자적 기술개발은 물론이고 전문화된 분업체제 형성도 기대할 수 없다.

(3) 그룹 간 경쟁

비용의 사회화 구조, 이익의 독식 구조로 특징되는 산업 생태계에 영향을 준 또 다른 요인은 집단 간 경쟁이다. 재벌이라는 이름으로 집단 정체성이 강화되면 개개인의 성과보다는 집단 전체의 성과를 더 중요시하게 되고, 구성원들, 즉 계열사 간 거리도 가까워질 수밖에 없으며, 다른 계열사들과 성과 경쟁에도 소극적으로 된다(Kramer & Brewer, 1984; Bornstein, Erev, & Rosen, 1990). 지금은 많이 찾아보기 힘들지만 한때 '재계 서열'이라는 용어에서도 알 수 있듯이 외환위기 이전까지 외형 확대를 위한 무분별한 사업 확장과 이를 토대로 한 차입경영은

5 1960년대 미국 자동차산업의 과도한 수직계열화가 자동차 부품산업의 경쟁력 향상을 지체시킨 한 원인이 되었다는 사실은 이미 잘 알려져 있지만(박상인, 2016), (재벌)대기업과 강한 연계를 맺으면서 수직계열화된 구조 역시 하도급 기업의 혁신에 부정적인 영향을 주고 있다.

재벌 그룹 간 경쟁을 통해 더욱 확대되었다.

외환위기를 맞아 재벌이 그 주범으로 지목되면서 출자총액제한제도 등 경제력 집중을 억제하는 다양한 규제가 있었으나 재벌들의 집단 간 경쟁, 대마불사(too big to fail) 전략을 막을 수는 없었다. 또 구조조정 과정을 거치면서 재벌들 사이의 격차는 더욱 확대되었다.[6] 치킨 게임(chicken game) 상황과 유사한 재벌 간 경쟁체제 하에서 재벌들은 기술혁신을 통한 기업경쟁력 확보보다는 하청거래기업 혹은 사회 전체에 비용을 전가하는 전략을 실행에 옮겼다. 즉, 외환위기를 거치면서 재벌 대기업들이 취한 수익극대화 전략은 해외직접투자 확대, 저비용 국가로부터 부품 조달, 수직계열화를 통한 내부 조달 확대로 구체화된 것이다.

(4) 한계에 다다른 성장체제

총수(일가)의 사익 추구를 위한 기업지배체제, 재벌 대자본에 의한 성과독식체제, 약탈적 산업관계 형성에 의한 부의 사유화는 국내 산업 간 연관관계, 대기업과 중소기업 간 연결고리를 약화시킴으로써 기존 성장 모델의 한계, 즉 고용 없는 성장체제를 지속시키고, 경제 구조의 양극화와 불평등을 심화시켜 경제 전체에도 손실을 초래하고 있다. 특히, 1980년대 말과 1990년대를 거치면서 재벌총수가 창업주가 아닌 2-3세로 바뀌고, 재벌총수의 소유지분이 크게 줄어드는 이른바 소수주주(CMS)화가 진행되고, 산업 고유의 진입장벽이 발생하

6 외환위기 원인 중의 하나가 그룹 간 경쟁을 목표로 한 외형 확대, 과잉 중복투자였음은 이미 잘 알려져 있지만 최근 조선산업 위기를 초래한 해양 플랜트 부문의 경우 위기의 가장 큰 이유는 '설계 능력 부재'와 '과도한 경쟁으로 인한 저가 수주'였고, 이 역시 삼성중공업과 현대조선 간의 지나친 경쟁의식 때문이었다. 2014년 한전 부지 입찰 경쟁에서 삼성과 현대의 경쟁, 2015년 면세점 사업자 (재)선정 과정의 삼성-SK-현대-한화-이랜드-롯데 간 경쟁, 2016년 삼성의 하만 인수로 자율자동차 반도체 분야에서 현대자동차 그룹과 경쟁, 한진해운과 현대상선을 구조조정으로 몰고 간 세계 최대 해운동맹 2M이 주도하는 해운업 치킨 게임 역시 현재진행형이다.

면서 '재벌총수의 진정한 이익≒재벌총수의 이익≒재벌기업의 이익≒국민경제의 이익'이라는 도식이 성립하였으나 이제는 '재벌총수의 진정한 이익≠재벌총수의 이익≠재벌기업의 이익≠국민경제의 이익'이라는 모순이 심화되었다(김기원, 2004).

2012년 대선에서 경제민주화에 대한 전 국민적 열망과 요구는 그동안 진행된 재벌개혁 실패와 경제력 집중이 낳은 폐해를 시정하고 이러한 모순을 해결해야 한다는 것을 반영한 것이었다(송원근, 2016, p. 112). 그러나 경제민주화에 역주행했던 박근혜 정부를 거치면서 사회적 · 경제적 양극화 해소, 대기업 · 중소상공인이 상생하는 시장경제로의 전환, 비정규직의 정규직화를 비롯한 노동개혁을 통한 생산성과 임금 사이의 연계 제고, 가계부채 등 가계 부담의 완화와 가계소득 증대를 통한 내수경제 활성화 등 한국 경제가 직면한 구조적 문제 해결은 지연되고 있다. 또한 재벌과 대자본에 의한 부(富)의 독식 구조와 비용의 사회화 구조(이병천 외, 2014)를 해결하지 않고는 사회적 딜레마에 빠진 현재의 경제 구조를 개혁하기는 쉽지 않을 것이다.

"전체 경제 활동에서 금융산업의 지배력과 기업경영에 대한 금융통제가 증가"하는 '금융화'(financialization)와 함께 진행된 금산분리 규제 완화와 자본시장 자유화는 재벌 대기업을 정부 규율로부터 자유롭게 하였다. 오히려 재벌 소속 금융회사의 자산과 재벌 대기업들의 사내유보 등을 통해 축적된 현금성 자산은 은행 등 금융권 전체를 통제하는 수단으로 활용되고, 이것은 금융정책을 무력화시키며, 또 부채의존적 성장에서 탈출하는 것을 더욱 어렵게 만들었다.

3. 사회적 딜레마의 해결: 협력적 기업 간 관계 모색

1) 사회적 딜레마의 해결

(1) 협력을 통한 딜레마의 해결

게임 이론에 의하면 사회적 딜레마를 의미하는 균형 상태는 크게 세 가지로 구분된다. 첫째, 전형적인 용의자의 딜레마 게임의 균형 상태(D, D)로서 이는 자기 이익에 기반한 참여자들의 독립적 의사결정이 비효율적인 균형을 가져오는 상태이다. 개별 행위자들이 공통의 이익을 가져오는 협력(cooperation)행위를 통해서 효율적인 결과(C, C)를 추구해야 하는 공통이익의 딜레마 상태라 할 수 있다. 이때 협력은 공통의 이익을 위해 상호의존적 의사결정이다.

둘째는 치킨 게임(chicken game) 혹은 매-비둘기 게임(hawk-dove game)에서 발생하는 공통회피의 딜레마이다. 매-비둘기 게임의 경우 참여자 모두 비극적인 결말을 맞이하는 상태(hawk, hawk)를 피하기 위해 도달한 균형 해, 즉 (hawk, dove)와 (dove, hawk) 중 어느 하나의 균형에 도달한 경우이다. 이 균형은 서로 합의된 행동이나 약속에 의해 형성된 것이기 때문에 게임 참여자 누구도 이탈할 유인이 없는 자기집행적인 균형 상태이다. 그러나 어느 하나의 균형 상태가 바람직하지 않고 따라서 다른 균형 상태, 또는 (dove, dove) 상태로 옮겨가기 위해서는 새로운 규칙이 필요한데, 이 새로운 규칙을 만들어 내야 하는 상황 역시도 집합적 딜레마 상황이라 할 수 있다.

마지막으로 세 번째는 사슴사냥 게임(stag hunt game)의 두 내쉬 균형 (C, C)와 (D, D) 중 (D, D)의 균형 상태도 일종의 용의자들의 딜레마와 유사한 상황이지만, 이 역시 균형점이라는 점에서 새로운 균형 상태 (C. C)로 옮겨 가기 위해서는 새로운 게임 규칙이 필요하다는 점에서 역시 집합적 딜레마 상황이라 할 수 있다. 이러한 상황에서 딜레마를 해결하거나 사회적으로 더 바람직한 균형을 이루기 위한 조건을 표현해 보자면, 'C<D & (C, C)>(D, D) or (D, C)'이다. 개별 행위자들에게는 협조(C)보다 배반(D)이 우월하지만 사회적으로는 둘 다 협조(C, C)하는 게 둘 다 배반(D, D) 혹은 한쪽 배반, 다른 한쪽 협력(D, C)하는 것보다 더 낫다.

용의자의 딜레마 해결을 위해 제시된 게임이론의 전통적인 방법은 홉스(T. Hobbs)적 의미의 국가 개입이나, 사회적 선호 혹은 사회적 규범(Varoufakis, 1991)에 의해 개인의 이기적 선택을 제한하는 것이다. 또 행위자들이 서로 사전적 서약(exantecommitment)을 맺는 방법이 있다(Schelling, 1960). 또 집단선택(group selection)이론이 보여 주는 것처럼 다른 집단과 경쟁관계에 있는 집단 내에서 참여자들 사이의 협력 가능성은 매우 높아진다. 이 해결책들은 개인들이 여전히 자기 이익을 추구한다는 가정 하에서이다. 다른 한편으로 게임 참여자들이 이타적으로 행동한다고 가정할 경우 딜레마가 존재하지 않거나 또는 딜레마 해결이 좀더 쉬워질 수 있다. 즉, 게임 참여자들이 이기적이지 않고 상호적(homo reciprocan!!!)이라면[7] C<D를 C>D로 바꾸기가 용이한 것이다. 그러나 문제는 여전히 이기적으로 행동하는 참여자들 사이에서 협력이 일어나고, 지속되려면 다른 무언가가 필요하다. 또 협력이 일시적으로 가능하더라도 그 협력은 자기집행적이지 않아서 페이오프(pay off)의 변화, 즉 게임 구조를 바꾸어 용의자의 딜레마가 아닌 상황으로 게임을 만들어야 한다.

게임 구조를 바꾸어 사회적 딜레마를 해결하기 위해서는 일회성 거래를

7 M. 노왁 등(2012)은 인간을 포함한 동물이 협동하는 다섯 가지 규칙을 설명하고 있다. 또한 최정규(2009) 참조(M. 노왁 & R. 로저필드(2012), 허준석 옮김, 《초협력자》, 사이언스북스).

반복적인 거래로 만들고(Kreps, 1990), 이 반복 게임 하에서 협력하지 않는 행위자들에 대한 전략, 예를 들면 TFT(Tit-For-Tat) 전략과 같은 상호협력에 대한 규범이 필요하다(Axelrod, 1984). 게임이 반복되는 상황에서 게임 상대를 다시 만날 가능성이 일정 확률 이상으로 존재하는 상황에서, 무조건적인 협조보다는 상대방 전략이 어떤가에 따라 협조와 배신을 선택하는 TFT 전략과 같은 조건부 협조 전략은 더 높은 보수를 주는 균형을 달성할 수 있다는 것이다. 게임이 일정 확률 이상으로 반복됨에 따라 자신의 배신행위가 이후 게임에서 상대방의 보복에 의해 응징될 수 있다면, 반복적인 PD 게임 상황에서 협조적 행위가 가능하다. 그러나 반복만으로는 협력이 완전하게 보장되지 않는다. 또 이 조건부 협조 전략을 통해 이른 상태가 사회적으로 바람직한 것인가 하는 문제도 여전히 남아 있다.

행위자들 간 협력 가능성을 더 높여 딜레마 해결에 한 걸음 더 나가기 위해서는 게임 참여자들 사이에 신뢰할 만한 이행 약속이 존재하고 이것이 지켜져야 한다. 셸링은 외부의 강제력을 동원해 외부자가 계약 위반자들에 대해 높은 수준의 제재를 가하면 신뢰할 만한 이행 약속이 가능하다고 했다(Schelling, 1984). 반면 오스트롬은 외적 강제 대신 자발적으로 조직화된 집단이 자율적으로 규칙을 정하고, 규칙 위반자를 제재할 수 있다면 이행 약속이 가능하다고 주장한 바 있다. 즉, 기회주의 행동이 자율적으로 만든 적절한 규칙에 의해 상호 감시되고, 통제될 수 있다면 각 행위자들의 의사결정이 자신의 동기를 더 일관되게 드러낼 수 있고, 이는 결국 전체에 대한 개인들의 기여를 높이고 또 전체 집단의 지속성을 높일 수 있다는 것이다(Ostrom, 2010; Ben-Ner & Jones, 1995).

(2) coordination을 통한 새로운 규칙의 형성: 제2의 딜레마

용의자의 딜레마와 같은 사회적 딜레마가 게임의 반복과 조건부 협력 전략, 외적 혹은 자율적 규칙 제정과 위반자에 대한 내·외부적 제재 등을 통해 해결될 수 있다는 논의는 이기적인 참여자 가정을 유지하면서도 협력이 가능하다는 것을 보여 준다는 점에서 의의가 있다. 그러나 문제는 자율적으로 협력의 규칙을 제정하고 제도를 운영하는 데 들어가는 비용이다. 행동에 대한 제재(응징)나 보상을 위해서는 감시가 필요한데 여기에는 비용이 필요하다. 또 감시와 규제는 행위자들 사이의 갈등과 충돌을 일으킬 수 있다. 따라서 협력을 유발하는 제도가 만들어지고 유지되려면 이 비용이 협력을 통해 얻는 이익보다 더 커져서는 안 된다. 공유자원을 사용하고 있는 한 집단의 구성원들이 독자적으로 행동하는 상황에서 상호조율 전략을 채택하는 상황으로 변화시켜 더 높은 수준의 공동이익을 얻을 수 있는가를 고민했던 오스트롬은 사회적 딜레마 해결을 위해 행위자 간 신뢰할 만한 약속이 존재해야 하는 것 이외에 점증하는 제재 시스템이 필요하다고 주장했다(Ostrom, 1990, p. 86).[8] 또 공유자원의 당사자들이 저비용의 감시체제를 마련하고 또 감시와 제재가 단지 집합적 재화를 제공할 뿐만 아니라 그것이 감시자, 제재자의 이익과도 일치되어야 하며 이것이 실제로 가능함으로 보여 준다.[9]

두 번째 문제는 사회적 딜레마를 해결하기 위한 응징과 보상의 제도 설계 자체도 공공재, 혹은 2차 공공재이므로 여기서도 무임승차자 문제가 해결되어

8 오스트롬은 제도를 운용규칙(working rules)들의 집합으로 보고 이 규칙에 금지, 제재를 명시적으로 포함한다. 즉, 제도는 어떤 경쟁 영역에서 누가 의사결정자인가, 어떤 행동이 허용되고 제약을 받는가, 어떤 집합적 규칙들이 사용되는가, 어떤 과정이 뒤따르는가, 어떤 정보가 제공되고, 제공되지 않는가, 어떤 행동에 어떤 이득이 주어지는지 등을 결정하고 … 모든 규칙은 금지 · 허용 혹은 어떤 행동이나 결과를 규정하는 것을 포함한다(Ostrom,1990).

9 오스트롬의 논의는 참가자들이 공유된 목표를 달성하기 위하여 협력하거나 조정할 필요가 있는 경우로 확대 적용할 수 있다(Wilson et al., 2013).

야 한다. 즉, 이러한 제도를 만들기 위해 아무도 노력하지 않는 상황이 발생하는 이른바 '제2의 집합적 딜레마'에 봉착하는 것이다. 애초에 타인을 믿고 적극 협력했던 행위자들이 응징과 보상을 위한 제도 형성에는 비협조적일 수 있다. 2차 딜레마는 서로를 감시하고 규제하는 것이므로 신뢰와 협력을 추구하는 이들의 성향에 맞지 않는 것이다.[10] 이 제2의 딜레마는 앞의 두 참가자 사이에 발생하는 용의자의 딜레마와 달리 다수 사람들(N-person) 사이에서 발생하는 용의자 딜레마 게임과 유사하다.

세 번째, 설령 협력을 통해 하나 혹은 복수의 균형에 도달하였다고 하더라도 새로운 균형 상태로 이행하거나 복수의 균형 중에서 어떤 균형 상태를 선택할 것인가 하는 문제도 여전히 남아 있다. 특히, 기존의 균형이 사전적 협상, 관습, 참가자들의 기대를 일치시키는 현저한 초점(salient focal point)의 존재(Schelling, 1960)[11] 등 여러 가지 요인들에 의해 형성된 것이기 때문에, 참가자들 사이에서는 특정 균형 상태에 관한 의견 불일치가 존재하고, 따라서 이해관계가 첨예하게 대립하고 있기 때문이다. 따라서 조정 게임에서 새로운 균형 상태를 발견하고 이러한 상태로 이동해 가는 데는 조정이 필요한데 이 조정 과정은 갈등과 조정비용이 필요하고, 따라서 이를 해결하기 위해서는 집단의 구성원들이 낮은 비용의 갈등해결 메커니즘에 접근할 수 있어야 한다(Ostrom, 1990).

이러한 문제들에 대한 직관적인 해결책은 집단의 규모를 줄이는 것이다. 그럴 경우 집단 내 조정비용이 감소할 것이다(Olson, 1965)(간접 상호성은 3인, 네트

---

10 한편, 딜레마를 해결하는 과정에서 타인을 믿지 못하고 협력하지 않던 이들은 규제를 만드는 데 더 적극적이 되어 2차 딜레마 해결에 협조함으로써 결국 협력하는 사람과 협력하지 않는 사람 사이에 존재하는 규제의 정도는 비슷하게 될 수 있다(Yamagishi, 1992; 1988; 1986).

11 셸링점 외에 균형이 가능한 방법은 내쉬 흥정해(Nash bargaining solution)가 있다. 이 균형 역시 양자의 기대효용에서 가장 최적의 상호 흥정점을 찾는 것이기 때문에 셸링점과 그 결론은 같다(Nash,1950).

워크 상호성은 N-person에 적용되는 해결책이 될 수 있다). 둘째, 협동하려는 의사를 신호 보내는 방식의 신뢰와 공동체 의식 확립을 통해서도 새로운 제도의 공급이 가능하다. 이와 관련하여 다수 참여자들 사이의 의사소통이 딜레마를 해결할 수 있다는 주장에는 한계가 있다. 공공재 게임의 사례가 알려 주듯이 많은 이들이 공공재 제공에 기여하고자 하고 실제로 기여하고 있다는 사실을 알게 될수록 무임승차 유혹이 더 커질 수 있기 때문이다. 따라서 협력하겠다는 의사는 일반적인 신뢰로부터 형성된 것이어야 한다. 이런 점에서 오스트롬이 말한 성공적인 제도 하에서 사회적 딜레마(용의자의 딜레마와 집합행동의 딜레마)를 해결하기 위한 디자인 원리[12]의 핵심 개념은 '조건부 협동의 전략', '공유된 믿음', '저비용의 감시체제' 그리고 '점증적인 제재 조치' 등이다. 나아가 오스트롬은 이러한 문제를 해결하기 위한 적절한 정치적 제도의 뒷받침도 필요하다고 주장했다.

> 정치체제가 상당한 수준의 자율권을 허용하고, 집행기구의 예산을 뒷받침하고, 제도선택 및 갈등 해소를 위한 광범위한 제도적 공간을 마련해 두는 곳에서는 다른 상황이라면 새로운 규칙을 스스로 만들어 낼 수 없는 사람들이라고 하더라도 새로운 규칙을 성공적으로 채택할 수 있다. 달리 말하자면 지방정부나 중앙정부는 현지 사용자들의 효과적인 제도적 디자인 능력 제고를 돕는 여러 형태의 편의장치를 마련하는 데 적극적인 역할을 해나갈 수 있는 것이다. 이러한 적극적인 역할은 자연자원에 대한 통제권을 중앙집권화해야 한다는 제안에 내포되어 있는 정

12 오스트롬의 노벨경제학상 수상 기념 연설에서 '최선의 실행 양식들'(best practices)로 바꾸어 이야기하고 있다.

부의 역할과는 아주 다른 것이다.(Ostrom, 1990, p. 376)

2) 기업 간 관계 유형

독립적 시장에서 이루어지는 거래도 아니고 위계질서 하의 조직 내 거래도 아닌 준내부조직(quasi-internal organization)적 특성(김상조, 2015b)을 가지는 우리나라 재벌 대기업이 참여하고 있는 산업은 재벌(대기업) 간의 경쟁이 있고, 각 대기업은 핵심 계열사를 정점으로 한 그룹 내 계열사 간 거래, 그리고 그 아래 다수가 중소기업인 협력업체들과의 거래로 계열화되어 있다.

윌리엄슨에 따르면 점 A는 즉석 거래가 가능한 시장, 점 B는 거래특정성(asset specificity)이 존재하는 경우(k > 0) 거래 상대방의 위해(moral hazard)를 방지하지 못하는 거래이다. 이 거래는 시장가격을 통해서만 규율되는 반면 전속거래를 하고 있는 협력업체의 경우, 주식 소유는 물론이고 협력업체협의회 등 다양한 방식의 계열사 통제(송원근, 2014), 거래 단절의 위협 등 위해에 대한 안전장치가 존재한다(s > 0). 다른 한편 겉으로는 독립업체처럼 보이지만, 사실상 재벌과 이해관계를 같이하는 위장계열사나 공식적인 계열사의 경우, '그룹 이익'이 신뢰 가능한 계약이라는 안전장치로 작동한다(점 C). 위계화되고 계층화된 조직 내 거래를 나타내는 점 D는 협력적 응변(cooperative adaptation)[13]을 안전장치로 채택하는 계층제이다(Williamson, 2002). 이렇게 본다면 재벌 대기업이 활동하고 있는 특정 시장이나 산업 내의 기업들 사이의 관계는 크게 재벌 대기업 간 경쟁적

13 협력적 응변은 구체적인 행동에 대한 사전적 약속은 없으나 여러 가지 상황들이 발생할 때마다 이를 회피하지 않고 임기응변적으로 대응하는 것을 의미한다. 이를 위해서는 상호협력적 순응관계가 형성되어야 한다(Williamson, 1975).

그림 3-1

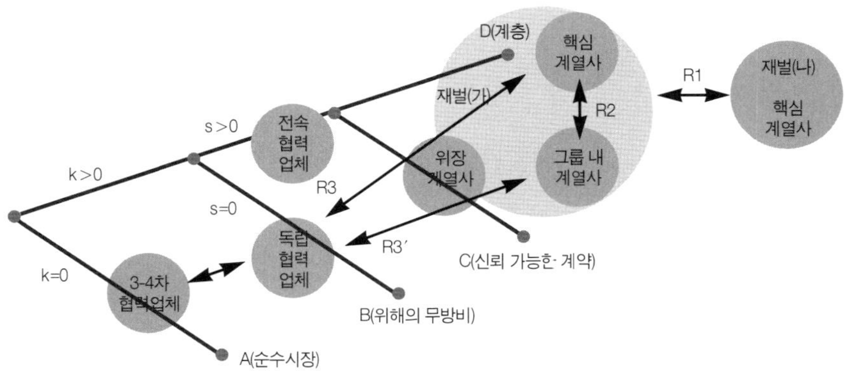

자료: Williamson(2002), p. 183을 수정.

기업관계(R1), 핵심 계열사와 이 계열사와 거래하고 있는 동일 집단 내 계열사 간 관계(R2),[14] 마지막으로 핵심 계열사 혹은 다른 계열사와 협력업체 간 거래관계(R3, R3′)로 구분해 볼 수 있다.

3) 유형별 딜레마 해결로서 재벌개혁 방안

(1) 재벌기업 간 경쟁적 기업관계(R1)의 개혁

한 산업 혹은 업종 내에 존재하는 다수의 재벌 대기업 간 경쟁적 기업관계는 용의자들의 딜레마에 직면한 상황, 즉 (D, D)의 균형에 이른 상태이다. 물론

14 동일 재벌의 계열사 간 거래, 즉 내부거래는 회사기회 유용 또는 일감 몰아주기 등 2-3세에 대한 편법상속 수단으로서, 제조업보다는 주로 IT서비스업, 중개업, 운송업, 유통업 등의 분야에서 집중적으로 나타나고 있는데, 여기서는 이러한 거래보다는 제조업 내에서 같은 업종에 속해 있으면서 부품조달 등으로 관계를 맺는 거래에 국한한다.

모든 산업에서 이러한 딜레마에 직면해 있다고 말할 수는 없지만, 그동안 재벌들은 주로 자산(혹은 자원)의 통제를 중심에 두고 계열사를 늘리는 집단 간 경쟁을 통해 외형을 확대함으로써 개별 집단의 생존을 추구해 왔다. 총수의 지배력으로 결집된 재벌은 계열사 무임승차의 문제를 강력한 총수지배력 혹은 그룹 차원의 통제기구(삼성의 미래전략실 같은)를 통해 자산과 인력을 통제함으로써 손해를 줄이고, 그룹이익이라는 집단이익을 도모함으로써 계열사들 간 협력체제를 구축했다. 이런 균형 상태의 사례로는 과거 외환위기의 원인으로 지목되었던 재벌 대기업 간 과잉 중복투자라든가, 현재 통신사업자 간 경쟁 등에서 확인할 수 있을 것이다. 현재 구조조정이 진행되고 있는 조선산업도 재벌집단 간 경쟁이 낳은 용의자들의 딜레마의 대표적인 사례이다. 삼성과 하이닉스 반도체 간 경쟁도 유사한 사례가 될 수 있다.

이러한 용의자 딜레마 게임과 같은 상황에서는 상호협력을 통해서 더 많은 보수를 가져오는 (C, C)로 가기 위한 조건을 찾는 것이 필요한데, 이를 위해서는 무엇보다도 정부의 역할이 중요하다. 첫째, 정부는 재벌개혁의 원칙과 방안으로서 재벌의 행태 규제를 넘어 구조개혁정책을 함께 고려해야 한다. 집단 선택 과정에서 특정 집단이 생존하려면 어떤 식으로든 집단을 유지함으로써 얻는 이익이 각 행위자들(계열사)이 입는 손해보다 더 커야 한다. 그런데 우리나라 재벌은 다수 계열사의 무임승차를 계열사 간 출자와 강력한 총수지배력을 통해 손실을 방지하고, 또 집단을 유지하는 데 소요되는 조정비용 역시 각 계열사들이 분담하거나, 다른 곳으로 전가시킴으로써 이러한 구조를 지속해 왔다. 둘째, 그동안 정부 개입이 오히려 재벌 간 경쟁 게임에서 용의자들의 딜레마 상황을 초래했다는(조원동, 2015) 사실을 인식하는 것도 딜레마 해결에 중요하다. 즉, 외환위기 이전까지만 정부는 재벌기업들의 사업 영역 진출과 경쟁에서 지원자로서, 그리고 규율자로서 역할도 동시에 수행했다.[15] 그러나 외환위기 직후 정부 주도의 구조개혁 과정에서부터 정부 개입은 오히려 용의자 딜레마 상황을 악화시켰다.[16] 이후 정부규율이 약해지면서 재벌들은 자산 규모를 더 확대하고, 이들 계열사에 대한 총수지배력을 확대해 갔다.

따라서 이와 같은 용의자들의 딜레마 상황을 해결하는 데는 정부 역할이 중요하다. 즉, 게임 구조를 바꾸어 용의자의 딜레마 상황을 조정 게임 상황으로 바꾸어 주는 것이다. 이를 위해서는 현재와 같은 규모 중심의 경쟁 대신 산업별 혹은 업종별로 관련 있는 계열사들을 소집단으로 분할하여 경쟁하는 집단 규모를 축소할 필요가 있다. 이 소그룹 집단에는 재벌기업 이외의 이들과 거래하는 협력업체 등 다른 이해당사자들을 포함시킬 수 있을 것이다. 이는 거래기업 혹은 중소기업인 다른 행위자 기업의 자산을 어떻게 활용할 것인가가 중요해지는 관계와 협력을 기반으로 하는 기업 간 관계에 맞는 자산재조정과 인수·합병(M&A)이 포함된다. 이와 같은 분할과 협력 기반 집단화를 전제로 새롭게 형성된 집단은 하나의 생태계를 형성하게 될 것이며, 이 생태계는 다양성을 유지하면서도 다른 생태계에 대해서도 개방적이게 될 것이다. 뿐만 아니라 협력을 통해서 다양한 형태의 공유자산(공동자산)이 만들어지고, 또 이 생태계를 통해 생산된 부(富)가 집단 내에 머물도록 해야 한다. 이러한 생태계가 만들어지려

15 암스덴은 수출목표부고, 금융통제, 진입제한적 산업정책, 시장지배적 기업에 대한 가격통제, 자본도피를 봉쇄하는 엄격한 외환관리를 들고 있는데 이 중 특히 수출실적의 무제를 강조한다(Amsden, 1989).

16 "당시 빅딜에 포함된 9개 업종 중 실제 성과를 낸 것은 4개 업종에 불과했습니다. 현대와 삼성 간 석유화학 빅딜, 삼성자동차와 대우전자 맞교환 등이 대표적인 실패 사례죠. 반도체 빅딜도 지금은 성공했지만, 당시 LG반도체와 현대전자가 합병한 하이닉스가 2년도 안돼 채무불이행을 선언해야 할 정도로 재무 상황이 나빠졌습니다. 왜 이런 뼈아픈 결과를 초래했을까요. 정부가 무리하게 개입했기 때문입니다. 정부가 중간에 끼면서 게임의 성격이 바뀌고 두 기업은 서로 상대방이 정부의 압력에 먼저 굴복하길 기다리는 비타협적인 상황이 된 것이죠. 버티면 더 큰 이윤을 얻을 수 있다는 생각인데, 게임 이론에서의 '죄수의 딜레마' 상황이 벌어진 것입니다."(조원동, 2015)

면, 재벌개혁이 행태 규제를 넘어 구조개혁을 지향하는 것이어야 하는데 그 일차적인 수단은 계열분리명령제이다. 재벌개혁정책으로서 계열분리명령제는 그동안 독점을 규제하는 반독점정책(임영재, 2003)으로만 인식되어 왔다. 그러나 헌법 조항에 명시된 경제민주화를 실현시키기 위한 방편으로서 또 집단 간 경쟁을 막는 방편으로서 계열분리를 생각하는 발상의 전환이 필요한 시점이 되었다. ② 미국의 대압착시대의 기업 간 배당에 대한 이중과세도[17] 기업집단의 규모를 축소하는 실질적인 효과를 기대해 볼 수 있다. ③ 또한 새로운 집단 내에서 각각의 행위자(거래기업, 노동자, 소비자 등 이해당사자) 집단의 힘을 확대하는[18] 동시에, 이들이 추구하는 사익 추구 행동이 공익에 가깝도록, 즉 이해관계의 공통성을 높일 수 있도록 게임 규칙을 변경하는 것으로 정부 역할을 변화시켜야 한다.

(2) 재벌기업과 재벌계열사 간 관계(R2): 이해당사자가 참여하는 지배구조 개혁

동일 재벌 내 거래관계에 있는 대기업과 계열사 간 관계(R2)는 일종의 사슴사냥 게임에서 (D, D), 즉 두 계열사가 모두 토끼를 잡는 하위 균형 상태와 유사하다. 특히, 계열사 간 거래가 회사기회 유용 또는 일감 몰아주기 형태를 띠고, 이것이 재벌 3세에 대한 부의 편법적 상속 수단으로 악용되는 경우가 대표적인 예이다. 다른 한편으로 제조업 내, 동일 업종 내, 그룹 내 계열사 간 거래가 (C,

---

17 기업 간 배당에 대한 이중과세는 다단계 피라미드식 소유지배 구조를 통해 적은 지분으로 많게는 수백 개의 기업들을 지배하던 전기산업의 기업집단을 해체하고자 1935년에 미국에서 처음 도입했다. 우리도 1998년 이전까지 법인세법을 통해 이중과세를 시행했고, 외환위기 이후 배당이 중요해지면서 이중과세로 인한 재산권 침해를 이유로 폐지되었다.

18 벌과 민즈(Berle & Means, 1932)가 자사 주주 책임도 지지 않고 사적인 이득에 따라 기업을 운영하며 자산의 일부를 사적 용도를 유용하는 기업경영자들은 재벌기업총수들에게도 적용된다. 이럴 경우의 해결책으로 그들은 직원과 소비자를 포함해 국가에서 대기업의 영향을 받는 모든 집단의 힘을 확대하는 방안을 제시하였다.

C)인 게임 균형을 가져올 수도 있다. 그러나 계열사 간 협력을 통해서 발생한 이득이 일감 몰아주기를 통해서 다른 계열사로 이전되는 경우는 말할 것도 없고, 수직적 관계에 위치한 하위 계열사를 지원하는 거래가 거래 거절 · 차별 등의 제3자에 대한 불공정거래행위를 동반하는 이전거래일 경우 이전을 당하는 기업에게 손실을 끼치고, 이 기업들이 협력을 통한 이득의 배분에 참여하지 못한다면, 이 균형 역시 바람직하지 않다. 이 두 경우 모두 공통적인 것은 이 균형의 강력한 동기, 혹은 신뢰 가능한 계약으로서 일종의 안심(assurance)기제가 작동하고 있는 것이다.[19] 강력한 총수지배력을 배경으로 한 그룹 총괄조직들은 계열사들의 '비정상적' 협력을 강제하고, 또 계열사들 사이의 도덕적 해이를 강력하게 통제함으로써 보상과 응징 시스템을 형성한 것이다.

관련 업종이나 시장에서 계열사 간 거래로 형성된 기업 간 관계에서 하위 균형을 벗어나기 위해서는 조정 게임 내에서 다른 선택(서로 사슴을 잡는)을 할 수 있도록 해야 한다. 달리 말해 계열사가 독자적으로 사슴을 잡으려는 유인, 즉 계열사 스스로 총수(일가)나 그룹 이익과 독립적으로 자체의 이익이라는 더 협소한 목표 하에 이윤을 추구하려는 강력한 유인을 가져야 한다는 것이다. 외환위기 이후 진행된 재벌개혁 조치로서 소유지배 구조 개선정책은 이런 측면을 반영한 것이었다. 재벌 계열사 각각의 지배 구조를 개혁함으로써 게임에 참여하는 기업들의 행동과 전략을 규율하려는 것이었다. 그런데 문제는 감시와 제제의 기제로서 시장 혹은 주주 중심의 규율이 한계가 많다는 점이다. 특히, 재벌체제 하에서는 거래 계열사의 대주주가 같은 재벌 내 다른 계열사라는 점

19 야마기시는 집단주의적 사회에 통용되는 믿음을 안심(assurance)이라고 표현했는데, 이는 타자와 불확실한 관계를 설정함으로써 예상되는 기회비용의 절감을 포기하고 반대로 안정적으로 거래비용을 줄이기 위해 내집단 편향적인 관계 유지에 집중하는 경향을 말한다. 이 안심은 집단주의 사회에서 일반화된 타자에 대한 신뢰가 부족한 경우 발생한다(Yamagishi & Yamagishi, 1994).

이고, 따라서 주주들에 의한 감시는 또 다른 장벽에 가로막혀 있었다. 게다가 정부의 지주회사 중심의 지배 구조 개선정책도 소유의 투명성을 제고하는 제한적인 효과는 있었지만, 계열사들의 독립적인 의사결정을 추동하지 못했다. 주주들에 의한 기업경영 감시의 시장적 해결책과 정부의 재벌정책 실패는 재벌기업들이 자신들에게 유리한 규칙을 만들어 가고, 책임과 비용을 전가할 수 있는 현재의 '하위 균형' 상태를 고착시켰다. 또한 자본에 포획된 정부라는 표현에서 알 수 있듯이 정부의 공공성이 확보되어 있지 않은 상황에서 개입을 강조하는 것은 기득권 세력의 이익이 관철되는 방향으로 규칙과 제도가 만들어지고 변경되기 쉽다. 이 재벌 우위의 정경유착 구조는 재벌 그룹 내 보상과 응징 시스템으로서 총수 지배력을 더욱 강력하게 만들었다.

따라서 계열사 간 거래로 인해 발생하는 비용을 고려하여 각 계열사들이 이윤을 추구하려는 동기를 가지고 독립적이고 자율적인 의사결정이 가능하려면, 무엇보다도 총수(일가)나 다른 계열사의 이익을 위한 의사결정으로 인해 법적 · 계약적 권리를 침해당한 사람들, 예를 들면 주주, 노동자, 채권자 등 다양한 이해당사자들의 권리를 효과적으로 회복할 수 있도록 해야 한다. 특히, 재벌 계열사의 기업지배 구조가 노동권을 약화시키고, 다양한 이해당사자들의 참여나 감시를 불가능하게 하며, 특히 노동자들의 헌신을 유인하지 못하는 기업 시스템을 고착화한다는(송원근, 2016) 점에서 이해당사자로서 노동의 감시와 규제를 통한 지배 구조 개선 필요성은 더 높아진다. 노동의 경영 참여는 기업에 대한 자본의 배타적 경영권 행사를 민주적으로 규율하는 기업민주주의 혹은 산업민주주의를 실현하는 방법이다.

(3) 재벌기업과 중소기업(협력업체) 간 기업관계(R3): 자발적 규칙 제정과 준수

세 번째 기업 간 관계는 재벌기업과 협력업체(중견기업 혹은 중소기업) 사이의 반복 게임을 통해서 형성된 것이다. 수직계열화된 구조 하에서 다른 재벌기업과 거래가 매우 제한적인 '그룹 협력사'인 중소기업들은 반복적으로 거래에 참여할 수밖에 없다. 이들 중소기업은 위장계열사이거나 아니면 기회주의적 행동의 여지가 없는, 즉 배반(D) 전략이 없는 협력중소기업들이다. 전속거래, 거래단절, 납품단가 후려치기 같은 대기업이 확보한 안전장치들은 전용자산을 가진 중소기업의 기회주의 행동을 억제하는 기능을 한다. 대기업이 마음만 먹으면 언제든지 협력업체를 바꿀 수 있다는 신호를 보내는 균형 상태가 유지되는 게임이 지속되는 한 협력업체가 항상 비둘기가 되는 게임이다.

반복 게임에 참여하는 중소기업이 일방적인 피해자가 되는 게임의 균형 상태를 탈출하기 위해서는 거래기업들이 자율적인 분배규칙을 새로 정하고 이를 준수하는 상호강제적(mutual enforcement) 네트워크를 통해 협력적 기업관계를 형성하는 것이 필요하다. 그러나 이것이 가능하려면 다음과 같은 전제조건이 해결되어야 한다. 첫째, 공정한 시장질서의 유지, 즉 거래 거절 · 차별 등의 제3자에 대한 불공정거래행위에 대한 정부 감독이 강화되어야 한다. 둘째, 하청 중소기업이 게임 참여자로서 독립적인 의사결정이 가능하기 위한 조건이 마련되어야 할 것이다. 이상적으로는 중소기업들이 영업, 금융 양 측면에서 대기업에 대한 의존을 줄이고 대기업과 대등한 관계에서 게임을 하는 것이겠지만, 현재의 중소기업은 3-4차 협력업체에 비용전가를 통해 배반 전략을 구사한다.[20] 따

20 대기업과 거래하는 중소협력업체들이 비정규직을 채용하는 등 구조조정을 하거나 3-4차 하청기업들에게 비용을 전가하려는 전략을 구사할 경우, 따라서 3개 이상의 수직계열화된 기업들 사이의 게임은 3인 혹은 다수 기업 간 게임으로 바뀐다.

라서 현재 상황에서는 이들 중소기업들의 수평적 네트워크 형성을 지원하거나 공동행위 예외를 인정하는 공정거래법 개정 등을 통해 협상력을 높여야 한다. 하청기업들이 수직계열화로 네트워크를 이루고 파편화되어 있고, 또 재벌이 핵심 산업의 상층부를 장악하고 있어 이 수직계열에서 탈출하지 못하는 상황에서 하청기업 간 수평적 네트워크를 강화하는 것은 하청기업의 응징 수단을 강화하는 길이다.[21] 정부가 법 개정을 통해서 중소기업 간 담합을 허용하는 것도 중소기업들도 기회주의 전략 혹은 Hawk 전략을 구사할 수 있다는 것을 의미하고, 그럴 경우 대기업과 중소기업 간 게임 균형이 (hawk, hawk)가 아닌 (dove, dove) 상태에 이르게 하는 방법이 될 수 있을 것이다.[22]

이처럼 게임 참여자가 협력과 배반의 두 전략을 온전히 구사할 수 있다면, 이들 사이에서 협력을 통한 이득의 분배규칙을 새로 정하고 이를 준수함으로써 현재와 같은 하위 균형에서 벗어날 수 있다. 참여자 간 위험뿐만 아니라 이익을 공유하는 일종의 분배규칙을 정하자는 것이다. 그동안 대중소기업 양극화를 해결하는 해법으로 제시된 초과이익공유제를 포함한 광의의 이익공유제가 그 대표적인 예이다. 다만 분배규칙의 제정과 준수하는 데 있어서는 두 가지 문제, 즉 기여의 측정과 정보 불완전 문제가 해결되어야 한다. 첫째, 생산에 참여하는 여러 주체의 '보이지 않는 기여'를 이끌어내는 유인체계를 어떻게 설계하느냐 하는 것인데, 문제는 게임 참가자들의 생산에 대한 기여가 쉽게 관찰되지 않는다는 것이다. 이 경우 '사전에 정한 보상'(predetermined compensation)을 이

21 대중소기업 간 관계에서 일본의 사례 연구를 보면, 일본 중소기업들의 역량이 높아감에 따라 대기업과의 하청관계에서 탈피해 이러한 중소기업 간 수평적 네트워크를 통해 자생력을 키우고 있으며, 이러한 일본 기업들은 수직계열화된 하청거래 관계에서 횡청(横請)이라 불리는 개별 기업 간 수평적인 협력관계를 발전시켜 나가고 있다(이갑수 · 정호성, 2010).

22 중소기업들이 담합에 참여할 것인가 하는 문제, 혹은 대기업과 중소기업들이 상호협력의 게임 룰을 만드는 문제는 공공재 게임(PGG)과 유사한 상황이라 할 수 있다.

용하면, 참여자들의 생산기여 활동을 유인할 수 있지만, 그 기여분이 쉽게 관측되지 않을 때는 이런 사전 약정은 오히려 도덕적 해이를 초래할 수 있다. 이런 경우에는 사후적 성과(이윤)를 분배하는 방식으로 생산 참여 유인을 마련해야 한다. 또 대기업을 정점으로 한 하도급 구조가 거래 당사자인 두 기업만의 문제가 아니라 1차 협력업체, 2차 · 3차 협력업체 등 중층적으로 누적되어 있다는 점도 이러한 분배규칙의 제정을 어렵게 한다. 따라서 이 분배규칙은 1차 협력업체에 대한 대기업의 일회성 이익공유에 그쳐서는 안 된다.[23] 이러한 문제를 방지하기 위해서는 대기업부터 최하층의 협력업체까지 성과 배분의 흐름이 연결되도록 하되, 이익공유장려세제 같은 제도 도입을 통해서 사회적 딜레마를 방지할 수 있을 것이다(전성인, 2015).

분배규칙의 제정에 있어서 해결되어야 할 두 번째 문제는 거래기업 간 불완전정보 문제이다. 재벌 대기업 혹은 원청기업의 협력업체에 대한 정보파악 능력이다. 즉, 대기업들은 하청기업의 비용 구조, 하청기업이 부품을 제 단가에 공급하는지, 혹은 거래관계에 있는 기업들이 대기업의 기밀을 유출할 위험이 있는지에 관해 확실하게 알지 못한다는 것이다. 이 불완전정보 문제를 해소하기 위해서는 대기업과 다수의 중소협력업체들이 협약을 체결하는 방식이 가능하도록 하거나 중소기업, 특히 하도급 거래 구조의 현실에 대해 더 정확한 정보를 축적하고 공개하는 시스템을 구축하는 일종의 공동재(common good)를 구축할 필요도 있다. 이를 통해 기업 간 협력 유인을 만들고 이를 통해 공급사슬을 건전하게 만들 수 있다.

문제는 이런 제도나 장치가 잘 만들어지지 않고 작동하지 않는다는 점이

23 특히, 1차 협력업체는 재벌의 주력 계열사인 경우도 있고, 또 대부분 퇴직임원 또는 총수일가의 친인척이 소유하고 있어, 위장계열사인 경우도 많다.

다. 예를 들면, 수평적 네트워크 형성이 잘 되지 않는 것은 이들 네트워크 내에 혁신적 중소기업의 수가 적고 혁신 활동이 미약하고(박광호, 2013), 또 타 기업과의 협력관계를 불신하는 기업문화의 특성 때문이다(대중소기업협력재단, 2012). 그리고 설령 기회주의의 위협이 가능한 네트워크가 형성되어 있다고 해도 상호성 규범을 지탱해 주는 응징이 대기업 쪽으로 향하기도 현실적으로 불가능하다. 또 새로운 경제적 기회가 창출되는 경우에도 수직적 네트워크 내 하위에 속한 중소기업들에게는 기회이지만 지배자에게는 기회가 아니라면 협상 역시 존재하지 않을 것이다. 그러나 더 근본적인 이유는 해당 거래관계에 있는 재벌 대기업 의사결정이 총수(일가)의 이해관계와 충돌할 경우, 총수의 이해를 대변하는 방향으로 이루어졌기 때문이다. 이것은 재벌 대기업의 지배 구조의 개선만으로는 중소기업 간 관계 문제를 풀 수 없다는 것을 의미한다(김상조, 2012).

그렇다면 대기업이 하청기업을 착취하는 하위 균형 상태를 벗어나 새로운 균형 상태로 진화하기 위해서는 무엇이 필요한가? 이에 대한 답으로 하도급 거래관계를 준내부조직적 관계로 법제화하는 기업집단법적 방법을 생각해 볼 수 있다(김상조, 2012).[24] 준내부조직과 같이 을이 갑을 선택할 기회가 봉쇄되어 있는 산업 구조 하에서는 이 준내부적인 관계가 협력보다는 갈등과 수탈의 측면이 강하게 나타날 수밖에 없다. 기업집단법적 접근은 형식적인 법인격의 경계를 넘어 경제 실질의 관점에서 이해관계자들 간의 권리와 의무를 더 명확하게 규정하는 것을 본질적인 특성으로 한다. 이를 하청기업들에게 확대 적용할 경우 다수의 을에게 집단적 권리를 부여하고 네트워킹을 강화하는 효과가 있다

24 그러나 '이해관계자 자본주의 모델'을 시행하고 있는 유럽 대륙 국가들과 일본에서도 '준내부조직'(외부 시장과 기업 내부 조직의 중간적인 성격을 가지는 조직)이라고 할 수 있는 하도급업체나 채권금융기관을 법률을 통해 공식적으로 이해관계자에 포함시키지는 않는다. 결국 이는 우리가 최초로 하도급업처가 이해관계자임을 법적으로 인정하자는 것인데, 이에 대해서는 저자 스스로도 '장기적(=비현실적) 과제'임을 인정하고 있다.

(김상조, 2013). 한 가지 방법으로 원청기업의 하청기업에 대한 자본 참여를 허용함으로써 원·하청 기업 간 신뢰를 형성하는 방법이다. 물론 현재도 자본참여가 없는 하청 중소기업 중에서도 재벌 대기업이 실질적으로 지배하는 위장계열사가 존재하고, 따라서 공식적인 자본참여는 재벌 대기업의 '문어발식 확장'을 조장할 우려가 존재하며, 불확실성이 더 높아진 글로벌 경쟁환경에서 기업경영의 '유연성'을 저해할 가능성도 있다. 그럼에도 ① 단순한 자본참여를 넘어, ② 하청기업 종업원의 원청기업 우리사주조합 참여, 원청기업의 하청기업에 대한 직접 보증 등 다양한 방법을 통한 대기업과 중소기업의 결합, ③ 집단에 속한 기업들 사이의 산별연금기금의 형성을 통한 이익공유제 실현(송원근, 2013) 등 다양한 방법이 있을 수 있다. 이와 같은 방식으로 기업집단법이 제정된다면 이는 기업 간 거래관계에 있어서 새로운 규칙을 만드는 것이며, 이를 통해 거래기업들 간 분명한 책임과 협력을 유도할 수 있을 것이다. 그러나 현재와 같이 사업적으로 관련이 없는 계열사들을 가진 거대 기업집단에 대한 총수 지배력이 그대로 유지된다면, 그 효과는 제한적일 수밖에 없다. 따라서 거대 기업집단 분할과 규모 축소를 전제로 사업별로 사업집단을 구성하도록 하고, 이를 규율하는 법체계를 만들 수는 있을 것이다.

4. 결론

게임 이론이나 실험경제학, 혹은 신제도주의의 연구 결과들에 의하면, 이기적으로 행동하는 행위자들 사이에 존재하는 용의자의 딜레마나 제2의 딜레마 해결에 외부의 개입, 즉 정부 개입이나 자율적인 규칙의 제정과 준수가 중요하다는 것이다. 그러나 재벌(대기업)이 존재하는 시장 혹은 산업에서 기업 간 관계의 새로운 규칙을 만드는 식의 해법은 현실적으로 불가능한 상황이다. 그것은 일차적으로는 외환위기 이후 정부의 규율 수단이 점차 줄어들었고, 시장에 기댄 규율 역시 효과적으로 작동하지 않기 때문이다. 재벌 구조개혁이 실패하면서 경제력 집중은 심화되었고, 재벌들은 이 경제력을 바탕으로 정치권력화함으로써 새로운 규칙과 감시체계 형성을 방해했기 때문이다.

이 글에서는 사회적 딜레마에 빠진 기업 간 거래 구조를 세 가지로 구분하고 각각의 게임에서 생기는 딜레마의 성격, 그리고 해결을 위한 재벌개혁의 방향을 제안했다. 먼저 재벌(대기업) 간 경쟁으로 인한 용의자의 딜레마 해결을 위해서는 용의자들 게임을 조정 게임으로 바꾸어 주는 정부의 역할, 즉 정부가 게임의 구조를 바꾸는 것이 필요하다. 정경유착의 고리를 끊고 공공성을 회복한 정부가 시장규칙을 잘 지키도록 법과 제도를 정비하여, 게임의 구조를 근본적으로 변경함으로써 유인 구조를 변화시키는 것이 필요하다. 물론 이것만으로는 충분하지 못하다. 또 자율적인 의사결정 구조가 가능하고, 이를 통해서 기업집단의 유지에 따르는 비용을 기업집단이 스스로 지게 함으로써 기업집단을 분할하는 강력한 재벌개혁정책도 필요하다.

둘째, 동일 집단 내 계열사 간 거래로 형성된 기업 간 관계에서 형성 진화해 온 하위 균형을 벗어나기 위해서는 조정 게임 내에서 다른 선택(서로 사슴을 잡는)을 할 수 있도록 해주어야 한다. 문제는 계열사들이 자율권을 가지고 의사결정을 할 수 있는 장치가 존재하느냐의 여부이다. 이른바 재벌기업들의 기업지배 구조 개선이 그런 장치의 대표적인 예이다. 외환 금융위기 이후 이와 관련된 여러 가지 정책들이 시행되었지만, 계열사들의 독립적인 의사결정이 가능하도록 만드는 총수 지배력 약화에는 실패했다. 따라서 총수(일가)나 다른 계열사의 이익을 위한 의사결정 과정에서 법적·계약적 권리를 침해당한 사람들, 예를 들면 주주, 노동자, 채권자 등 다양한 이해당사자들의 권리를 효과적으로 회복할 수 있도록 해야 한다. 특히, 재벌 계열사의 기업지배 구조가 노동권을 약화시키고, 노동자들의 헌신을 유인하지 못하는 기업 시스템을 고착화한다는 점에서 이해당사자로서 노동의 감시와 규제를 통한 지배 구조 개선 필요성은 더 높아진다.

마지막으로 재벌기업과 중소협력업체 간 거래에서 생기는 하위 균형 상태를 벗어나는 데는 거래 당사자들 간 자율적인 분배규칙의 새로운 제정과 준수가 중요하다. 문제는 사업적으로 관련이 없는 계열사들의 거대기업집단에 대한 총수의 지배력이 이것을 방해하고 있다는 점이다. 따라서 거래 당사자 간 새로운 규칙을 만들고 이를 준수하도록 감시하고 제재하는 체제를 만드는 것 역시 총수의 지배력을 약화시키는 조치, 즉 기업집단의 분할이 전제조건으로 충족되어야 한다. 게임의 구조를 변경하고, 또 새로운 게임규칙을 만들기 위한 방법으로서 재벌개혁 조치가 기존의 시장규칙을 지키도록 하는 행위 규제를 넘어서 구조개혁을 지향해야 하는 이유가 여기에 있다.

참고문헌

김기원, 《재벌개혁과 공정거래법 개정》, 국회정무위원회 공청회 자료집, 2004.

______, 〈'삼성 독재'의 현실과 개혁 방향〉, 《역사비평》, 72, 2005 가을호.

______, 〈한국사회의 모순과 2013년 체제〉, 《창작과비평》, 제40권(2) 통권156호, 2012, pp. 392-411.

김상조, 〈재벌개혁의 필요성과 정책수단〉, 《재벌개혁, 왜 필요한가?》, 재벌개혁과 대중소기업 양극화 해소 방안 정책토론회 발표문, 2011a. 7. 22.

______, 〈재벌중심체제의 한계: 경제력집중 심화 및 폐쇄적 지배구조의 폐해와 극복 방안〉, mimeo, 2011b.

______, 《종횡무진 한국경제》, 오마이북, 2012.

______, 〈사회양극화 해소를 위한 경제개혁의 방향: 1987년의 질곡과 2012년의 약속〉, 평화리더십 아카데미 발표문, 2013.

______, 〈경제민주화와 기업윤리: new normal 시대의 과제와 전략〉, 서강대지속가능기업윤리연구소, 2015. 5. 13.

김안국 외, 《사회적자본과 인적자원 개발Ⅲ: 기업간 관계를 중심으로》, 한국직업능력개발원 연구보고서, 2008-11, 2008.

남종석 · 홍장표, 〈소득주도 성장과 산업생태계의 혁신〉, 한국사회경제학회 2015년 가을 학술대회 발표문, 2015. 11. 20.

대중소기업협력재단, 《강한 중소기업의 성장 키워드 '협업'》, 2012.

박광호, 《신흥시장 진출을 위한 중소SW기업간 협력모델》, 2013.

박상인, 《삼성전자가 몰락해도 한국이 사는 길》, 미래를 소유한 사람들, 2016.

송원근, 〈산업연금펀드를 통한 이익공유제 도입방안〉, 《산업혁신연구》, 29(2), 2013, pp. 71-94.

______, 〈삼성재벌의 지배구조 변화와 이재용시대〉, 《사회경제평론》, 44, 2014, pp. 177-220.

______, 〈외환위기 이후 재벌 정책 변화와 개혁 방향〉, 《기억과 전망》, 34, 2016, pp. 103-148.

______, 〈'삼성 없는 대한민국', 대한민국 없는 삼성의 경쟁력〉, 《참여사회》, 2017. 4.

윤성민, 〈소유권-지배권 분리가 기업가치에 미치는 영향〉, 《사회경제평론》, 25호, 2005, pp.

221-259.

이갑수 · 정호성, 《일본의 네트워크형 중소기업 현황 및 시사점》, 삼성경제연구소, 2010.

이병천, 〈현대 한국에 민주적 자본주의의 준거모델은 있는가?: 자본주의와 민주주의의 불균형 및 불화〉, 이병천 외, 《한국의 민주주의와 자본주의: 불화와 공존》, 돌베개, 2016.

이병천 · 정준호 · 최은경, 〈삼성전자의 축적방식 분석: 세계화 시대 한국 일류기업의 빛과 그림자〉, 《동향과 전망》, 92, 2014, pp. 129-173.

이종보, 《삼성독재: 삼성권력 80년, 민주주의를 지배하다》, 빨간소금, 2017.

임영재, 〈Anti-Trust정책으로서 기업분할 · 계열분리와 관련한 주요 쟁점〉, 《KDI정책포럼》, 164, 한국개발연구원, 2003.

장지상 · 홍장표, 〈기업의 거래형태 및 외부기술 활용이 혁신성과에 미치는 영향〉, 《경제발전연구》, 22(1), 2016, pp. 27-59.

전성인, 〈이익공유 장려세제 도입방안의 모색〉, 경제민주화네트워크 주최 토론회 '동반성장과 경제민주화 어떻게 실현할 것인가?' 토론문, 2015. 9. 9.

조영철, 〈재벌체제와 발전지배연합〉, 이병천 편, 《개발독재와 박정희 시대》, 창작과 비평사, 2003.

조원동, 《경제는 게임이다》, 한국경제신문사, 2015.

최정규, 《이타적 인간의 출현》, 뿌리와이파리, 2009.

홍장표, 〈대중소기업 성과배분제도 개혁의 필요성과 이익공유제 실현방안〉, 《재벌개혁, 왜 필요한가?》, 재벌개혁과 대중소기업 양극화 해소 방안 정책토론회 발표문, 2011. 7. 22.

홍장표 · 남종석, 〈대, 중소기업간 거래관계가 협력 중소기업의 연구개발투자에 미치는 영향〉, 《중소기업연구》, 38(1), 2016, pp. 87-107.

Acemoglu, D., "De Facto Political Power and Institutional Persistence," *AEA Papers and Proceedings*, 96(2), 2006, pp. 325-330.

Akerlof, G. A., *Identity Economics: How our identities shape our work, wages, and well-being*, Princeton University Press, 2010(안기순 역, 《아이덴티티 경제학》, 랜덤하우스코리아, 2011).

Akerlof, G. A. and R. E. Kranton, "Economics and Identity," *The Quarterly Journal of Economics*, 115(3), 2000, pp. 715-753.

Amsden, A. H., *Asia's Next Giant: South Korea and Late Industrialization*, NY: Oxford University Press, 1989.

Axerlrod, R., *The Evolution of Cooperation*, Basic Books, 1984.

Bates, R. H., "Contra Contractarianism: Some Reflections on the New Institutionalism," *Politics & Society*, 16(2-3), 1988, pp. 387-401.

Bebchuk, L., R. Kraakman, and G. Triantis, "Stock pyramids, cross-ownership, and dual class equity: the creation and agency costs of separating control from cash flow rights," Discussion Paper no. 249, Harvard Law School, 1999.

Berle, A. A. and G. C. Means, *The Modern Corporation and Private Property*, Transaction Publishers, New Brunswick, 1932(1991).

Ben-Ner, A. and D. C. Jones, "Employee Participation, Ownership and Productivity," *Industrial Relations*, 34(4), 1995, pp. 532-554.

Carney , M., "The many futures of Asian business groups," *Asia Pacific Journal of Manage*, 25(4) 2008, pp. 595-613.

Choi, J.-K. and S. Bowles, "The coevolution of parochial altruism and war," *Science*, 318, 2007, pp. 636-640.

Dasgupta, P., "A Matter of Trust: Social Capital and Economic Development," paper prepared for the Annual Bank Conference on Development Economics(ABCDE), Seoul, June 2009.

Hodgson, G. M., *Economics and Evolution: Bringing Life Back into Economics*, Michigan: The University of Michigan Press, 1996.

Khanna T. and K. G. Palepu, "Why focused strategies may be wrong for emerging markets," *Harvard Business Review*, 75(4), 1997, pp. 41-51.

Khanna, T. and Y. Yafeh, "Business groups in emerging markets: paragons or parasites?," *Journal of Economic Literature*, 45(2), 2007, pp. 331-337.

Kollock, P., "Social Dilemmas: The Anatomy of Cooperation," *Annual Review of Sociology*, 24, 1998, pp. 183-214.

Kramer, R. M. and M. B. Brewer, "Effects of group identity on resource use in a simulated commons dilemma," *Journal of Personality and Social Psychology*, 46, 1984, pp. 1044-1057.

______, "Intergroup competition as a structural solution to social dilemmas," *Social Behaviour*, 5(4), 1990, pp. 247-260.

Kreps, D., *Game Theory and Economic Modeling*, Oxford University Press, 1990.
Nash, J., "The Bargaining Problem," *Econometrica*, 18(2), April 1950.
North, D., "Economic Performance through Time," *The American Economic Review*, 84(3), June 1994, pp. 359-368.
Nowak, M. A., *Supercooperator*, 2011(허준석 역, 《초협력자》, 사이언스북스, 2012).
Olson, M., *The Logic of Collective Action: Public Goods and the Theory of Groups*(Revised ed.), Harvard University Press, 1965.
Ostrom E., *Governing the Commons*, Cambridge University Press, 1990.
______, "Beyond Markets and States: Polycentric Governance of Complex Economic Systems," *American Economic Review*, 100(3), 2010, pp. 641-672.
Schelling T. C., *The Strategy of Conflict*, New York: Oxford University Press, 1960(최동철 역, 《갈등의 전략》, 나남, 1992).
Schroeder, D. A., *Choice and Consequence*, Harvard University Press, 1984.
______, "An introduction to social dilemmas," in D. A. Schroeder, ed., *Social dilemmas: Perspectives on individuals and groups*, 1995, pp. 1-14.
Sugden, R., "Spontaneous Order," *Journal of Economic Perspectives*, 3(4), 1989, pp. 85-97.
Varoufakis, Y., *Rational Conflict*, London: Cambridge University Press, 1991.
Williamson, O. E., *Market and Hierarchies*, The Free Press, 1975.
______, "The theory of the firm as governance structure: From choice to contract," *Journal of Economic Perspectives*, 16(3), summer 2002, pp. 171-195.
Wilson, D. S. et al., "Generalizing the core design principles for the efficacy of groups, *Journal of Economic Behaviour and Organization*, 2013(http://dx.doi.org/10.1016/j.jebo.2012.12.010).
Yamagishi, T., "Group size and the provision of a sanctioning system in a social dilemma," In W. B. G. Liebrand, D. M. Messick, and H. A. M. Wilke(Eds.), *International Series in Experimental Social Psychology. Social Dilemmas: Theoretical Issues and Research Findings*, NY, Pergamon Press, 1992.
Yamagishi, T. and M. Yamagishi, "Trust and commitment in the United States and Japan," *Motivation and Emotion*, 18, 1994, pp. 129-166.

제4장

유연안전성 담론과 전략 비판

전병유

이 글은 한국산업노동학회의 《산업노동연구》 22권 1호, 2016에 게재된 논문(〈유연안전성 담론과 전략에 대한 비판적 고찰〉)을 약간 수정한 것이다.

전후 현대 자본주의 체제는 시장경제의 불확실성과 위험으로부터 개인을 보호하기 위해 고용창출(완전고용), 고용보호, 그리고 사회적 보호(복지)라는 사회적 시스템을 구축했다. 거시경제정책을 통해 완전고용을 추구하는 것 이외에, 노동시장에 대한 법적 규제나 노동시장 참여자들의 자율 규제가 있고, 자원배분이 이루어진 이후에 이루어지는 소득의 재분배제도가 있다.

전후 케인스주의 체제 하에서, 거시적인 완전고용과 미시적인 고용보호는 경제의 불확실성과 위험으로부터 개인을 보호하였고, 사회적 보호는 재분배를 통해 개인이 빈곤의 위험에 빠지는 것을 방지하였다. 그러나 1970년대 후반 이후, 고용보호와 사회적 보호가 완전고용을 해친다는(구조적 실업을 유발한다는) 논리에 기초하는 이른바 신자유주의적 개혁이 추진되었다. 그러나 이는 불평등과 불안정을 더욱 크게 확대했고, 개인들의 경제적 불안은 더 심화되었다. 이에 대한 대안으로 제기된 것이 시장에서의 '고용보호'를 완화하고 '사회적 보호'를 강화하자는 유연안전성(flexicurity) 담론이다. 이는 기술 변화와 글로벌화라는 조건 하에서는 고용보호가 사회적 보호보다 고용창출에 더 부정적이라는 암묵적 전제를 기반으로 하고 있다.

그러나 개인의 경제적 안전을 보장하는 제도와 정책들은 국가별로 다양하고 상당한 차이가 있다. 예를 들어, 라틴유럽에서는 고용보호 규제가, 대륙유럽은 단체협약이, 그리고 북유럽에서는 사회적 보호가 상대적으로 더 중요한 역할을 한다. 영미계 국가들의 경우, 이러한 제도들이 발전하지는 않았지만 시장이 자원을 배분한 이후에 가장 좋지 않은 결과들을 수정하는 제도들(예를 들어, 자산조사 기반 소득지원이나 세금공제)을 도입하고 있다. 이러한 차이는 중요한 역사적 시점에서의 이데올로기적인 영향력이라는 초기 조건과 경로의존성, 그리고 국가의 역할과 국가-사회의 관계 등에 기인한다(Bonoli, 2003).

즉, 고용보호와 사회적 보호의 관계는 경제사회적 조건뿐만 아니라 역사적 · 제도적 요인 그리고 정치적 변화와 이데올로기적 성향의 변화까지 다양한 요인들의 영향을 받는다. 따라서 고용창출(완전고용) 능력을 유지하면서 경제적 위험으로부터 개인을 보호하고 빈곤과 불평등을 줄이기 위해서, 고용보호와 사회적 보호 관련 제도들을 어떻게 배열하고 결합해야 하는지는 여전히 논쟁적이고, 개별 국가의 특수성에 대한 고려가 중요하다.

그럼에도 유연안전성 담론은 이미 OECD와 EU 등 국제기관들이 공식적으로 수용하고 있고, 우리나라에서도 정부 주도 노동개혁은 유연안전성 담론을 활용해 왔다. 심지어 박근혜 정부는 일반해고제도 도입과 기간제와 파견 확대 등으로 유연성을 높이면서 실업급여를 강화하고 했었다. 한국 사회는 1997년 외환위기를 거치면서 개인이 직면하고 있는 경제적 위험의 수준이 매우 높아졌다. 노동시장에서의 불안과 격차가 확대되고 이중 구조가 강화되는 한편, 사회적 보호의 수준은 매우 낮은 상태에 머물러 있어 노동시장제도 개혁과 사회적 보호 확대 필요성이 매우 높아 있는 상태이다. 노동시장제도와 복지제도를 효과적으로 결합하여 개인의 경제적 안전의 수준을 높여야 하는 과제를 안고 있다. 유연안전성 전략도 이러한 맥락에서 검토되고 있지만, 유연안전성 담론과 전략의 맥락과 의미, 현실적 적용 가능성 등에 대한 면밀한 분석이 전제되어야 한다.

이 글에서는 유연안전성이라는 개념과 담론 그리고 이에 기초한 노동시장 개혁의 타당성과 가능성에 대해 기존 연구와 이론들을 비판적으로 검토하고 이에 기반해 우리나라에 대한 함의와 시사점을 도출해 보고자 한다.

1. 유연안전성론의 배경과 경과

유연안전성에 대한 논의와 사례들은 이미 우리나라에서도 많이 소개되었다(정원호, 2004; 2005). 특히, 《산업노동연구》에 연속해서 게재된 조돈문의 글들(2014; 2015a; 2015b)은 유럽연합의 유연안정성 전략 채택을 유연성과 안전성의 균형, 자본과 노동 이해관계의 동시 반영, 내부적 유연성의 적극적 수용 등의 측면에서 긍정적으로 평가하였고, 유연성을 인정하되 강력한 규제의 틀 내에서 유연성을 인정하는 스웨덴의 "관리된 유연성" 모델을 유연안정성의 현실적 성공 모델로 제시하고 있다. 다만, 조돈문의 글들에서도 고용계약의 안정성 측면에서는 여전히 유럽연합의 유연안전성 전략에 대해서 유보적인 평가를 하고 있으며, 유럽노총의 경우에도 이에 대한 우려를 지속적으로 제기하고 있고, 스웨덴 모델에서도 법제뿐만 아니라 단체협상을 통해 고용안정성을 확보하고 있다는 점을 구체적으로 보여 주고 있다.

이호근(2006)과 윤진호(2008)에서도 유연안전성 모델에 대해 비판적으로 검토할 것과 우리나라의 현실에 맞는 적용 방식을 고민해야 한다는 점이 지적되고 있다. 윤진호(2008)는 덴마크 유연안전성 모델이 100여 년에 걸친 정치적 갈등과 양보의 결과이며, 한국의 역사적 · 제도적 · 경제적 · 문화적 토양을 고려한 한국의 유연안정성 모델이 필요하다는 점, 그리고 현실의 유연안전성 전략에서 유연성이 우선이고 안정성은 부차적 · 보완적으로 파악하는 경향이 있어 노동자들의 일방적 손해로 끝날 가능성이 높다는 점을 지적하고 있다. 이호근(2006)도 비정규직 문제해결 방안으로 정규직에 대한 고용보호 완화나 비정규직에 대한 법제화만이 아닌 근로감독과 사회적 보호 등을 결합하는 한국형의 유연안정성 모델을 제시하고 있다. 그럼에도 우리나라의 경우, 유연안전성 담론을 그대로 수용하여 자의적으로 활용하는 경우가 많고, 유연안전성에 대해 비판적 검토에 기초한 논의들은 아직 많이 부족하다고 할 수 있다.

유연안전성(flexicurity)은 노동시장에서의 유연성(flexibility)과 사회적 안전성(security)을 결합하는 개념이다. 그러나 단순히 이론적 개념이라기보다는 유럽의 사회적 모델을 현대화하는 과정에서 만들어진 전략적 개념이다. 특히, 유연안전성 전략은 기존의 유연성 전략이 한계에 직면하면서 새로운 모델을 찾는 과정에서 나왔다. OECD는 1990년대 초반부터 유럽 복지국가에서 구조적 실업의 원인이 노동시장의 경직성과 관대한 복지제도에 있다고 주장하고, 노동시장 유연화와 복지 축소를 중심으로 하는 유연성 전략(OECD 고용 전략, OECD, 1994)을 가맹국들에게 권고했다. 그러나 이 전략의 성과는 좋지 않았다. 주요 OECD 국가들에서 시도된 유연성 전략은 대부분 '한계적 유연화'(flexiblization at the margin)로 나타났다.[1] 유연화가 비경제활동인구를 줄이고 고용률을 높였지만, 기간제 고용과 같은 비정규직만 확대했고, 기업이나 거시경제의 생산성 향상에 기여하지 못하였다(Blanchard & Landier, 2002; Cahuc & Postel-Vinay, 2002). 즉, 한계적 유연화가 일시적으로 기간제 형태의 고용을 창출하기는 하였지만 생산성이 높아지지 않아, 장기적으로 지속되기 어렵다고 평가되었다(Boeri & Garibaldi, 2007). 더욱이 유연성 전략을 추진했던 국가들은 노조의 반대와 저항에 직면하면서 정치적 교착 상태에 빠진 경우가 많았다. 이렇게 유연안전성 전략은 기존의 유연성 전략이 위험과 불평등을 확대할 수 있고 지속 가능하지 않다는 판단에서 시작한다.

1 1986-2002년간 유럽에서 실행된 112개의 고용보호법제 개혁 중에서 93개가 한계적인 부문에서만, 즉 새로운 고용이나 비정규적 고용에 대해서만 도입되었고, 실제로 정규직에 대한 유연화 개혁이 도입된 국가들은 한국, 핀란드, 그리스, 스페인 정도였다(Boeri et al., 2012).

유연안전성 전략은 '덴마크 유연안전성 모델'과 '노동시장의 분단화와 이중화'라는 두 개의 공적 담론에 기초하고 있다(Méda, 2014). 과거의 유연성 전략은 구조적 실업의 원인이 노동시장 경직성과 관대한 복지에 있다는 주장에서 시작했다면, 유연안전성 전략은 노동시장의 분단과 이중화(비정규직의 증가)의 원인으로 노동시장 경직성에 주목하고, 복지는 유연성 확대를 위한 사회적 교환의 대상으로 받아들이게 된다.

많이 알려진 덴마크의 유연성과 안전성의 교환 모델은 고용불안이 높은 임금으로도 보상되지 못하기 때문에 이를 기업이 아닌 사회가 보호한다면 고용불안이 초래하는 부정적인 효과를 피해 갈 수 있을 것이라는 점에 주목하는 전략이다.[2] 1990년대 이후 덴마크 모델이 양호한 성과를 보이자, 신고전파 경제학자들과 OECD도 북구형 모델의 제도적 장점을 간과할 수 없었다. 고용보호와 관대한 복지를 모두 비판의 대상으로 보기보다는 서로 대체할 수 있는 것으로 보기 시작했고 사회적 보호를 통해서 고용보호를 완화하고자 하였다.

덴마크 유연안전성 모델 이외에 또 다른 중요한 담론으로는 노동시장의 이중화 담론이 있다. 1990년대 후반과 2000년대 들어와, 노동시장 분단과 관련된 주장들이 강화된다. OECD와 신고전파 경제학자들도 노동시장의 분단과 이중화를 재해석하기 시작했다. 임금, 근로시간, 노동조직, 노동이동 등에서의 변화를 내부자들이 거부함에 따라서, 노동시장에서의 불균형(높은 실업률과 불충분한 고용창출, 비정규직 확대)이 초래되었다는 논리와 증거들을 찾아낸다(Méda, 2014). OECD에서도 1990년대 후반부터 이 논리를 강조하기 시작했다. "정규직

2 물론 경제적 요구와 사회적 보호를 조화시키려는 이러한 유연안전성 시도는 새로운 것이 아니다. 예를 들어, 스웨덴의 렌마이드너 모델(Rehn-Meidner-Model)은 적극적 노동시장정책, 고용보호의 조정, 실업급여의 개선 등으로 높은 노동이동성과 높은 수준의 사회적 보호를 결합하는 유연안전성 모델이다(Keune & Jepsen, 2006).

과 비정규직 간 고용보호법제(Employment Protection Law: EPL)의 차이는 청년과 취약계층에서의 비정규직 증가의 원인이다. EPL의 잠재적 비용은 노동시장의 분단이다. EPL이 일부 근로자에게 안정적인 일자리에 대한 접근성을 높이는 바람직한 효과가 있지만, 이러한 일자리에 접근할 수 없는 근로자들에게 불이익을 준다. EPL은 적어도 EPL이 경제에서 전반적인 채용 능력을 떨어뜨린다는 점에서 보호된 노동자(이른바 내부자)와 구직자 및 비정규직(이른바 외부자)의 이중화를 촉진한다"(OECD, 1999). EPL이 실업률과 실업기간에 미치는 효과가 분명하지 않자, EPL이 노동시장 분단의 원인이며 일부 근로자들을 불안정한 고용으로 제한하는 효과를 가진다는 주장으로 전환하기 시작한 것이다. 해고에 대해서 세금을 부과하는 경제적 수단(정리해고세, tax on redundancy)으로 기존의 규제를 대체하자는 제안(Blanchard & Tirole, 2008; Blanchard & Tirole, 2003)이나 최근 스페인, 이탈리아 등에서 도입되고 있는 단일고용계약(single open-ended contracts) 제안(Cahuc & Kramarz, 2004; Cahuc, 2012) 등도 이러한 맥락에서 제출된 제안들로 볼 수 있다.[3)]

이러한 생각에 기초하여 유연성 전략이 초래하는 문제에 대응하기 위해 OECD와 EU는 새로운 모델로서 유연안전성 모델에 주목하기 시작했다. 그 결과가 OECD 2006년 고용전망(이른바 OECD 신고용 전략)과 EU의 2007년 유연안전성 전략 채택으로 나타났다. 특히, EU의 유연안전성 전략에서는, 한계적 유연화에 따른 노동시장의 이중구조화 문제를 좀더 적극적으로 제기했다. 유연성에서의 정규직과 비정규직 간 비대칭성 문제에 대한 적극적인 대응을 강조했다. EU가

3 Crouch(2014)는 노동시장의 이중화를 노동시장의 경직성과 연결하는 이러한 논리에 대해 다음과 같이 비판하고 있다. "이중화의 원인이 노동시장 내부에 존재하며, 고용보호와 고용창출이 제로섬 게임이라는 논리의 연장선상에 있다. 완전고용을 정부의 핵심 정책으로 삼는 케인스주의에서는 완전고용과 고용창출은 정부 경제정책이 달성해야 할 목표이기 때문에 개별 근로자의 고용안정을 보장하는 것이 일자리가 없는 개인들에게 부정적인 영향을 주지 않지만, 이른바 신자유주의에서는 개인의 일자리 보호는 다른 개인을 실업이나 비정규직화한다는 것으로 고용보호와 고용창출이 제로섬 게임이 된다".

2007년 채택한 유연안전성 전략의 첫 번째 정책 제안은 “무기계약 노동자들은 보호 받고 기간제는 보호 받지 못하는 노동시장의 분단화를 피하기 위하여 모든 피용자들을 포괄하는 적절한 수준의 고용보호”이다. 비정규직 고용의 상향 노동이동을 촉진하고 비정규적 고용계약을 노동법, 단체교섭, 사회안전망, 그리고 평생교육 시스템에 완전하게 통합하며 정규적 고용계약이 기업들로 하여금 받아들일 수 있도록 하고, 비례보호의 원칙(prc rata temporis)이 비정규직에게도 적용될 수 있도록 한다는 점을 강조했다. 동시에 평생교육과 직업훈련 시스템에서도 이를 대기업에만 제한하지 않도록 한다는 점을 강조했다.

그러나 2008년 글로벌 금융위기를 거치면서 이러한 유연안전성 전략이 한계적 유연화와 노동시장의 이중화를 극복하는 데 성공했는지, 고용보호와 사회적 보호의 교환이 가능했고 성과가 있었는지에 대해서 비판적 평가들이 제기되었다. OECD(2009)도 기존의 유연안전성 개념에 기초한 정책들이 경제위기 시에 효과적이지 않았고, 안전성에 관한 새로운 개념과 정책들을 구축해야 한다는 제안들을 하고 있다. 노동시장을 유연하게 만드는 조치들이 위기에 대한 대응 능력을 떨어뜨리고 경제가 좋을 때 도움이 되는 프로그램들이 다른 시기에 동일하게 효과적이지는 않다는 점, 그리고 기업과 피용자 사이의 안정적인 관계의 기초 없이 만들어진 노동시장은 단기적이고 지속 가능하지 않다는 점이 경제위기에서 확인된 것이다. 기업들이 피고용인에 대한 의무를 좀더 강화하도록 하며, 어려움 없이 일자리를 바꿀 수 있는 능력과는 다른 개념의 안전성이 필요하고, 공공일자리 창출, 일자리 나누기, 훈련 등을 강조하는 흐름이 나타나고 있다. EU 내에서도 유연안전성 전략에 대해 재논의 필요성이 제기되었다. 그러나 OECD나 EU 모두 유연안전성의 기조나 전략을 공식적으로 수정하지는 않고 있다.

2. 유연안전성 전략에 대한 노동조합의 비판적 대응

유연안전성 전략은 사회적 타협에 기초하여 다양한 이해관계와 입장을 가진 경제 주체들을 포괄 · 조정하는 매우 유연한 전략이고 바로 그 이유 때문에 또 많은 비판을 받고 있다. 유럽노동조합(ETUC, 2007)도 유연안전성 전략에 대해 공식적으로 다음과 같은 비판을 제기하였다.

첫째, 유연안전성은 직무안전성(job security)에서 고용안전성(employment security)으로의 이행을 촉진하는 것으로 한 상품(직무안전성)을 다른 상품(사회보장)으로 교환하는 것인데, 교환 환율이 무시되고 있다는 점을 지적하고 있다. 사회보장이 직장 상실 자체의 높은 위험을·보상할 수 있을지는 몰라도, 직장 상실 이후 이어지는 불이익에 대해서는 완전하게 보상할 수 없다는 것이다. 직장 상실의 위험은 보상된다고 하더라도, 새로운 일자리 기회는 찾기가 쉽지 않다는 점도 지적하고 있다. 또한 유럽노동조합은 노동자의 복지를 국가에 맡기는 것에 대해서도 많은 신뢰를 주지 않고 있다. 일자리 보호는 불황이나 정치적 위기 시에도 소득을 보장할 수 있는 반면, 사회적 보호는 경제위기나 정치적 변화에 취약할 수 있다는 것이다. 언제든지 정치적 변화가 '사회적 삭감'(social cuts)으로 나타날 수도 있으며 경제적 위기가 닥칠 경우 복지가 축소될 가능성은 언제나 있다는 것이다. 또한 유연성 전략에 따른 많은 실질적 혜택은 기업이 가져가고 모든 부담은 국가가 지는 문제도 제기한다. 유연안전성 전략은 장기적으로 기업에 대한 보조와 선물일 수 있다는 것이다.

평생학습이 안정적인 일자리 기회를 확대할 것이라는 것도 순진한 생각이라고 평가하고 있다. 문제는 숙련 부족이나 변화에 대한 근로자의 적응력이 아니라 해외의 값싼 노동력이기 때문이다. 공장의 해외이전에 따른 일자리 상실은 평생학습과 훈련으로 대응할 수 없다는 것이다. 또한 훈련은 개별적인 해고가 이루어질 경우에는 효율적일 수 있지만, 대량해고가 이루어질 경우에는 효율적이지 않다는 점도 지적한다. 어떠한 훈련도 일자리 기회가 부족하다면, 고용을 보장할 수 없고, 노동조합이 원하는 훈련은 직장에서의 훈련(learning by doing)이고 일자리와 분리되지 않는 훈련이기 때문이다. 보완적으로 이루어지는 직장 밖의 훈련은 안전성 개념을 착근하기에는 매우 약하다는 것이다.

또한 비정규직이 너무 많고 유연성이 과도하다는 현실에 대해 적극적으로 대응하지 않는다는 점도 지적하고 있다. EU 노동시장도 불안정한 고용과 과도한 유연성이 오히려 문제라는 것이다.

EU 노동조합은 이에 대한 대안으로, 첫째 직무안전성에 대한 대체재가 아니라 보완재로서 고용안전성이 필요하다는 점, 둘째 유연안전성은 그 자체로 고용창출 능력이 없기 때문에 고용창출 지향적인 거시경제정책을 필요로 한다는 점, 셋째 비공식 부문에 대한 고려가 필요하다는 점 등을 주장하고 있다.

유연안전성에 대한 노동조합의 이러한 비판을 반영하여, Tangian(2008a; 2008b)은 유연안전성 모델에서 보완되거나 고려되어야 할 점을 지적하고 있다. 유연안전성의 한계와 문제를 넘기 위한 몇 가지 대안적 아이디어로 유연보험제(flexinsurance), 기본소득(basic income), 작업장세(workpalce tax), 이민자정책과 유사한 비정규직 정책, 금융시장 규제 등을 들고 있다. 유연보험제(Flexinsurance)는 사회보장에 대한 고용주의 기여분을 고용계약의 유연성에 비례하여 부과하자는 것으로, 사용자의 도덕적 해이를 초래할 가능성을 방지해야 유연안전성 전략이 정당성과 효과성을 가질 수 있다는 것이다. 관련 사례로 미국의 경험요율제도나 오스트리아의 개인실직계좌제(Severance Act 2002) 등을 들고 있다. 한편, 이민자에 대한 방침과 유사한 비정규직 대처 방안을 마련하자는 주장도 실현 가능성과는 별개로 흥미롭다. 이민자와 마찬가지로 비정규직에 대하여 일정한 쿼터를 정하여 사유를 제시한 고용주들만 사용할 수 있도록 하자는 제안이다. 이는 고용유연성을 완전하게 배제하지 않으면서 합리적인 수준으로 제한하는 것을 목표로 하는 방안이라는 것이다.

이러한 노동조합과 관련 전문가들의 비판은 '고용 규제를 풀고, 복지를 강화하자'는 유연안전성 전략이 현실적 조건에 적합한 정교한 제도 배합을 이루어 내지 못할 경우 많은 비판에 직면할 여지들이 많다는 점을 잘 보여 준다. 이러한 비판들이 단순히 노동조합의 주장에 그치는 것이 아니라, 경제학적 합리성과 정치경제학적 가능성의 측면에서도 나름대로의 타당성을 가지기 때문이다. 다음 절에서는 유연안전성 전략에 대한 비판적인 담론들을 좀더 구체적으로 검토해 보고자 한다.

3. 유연안전성 비판

유연안전성 개념과 전략은 유연안전성이 전제하고 있는 실증적 근거의 문제, 유연안전성 패러다임의 실행과 적용의 문제, 그리고 현실에서의 성과의 문제 등의 맥락에서 비판될 수 있다. 첫째는 유연안전성이 전제하고 있는 근거의 문제이다. 유연안전성 전략은 "고용법제로 보호하는 경우 고용에 부정적이며, 실업급여로 보호하는 경우 고용에 긍정적이다. 낮은 고용보호는 고용주로 하여금 더 채용하도록 하며, 관대한 실업급여는 피용자의 구조조정에 대한 저항을 줄일 것"이라는 전제를 당연한 것으로 간주하는 경향이 있다. 따라서 '유연안전성의 이론과 그에 기초한 경험적 분석이 올바른 것이냐', '고용보호가 정말 실업과 비정규직의 원인이라는 경험적인 근거가 있느냐'의 문제가 당연히 제기될 수 있다.

다음으로 유연안전성이라는 패러다임 하에서, 정부가 하기로 되어 있는 것을 실제로 하느냐는 실행의 문제 그리고 일국에서 성공적인 모델이 다른 국가들에도 적용될 수 있느냐의 문제이다. 특히, 유연안전성 전략의 실행 과정에서, 유연성과 안전성의 동시성이라는 핵심적인 강조점이 상실되고, 여러 정책 수단들 중에서의 선택의 문제(pick and choose approach)로 전환될 위험이 제기되고 있다(Viebrock & Clasen, 2009). 그 결과 유연안전성이 결국 유연성으로 귀결될 가능성이 크다는 우려이다.

마지막으로 성과의 문제이다. 실제로 유연안전성 전략이 해결해야 할 과제로 설정한 한계적 유연화와 노동시장의 이중화 문제를 완화하면서 고용성과를 높였는지의 문제이다.

1) 전제와 근거의 문제

유연안전성에 대한 일차적 비판은 '유연성을 추구할 이유가 없다면 유연안전성을 추구할 이유도 없다'는 데서 출발할 수 있다. 기존의 경험적인 연구들을 종합적으로 검토해 보아도, 유연성을 높이는 전략이 더 나은 경제적 효율성과 성과를 가져온다는 실증적 근거가 부족하고, 고용보호의 완화가 오히려 고용성과를 더 악화시킨 경우가 많다.[4] Baker et al.(2005), Freeman(2005), Amable et al.(2011) 등의 메타 연구들을 보더라도, 유연성 증가가 일률적으로 고용성과를

4 물론 낮은 고용보호 수준을 가진 국가들이 양호한 고용성과를 가진 나라가 없다는 것은 아니다.

높인다는 설득력 있는 경험적 결과가 없다. 프랑스, 독일, 이탈리아, 스페인에서, EPL을 대표하는 제도들이 이들 나라의 고용성과를 결정하지 않았다는 연구결과(Howell et al., 2007)도 있다.

OECD는 이러한 연구 결과들을 무시하고 있고, 고용보호의 경직성과 고용성과와의 상관관계를 실증적으로 분석할 경우에도, 설명할 수 있는 모든 변수들을 충분히 고려하지 않고 제한된 변수들 사이에서의 상관관계만을 보여 준다(Méda, 2014). 특히, 유연안전성 개념은 실업과 비정규직 문제가 노동시장 내부의 문제이며 노동시장에서 해결될 수 있는 것으로 전제하기 때문에, 거시적인 총수요의 문제는 이 패러다임에 들어 있지 않고 거시경제 변수는 상관관계의 설명변수로도 간주되지 않고 있다(Hoffer, 2011; Crouch, 2014).

2) 실행과 적용의 문제

다음으로 유연안전성 개념에 기초한 노동시장 개혁이나 프로그램들의 실제 실행의 문제에 대한 비판이다. 이는 유연안전성 담론의 애매모호함과 불명확함에 기인한다. 노동시장은 다양한 형태의 유연성(외부-수량적 유연성, 내부-수량적 유연성, 기능적 유연성, 임금유연성 등)과 다양한 형태의 안전성(직무안전성, 고용안전성, 양자의 결합)이 결합될 수 있다. 매우 많은 선택지들이 존재하는 상황에서, 유연안전성 담론은 정치적 행위자들에게 잘 정의된 정책 프로그램을 제공하지 않는다. EU 위원회도 어느 특정한 노동시장 모델을 촉진해야 한다고 주장하지는 않고, 유연안전성 담론이 실제 고용정책으로 어떻게 전환되어야 하는지에 관한 합의도 만들어 내지 않았다(Crouch, 2014). 결국, 구체적인 프로그램은 권력관계에 따라서 결정되었다.

그 결과 유연안전성은 결국 유연성으로 귀결되었다는 평가이다. 유연안전성의 주된 목적이 노동시장의 필요에 맞게 적응성을 높인다는 의미에서 고용가능성을 개발하는 데 있기 때문에, 유연성이 안전성보다 더 강조된다. 유연성과 안전성이 동일하게 중요하다고 하면서도, 유연성을 위한 프로그램들이 더 많이 개발되었고, 모니터링, 관심, 실행의 대상이 되었다. 훈련에 부여된 중요성은 사라지고, 고용보조금이나 구직자나 수급자들을 노동시장으로 끌어들이려는 시스템들만 강조되었다. EU 통합에 따른 재정안정화의 흐름 속에서 안전성을 높이기는 쉽지 않았다. 유연안전성 전략이란 탈규제(유연화)를 고용안전성과 사회보장으로 보상하는 것이지만, 사회보장 확충과 고용 가능성 확대가 실제로 이루어지지 않았다. "유연안전성의 안전성 강화를 위한 자원 확보는 유럽 전체로의 법인세 등의 인하 압력과는 잘 매칭이 되지 않는다. 실제로 더 많은 사회적 보호와 고용보호의 교환은 유럽에서 일어나지 않았다. 다만, 유연성만 증가시키는 조치들만 이루어졌다"(Hoffer, 2011). Tangian(2005)도 정치적 약속과 이론적 견해와는 달리, 유럽 노동시장의 탈규제가 사회보장의 향상으로 보상하지 못하고 있고, 유연성이 증대될수록 고용의 불안전성이 증가하면서 고용 가능성에 부정적 영향을 미친다는 점[5]을 실증 모델을 통해 분석하고 있다.

한편, 덴마크나 네델란드의 유연안전성 모델이 여타 국가들에도 적용 가능한 모델일 수 있느냐에 대한 문제도 제기된다. Viebrock & Clasen(2009)은 European Commission(2007)의 유연안전성 전략 권고는 다양한 국가들이 가지고 있는 문제들에 대한 다양한 대안적 경로에 대한 처방을 제시하지 못하고 있다고 지적하고 있다.[6]

5 유럽조차도 유연화 하에서의 고용안전성이라는 것을 지원할 관큼 아직 잘 준비된 평생교육 시스템을 갖추지 못하고 있다는 것이다.

덴마크의 유연안전성 모델은 사전적으로(pro-active) 설계된 것이라기보다 오랜 기간에 걸쳐 형성된 사후적(post-hoc) 성격이 강하다. 사전적으로 기획되었다기보다는 단계적으로 조금씩 그리고 환경 변화에 적응하는 방식으로 진전된 것이다. 개별 국가의 제도적 · 사회적 맥락에 맞는 정책 수단들의 조합을 통한 유연안전성 형태를 구축해야 하는데 이것이 쉽지 않다. 유연안전성 모델은 초기조건과 전제조건 등이 중요하게 작용하는 조건부 모델이며 비용이 매우 많이 드는 모델이기 때문이다. 또한 유연안전성 모델은 강한 공적 마인드(public spiritedness)를 전제로 하기 때문에 시민의 태도에 영향을 미치는 정책설계 없이는 쉽지 않은 모델이며(Algan & Cahuc, 2009), 실업급여와 적극적 노동시장정책에 대하여 많은 정부 예산 투입이 필요하기 때문에, 실업률이 높고 예산상의 어려움이 존재하는 경우 실행하기 쉽지 않다(Zhou, 2007).[7]

특히, 유연안전성 모델은 정규직 노동시장에 적용 가능한 모델이기 때문에 노동시장의 이중 구조와 분단이 심각한 경우 적용 가능성이 낮을 수도 있다. Madsen(2002)도 유연안전성이 이민자나 불숙련노동자 등 황금삼각형 모델 밖에 있는 계층에게는 적용되지 않는다는 점을 지적하고 있다.

6 유연안전성 모델은 안전성이 확보되지 못한 대규모의 외부자들이 존재하고 있고, 안정적인 일자리로의 이행의 기회가 제한되어 있는 남유럽의 분단노동시장의 문제, 대기업에서의 직업안전성을 가지고 있으나 해고될 경우 새로운 고용기회를 가지지 못하며, 유연성은 기업 내부에만 한정되어 있고, 노동이동은 전반적으로 낮으며, 장기실업률은 높은 대륙유럽 국가들의 문제, 대규모의 저숙련노동자들로 구성되어 있는 유연한 노동시장에서 저임금 일자리의 질과 낮은 생산성을 높이는 과제를 안고 있는 영국이나 미국의 문제, 대규모의 비경제활동인구를 낮은 생산성의 비공식 부문 노동력을 가지고 있는 중부유럽 · 동유럽 국가들의 문제 등에 대해 대안을 제시하지 못한다는 것이다.

7 실제로 고용보호법제, 실업급여, 적극적 노동시장정책, 그리고 재정 여건 등을 고려할 때, 덴마크 모델이 이식 가능한 경우는 고용보호 수준을 낮출 여지가 있고, 실업급여나 적극적 노동시장정책의 지출을 확대할 여지가 있는 국가들이라고 한다. Groot & Elhorst(2010)는 덴마크 모델의 타 국가로의 이식 가능성을 시뮬레이션해 본 결과, 네덜란드와 벨기에, 독일, 프랑스 정도가 가능한 국가로 분석하였다.

3) 성과의 문제

아직까지 유연안전성 전략의 채택으로 한계적 유연화와 노동시장의 분단과 이중화가 억제되었다는 경험적 증거는 제시되지 않고 있다. Jessoula et al.(2010)의 '선택적 유연화'(selective flexicurity)에 따르면, 이탈리아의 경우, 1990년대부터 이탈리아에 도입된 유연안전화 프로그램들이 노동자 내부 계층별로 서로 다르게 적용됨으로써 결과적으로 노동시장의 분단을 강화했다는 결론을 내리고 있다.[8] Tangian(2005)도 유연안전성 전략의 핵심인 '유연성과 안전성의 연계(nexus)'와 '유연성과 고용 가능성(employment security, employability)의 동시 달성' 등에서 성공적이지 못하다고 평가했다.

이러한 상황에서 2008년 글로벌 금융위기는 유연안전성 전략의 경제적·구조적 단점을 드러냈다. 경제위기는 정리해고나 취업우선(work-first) 정책들이 지속 가능하지 않고 단기적인 해결책임을 드러냈다. 경제위기를 성공적으로 극복한 나라들은 사회적 보호 수준이 매우 높은 국가(예를 들어, 스웨덴)와 기업과 피고용인 사이의 관계가 강하고 쉽게 깨지지 않는 국가(예를 들어, 독일)이었다. OECD(2009)는 고용률은 높더라도 비정규직이 경향적으로 증가하여, 경제 여건이 나빠지면 기업들이 재계약하지 않을 가능성이 높아, 단기적 고용률 상승도 불안정한 추세임을 인정하고 있다. 유연안전성은 노동시장이 매우 타이트할 때 적절한 정책 패러다임이다. 노동력이 부족하고 공공 부문이 충분한 훈련 능력과 노동자들의 이동을 원활하게 할 수 있는 능력이 있을 때 가능한 모델이다. 1990년대 덴마크가 바로 그 사례였다. 유연안전성 전략이 구조적·장기

8 Jessoula et al.(2010)은 전통적인 내부자와 외부자의 구분보다는, 중소영세사업장 근로자와 비정형근로자들을 가리키는 중위자(mid-siders)를 추가로 구분해서 분석하고 있다.

적 실업을 억제하는 효과는 있을지라도, 경제위기 시에는 노동시장에서의 과도한 이동을 유발하고 기업특수적 훈련에 대한 인센티브를 줄이고, 노동시장에서 저학력자들을 한계화하는 위험을 높일 수도 있다. 이 때문에 EU의 유연안전성 전략 검토위원장을 맡고 있는 Wilthagen(2010)도 유연안전성은 경기가 좋을 때 작동하는 '좋은 날씨 개념'(sunny weather concept)이며, 경기가 좋지 않을 때의 유연안전성 전략은 달라져야 한다고 지적하고 있다.

또한 유연안전성의 대표적 모델로 간주되는 덴마크 모델의 양호한 고용성과가 과연 유연안전성 때문이냐에 대해서도 많은 의문이 제기되고 있다. 덴마크 유연안전성 모델이 주목 받기 시작한 1990년대 중반 이후의 노동시장 성과는 유연안전성 이외의 요인일 수 있다는 것이다. 실제로 덴마크에서 유연안전성은 이미 1990년대 성과가 좋게 나타나기 이전에 오랜 기간에 걸쳐서 형성된 것이다. 덴마크의 좋은 성과는 양호한 거시경제적 여건(Madsen, 2002), 단체교섭의 탈집중화(Klindt & Moberg, 2006), 실업급여의 축소(Zhou, 2007)에 기인한다는 연구들도 있다. Andersen & Svarer(2006)는 덴마크에서 낮은 고용보호법제(EPL)가 실업률을 줄였다는 경험적 증거가 없으며, 낮은 고용보호와 관대한 실업급여는 실업률이 내리기 전에도 이미 존재하던 현상이었고, 실업률 감소는 덴마크가 활성화 조치들을 취하면서부터 낮아지기 시작했다는 것이다. 덴마크의 경우 국제적으로 비교하면 실업급여 수준은 높지만, 실업 감소는 실업급여 감소와 같이 이루어졌다(Camfors, 2007). 적극적 노동시장정책도 실업급여의 부정적 효과에 대응하기 위한 것이었고 대부분의 프로그램들은 참여자들의 정규적인 고용기회를 창출하지 않았다는 평가도 제기되었다.[9)]

9 덴마크의 적극적 노동시장정책도 2003-2011년간 시스템 전환의 과정을 거치면서 개인 책임의 강화, 계약주의와 준시장의 활용, 국가 책임의 약화와 지방정부로의 이전, 학습-숙련 우선(learn-first)이 아닌 취업우선(work-

유연안전성 전략이 실제로 개별 국가에서 효과를 가지는 정책 프로그램을 제공하기 위해서는 이러한 비판들에 대한 면밀한 검토가 이루어져야 한다. 전략의 전제와 근거를 명확하게 하고, 실행과 적용에서 원활한 조정이 이루어져야 하며, 현실적인 성과로 입증되어야 한다. 다음 절에서는 고용보호와 사회적 보호의 교환이 구체적으로 어떠한 조건 하에서 가능한지에 대해서 이론적으로 더 검토해 보기로 한다.

4. 고용보호와 사회적 보호의 교환의 정치경제학

1) 고용보호와 사회적 보호의 역할과 관계

시장위험에 대한 경제적 안전을 보장하는 사회적 시스템의 성격은 보호의 전반적인 수준을 어떻게 가져갈 것인가의 문제와 더불어 고용보호와 사회적 보호 사이의 어떤 선택을 어떻게 하느냐에도 좌우된다. 이 절에서는 고용보호법제(EPL)와 실업급여(unemployment insurance: UI)의 사회적 교환의 문제를 정치경제학적 이론을 통해서 검토하고자 한다.[10] 이론적 논의가 반드시 현실을 반영하는 것은 아니지만, 이론과 방법론은 문제를 이해하고 해석하는 데 도움을 줄 수 있을 것이다.

EPL이나 UI나 사적으로 커버되지 않는 시장의 위험으로부터 근로자를 보

first) 원리의 강화, 인센티브와 제재에 대한 의존의 강화 등이 강화되었다(Henning, 2009).

10 D'Orlando & Ferrante(2009)에 따르면, 근로자에게 사회적 안전성을 제공하는 것은 실업급여에 제한되지 않기 때문에, 공공사회지출이 일자리 상실로 인한 소득위기에 대한 사회안전망의 적절한 지표라고 보고 있다.

호하기 위한 제도, 즉 경제적 안전성을 보장하기 위한 국가와 사회의 제도적 개입이다. 다만, EPL은 노동권적 성격이 강하고 UI는 사회권적 성격이 강하다. EPL은 일자리를 가진 사람에게만 적용되는 반면, UI는 소득을 실업자에게 이전하는 성격이 있고 노동소득에 대한 과세에 의해 비용이 조달된다. EPL이 노동의 수요와 공급에 영향을 미치는 사전적 보호체계라면, UI는 소득 형성 이후에 이루어지는 사후적 보호체계이다.

일자리 상실에 따른 경제적 위험은 EPL에 의해서 가장 직접적으로 보호될 수 있다. 그러나 EPL의 문제는 EPL로 보호 받지 못하는 근로자와 그 가족이 증가하고 있다는 점이다. 1960-1970년대의 EPL은 생산성을 해치지 않으면서 고용을 보호하고 촉진하는 기능이 있었으나, 점차 보호 받지 못하는 계층이 노동력의 더 큰 부분을 차지하게 되면서 이 기능이 약화되었다. 그 때문에 EPL이 내부자–외부자의 문제를 초래한다는 비판에 직면하게 되었다(Allard & Lindert, 2006). 또한 글로벌화와 기술 변화가 빠르게 진행되는 환경 하에서는, 노동시장에 대한 보편적 규제를 축소하고, UI나 공적 부조와 같은 사회적 보호제도들이 가지는 위험보험 기능을 강화할 경우 기술혁신이 더 촉진된다는 주장도 있다. 복지국가가 제공하는 위험보험(risk insurance) 기능은 요소소득 불평등의 증가에도 불구하고 숙련 중심의 기술 변화(skill-biased technological change)가 사회적으로 지속 가능하도록 할 뿐만 아니라 고용친화적(employment-enabling)일 수 있도록 하는 장점을 가진다는 것이다.

그렇다면 현실적으로 UI가 EPL을 대체할 수 있는가? 이론적으로는, EPL과 UI가 경제학적으로 잘 설계만 된다면, EPL이나 UI는 동일한 기능을 하는 것으로 볼 수 있다고 한다. 해고나 급여를 위험기피적인 근로자의 후생을 극대화하는 방향으로 설계할 수만 있다면(즉, EPI를 해고비용으로 환산하고 UI를 경험요율형으로 설계한다면), EPL과 UI의 차이는 없다는 것이다(Pissarides, 2001).

현실에서도 EPL과 UI는 대체적인 것으로 나타난다. Boeri et al.(2012)은 28개 유럽 국가들을 대상으로 검토한 결과, EPL이 낮은 나라는 UI가 높고, EPL이 높은 나라는 UI가 낮은 것으로 나타났음을 확인하고, 양자가 대체재적인 성격이 강하고 일종의 정치경제적 균형이 형성되어 있다고 보고 있다. EPL로 보호 받는 계층은 국가가 제공하는 실업급여에 대한 선호가 낮고(Boeri, Borsch-Supan, & Tabellini, 2001), 고용 관련 소송에서도 판사들은 실업급여 혜택을 받지 못하는 근로자들에게 더 유리하도록(EPL을 더 강하게) 적용하는 경향이 있다(Ichino et al., 2003).

고용보호와 사회적 보호가 대체관계라면, 이러한 대체관계를 촉진하는(유연안전성 개혁을 용이하게 하는) 조건들로는 노동시장의 낮은 불평등 수준, 누진적인 사회적 보호와 해고비용의 내부화, 교육과 숙련의 수준 등을 들 수 있다.

일반적으로 유연안전성이 잘 적용되는 경우는 노동시장의 이중화가 약한 경우이다. 유연안전성이 잘 작동하는 덴마크나 스웨덴의 경우, 정규직과 비정규직 사이의 고용보호 수준에서의 차이가 거의 존재하지 않는다. OECD나 EU는 법과 제도 관련 지표만을 가지고 스웨덴에서도 임시직 보호 수준이 낮다고 평가하고 있지만, 조돈문(2015)에 따르면, 법 규정이 아닌 노동조합과 단체협약으로 비정규직에 대한 고용보호를 규제하고 있으며 정규직과의 임금격차를 최소화하고 있다(조돈문, 2015a).

그러나 유연성의 확대는 노동시장의 불평등을 확대할 수 있고, 이는 유연성 개혁의 지속 가능성과 양립하지 않을 수 있다(Koeniger et al., 2007). 실제로 EPL을 완화한 국가들은 대부분 노동시장 내 격차가 확대되었다.[11] 따라서 Boeri et al.(2012)은 UI를 누진적으로 설계하여[12] 유연성 개혁에 따른 임금격차 확대의 부정적 효과를 완화할 경우 EPL-UI의 교환이 정치경제학적으로 수월해진다고 보았다.[13] 1990년대에 EPL을 개혁한 나라들의 경우 임금격차는 확대되었지만 UI의 누진성은 높아졌다. 저임금계층에게 유리하도록 UI를 설계할수록 유연안전성 전략이 정치경제적으로 성공할 가능성이 높아진다.

동시에, Blanchard & Tirole(2003; 2008)은 UI 시스템에서 해고비용을 기업들에게 내부화할 경우, EPL-UI의 교환이 가능할 수 있다고 보았다. 근로소득세나 사회보장 기여보다는 해고세로 UI의 재원을 조달하는 방안을 제시하기도 하였다. 이들이 지지한 2003년 프랑스의 실업급여 시스템 개혁(UI의 경험요율을 높이고 EPL을 실직에 대한 한 번의 화폐적 보상으로 대체한 개혁)은 EPL과 UI의 대체성에 초점을 맞춘 것이다. EPL-UI 교환이 사실상 기업에게 혜택을 주는 것이기 때문에 기업의 모럴 해저드를 방지하는 제도적 설계가 사회적 합의를 이끌어 내는 조건이 될 수 있다는 것이다.

또한 Boeri et al.(2012)은 숙련이나 교육 수준이 높은 고학력-고숙련 노동자의 경우, EPL 엄격성이 완화된다고 해도 덜 영향을 받을 것이기 때문에, 숙련노동자가 많을 경우 유연안전성 모델로의 전환이 쉽게 달성될 수 있다는 점도 지적하고 있다. 교육에 대한 투자를 통해서 노동력의 숙련 수준을 높이는 것이 EPL-UI 상충관계(trade-off)를 완화하는 데 효과적이라는 것이다.

요약하자면, 고학력-고숙련 노동자 비율이 높은 사회에서, 노동시장에서

---

11 Koeniger et al.(2007)은 노동시장제도들의 규제적 유연성이 미국 수준으로 증가할 경우, 임금격차가 앵글로색슨 국가들의 경우 15-30%, 유럽대륙 국가들의 경우 50-80%까지 오르는 것으로 추정하였다.

12 UI는 소득이 증가함에 따라서 대체율이 낮아진다. 상한 및 하한이 정해져 있거나, 고소득층에게는 급여를 소득에 비례해 조정하는 것(indexing)을 억제하는 규칙을 가진 경우가 많다. 또한 저숙련 계층에서 실업급여 기간이 길고 실업발생률이 높다는 사실 자체도 실업급여의 재분배 기능을 보여 준다.

13 횡단면 자료의 경우, UI가 누진적일수록 EPL은 약하게 나타났으며(ECHP 104개 관측치, 회귀계수 값 -.78 1% 유의수준), UI 시스템에서 누진성이 약하게 설계되어 있을 때 EPL-UI의 상충관계는 더욱 큰 것으로 나타났다.

의 격차가 작고, 해고비용을 기업들이 부담하도록 하고 재분배의 누진성을 강화할 경우, EPI-UI 교환(이른바 유연안전성 모델로의 개혁)이 성공할 확률이 높다고 할 수 있다.

그러나 EPL-UI의 관계는 일종의 정치경제적 균형 상태이기 때문에 EPL-UI 곡선상을 이동하는 것은 실제로 매우 어렵다. EPL과 UI의 선택은 각자가 가지는 기능과 역할의 문제에 그치지 않고 이와 관련된 이해관계자들의 정치경제학적 선택의 문제이기도 하다. 따라서 EPL이 높고 UI가 낮은 나라를 유연안전성 모델로 바꾸는 것은 정치적으로 매우 어렵고, 이를 시도한 많은 국가들은 대부분 적지 않은 정치적 비용을 지불했다.

결국, 문제는 정치경제적-사회공학적 설계가 아니라, UI가 보장하는 안전성이 EPL이 보장하던 수준의 안전성을 제공할 수 있느냐이다. 이는 정규직의 경우 더욱 뚜렷하게 나타난다. 이 때문에 Amable et al.(2011)은 고용보호와 사회적 보호가 대체적인 것이 아니라 동시에 발달하는 것으로 본다. 역사적으로 볼 때에도 복지국가제도는 일반적으로 노동자를 보호하는 EPL과 밀접한 관련을 가지면서 발전했다. EPL과 UI의 상호작용항의 효과를 실증분석한 결과, UI가 관대할수록 EPL의 실직 감소 효과는 더 커지는 것으로 나타났고, EPL의 증가는 UI의 부정적 효과를 점진적으로 완화한다는 분석 결과를 제시하였다. 실직 감소는 관대한 UI와 높은 수준의 EPL이 결합할 때 가능하다는 것을 보여 준 것이다. 고용보호와 사회적 보호는 대체재가 아니라 보완재일 수 있고, 적정 수준의 EPL이 성장과 고용에도 긍정적으로 영향을 미치는 중요한 요소가 된다.

2) 적정 고용보호 수준

기존의 많은 연구들을 종합해 보더라도, EPL이 고용성과와 고용안전성, 그리고 경제성장에 미치는 효과는 일률적이지 않다. OECD(1994)에서는 고용보호를 완전고용의 장애물로 보았지만, OECD(1999)에서는 실업률이 고용보호의 엄격성의 영향을 받지 않는다고 하였고, OECD(2004)에서도 고용보호가 고용의 인구학적 구성에는 영향을 미치지만, 전체 실업률에 미치는 효과는 일률적이지 않고 다만 취약계층의 고용과 노동이동에 부정적인 영향을 가진다고 결론짓고 있다.[14)]

Holmlund(2014)도 고용보호가 노동이동의 수준을 높이지만, 전반적으로 고용 수준에 미치는 영향은 판단하기 어렵다고 분석하였으며, Sachs & Schleer (2013)도 OECD 26개 국가들을 패널로 분석한 결과, 고용보호와 실업급여가 실업에 미치는 영향은 국가별로 다르다는 점을 확인하면서 롤 모델이 될 만한 최선의 정책(best-practice policies)은 없다고 결론 내리고 있다.

EPL의 생산성 효과도 일률적이지 않다. Nickell & Layard(1999)와 Bassanini et al.(2009) 등은 노동시장에서의 재배분(reallocation) 속도에 영향을 주고 이것이 성장에 부정적 영향을 준다고 본 반면, Storm & Naastepad(2007)는 EPL이 장기적인 생산성 향상에 기여하는 것으로 실증분석하였다.

더욱이 2008년 글로벌 금융위기 이후, EPL 완화가 고용과 경제성과에 미치는 긍정적 효과는 더욱 의심을 받고 있으며, 상대적으로 강한 고용보호를 가진 국가들의 경우, 경제위기에 따른 일자리 손실이 상대적으로 작았다. 또한 청년

14 이러한 분석 결과도 다른 요소들을 통제하는 다변량 분석을 사용할 경우, 이러한 관계는 약해지거나 거의 사라진다(OECD, 2004).

고용률은 고용보호 수준에 큰 영향을 받지 않았으며, 고용보호 수준이 낮은 국가들의 청년들도 고용이 크게 감소하였다(Storm & Naastepad, 2009; Vliet & Nijboer, 2012; Heyes & Lewis, 2012). 고용보호 완화가 취약한 계층의 지위를 향상시키고 사회통합을 촉진할 것이라는 주장은 현실적이지 않았던 것이다.

이러한 실증적 분석 결과는 적절한 수준의 EPL이 효과적일 것이라는 점을 시사한다. 실제로 EPL과 실업률의 관계는 U자 형태이고, EPL과 경제성장 사이에는 역U자의 관계가 존재한다(Belot, Boone, & Ours, 2007). 이는 일정한 영역에서는 고용보호를 강화하는 것이 후생을 높일 수 있다는 것으로 적정 EPL(optimal EPL)이 존재할 수 있다는 점을 시사한다. 고용보호가 지나치게 엄격한 경우는 적정한 수준의 탈규제가 성장을 촉진할 수 있고, 고용보호가 지나치게 약한 경우에는 적정한 수준의 보호로 성장을 촉진할 수 있다.

Davoine(2015)도 구조조정과 노동력의 이동을 위한 유연안전성의 역할을 모델링한 결과, 저성장 영역에서 고성장 영역으로의 일자리의 재배치(구조조정)가 필요한 경제에서도, 과도한 해고를 억제할 수 있는 적절한 수준의 EPL이 적정한(optimal) 정책조합의 중요 요소로 파악했다.[15] EPL은 해고의 사회적 비용을 기업들로 하여금 내부화하도록 하여 효율적 균형을 달성할 수 있도록 하며(Bertola, 2004), 효율성의 이익(efficiency gains)도 창출할 수 있다(Agell, 1999).

적정 EPL은 개별 국가들이 처한 제도적 여건과 상황적 맥락에 좌우된다. 즉, 적정 고용보호 수준은 임금격차나 재분배정책과 같은 제도적 차원에 좌우될 수 있고, 동시에 경제 구조의 다양성이나 지역 간 이동비용 등에 의해서도 영향을 받을 수도 있다(Belot et al., 2007). 예를 들어, EPL이 높더라도 임금격차가

15 Davoine(2015)도 이외에 누진적 근로소득세, 관대한 실업급여, 재고용근로자를 위한 임금보조금, 노동력의 재배치를 촉진하기 위한 적극적 노동시장정책들도 적정한 사회정책 조합의 요소로 들고 있다.

적다면, 일자리 변동과 생산성 향상에 저해되지 않을 수 있다. Bertola & Rogerson(1997)은 미국과 유럽의 일자리 변동률이 거의 유사한 이유는 유럽이 고용보호가 강하지만 임금격차 축소(wage compression)를 통해 노동이동을 촉진하는 효과를 가지고 있기 때문이라고 설명하고 있다. 따라서 EPL과 임금격차 축소정책은 서로 보완적일 수 있다. 임금격차를 축소할 수 있다면, EPL은 구조조정을 촉진하고 산업 구조를 고도화하는 데에도 효과적일 수 있게 된다.

즉, 적정 EPL이라는 것이 선험적이고 일률적으로 존재하는 것이 아니라, 개별 국가들의 사회적 고용체제의 특성에 따라서 달라지고 선택할 수 있는 것이다.

3) 고용보호와 고용불안

현상적으로는 '강한 EPL-낮은 UI'를 가진 국가들에서 노동자들의 일자리에 대한 불안감이 더 큰 것으로 나타나고 있다(Clark & Postel-Vinay, 2009). 이는 EPL이 매우 한정된 영역의 노동자만 보호하기 때문에 나타나는 현상일 수도 있지만, 강한 EPL이 근로자의 불안감을 낮추지 않는다는 주장으로 이어질 수도 있다.

그러나 고용불안은 노동시장 경직성의 결과가 아니라 원인일 수 있다. 한 사회의 구성원들이 고용불안을 심각하게 인식할수록, 제도적으로 EPL에 더 의존하게 된다. 즉, 고용안정에 대한 편향적 인식(고용불안 심리)은 EPL의 결과가 아니라 EPL의 원인이 될 수 있다. 일반적으로 개인은 소득 감소와 같은 충격(income shock)에 대해서 일정 기간이 지나면 회복되고 적응하지만, 실직(해고)과 같은 매우 중대한 인생사건(life event)의 경우 원상회복되기 어렵다. 따라서 고용불안은 고용보호를 강력하게 요구하게 된다. 이렇게 고용불안이 문화적으로 결정된다면, 제도와 정책을 통해 유연안전성 모델로 전환하는 것은 쉽지 않다.

D'Orlando & Ferrante(2009)는 고용불안이 EPL이나 UI에 의해서 결정되는 것이 아니라 사회문화적 특성이나 교육 수준 등에 의해서 결정된다는 점을 행동경제학적 관점에서 보여 준다. 손실회피(loss-aversion), 소유 효과(the endowment effects), 현상유지편향(the status quo bias), 쾌락적응(hedonic adaptation) 등 행동경제학의 개념들을 활용하면, 고용보호에 대한 수요의 국가별 차이를 설명할 수 있다.[16] 손실회피 성향에 기인하는 현상유지편향은 잦은 실업비용을 줄이기 위한 방법으로 고용보호에 대한 수요를 정당화한다. 동일한 일자리에서의 실직에 따른 손실은 취업에 따른 이익보다도 크며, 탈규제화된 시장에서 잦은 실직으로 인한 정신적 비용은 규제된 시장에서 새로운 일자리를 찾는 긴 기간이 초래하는 비용보다도 크다. 실직은 한 개인의 인생에서 가장 부정적인 결과의 하나일 수 있으며 상당히 큰 비금적인 비용을 가질 수 있기 때문이다(Clark & Oswald, 1994; Frey & Stutzer, 2002). 사람들은 소득의 쇼크에는 완전하게 적응할 수 있을지라도 인생사건에 적응하는 것은 불완전하다(Di Tella et al., 2007). 따라서 실직자들이 이전 소득을 완전히 대체할 수 있고 새로운 일자리를 쉽게 찾을 수 있다고 하더라도, 실직이라는 사건으로부터 초래된 행복(well-being)의 상실을 완전히 복구하는 것은 쉽지 않다는 것이다.

이 때문에 고용보호에 대한 개인의 감정과 태도가 문화적으로 결정되고 국가별로 다르며, 그것이 근로자들이 고용보호를 요구하는 이유를 설명하는 요인이 될 수 있다. 따라서 노동시장의 유연성(또는 경직성)은 노동시장의 규범

16 현상유지편향(the status quo bias)은 현 상태를 벗어나는 것의 불이익이 이익보다 커 보이기 때문에 현 상태를 유지하려고 하는 성향을 의미하고, 소유 효과(the endowment effects)는 어떤 대상을 취득할 때 지불하려고 하는 것보다도 그것을 포기할 때 더 많은 것을 요구하는 성향을 말한다. 현상유지편향과 소유 효과는 손실회피(loss-aversion) 성향으로 잘 설명된다. 손실(악화)은 동일한 양 또는 정도의 이익(개선)보다도 더 커 보인다.

적 특성이라기보다는 개인의 행동 양식이며, 이는 문화와 교육 수준과 관련이 있게 된다. 문화는 정치적으로 변화시키기 어려운 것이며 변화시키는 데에도 오랜 시간을 필요로 한다.

노동시장정책이나 유연안전성 전략은 이러한 개인의 행위 양식이나 사회문화적 관행과 문화를 고려해야 한다. Schmidt(2014)도 노동시장정책은 인간 행동에 관해서 이론이 전제하고 있는 순수한 속성(합리성)이 아니라 제한된 합리성, 위험 인식의 비대칭성, 위험회피 등과 같은 실제 행위의 속성들을 고려해야 하며, 인생의 중요한 이벤트가 있을 때 활용할 수 있는 일련의 기회 구조를 통하여 기대지평을 확장하는 것이 유연안전성 전략의 전제가 되어야 한다고 지적한다. 따라서 미시적 유연성을 높이기 위해서는, 경직적인 태도의 원인을 제거하는 것이 중요하며, 개혁의 기간(time-span)을 잘 설정하는 것이 필요하다.

결국, 유연안전성 전략의 적용은 문화와 관행을 통해 확인되는 노동자와 국민들의 고용불안에 대한 인식(고용불안 심리)과 이에 기초한 행위 양식을 중요하게 고려해야 한다. 위험을 감수하고 관련된 책임성이 받아들여질 수 있도록 하기 위해 위험회피 성향을 어떻게 극복할 수 있을 것인지, 이해관계 갈등이 존재하는 상황에서 지속적인 협력을 위한 상호신뢰를 유지하기 위해 협상의 결과로 만들어진 계약합의에 부수되는 불확실성을 어떻게 하면 극복할 수 있을 것인지에 대해 유연안전성 전략은 답을 먼저 가져야 한다.

4) 노동시장 개혁의 정치경제학

유연안전성 모델로 전환하기 위해서는 고용보호와 사회적 보호의 교환을 포괄적인 패키지 형태로 추진해야 하며, 이를 위한 사회적 대화와 타협이 중요하다고 한다. 제도들 사이의 보완적 관계가 존재하고 정치경제학적 장애물들이 유연안전성의 도입과 안정화를 방해할 수 있기 때문이라는 것이다. 또한 개혁의 J-curve 효과로 개혁의 성과는 장기적이고, 부정적 효과는 단기적일 가능성이 크며 이것은 정치경제학적인 문제를 야기하고, 차선책(second-best option)과 포괄적 개혁(joint-reform)의 필요성을 제기한다(Braga de Macedo & Loivera-Martins, 2006). 포괄적 개혁은 보완성의 장점을 확보할 수 있기 때문이다.

유연한 노동시장에 대한 장애물들은 매우 복잡하고 다양한 경직성들이 서로를 보완하고 강화하는 경향이 있다. 실업급여는 실업자들의 구직 활동을 저해하고, 해고비용은 기업들이 실업자를 채용하지 못하도록 한다. 경직성의 개별적 효과는 다른 경직성 때문에 강화된다. 따라서 부분적인 개혁으로는 실업률을 낮출 수 없고, 개혁으로 타격을 받는 계층의 정치적 반대를 초래할 수 있다. 따라서 정책 보완성 때문에, 노동시장 경직성을 낮추는 근본적인 개혁이 필요하다. 개혁의 비용과 편익에 관한 전반적인 불확실성 때문에, 서로 다른 주체들이 소모전에 빠질 수 있다. 다른 사람들이 감내할 수 있는 비용에 대해 학습하는 데 시간이 필요하고, 갈등대치 국면이 지속될 수 있고 이것은 개혁을 지연시킬 수 있다. 개혁이 재분배적 효과를 가질 때, 승자가 사후적 패자를 보상하지 않을 경우 개혁조치가 채택되기 어려울 수 있다.

이러한 상황에서, 패키지형 개혁과 협력을 증진하는 프레임은 개혁을 정치적으로 가능하게 한다. 제도들 사이의 상호작용을 활용함으로써 서로 다른 조치들이 장기적인 정책 패키지의 한 부분을 구성하도록 하는 전략은 개혁을 장기적으로 가능하도록 한다. 협력은 파트너들 사이의 공식적인 계약의 형태로 가능할 수도 있고, 정부가 파트너들이 단체교섭에서 발달시킨 관행들을 사후적으로 통합함으로써 가능할 수 있다. 또한 노동시장에서의 유연성 개혁은 생산물시장의 경쟁개혁과 함께 이루어져야 한다고 본다. 기업가적 활동에 대한 제약 요인을 제거하는 것이 일자리의 안전성이 떨어져 있는 상황에서 실업자들에게 더 많은 기회를 제공하기 때문이라는 것이다(Boeri & Garibaldi, 2009; Fonseca, Lopez-Garcia, & Pissarides, 2001).

유연안전성 전략을 비롯하여, '복지국가를 위한 워싱턴 컨센서스'(Bergh & Dackehag, 2010), 생산물시장의 탈규제와 노동시장의 탈규제의 동시 추진 전략(Nickell, 1999) 등은 모두 포괄적 패키지 형태의 개혁을 요구하는 것으로 볼 수 있다.

그러나 Dewatripont & Roland(1995)는 노동시장 개혁을 위해 개혁의 포괄성은 필요조건이기는 하나 충분조건은 아니라고 보고 있다. 광범한 개혁으로의 이행비용에 관한 불확실성이 커져 되돌리는 비용이 매우 커질 경우(the high reversal costs), 개혁 당사자들은 개혁을 지연시킬 수 있다. 반대로, 점진적 접근이 시행착오의 비용을 줄이고, 개혁을 지속할 수 있는 정치적 기반을 창출함으로써 개혁을 실행 가능하도록 할 수도 있다. 사회적 대화와 합의는 정책의 장기적 일관성을 보장하는 효과를 가지지만, 합의의 필요성은 개혁을 지연시킬 수 있다. 사회적 합의가 없더라도 개혁이 소득분포의 악화 없이 고용을 증대시킬 수 있다면, 개혁을 먼저하고 정치적 수용은 나중에 이루어질 수도 있다(Camfors, 2007).

Amable et al.(2011)도 포괄적 전략인 유연안전성 전략은 노동의 단체교섭력을 줄일 수 있고 사회적 보호의 확장에 유리한 정치적 균형을 달성하는 데 유리하지 못할 수 있다고 본다. 생산물시장의 규제 완화와 노동시장의 규제 완화가 동시에 이루어져야 한다는 주장에 대해서도 비판적이다. 실업률을 줄이려면, 생산물시장에서의 경쟁을 촉진하면서 노동시장에서의 고용보호를 강화하는 방법을 추천한다. 생산물시장에서의 경쟁이 가지는 일자리 소멸 효과보다 일자리 창출 효과를 촉진하기 위해서는 고용보호 수준을 높여야 하기 때문이다.[17]

유연안전성 전략을 추진하기 위한 방법에서도 이론적으로 합의된 결론은 도출하기 어렵다고 판단된다. 패키지 형태의 포괄적 개혁의 이론적 당위성은 인정된다해도, 그것이 현실에서 작동하느냐의 여부는 또 다른 문제일 수 있다. 노동개혁과 유연안전성 전략도 다양한 사회적 관행의 상호작용과 연계되어 있는 사회적 고용체제의 틀 속에서 전개되는 것이기 때문에, 전략 추진방법의 선택에서도 개별 국가들의 특수성이 매우 중요하게 고려되지 않을 수 없다.

5. 한국에 주는 시사점

결론에 대신하여, 이 절에서는 앞에서 검토한 유연안전성의 개념, 이론, 그리고 현실에 대한 검토에 기초하여 우리나라에서 유연안전성 전략에 기초한 노동시장 개혁의 필요성과 가능성 등에 대해 시사점을 도출해 보고자 한다. 이는 우리나라 노동시장에 대한 분석과 해석, 사회적 보호의 수준과 체계, 그리고 정치경제학적 역학관계의 문제와 관련될 것이다.

첫째, 유연안전성 전략이 필요한가의 문제이다. 이 문제는 EPL이 실업과 노

17 생산물시장의 독점적 경쟁과 노동시장의 동태적 효율임금 모델을 가정하면 높은 해고비용은 노동이동을 줄이고, 이는 효율임금 프리미엄을 낮춤으로써 고용창출을 촉진한다. 고용불안은 에이전트들의 위험중립적 성향에도 불구하고 임금을 높이는 경향이 있다. 효율임금은 가격조정에 제한을 가하고 이는 기업들로 하여금 수량조정에 더 의존하도록 하고, 이는 다시 임금에 영향을 미친다. 이 효과는 경쟁에 의해 강화되고, 해고비용에 의해 완화된다. 즉, 고용안정을 높이는 정책은 생산물시장 경쟁의 해악적 효과를 상쇄할 수 있다(Amable et al., 2011).

동시장의 이중화의 원인인가라는 전제와 근거의 문제이다. 우리의 현실도 고용의 사회적 현실을 정의하고, 파악하고, 분석하기 위한 '과학적'-이념들의 전장 속에 있다(Prieto, 2014). 그럼에도 우리나라 노동시장의 유연성은 높고 안전성은 낮은 것이 사실이다. 우리나라 노동시장은 외환위기 이후 '한계적 유연화'와 이에 따른 '노동시장의 이중화'의 성격도 가지지만, 대기업 노동시장에서의 유연화도 실질적으로 진전되었다. 우리나라 대기업들에서도 '일상적인 고용조정', '비정규직', '사내하청을 포함한 아웃소싱'을 활용한 유연화는 매우 높은 수준에서 진행되었다. 여기에 한계적 유연화가 결합되어 있다.

법제도의 측면에서의 고용보호 수준은 OECD 중간 정도의 수준으로 알려져 있지만, 노동조합이나 단체교섭을 통한 고용보호는 매우 한정된 영역을 제외하고는 높은 수준으로 보기 어렵다. 물론 기업들의 '체감경직성'이 높은 편이라는 지적도 있지만(장신철, 2011), 이는 노사 상호의 신뢰가 매우 낮다는 것, 그리고 우리나라 기업들의 유연화에 대한 눈높이가 대단히 높다는 사실의 반증일 수 있다.

우리나라의 경우, 고용보호법제도 측면이 아니라 근속연수, 노동이동, 일자리 변동률 등으로 본 노동시장의 현실은 매우 변동성이 큰 노동시장이라고 할 수 있다. 외환위기 이후 전반적으로 실직확률이 높아졌다. 한국고용정보원의 고용보험 DB 분석 결과를 보면, 2000년 이후에 이직률이 낮아졌음에도 비자발적 이직률은 여전히 7-9%대를 유지하고 있고, 자발적 이직 중에서도 '비권고성 명예퇴직'의 비중도 6-9%로 높은 수준을 유지하고 있다. 경영상의 필요에 의한 정리해고 비율은 1% 미만이지만, 실질적으로는 명예퇴직 형식으로 일상적인 구조조정이 지속적으로 이루어지고 있다. 이미 유연한 노동시장을 더 유연하게 한다고 해서 더 얻어질 수 있는 것은 그리 크지 않다고 판단된다.

둘째, 1997년 외환위기 이후 형성된 고용불안 심리가 우리나라 노동시장의 문화와 관행을 규정하는 매우 커다란 요소로 작용하고 있다. 우리나라 국민들은 세계 최고 수준의 고용불안감을 가지고 있다. World Value Survey(2008)에 따르면 한국의 근로자들의 97%가 일자리에서 중요한 측면으로 직업의 안전성을 들었다. 네덜란드의 경우 이 수치는 28.6%에 불과하였고, 고용이 불안하거나 사회적 안전망이 미흡한 국가들의 경우 이 수치가 전반적으로 높은 것으로 나타나고 있다. 외환위기가 초래한 인생사적 사건들(life events)이 초래한 고용 트라우마를 치유하는 데에는 오랜 시간이 걸릴 것이고, 앞에서 검토한 행동경제학의 이론에 따르면 외환위기 이전으로 원상회복되기는 불가능에 가깝다고 판단된다. 한국에서의 고용불안 심리는 노동개혁의 상수로 간주되어야 하고, 이를 완화하기 위한 방법과 정책에 대한 고민 없이 개혁이 성공하기는 쉽지 않다.

셋째, 우리나라의 경우, 지난 십여 년간 사회적 보호 수준이 높아지기는 했지만, 여전히 사회적 보호가 고용보호를 대체할 수준이 되지 못한다. 노동시장에서의 탈상품화의 여지는 여전히 높지 않고, 실업급여와 적극적 노동시장정책이 사회적 보호 기능을 하는 데 충분치 않으며, 다른 한편 시장에 방치되어 경제적 안전을 위협받으면서도 사회적으로 보호 받지 못하는 광범한 사회보험의 사각지대와 근로빈곤층이 줄어들지 않고 있다. 더불어 경제적 위험에 대한 보호를 시장에 의존하는 구조(방대한 민간보험시장, 민간 주도 사회 서비스, 비공식 부문과 자영업)가 강고하게 형성되어 있다. 이러한 우리나라의 현실은 고용보호와 사회적 보호의 등가 교환이 쉽지 않고 교환의 비용이 매우 크며, 포괄적인 패키지 형태의 교환 가능성이 그리 높지 않다는 점을 시사한다. 사회적 보호 수준을 단계적으로 높이면서 사회적 교환과 합의의 경험을 축적해 가는 것이 적절하다고 판단된다.[18]

넷째, 노동시장의 이중화와 불평등 및 격차의 수준이 매우 높은 상태에 있다는 점이다. 한편으로는 비정규직화가, 다른 한편으로는 취약근로자들의 경제적 상황이 악화되는 현상이 동시에 진행되었다. 앞에서 검토했듯이, 노동시장의 불평등과 이중화가 심화된 상태에서는 현실적으로 유연성과 안전성의 교환이 정치경제학적으로 쉽지 않다. 대규모의 조직화된 부문의 고용경직성이 노동시장의 이중화의 한 축을 형성하는 것은 사실이지만, 고용보호와 불평등의 인과관계는 뚜렷하지 않고 이중화나 불평등의 문제는 생산물시장에서부터 접근하는 것을 우선으로 할 필요가 있다. 고용보호 완화가 불평등과 격차를 줄일 수 있는 것 같지 않기 때문이다.

이러한 우리나라 노동시장의 현실과 조건 하에서 유연안전성 전략은 재해석될 필요가 있다. 우리나라의 경우, 유연안전성의 필요성은 그리 크지 않고, 전략적인 우선순위나 실현 가능성도 높지 않다. 대기업의 이미 높은 유연성 수준을 고려할 때 유연성을 확대할 필요성은 그리 크지 않다. 대기업 정규직 부문의 유연성 제고는 위험 · 불평등 · 빈곤의 완화, 생산성 향상을 통한 지속 가능성 제고, 전략적 성공 가능성 등의 기준[19]에서 볼 때, 필요성도 낮고 가능성도 낮다. 또한 보호된 영역의 직업안전성을 포기하도록 하는 수준의 사회적 안전성을 단기간에 확보는 것도 쉽지 않다.

고용보호 완화의 효과성과 가능성의 문제, 1997년 경제위기의 트라우마와

18 2006년의 정부 주도 고용 전략에서는 우리나라 노동시장을 '유연성의 이중구조화와 취약한 안전성'으로 진단하고 유연안전성 개념을 안전성 확보를 위한 전략적 개념으로 사용하였다. 그러나 이 과정에서 외환위기 이후 10년간 진행된 '과도한 유연성'에 대한 문제제기가 약화되었고, 기능적 · 내부적 유연성 전략과 작업장 혁신 전략 등의 논의가 있었지만, '적절한 수준의 고용보호(optimal EPL)'를 위한 전략과 정책에 대한 논의는 약화된 것으로 보인다.

19 현대 자본주의에서 사회적 보호체계의 판단 기준으로, 첫째 보험으로 커버되지 못하는 위험에 대한 보호 기능을 제공하는 것, 둘째 빈곤과 불평등을 줄이는 것, 셋째 노동시장 참여를 촉진하는 것, 넷째 장기적인 지속 가능성(생산성 향상), 다섯째 전략적 성공 가능성 등이라고 할 수 있다.

고용불안 심리, 고용보호와 사회적 보호 간 교환의 등가성 문제, 노동시장의 이중화와 불평등 문제 등 우리나라의 사회적 고용 시스템의 문제들을 고려할 때, 서구식의 유연안전성 전략의 이식이나 이에 기초한 노동개혁은 쉽지 않을 것이라고 판단된다.

따라서 한편으로는 '과도한 유연성'을 '적절한 수준의 고용보호'로 전환하도록 하고, 다른 한편으로는 노동권과 사회적 보호의 사각지대 축소, 공공정책의 효율성과 투명성 제고, 조직노동의 연대성과 시민들의 공적 마인드 수준의 제고가 동반될 수 있도록 사회적 안전성과 고용안전성의 조합을 조정하는 정책들을 단계적으로 설계하는 전략이 필요하다. 여기에 생산성 향상을 통해 그 지속 가능성을 제고하는 전략이 결합되어야 한다. 즉, 생산물시장에서의 독점을 규제하고 경쟁을 촉진하며 진입과 창업의 활성화를 통한 새로운 경제 활동 영역의 창출이 가능하도록 하는 정책이 결합되어야 할 것이다.

참고문헌

윤진호, 《덴마크의 유연안전성에 관한 현황과 평가》, 한국노동조합총연맹 중앙연구원, 2008.

이호근, 〈한국적 「유연안정성」 모델의 정착을 위한 조건〉, 《한국사회정책》, 13(1), 2006, pp. 129-198.

장신철, 《OECD 국가의 노동시장 정책》, 한국고용정보원, 2011.

정원호, 《유럽의 유연안정성(flexicurity) 전략 연구: 직업훈련정책의 발전방향 모색을 위한 기초연구》, 한국직업능력개발원 연구보고서, 2004.

______, 〈덴마크의 유연안정성 정책에 관한 고찰〉, 《EU학 연구》, 10(2), 2005, pp. 41-73.

조돈문, 〈유럽연합의 유연안정성 모델: 유연성과 안정성의 균형 실험〉, 《산업노동연구》, 20(2), 2014, pp. 317-354.

______, 〈스웨덴 노동시장의 유연성–안정성 균형 실험: 황금삼각형과 이중보호체계〉, 《산업노동연구》, 21(2), 2015a, pp. 99-137.

______, 〈유럽연합의 유연안정성 모델과 유럽노총의 전략적 선택〉, 《산업노동연구》, 21(1), 2015b, pp. 125-161.

Agell, J., "On the benefits from rigid labour markets: norms, market failures, and social insurance," *Economic Journal*, 109(453), 1999, pp. 143-164.

Alesina, Alberto and Allan Drazen, "Why Are Stabilizations Delayed?," *American Economic Review*, 81(5), 1991, pp. 1170-1188.

Algan, Yann and Pierre Cahuc, "Civic Attitudes and Design of Labor Market Institutions: Which Countries Can Implement the Danish Flexicurity Model?," *American Economic Journal: Macroeconomics*, 1(1), 2009, pp. 111-145.

Allard, G. J. and P. H. Lindert, "Euro-Productivity and Euro-Jobs Since the 1960s: Which Institutions Mattered?," IE Working Paper WP06-22, 2006.

Amable, Bruno, Lilas Demmou, and Donatella Gatti, "The effect of employment protection and product market regulation on labour market performance: substitution or complementarity?," *Applied Economics*, 43(4), 2011, p. 449.

Andersen, T. and M. Svarer, "Flexicurity?– den danska arbetsmarknadsmodellen," *Ekonomisk Debatt*, 1, 2006, pp. 17-29.

______, "Flexicurity – Labour Market Performance in Denmark," *CESifo Economic Studies*, 53, 2007, pp. 389-429.

Baker, Dean, Andrew Glyn, David Howell, and Jonn Schmitt, "Labor Market Institutions and Unemployment: A Critical Assessment of the Cross-Country Evidence," in *Fighting Unemployment: The Limits of Free Market Orthodoxy*, edited by David Howell, New York: Oxford University Press, 2005.

Bassanini, Andrea, Luca Nunziata, and Danielle Venn, "Job protection legislation and productivity growth in OECD countries," *Economic Policy, CEPR, CES, MSH*, 24, 2009, pp. 349-402.

Belot, M., J. Boone, and J. C. Van Ours, "Welfare Improving Employment Protection," *Economica*, 74, 2007, pp. 381-386.

Bergh, Andeas and Margareta Dackehag, "OECD recommends: A consensus for or against welfare states? Evidence from a new database," Ratio Working Paper 159, 2010.

Bertola, G., "A Pure Theory of Job Security and Labour Income Risk," *Review of Economic Studies*, 71(1), 2004, pp. 43-61.

Bertola, G. and R. Rogerson, "Institutions and Labour Reallocation," *European Economic Review*, 41, 1997, pp. 1147-1171.

Blanchard, Olivier and Jean Tirole, "Contours of Employment Protection Reform," MIT Dept of Economics WP 03-35, 2003.

______, "The Joint Design of Unemployment Insurance and Employment Protection: A First Pass," *Journal of the European Economic Association*, 6, 2008, pp. 45-77.

Blanchard, O. and A. Landier, "The perverse effects of partial labour market reform: fixed-term contracts in France," *Economic Journal*, 112(480), 2002, pp. 189-213.

Blanchard O. and F. Giavazzi, "Macroeconomic effects of regulation and deregulation in goods and labor markets," *Quarterly Journal of Economics*, 2003, pp. 879-907.

Boeri, T., J. I. Conde-Ruiz, and V. Galasso, "The political economy of Flexicurity,"

Journal of the European Economic Association, 10(4), 2012, pp. 684-715.

Boeri, Tito and Pietro Garibaldi, "Two Tier Reforms of Employment Protection: a Honeymoon Effect?," *Economic Journal*, 117, 2007, pp. 357-385.

______, "Beyond Eurosclerosis," *Economic Policy*, 24(59), 2009, pp. 409-461.

Boeri, Tito, Axel Borsch-Supan, and Guido Tabellini, "Would you like to shrink the welfare state? A survey of European citizens," *Economic Policy, CEPR, CES, MSH*, 16(32), 2001, pp. 7-50.

Bonoli, Giuliano, "Social policy through labor markets: Understanding national differences in the provision of economic security to wage earners," *Comparative Political Studies*, 36(9), 2003, pp. 1007-1030.

Braga de Macedo, Jorge and Joaquim Oliveira Martins, "Growth, Reform Indicators and Policy Complementaries," NBER Working Papers 12544, 2006.

Cahuc, Pierre, "For a unified contract," *European Labour Law Journal*, 3(3), 2012, pp. 191-206.

Cahuc, P. and F. Postel-Vinay, "Temporary jobs, employment protection and labour market performance," *Labour Economics*, 9(1), 2002, pp. 63-91.

Cahuc, Pierre and Francis Kramarz, "De la précarité à la mobilité: vers une Sécurite sociale professionnelle," Rapport au ministre de l'Finances et de l'Cohésion sociale, 2004.

Camfors, Lars, Flexicurity-An Answer or A Question? European Policy Analysis, SIEPS(Swedish Institute for European Policy Studies), 2007.

Clark, Andrew and Fabien Postel-Vinay, "Job security and job protection," *Oxford Economic Papers*, 61(2), 2009, pp. 207-239.

Clark, Andrew E. and Andrew J. Oswald, "Satisfaction and comparison income," CEPREMAP Working Papers 9408, 1994.

Crouch, C., "The governance of uncertainty and sustainability: tensions and opportunities," GUSTO paper 2.1., 2009(http://www.gusto-project.eu/index.php?option=com_content&view=article&id=68:gusto-paper-21&catid=35:academic-papers&Itemid=57).

______, Class relations and labour-market reforms. Deconstructing flexicurity and developing alternative approaches: Towards new concepts and approaches for employment and social policy, New York, NY: Routledge, 2014, pp. 27-46.

Davoine, Thomas, *A Theoretical Rationale for Flexicurity Policies Based on Education*, Economics Series 311, Institute for Advanced Studies, Vienna, 2015.

Davoine, Thomas and Christian Keuschnigg, "Flexicurity, Taxes and Job Reallocatio," CESifo Working Paper Series 5302, 2015.

Dewatripont, Mathias and Gerard Roland, "The Design of Reform Packages under Uncertainty," *American Economic Review*, 85(5), 1995, pp. 1207-1223.

Di Tella, R., J. Haisken–De New, and R. MacCulloch, "Happiness adaptation to income and to status in an individual panel," NBER Working Paper 13159, 2007.

D'Orlando, Fabio and Francesco Ferrante, "The demand for job protection: Some clues from behavioural economics," *The Journal of Socio-Economics*, 38(1), Elsevier, January 2009, pp. 104-114.

D'Orlando, Fabio, Francesco Ferrante, and Gabriele Ruiu, "Culturally based beliefs and labor market institutions," *Journal of Behavioral and Experimental Economics*, 40(2), Elsevier, 2011, pp. 150-162.

EEAG, "Report on the European Economy 2007," CESifo, Munich, 2007.

Eichhorst, Werner and Anton Hemerijck, "Welfare and Employment: A European Dilemma?," in Jens Alber and Neil Gilbert, eds., *United in Diversity? Comparing Social Models in Europe and America*, Oxford: OUP, 2010, pp. 201-236.

ETUC, *The Flexicurity debate and the Challenges for the Trade Union Movement*, Brussels, 2007.

European Commission, "Towards Common Principles of Flexicurity: More and Better Jobs Through Flexibility and Security," Brussels, COM 2007-359, 2007.

Fonseca, R., P. Lopez–Garcia, and C. Fissarides, "Entrepreneurship, Start–up Costs and Employment," *European Economic Review*, 45, 2001, pp. 692-705.

Freeman, R., "Labour Market Institutions without Blinders: The Debate over Flexibility and Labour Market Performance," NBER Working Paper 11286, 2005.

Frey, B. and A. Stutzer, "What can Economists Learn from Happiness Research," *Journal of Economic Literature*, XL, 2002, pp. 402-435.

Groot, Ayolt J. De and J. Paul Elhorst, "Labour Market Effects of Flexicurity from a Regional Perspective," *Royal Dutch Geographical Society KNAG*, 101(4), 2010, pp. 392-408.

Henning, Jørgensen, "From a Beautiful Swan to an Ugly Duckling: the Renewal of Danish Activation Policy since 2003," *European Journal of Social Security*, 11(4), 2009, pp. 337-368.

Heyes, Jason and Paul Lewis, "Employment Protection Under Fire: Why labour market deregulation will not deliver quality jobs," WP sor SPERi inaugural Conference, 16-18, July 2012.

Hoffer, Frank, "Flexicurity: The Broken Promise," 2011(www.socialeurope.eu/2011/07/flexicurity-the-broken-promise/).

Holmlund, Bertil, "What do labor market institutions do?," *Labour Economics*, 30(C), Elsevier, 2014, pp. 62-69.

Howell, David, Dean Baker, Andrew Glyn, and John Schmitt, "Are Protective Labor Market Institutions at the Root of Unemployment? A Critical Review ofthe Evidence," *Capitalism and Society*, 2(1), 2007, article 1.

Ichino, Andrea, Michele Polo, and Enrico Rettore, "Are Judges Biased by Labor Market Conditions?," *European Economic Review*, 47(5), 2003, pp. 913-944.

Jessoula, Matteo, Paolo Graziano, and Ilaria Madama, "'Selective Flexicurity' in Segmented Labour Markets: The Case of Italian 'Mid-Siders'," *Journal of Social Policy*, 39(4), 2010, pp. 561-583.

Keune, M. and M. Jepsen, "The rise of flexicurity in Europe. Why the Commission Adopted Flexicurity and How it Understands the Concept," CARMA conference Flexicurity and Beyond, Aalborg, 2006.

Klindt, Gjedde and Ostergaard Moberg, "The Flexicurity of Mutual

Responsiveness in Labour-Management Relations," in Henning Jorgensen and Per Kongshoj Madsen, eds., *Flexicurity and Beyond: Finding a New Agenda for the European Social Model*, Djoef Publishing, 2006.

Koeniger, Winfried, Macro Leonardi, and Luca Nunziata, "Labor Market Institutions and Wage Inequality," *Industrial and Labor Relations Review*, 60(3), 2007, pp. 340-356.

Madsen, P. K., *The Danish Model of 'lexicurity' A Paradise with some Snakes*, Brussels: Eurofound, 2002.

Méda, Dominique, "Quality of employment: an alternative to flexicurity?," in Maarten Keune and Amparo Serrano, eds., *Deconstructing Flexicurity and Developing Alternative Approaches: Towards New Concepts and Approaches for Employment and Social Policy*, Routledge, 2014.

Nickell, S. and R. Layard, "Labor market institutions and economic performance," in O. Ashenfelter and D. Card, eds., *Handbook of Labor Economics*, 3, Amsterdam: Elsevier Science, 1999, pp. 3029-3066.

Ochel, Wolfgang, Oliver Rohn, Anja Rohwer, and Thomas Stratmann, "Reduction of Employment Protection in OECD Countries: Its Driving Forces," CESifo DICE Report 4, 2008.

OECD, *OECD Employment Outlook*, Paris: OECD, 1994.

______, *OECD Employment Outlook*, Paris: OECD, 1999.

______, "Employment Protection Regulation and Labour Market Performance," *Employment Outlook 2004*, Paris: OECD, 2004.

______, *Employment Outlook 2009*, OECD: Paris.

______, *Devided We Stand*, Paris: OECD, 2011.

______, "Non-regular employment, job security and the labour market divide," *OECD Employment Outlook 2014*, Paris: OECD, 2014.

Olaf Van Vliet and Henk Nijboer, "Flexicurity in the European Union: flexibility for outsiders, security for insiders," MPRA Paper No. 37012, 2012.

Pissarides, C., "Employment Protection," *Labor Economics*, 8, 2001, pp. 131-159.

Prieto, C., From flexicurity to social employment regimes. Deconstructing Flexicurity and Developing Alternative Approaches: Towards New

Concepts and Approaches for Employment and Social Policy, New York: Routledge, 2014, pp. 47-67.

Sachs, Andreas and Frauke Schleer, "Labour market performance in OECD countries: A comprehensive empirical modelling approach of institutional interdependencies," ZEW Discussion Papers 13-040, 2013.

Sapir, A., "Globalisation and the Reform of European Social Models," *Journal of Common Market Studies*, 44, 2005, pp. 369-390.

Storm, Servaas and C. W. M. Naastepad, "Why labour market regulation may pay off: Worker motivation, co-ordination and productivity growth, Employment Analysis and Research Unit, Economic and Labour Market Analysis Department," ILO, 2007.

______, "Labour market regulation and productivity growth: evidence for twenty OECD countries (1984-2004)," *Industrial Relations*, 48(4), 2009, pp. 629-654.

Tangian, Andranik, "Monitoring Flexicurity policies in the EU with dedicated composite indicators," WSI Diskussionspapier 137, Hans Bockler Stiftung, Dusseldorf 2005(http://www.boeckler.de/pdf/p_wsi_diskp_137.pdf;).

______, "Towards Consistent Implementation of Flex†curity," *International Employment Relations Review*, 14(1), 2008a.

______, "Is Europe Ready for Flexicurity? Empirical Evidence, Critical Remarks and a Reform Proposal," *Intereconomics*, 2008b.

Van Vliet, O. and H. Nijboer, Flexicurity in the European Union: flexibility for outsiders, security for insiders, 2012.

Viebrock, Elke and Jochen Clasen, "Flexicurity and Welfare Reform: A Review," *Socio-Economic Review*, 7, 2009, pp. 305-331.

Wilthagen, Ton, "Flexicurity in the Crisis: the Case of Short-time Working Arrangements," European Employment Observatory Occasional workshop on Short-Time Working Arrangements, 2010.

Zhou, J., "Danish for All? Balancing Flexibility with Security: The Flexicurity Model," IMF Working Paper, 2007.

제5장

가계부채와 부채 주도 경제 – 성남시 사례를 중심으로

유철규 · 신승배 · 진정란

1. 서론

이 연구는 성남시에 거주하는 가계부채가 있는 가구 혹은 가구원을 대상으로 수행한 가계부채에 관한 설문조사와 구술조사를 분석한 결과이다. 성남시 금융복지상담센터의 협조를 받았다. 조사는 해당 가구(가구원)의 성별 · 나이별 · 지역별 · 소득별 · 직업별로 가계부채의 종류, 성격, 대부업체 이용 실태, 부채상환 실태, 채권추심 문제 등 가계부채 기초 정보를 수집하는 것을 목적으로 했다.[1] 이를 통해 가계부채를 효율적으로 관리하고, 부실한 가계부채를 건전한 소비자 금융으로 전환시킬 수 있는 방안을 모색하는 데 시사점을 찾고자 하였다.

가계부채 문제가 국가경제 및 지역경제, 그리고 개별 가계에 미치는 위험성에 대한 우려와 경고가 커지는 상황에서 그 실태를 파악하여 중앙부처와 지방자치단체 차원에서 가계부채 정책을 수립하기 위한 기초 자료를 확보할 필요도 급격히 커지고 있다. 그럼에도 불구하고 기존 관련 통계 자료들을 체계적이고 통합적으로 이용하기 위해 반드시 필요한 공식적이고 지속적인 가계부채 실태조사는 턱없이 부족한 실정이다. 이에 가계부채 문제가 국가경제 및 지역경제, 그리고 개별 가계에 미치는 위험성에 대한 우려와 경고가 커지는 상황에서 그 실태를 파악하여 중앙부처, 지방자치단체 차원에서 가계부채 정책을 수립하기 위한 가계부채에 관한 기초 자료를 지속적이고 체계적으로 확보하는 것이 필요하다. 이런 차원에서 이 글은 성남시 사례 분석을 통해 지방정부 차원의 가계부채 정책 수립에 유용한 근거 자료를 확보하기 위한 기초 자료로서 의

1 조사의 전체 결과는 성남시금융복지상담센터, 《성남시 가계부채 및 대부업 실태조사》(2016. 12. 30)에 담겼으며, 이 글에서는 대부업 실태조사를 제외하고 가계부채 실태조사 결과만으로 범위를 한정했다.

미를 가질 수 있다.

가계부채의 누적은 지난 20년 이상에 걸쳐 장기간 진행되어 온 일로서 단기적 차원의 정책도 필요하지만 장기적 차원에서 지속적으로 추진할 수 있는 대책 마련이 중요하다. 외환 금융위기 이후 소득분배 악화와 양극화에 따른 생계형 자금수요 급증에서 비롯된 가계부채는 경제의 구조적 측면과 관련이 있어 단기에 해결하기 어렵다. 다시 말해 가계부채 문제는 부동산 문제, 자영업 문제, 일자리 부족과 분배 악화에 따른 가계소득의 부족 등 다양한 문제를 동시에 안고 있다. 이번 조사에서도 가계부채를 해결하는 데 있어 가장 필요하다고 생각하는 정책으로 집값 및 임대료 문제, 교육비 문제, 낮은 임금 문제 등이 중요한 것으로 나타났다. 따라서 가계부채 문제는 어느 한 측면에서만 접근해서는 쉽게 해소할 수 없을 것으로 보인다.

한편, 가계부채는 산업화 시기에 억눌러 왔던 소비자 및 가계의 금융접근성 확대와 금융수요에 부응한다는 측면을 갖고 있으므로 긍정적이면서 동시에 부정적인 양가적 측면을 지닌다. 이 때문에 축소일변도의 일방적 정책은 반드시 다른 부작용을 가져오며 정책저항을 초래할 수 있다. 가계부채의 억제 혹은 축소 과정은 특히 서민가계에 충격을 주는 가계부채의 구조조정을 피할 수 없게 할 것이고, 이 때문에 저소득 계층의 충격을 최소화할 수 있는 채무구조조정 방안이 동시에 마련되지 못하면 정책은 실패할 가능성이 높다.

제2절에서는 연구의 배경으로서 가계부채의 현황과 한국 경제에 대한 위험성 증가의 원인을 먼저 살펴본다. 제3절은 선행연구를 검토하고 연구의 방법론을 밝힌다. 제4절에서는 조사 및 분석 결과를 축약해서 정리하고, 제5절 결론에서는 연구의 내용 요약 및 정책제언을 담는다.

2. 가계부채 문제의 개요 및 연구의 배경

1) 한국 경제와 가계부채의 위험성

가계부채가 언젠가는 터질 수밖에 없는 한국 경제의 시한폭탄과 같다는 우려가 갈수록 커지고 있다. 1997년의 외환 금융위기가 기업부채로 인한 금융기관 부실을 배경으로 생긴 일이라면, 향후의 경제위기는 가계부채와 정부부채에 기인할 가능성이 높다. 외환 금융위기 이후 기업의 자기자본 대비 부채 비율은 1969-1996년간 평균 331%에서 2001년부터는 100%대에 머무는 등 크게 하락했다. 정부부채는 공식 통계상으로는 국제적 기준에 따라 낮은 수준에 머무르고 있으나 기금이나 비영리 공공기관의 포함 여부, 그리고 미래의 우발채무에 대한 평가 등 정부부채의 개념과 기준에 따라 실제적으로는 높은 수준에 이르렀다는 의견이 많다. 향후 재정수요를 고려하면 정부부채에 대한 체계적 관리도 필요하지만, 현 시점에서 시급한 위험 요인은 가계부채의 급증이다.

가계부채는 외환 금융위기를 막 거친 1998-1999년과 신용카드 대란을 거친 2003-2004년간의 단기간 조정을 제외하면 지속적으로 증가했다. 외환 금융위기 직전 가계의 가처분소득 대비 부채 비율은 70% 전후에 머물렀으나 2000년대 초에 100%를 넘어섰고, [그림 5-1]에서 보듯이 2008년 기준으로 135.35%, 2015년에는 169.94%에 이르러 경제협력개발기구 평균을 넘어섰다. 2015년 기준 가처분소득 대비 가계부채 비율은 OECD 22개 국가 중 6번째로 높다. 2007-2008년 글로벌 금융위기가 시작된 미국의 가계부채 비율을 훨씬 상회하고 있으며, 가계부채의 규모 자체도 문제이지만 단기적으로 그 증가 속도가 너무 빨라서 심각하다는 평가를 내릴 수 있다.

그림 5-1 가처분소득 대비 가계부채 비율, 2008-2015

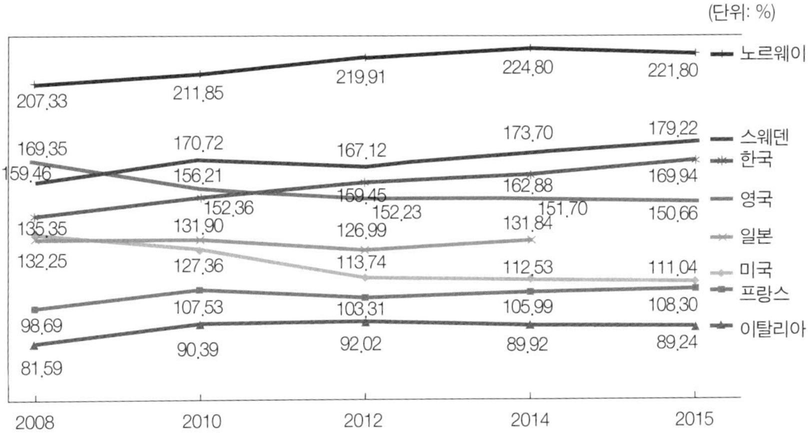

자료: OECD Data 재편집.

2008년 금융위기 이후 주요 선진국의 가처분소득 대비 가계부채 비율은 하락하고 있으나 한국은 오히려 계속 증가하고 있다. 특히, 2004년을 기점으로 가계의 가처분소득 증가율이 뚜렷이 하락하고 있으며, 한국의 가계부채 증가는 가계저축률의 급격한 하락과 함께 나타나고 있어서 지속 가능하지 않다고 평가된다. 소득 증가 속도보다 부채의 증가 속도가 높으므로 가계의 전체적인 부채상환 능력 악화가 우려되고 있으며, 특히 저소득 · 저신용등급 계층의 이자비용 부담 증가 등 부채상환 능력 악화가 관찰되고 있다.

소득이 높은 5분위와 4분위 계층의 가계부채 점유율이 전체 부채에서 70% 이상을 차지하고 있고, 또 고소득 계층의 부채는 부동산과 금융자산에 의해 담보될 수 있다는 점 때문에 가계부채 문제가 위기로까지 비화하지 않을 것이라

그림 5-2 OECD 22개국의 가처분소득 대비 가계부채 비율, 2015

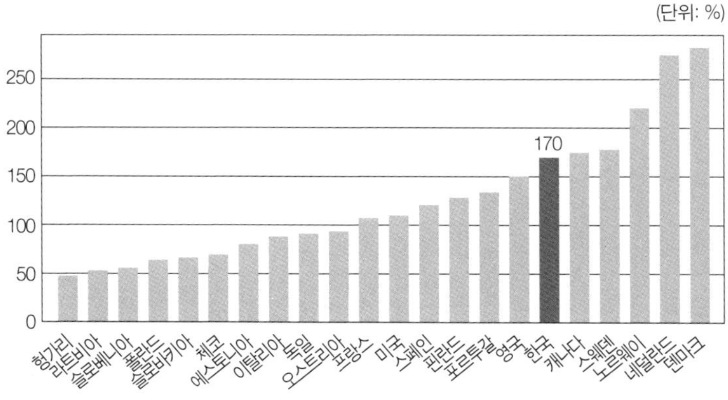

자료: OECD Data 재편집.

는 견해도 있으며, 이것이 현재 정부의 공식 입장이기도 하다. 그러나 저소득 계층인 1분위와 2분위 소득 계층의 부채점유율이 점증하고 있다는 사실은 무시할 수 없으며,2) 앞으로도 이 추세는 계속될 것으로 보인다. 2007년 이후 고소득 계층의 원금상환 비율은 높아지지만, 동 시기 이후 저축은행이나 상호금융의 가계대출이 증가하는 데서 알 수 있듯이 이들 제2금융권의 주고객인 중 · 저소득 가계의 부채 규모는 여전히 증가하고 있다. 외환 금융위기 이후 2000년대 중반까지 은행대출이 주도했으나, 2004년 이후에는 제2금융권의 대출이 크게 증가했다. 향후 가계부채발 경제위기가 발생한다면 은행권보다는 은행에 비해 총부채상환 비율(debt to income) 등 규제가 느슨하고 위험관리 능력이 부족한 비

2 한국은행 · 통계청, 《2016 가계금융복지조사》.

수도권의 제2금융권에서부터 발생할 가능성이 클 것으로 예상된다.

특히, 미국발 글로벌 금융위기가 있었던 2007년 이후를 경계로 가계부채의 거시경제적 성격과 의미에 변화가 나타나고 있는데, 글로벌 금융위기 이전까지는 가계의 가처분소득에 대비한 소비지출의 비율과 부채 규모의 비율이 모두 증가하고 있었다. 이는 부채에 의해 소득 수준을 초과하는 소비가 이루어졌음을 의미하며 부채에 의한 경기부양 혹은 경제활성화 효과가 있었음을 보여주는 것이다. 그러나 글로벌 금융위기 이후 가계의 소비지출 비율은 더 이상 증가하지 않는 반면 부채 비율은 계속 증가함으로써 부채상환 부담 증가로 오히려 소비가 억제되는 현상이 나타나고 있는데, 부채에 의존한 경기활성화 효과가 소진되었으며 오히려 경기침체의 요인으로 전환될 가능성이 크다. 경제 상황의 상대적 악화는 다시 저소득 계층의 부채 규모를 증가시키고 부채상환 능력을 악화시키는 요인이 될 수 있다. 현재 전국에서 가계부채의 평균 규모가 가장 큰 지역은 서울과 경기도이며, 가계부채를 보유한 가구의 비율은 경기도가 가장 높은 것으로 나타났다.[3]

2) 가계부채 증가의 원인과 연원

가계부채는 산업화 시기에 지나치게 억압되어 있었던 소비자금융 및 가계의 부채수요를 일정 정도 해소하고, 주택담보대출을 통한 가계의 유동성 제약을 해소한다는 측면에서 긍정적 기능이 있다. 그러나 단기간에 너무 빠른 속도로 증가함으로써 문제가 된다. 1997년 외환 금융위기 이후 대부분의 정부들이

3 한국은행 · 통계청, 《2016 가계금융복지조사》.

가계부채를 조장하는 금융정책을 시행하였다. 위기의 실체였던 기업 부문과 금융 부문을 단기간 내에 복구하고 이에 소요되는 재정자금을 충당할 세수 확대를 목적으로 소비자금융을 확대시킨 것이다. 이는 소비 증가를 통한 경기부양 및 세수증대 효과를 기대한 것이며, 금융 서비스에 대한 수요를 증가시켜 침체에 빠진 금융 부문의 새로운 수익원을 창출하기 위한 것이었다. 외환 금융위기에 대한 정책자문을 담당했던 외국기관도 한국의 소비자금융과 가계금융 비중이 서구에 비해 특별히 낮다는 점을 지적하고 카드대출 등 가계대출에 대한 규제철폐를 권고한 바 있다.

가계대출 조장정책으로는 신용카드 활성화, 주택금융 활성화, 저금리 등이 손꼽힌다. 신용카드 활성화 정책의 경우, 1999-2002년 신용카드 발급매수는 2.7배, 신용카드 이용금액은 6-7배 증가하였으며, 신용카드 이용금액의 60% 정도가 현금 서비스를 통한 대출이었다. 또한 외국인의 국내 토지 취득제한 철폐 등 부동산시장의 전면적인 대외개방, 금융권의 부동산대출을 억제했던 은행 규정의 폐지 및 개정, 은행의 부동산신탁상품 취급 허용 등으로 은행의 주택담보대출 확대를 유도했다. 이에 외환위기로 기업대출에서 위축될 수밖에 없었던 은행은 주택담보대출을 중심으로 한 가계대출의 증대에서 활로를 찾은 것이다. 금융 부문 특히 은행이 정부정책의 지원 아래 새로운 수익기회를 찾아 주택시장으로 대출을 집중한 결과, 부동산 가격의 급등과 가계대출 규모의 급등이 나타났고, 이는 또 다시 가계부채를 확대하는 원인이 되었다.

장기간에 걸친 저금리의 유지 또한 가계부채 증가의 빼놓을 수 없는 배경적 원인으로 볼 수 있다. 위기탈출 방안으로 수출 증가를 통한 경상수지 흑자의 확대 및 유지를 추구했던 정부는 기업의 금융비용 하락과 원화 약세를 추구했고, 저금리정책을 고수했다. 이 밖에 금융감독정책의 실패 또한 중요 원인이라고 할 수 있다. 금융당국은 금융권의 자금공급이 적절한지 감시하고 필요에 따라 관리해야 하는데, 금융감독정책 측면에서 경기진작이나 세수 증대 등을 이유로 감독의 정상화보다는 확장적 정책을 우선시했던 것이다. 금융기관의 과도한 가계대출 확대를 막기 위해 금융감독당국의 역할이 중요하지만 외환 금융위기 이후 금융기관의 건전성을 감독하는 정부부처와 금융정책을 관장하는 정부부서를 통합 운영함으로써 금융감독정책이 확장 일변도의 금융정책을 견제하지 못하게 되었던 것이다.

또한 금융소비자 보호 및 관련 정책 수립을 위한 금융소비자 보호 전담기구의 부재와 금융소비자 보호 법제화 미흡 등이 금융기관에 대한 견제 실패를 가져왔고, 악성 가계부채를 양산하는 금융생태계 조성의 원인이 된다. 금융소비자 보호정책은 가계부채 확대정책에 대한 중요한 견제장치가 될 수 있음에도 불구하고 현재 금융기관의 건전성에 주목하는 금융감독정책은 소비자 보호에 대해서는 한 발 물러나 있었다.

아울러 외환 금융위기 이후 소득분배 악화와 양극화에 따른 생계형 자금수요가 급증하고 있는 점을 주목해야 한다. 주택담보대출이 주택구입자금으로만 사용되지 않고 있기 때문이다.[4] 기업소득 및 자산소득의 상대적 증가와 가계소득 및 노동소득 분배율의 하락은 주택가격의 상승 기대 못지않게 생계형 자금수요를 불러일으킨다. 2007년 이후 생계형 자금수요의 중요성이 커지고 있는데, 2000년대 중반 이후 제2금융권 가계대출의 증가는 많은 부분 저소득층

---

4 2013년 금융감독원이 실시한 '사금융 이용 실태조사' 결과에 따르면 사금융 이용자의 25.7%가 연체 중이며, 미등록 대부업체의 연체자 비율이 31.0%, 미등록 대부업체 이용자 중 약 20%가 최대 연 100%가 넘는 고금리를 부담하고 있는 것으로 조사되었다. 사금융 자금 용도는 주로 가계생활자금이었는데, 생활비(식재료 구입), 교육비, 병원비 등에 사용하고 있으며, 사금융을 이용하게 된 주된 이유로는 '제도권 금융회사 대출이 어려워서'라는 응답이 54.8%로 가장 많았다.

의 생계자금으로 추정된다. 정부가 자영업 창업을 일종의 실업대책으로 지원한 결과 대량실업의 충격을 일시적으로 완화시킨 효과는 있었으나 영세자영업자의 부채 부담 증가라는 위기를 낳았다.[5] 특히, 영세자영업자의 부채는 가계부채(개인 대출)와 중소기업 부채(개인사업자 대출)의 성격을 동시에 가지고 있으므로 정확한 규모를 추정하기 어렵다는 한계가 있다.

3. 선행연구의 검토와 연구 내용 및 방법

1) 선행연구 검토

현재 국내 가계부채 규모와 추이를 알 수 있는 기초 통계 자료로는 한국은행의 〈자금순환〉과 〈가계신용〉, 통계청의 〈가계금융복지조사〉 등이 있지만 이들 자료의 가계부채 기준이 서로 다르다. 〈자금순환〉의 가계부채 통계에는 가계만이 아니라 비영리단체의 모든 부채가 포함되며, 〈가계신용〉의 가계부채에는 금융기관에서 가계부채로 분류하는 통계를 담고 있다. 설문조사를 토대로 만들어지는 〈가계금융복지조사〉에는 가계의 금융기관 부채뿐 아니라 가계 대 가계부채인 임대보증금 부채까지 포함되어 있다(박찬종, 2014). 연구자들도 각자의 필요에 따라 다양한 분류기준과 정의를 사용하고 있다.

가계부채에 대해서 다양한 정의가 사용되고 있는데, 한국은행은 가계부채

5 2016년 3월 말 현재 가구주 종사상 지위별 처분가능소득 대비 금융부채 비율은 자영업자 164.2%, 상용근로자 101.1%, 기타(무직 등) 97.5%, 임시 · 일용근로자 81.0% 순으로 높게 나타났다(한국은행 · 통계청, 《2016 가계금융복지조사》).

(household debt)를 금융부채와 임대보증금으로 나누고, 금융부채는 다시 담보대출, 신용대출, 신용카드 관련 대출, 기타로 구분하고 있다. 한국국제경제학회(2012)는 예금은행과 비예금 취급 금융기관의 대출을 포함하여 가계대출로 분류하고, 가계대출에 판매신용을 포함하여 가계신용으로 구분하고 있으며, 가계부채는 가계신용과 자영업자 대출 전체로 정의하기도 한다.

이 밖에 가계부채를 가계에 대한 금융기관의 비영리 목적 대출과 비개인 사업자에 대한 부업자금 대출을 포함하여 정의하기도 한다. 이는 예금은행, 비은행 예금취급기관, 보험회사, 증권회사 등에서 대출한 일반적인 가계부채를 의미한다. 특히, 자영업자 대출은 차주의 특성 및 담보 유형 등을 감안할 때 가계부채와 유사한 성격이 강해 광의의 가계부채로 정의되고, 판매신용은 신용카드사, 할부금융사를 통해 상품 또는 서비스의 형태로 신용이 제공되는 외상거래를 포함해서 정의하기도 한다(박범석 · 김형주, 2014; 김건우 · 이창선, 2012).

여기에서는 한국은행의 부채 구분 기준 중 금융부채를 중심으로 알아볼 것이다. 금융부채에는 주택담보대출, 그 외 담보대출(보험, 증권, 예금, 전세권, 자동차 등), 신용대출(마이너스 통장 포함), 신용카드 대출(현금 서비스, 카드론, 대환대출 등), 외상 및 할부(일시불 신용카드 미결제액 제외) 등이 있다.

한편, 가계부채에 대한 관심은 특히 2000년대 들어 높아졌는데, 이는 대부분의 주요 선진국에서 GDP 대비 가계부채 비율이 대폭 높아지는 현상이 공통적으로 나타나면서부터이다. 주요국의 가계부채 급증에 대한 많은 연구에서 일차적으로 주택담보대출의 증가, 자산가격 상승 등을 원인으로 지목하였으며, 보다 근본적으로는 금융 규제 완화 등 제도 변화, 자산유동화 등 금융 혁신, 고학력 가구 및 청장년층 인구 비중 증가 등 인구구조 변화, 안정적 거시경제 여건(great moderation)의 지속과 이에 따른 낙관적 기대 형성 등을 주요 요인으로 거론해 왔다(김현정 외, 2013).

그동안 부채는 소비를 촉진시키고 이를 통해 개인 및 사회후생을 증대시키는 순기능을 한다고 평가되었고, 가계 소비는 당기소득 외 미래소득에 대한 기대에 기초하여 이루어지므로 부채가 어느 정도는 소비자 후생을 개선하는 효과를 가질 수 있다는 주장이 제기되어 왔다. 그러나 현재와 같은 가계부채의 급증은 가계의 가처분소득 감소로 이어지고, 이는 역으로 소비 촉진에 부정적 영향을 미칠 수도 있다는 점에서 기존의 가계부채와는 성격이 다르다고 할 수 있다(박범석 · 김형주, 2014; 강이주 · 김영신 · 허경옥, 2009).

가계부채에 관한 연구는 대부분 소득 및 개인의 종사상 지위와 가계부채의 상관관계, 금융정책, 부동산정책, 가계부채에 따른 가계소비 실태 변화 등을 중심으로 진행되었다. 먼저 소득 및 개인의 종사상 지위와 가계부채의 상관관계에 관한 연구를 보면, 배영목(2015)은 금융부채에서 금융 소외 계층의 문제를 도출시켜, 금융격차가 사회 양극화를 심화시킬 수 있는 주요 원인이 될 수 있음을 지적하였다. 그는 가계금융(복지)조사 DB를 활용하여 소득격차가 가계부채에 어떤 영향을 미치고 있는가를 분석하였는데, 연구 결과에 따르면 최저소득층은 가계채무액 규모가 상대적으로 작아서 금융시장은 물론 거시경제에 미치는 영향이 미미하겠지만, 자산빈곤층으로서 상환 부담이 크고 채무불이행 위험도 높아 금융시장으로부터도 외면 받는 층인 것으로 나타났다. 특히, 소득격차가 금융격차로 이어지고 이러한 금융격차가 교육격차와 함께 소득격차를 강화하는 기저로 작용할 수 있기 때문에 금융격차는 경제 · 사회 양극화의 한 요인으로 이해해야 하며, 가계금융부채의 특성 연구에서 가계의 금융부채 차입 여부, 금액, 차입동기, 상환 부담, 채무불이행 위험은 연령대별로 많은 차이를 보이고 있기 때문에 연령대별 가계부채정책이 달라질 필요가 있다(배영목 · 김상미, 2014).

우리나라 가계부채 중 가장 많은 비중을 차지하는 것은 부동산담보대출이기 때문에 이에 대한 연구도 다수 이루어졌다. 황관석 · 박철성(2016)은 전세가격 상승과 금융부채, 그리고 가계 소비의 연관성을 조사하였는데, 전세가격 상승은 주로 소득이 낮고 금융자산이 적은 계층의 소비를 더 크게 위축시키는 영향이 있는 것으로 나타나 전세가격 상승에 따른 자금압박을 받는 계층에 대한 실질적 전세정책이 요구된다고 주장했다. 또한 신진욱 · 이은지(2012)는 한국 주택체제의 불평등 구조는 한편에서는 자기 집을 보유하고 있는 계층과 다른 한편에서는 사적 임대차 관계에 종속된 채 자가 부문으로 진입하지 못하고 있는 계층 간의 경직된 분절 구조라는 특징을 갖고 있다고 설명했다.

가계부채와 가계소비 실태에 관한 연구에서 이희숙 · 곽민주(2013)는 2011년 가계금융조사 자료를 이용하여 부채 증가 가계 2,063곳, 부채 감소 가계 1,753곳을 대상으로 부채 감소 가계와 부채 증가 가계의 특성을 비교했다. 연구결과에 따르면 부채 증가 가계는 감소 가계에 비해 대출금리가 매우 높은 제2금융권에서 대출을 받은 가계가 더 많고 대출상환 방법도 분할상환에 비해 실효대출금리가 높은 만기일시상환 방법이 더 많았다. 특히, 만기일시상환의 경우, 대출상환을 목적으로 별도의 목돈 마련 저축을 하지 않는 한 상환이 매우 어렵다는 점을 고려할 때 부채 증가 가계가 부채상환 연체로 인해 가중된 부채부담을 가질 수 있다고 주장하였다.

박범석 · 김형주(2014)는 소비심리 악화, 고령화, 자영업 증가와 같은 사회적 현황에 대한 인식 수준이 가계부채 부실화에 유의미한 양(+)의 영향을 주기 때문에, 가계부채 부실화의 원인이 소비심리의 악화에서 기인한다면 소비 여건을 개선하는 정책이 우선적으로 실행되어야 한다고 주장했다. 소비 여건이 개선되면 자영업자 매출이 증가하며 자영업자의 매출 증가는 인력시장 상황을 개선시켜 취업이 어려운 고령자에게도 소득을 창출할 수 있는 기회를 제공할 수 있기 때문이다. 따라서 가계부채 문제 또는 부실화에 대한 문제를 단편적인 금융정책만으로 해결하려 한다면 원인에 대한 문제를 해결하지 못하고 표면적인 문제만을 해결하는 과오를 범할 수 있다고 지적했다.

경제활동인구 중 약 25%를 차지하고 있는 자영업자의 가계부채 문제 또한 매우 심각한데, 김도균(2015)은 자영업 부채가 가계부채와 기업부채 성격을 동시에 갖고 있는 특성을 지니고, 자영업 부채 증가는 자영업 부문 경쟁 심화 및 사업비용 상승과 밀접한 관련이 있다고 설명했다. 그는 외환위기 이후 정부가 자영업 창업을 일종의 실업대책으로 적극 지원한 결과, 자영업 부문 경쟁이 격화되고, 이것이 사업비용 상승과 자영업 부채 증가로 귀결되었으며, 결국 자영업 지원과 육성이 대량 실업의 충격을 흡수하고 위기를 지연시키는 데 효과적이었을지 모르지만 그 과정에서 자영업 부채 증가라는 새로운 위기를 초래했다고 지적했다.

원승연(2015)은 소득 수준이 낮을수록 금융부채로 인해 이자 부담률 또는 원금상환 부담률이 커지는 경향이 있고, 지니계수와 에스테반-레이지수로 계산한 소득불평등도는 금융부채로 인한 원리금 부담을 고려할 때 훨씬 악화된다고 주장했다. 정부의 저소득층에 대한 금융접근성 확대 및 금리인하정책이 단기적으로 이들의 현금흐름을 개선할지 모르지만, 장기적으로는 부채 증가를 유발하고 원리금 상환 부담을 확대시킴으로써 오히려 미래의 실질적인 가처분 소득을 축소시키는 요인으로 작용할 수 있다는 것이다. 즉, 근본적인 소득분배를 개선하는 노력 없이 금융정책 등을 통해 일시적으로 저소득층에 자금공급을 확대하는 정책은 단기적으로는 저소득층을 지원하는 것으로 보이지만, 오히려 장기적으로는 소득 불평등을 더욱 악화시킬 수 있다는 주장이다.

김현정 외(2013)는 글로벌 금융위기 이전과 이후에 부채 증가 요인에 변화가 있었는지 살펴본 결과, 글로벌 금융위기 이전에는 주택가격 상승에 대한 기대감이 가계의 차입수요와 상호작용하면서 부채 규모를 크게 증가시킨 반면, 글로벌 금융위기 이후에는 가계의 소득흐름 악화 등에 따른 생계형 대출수요도 주요한 요인으로 작용하고 있다고 했다.

2) 연구 내용과 방법

본 연구는 이러한 선행연구를 토대로 가계부채를 갖고 있는 성남시민을 대상으로 설문조사 및 구술조사를 통해서 가계부채 발생 원인과 유형, 가계부채 규모, 가계부채에 따른 삶의 만족도, 금융소비자로서의 의식 수준 등이 계층별로 어떻게 차이가 나타나는지 분석하고자 한다. 연구 내용과 방법은 다음과 같다.

본 연구의 대상은 성남시에 거주하는 가계부채가 있는 가구주 혹은 가구원이다. 성남시 가계부채 설문조사는 구조화된 설문지를 배포한 후, 회수하는 질문지법으로 조사 진행하였다. 수거한 설문지 689부 중 가계부채가 있다고 응답한 가구 354곳(51.4%)의 응답 결과를 분석하였다(95% 신뢰도 수준, 표본오차 4.4%). 설문조사 기간은 2016년 10월 4일부터 2016년 11월 30일까지이고, 표본추출 방법은 여러 단계에 걸쳐 인구비례 확률로 층화된 지역에서 해당 표본을 추출하는 다단계 지역 층화 확률표본 추출(multi-stage area probability sampling)방법이다.[6] 자

6 설문조사 내용은 말미에 보론으로 첨부된 [참고] 설문조사 내용 참조.

표 5-1 연구 내용과 방법

연구 목적	연구 내용	연구 방법
가계부채 대책 마련을 위한 기초 데이터 수집	성남시에 거주하는 가계부채가 있는 가구 혹은 가구원의 성별 · 나이별 · 지역별 · 소득별 · 직업별 가계부채의 종류, 성격, 대부업체 이용 실태, 부채상환 실태, 채권추심의 문제	구조화된 설문지 배포 및 수거 구술조사 시/구/동 단위의 서민금융 상담 프로그램 활용 선행연구 및 문헌 자료 분석
서민금융 지원 서비스의 실효성 파악	서민금융 지원 서비스 이용 경험, 채무조정제도 이용 경험 등과 같은 서민금융 지원 서비스 이용 현황 조사	
금융소비자 보호정책을 수립하기 위한 기초 자료 수집	대부업체 비용 경험 유무, 대부업체 정보 유입 경로, 이용해 본 경험이 있는 대부업체 수, 대부업체 이용 시 최대 대출이자율, 대부업체 이용 시 피해경험 사례, 불법 채권추심 경험 유형, 불법 채권추심 피해 사례, 현행 대부업체 이용 시 소비자가 알아야 할 법규 이해 정도 등 조사	
가계부채 해소를 위한 서민금융정책 제안	성남시 가계부채 실태 및 대부업 현황 조사 주요 정부기관의 가계부채 및 금융정책 분석	실태조사 결과 분석 선행연구 및 문헌 자료 분석

그림 5-3 성남시민 대상 가계부채 실태조사 표집절차[7]

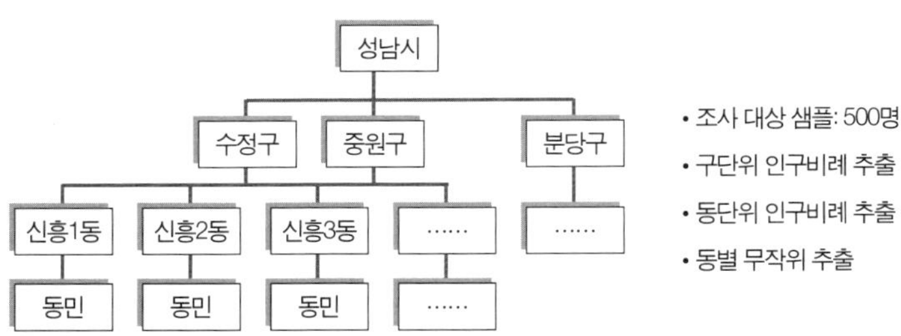

7 성남시는 총 3개 구와 50개의 행정동으로 구성되어 있다. 성남시의 총인구는 97만 9,509명(2016년 7월 말 기준)으로 구별 인구는 수정구 22만 8,395명, 중원구 24만 7,439명, 분당구 50만 3,675명으로 분당구가 가장 많은 인구를 차지하고 있다.

료분석 방법은 기술통계, 교차분석(카이스퀘어)이다.

한편, 구술조사는 연구자가 성남시 금융복지상담센터에 주 3회 방문하여 가계부채를 상담한 성남시 주민을 대상으로 진행되었고, 구술조사 기간은 2016년 11월부터 2017년 1월 30일까지이다.[8)]

4. 가계부채 실태: 설문조사 및 구술조사 결과

1) 가계부채 실태 설문조사

(1) 현재 가계부채의 발생원인 – 1순위 경우를 중심으로[9)]

현재 가계부채 발생원인을 순위별로 살펴보면, 1순위는 주택구입비 · 임대료(64.6%), 2순위 교육비(41.0%), 3순위 낮은 임금(26.2%)으로 나타났다. 가계부채 발생원인 1순위는 주택구입비 · 임대료(64.6%)가 압도적으로 높은 비율을 차지하였으며, 다음으로 기타(생활비, 사업자금, 보증), 낮은 임금과 교육비 등을 발생원인으로 응답했다. 2순위는 교육비(41.0%)가 가장 높은 비율을 차지하였으며, 다음으로 낮은 임금, 주택구입비 · 임대료, 의료비 등이 발생원인으로 나타났다. 3순위는 낮은 임금(26.2%)이 가장 높은 비율을 차지하였으며, 다음으로 의료비, 교육비, 부모 부양 등이 발생원인으로 나타났다.

8 구술조사 내용은 개인 신상정보(성별, 연령, 직업, 주요 경력, 동거하는 가족 현황, 월수입, 부채 규모 등), 가계부채 발생원인 및 가계부채 상환 시 어려운 점, 가계부채정책에 대한 의견 등이다.

9 조사에서는 부채의 최초 발생원인과 현재의 발생원인을 구별해서 조사 · 분석했으나 여기서는 후자에 대해서만 기술하기로 한다. 설문조사 응답자의 일반적 특성(성별, 연령, 교육, 직업, 소득, 결혼 유무, 종교, 주거 형태, 자산 규모, 거주지, 특성별 가계부채 현황 등)과 구성, 그리고 2, 3순위 응답의 분석은 성남시금융복지상담센터(2016) 참조.

그림 5-4 가계부채 발생원인 - 1, 2, 3순위

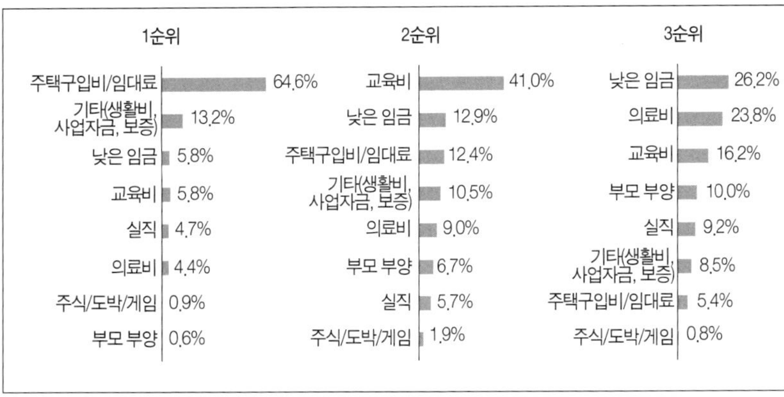

현재 가계부채 발생원인 1순위는 대부분의 응답자 특성별로도 주택구입비 · 임대료가 가장 큰 비율을 차지하고 있으나 단순노무직, 월평균 근로소득 100만 원 미만, 별거 · 이혼 · 사별, 월세 주거, 부동산 자산 규모 1천만 원 이하에서는 기타(생활비, 사업자금, 보증)가 가장 비율이 높았고, 무상거주는 실직이 가장 비율이 높게 나타났다.

가계부채 발생원인 1순위에 대한 응답자의 특성별 결과는 〈표 5-2〉와 같다. 이를 성별로 살펴보면, 주택구입비 · 임대료에 이어 남성은 기타(생활비, 사업자금, 보증), 실직, 낮은 임금 등으로, 여성은 기타(생활비, 사업자금, 보증), 교육비, 낮은 임금 등의 순으로 나타났다.

교육수준별로는 모든 범주에서 주택구입비 · 임대료에 이어 기타(생활비, 사업자금, 보증) 순으로 비율이 높았으며, 다음으로 고졸 이하는 낮은 임금, 전문대학(2-3년제) 졸업은 낮은 임금과 실직 등, 4년제 대졸 이상은 교육비 등의 순으로 나타났다.

직업별로는 관리 · 전문직은 주택구입비 · 임대료에 이어 교육비와 의료비, 기타(생활비, 사업자금, 보증) 등, 사무 · 준전문직은 주택구입비 · 임대료에 이어 기타(생활비, 사업자금, 보증), 교육비와 낮은 임금 등, 판매 · 서비스직은 주택구입비 · 임대료, 낮은 임금과 기타(생활비, 사업자금, 보증) 등, 기타(주부, 무직 등)는 주택구입비 · 임대료에 이어 낮은 임금, 기타(생활비, 사업자금, 보증) 등의 순으로 나타났으며, 단순노무직은 기타(생활비, 사업자금, 보증) 원인이 가장 높았고, 다음으로 주택구입비 · 임대료, 낮은 임금 등의 순으로 나타났다.

월평균 근로소득별로는 100만 원 미만은 기타(생활비, 사업자금, 보증)가 가장 비율이 높았고 주택구입비 · 임대료, 의료비 등의 순이었으며, 100만 원 대는 주택구입비 · 임대료, 기타(생활비, 사업자금, 보증), 실직 등, 200만 원 대는 주택구입비 · 임대료, 기타(생활비, 사업자금, 보증), 낮은 임금과 실직 등, 300만 원 대는 주택구입비 · 임대료, 낮은 임금, 기타(생활비, 사업자금, 보증) 등, 400만 원 대는 주택구입비 · 임대료, 낮은 임금, 의료비 등, 500만 원 이상은 주택구입비 · 임대료, 기타(생활비, 사업자금, 보증), 교육비 등의 순으로 나타났다.

결혼상태별로는 비혼은 주택구입비 · 임대료, 기타(생활비, 사업자금, 보증), 실직 등, 기혼은 주택구입비 · 임대료, 기타(생활비, 사업자금, 보증), 교육비 등, 별거 · 이혼 · 사별은 기타(생활비, 사업자금, 보증) 원인이 가장 비율이 높았으며 다음으로 주택구입비 · 임대료, 낮은 임금 등의 순으로 나타났다.

거주유형별로는 거주 유형 모두 주택구입비 · 임대료, 기타(생활비, 사업자금, 보증) 순으로 높았으며, 다음으로 아파트와 단독주택은 교육비, 연립 및 다세대주택은 낮은 임금, 상가주택은 실직 등의 순으로 나타났다.

주거형태별로는 공공임대, 전세, 자가는 주택구입비 · 임대료에 이어 기타

표 5-2 가계부채 발생원인 - 1순위

단위: 명(%)

구분		주택구입비/임대료	교육비	의료비	낮은 임금	실직	부모 부양	주식/도박/게임	기타	계	χ^2
성별	남자	45(52.3)	3(3.5)	2(2.3)	4(4.7)	10(11.6)	0(0.0)	3(3.5)	19(22.1)	86(100.0)	33.608***
	여자	176(68.8)	17(6.6)	13(5.1)	16(6.3)	6(2.3)	2(0.8)	0(0.0)	26(10.2)	256(100.0)	
	계	221(64.6)	20(5.8)	15(4.4)	20(5.8)	16(4.7)	2(0.6)	3(0.9)	45(13.2)	342(100.0)	
연령	30세 미만	14(82.4)	1(5.9)	0(0.0)	0(0.0)	0(0.0)	0(0.0)	0(0.0)	2(11.8)	17(100.0)	36.446
	30대	41(73.2)	2(3.6)	0(0.0)	3(5.4)	3(5.4)	1(1.8)	1(1.8)	5(8.9)	56(100.0)	
	40대	90(72.6)	5(4.0)	5(4.0)	8(6.5)	1(0.8)	1(0.8)	1(0.8)	13(10.5)	124(100.0)	
	50대	54(52.9)	8(7.8)	7(6.9)	7(6.9)	9(8.8)	0(0.0)	1(1.0)	16(15.7)	102(100.0)	
	60대	19(55.9)	3(8.8)	3(8.8)	1(2.9)	2(5.9)	0(0.0)	0(0.0)	6(17.6)	34(100.0)	
	70세 이상	3(33.3)	1(11.1)	0(0.0)	1(11.1)	1(11.1)	0(0.0)	0(0.0)	3(33.3)	9(100.0)	
	계	221(64.6)	20(5.8)	15(4.4)	20(5.8)	16(4.7)	2(0.6)	3(0.9)	45(13.2)	342(100.0)	
교육 수준	고졸 이하	66(47.5)	11(7.9)	11(7.9)	14(10.1)	9(6.5)	1(0.7)	1(0.7)	26(18.7)	139(100.0)	55.191***
	전문대졸(2 · 3년제)	25(56.8)	1(2.3)	3(6.8)	4(9.1)	4(9.1)	1(2.3)	0(0.0)	6(13.6)	44(100.0)	
	4년제 대졸 이상	127(83.0)	8(5.2)	0(0.0)	2(1.3)	3(2.0)	0(0.0)	2(1.3)	11(7.2)	153(100.0)	
	계	218(64.9)	20(6.0)	14(4.2)	20(6.0)	16(4.8)	2(0.6)	3(0.9)	43(12.8)	336(100.0)	
직업	관리/전문직	29(90.6)	1(3.1)	1(3.1)	0(0.0)	0(0.0)	0(0.0)	0(0.0)	1(3.1)	32(100.0)	63.729***
	사무/준전문직	69(78.4)	3(3.4)	2(2.3)	3(3.4)	1(1.1)	0(0.0)	2(2.3)	8(9.1)	88(100.0)	
	판매/서비스직	33(58.9)	5(8.9)	2(3.6)	6(10.7)	4(7.1)	0(0.0)	0(0.0)	6(10.7)	56(100.0)	
	단순노무직	6(24.0)	1(4.0)	2(8.0)	4(16.0)	2(8.0)	0(0.0)	0(0.0)	10(40.0)	25(100.0)	
	기타(주부 · 무직 등)	14(63.6)	0(0.0)	1(4.5)	3(13.6)	1(4.5)	1(4.5)	0(0.0)	2(9.1)	22(100.0)	
	계	151(67.7)	10(4.5)	8(3.6)	16(7.2)	8(3.6)	1(0.4)	2(0.9)	27(12.1)	223(100.0)	
월 평균 근로 소득	100만 원 미만	6(18.2)	1(3.0)	6(18.2)	4(12.1)	3(9.1)	1(3.0)	0(0.0)	12(36.4)	33(100.0)	110.646***
	100-199만 원	19(42.2)	5(11.1)	2(4.4)	2(4.4)	6(13.3)	0(0.0)	0(0.0)	11(24.4)	45(100.0)	
	200-299만 원	22(61.1)	2(5.6)	2(5.6)	3(8.3)	3(8.3)	0(0.0)	0(0.0)	4(11.1)	36(100.0)	
	300-399만 원	28(71.8)	2(5.1)	0(0.0)	4(10.3)	1(2.6)	0(0.0)	1(2.6)	3(7.7)	39(100.0)	
	400-499만 원	33(78.6)	1(2.4)	2(4.8)	3(7.1)	1(2.4)	0(0.0)	1(2.4)	1(2.4)	42(100.0)	
	500만 원 이상	89(86.4)	4(3.9)	0(0.0)	0(0.0)	0(0.0)	0(0.0)	1(1.0)	9(8.7)	103(100.0)	
	계	197(66.1)	15(5.0)	12(4.0)	16(5.4)	14(4.7)	1(0.3)	3(1.0)	40(13.4)	298(100.0)	
결혼 상태	비혼	25(65.8)	0(0.0)	2(5.3)	1(2.6)	3(7.9)	0(0.0)	2(5.3)	5(13.2)	38(100.0)	50.117***
	기혼	187(69.8)	17(6.3)	8(3.0)	13(4.9)	11(4.1)	1(0.4)	1(0.4)	30(11.2)	268(100.0)	

표 5-2 계속 단위: 명(%)

구분		주택구입비/임대료	교육비	의료비	낮은 임금	실직	부모 부양	주식/도박/게임	기타	계	x^2
결혼 상태	별거/이혼/사별	9(25.0)	3(8.3)	5(13.9)	6(16.7)	2(5.6)	1(2.8)	0(0.0)	10(27.8)	36(100.0)	
	계	221(64.6)	20(5.8)	15(4.4)	20(5.8)	16(4.7)	2(0.6)	3(0.9)	45(13.2)	342(100.0)	
종교 유무	종교 있음	90(63.8)	7(5.0)	6(4.3)	9(6.4)	7(5.0)	2(1.4)	1(0.7)	19(13.5)	141(100.0)	3.539
	종교 없음	129(65.5)	13(6.6)	8(4.1)	11(5.6)	8(4.1)	0(0.0)	2(1.0)	26(13.2)	197(100.0)	
	계	219(64.8)	20(5.9)	14(4.1)	20(5.9)	15(4.4)	2(0.6)	3(0.9)	45(13.3)	338(100.0)	
거주 유형	아파트	135(78.0)	8(4.6)	2(1.2)	6(3.5)	7(4.0)	2(1.2)	1(0.6)	12(6.9)	173(100.0)	50.439***
	단독주택	37(55.2)	7(10.4)	5(7.5)	3(4.5)	3(4.5)	0(0.0)	1(1.5)	11(16.4)	67(100.0)	
	연립·다세대 주택	46(50.0)	4(4.3)	7(7.6)	11(12.0)	4(4.3)	0(0.0)	1(1.1)	19(20.7)	92(100.0)	
	상가주택	3(37.5)	1(12.5)	0(0.0)	0(0.0)	2(25.0)	0(0.0)	0(0.0)	2(25.0)	8(100.0)	
	계	221(65.0)	20(5.9)	14(4.1)	20(5.9)	16(4.7)	2(0.6)	3(0.9)	44(12.9)	340(100.0)	
주거 형태	월세	17(30.4)	3(5.4)	7(12.5)	3(5.4)	4(7.1)	1(1.8)	1(1.8)	20(35.7)	56(100.0)	99.308***
	무상거주	3(21.4)	2(14.3)	1(7.1)	2(14.3)	4(28.6)	0(0.0)	0(0.0)	2(14.3)	14(100.0)	
	공공임대	13(50.0)	2(7.7)	1(3.8)	3(11.5)	3(11.5)	0(0.0)	0(0.0)	4(15.4)	26(100.0)	
	전세	56(67.5)	7(8.4)	2(2.4)	6(7.2)	3(3.6)	1(1.2)	0(0.0)	8(9.6)	83(100.0)	
	자가	130(81.3)	6(3.8)	4(2.5)	6(3.8)	2(1.3)	0(0.0)	2(1.3)	10(6.3)	160(100.0)	
	계	219(64.6)	20(5.9)	15(4.4)	20(5.9)	16(4.7)	2(0.6)	3(0.9)	44(13.0)	339(100.0)	
부동산 자산 규모	1천만 원 이하	16(26.2)	4(6.6)	8(13.1)	7(11.5)	3(4.9)	1(1.6)	0(0.0)	22(36.1)	61(100.0)	102.096***
	1천만 원 초과-1억 원 이하	38(54.3)	6(8.6)	3(4.3)	5(7.1)	9(12.9)	1(1.4)	1(1.4)	7(10.0)	70(100.0)	
	1억 원 초과-5억 원 이하	107(81.7)	5(3.8)	2(1.5)	5(3.8)	3(2.3)	0(0.0)	2(1.5)	7(5.3)	131(100.0)	
	5억 원 초과	53(86.9)	1(1.6)	1(1.6)	1(1.6)	0(0.0)	0(0.0)	0(0.0)	5(8.2)	61(100.0)	
	계	214(66.3)	16(5.0)	14(4.3)	18(5.6)	15(4.6)	2(0.6)	3(0.9)	41(12.7)	323(100.0)	
부동산 외 자산 규모	5백만 원 이하	75(48.4)	14(9.0)	10(6.5)	12(7.7)	13(8.4)	2(1.3)	1(0.6)	28(18.1)	155(100.0)	55.114***
	5백만 원 초과-1천만 원 이하	31(81.6)	0(0.0)	0(0.0)	3(7.9)	1(2.6)	0(0.0)	0(0.0)	3(7.9)	38(100.0)	
	1천만 원 초과-5천만 원 이하	60(83.3)	5(6.9)	2(2.8)	2(2.8)	0(0.0)	0(0.0)	0(0.0)	3(4.2)	72(100.0)	
	5천만 원 초과	45(75.0)	0(0.0)	3(5.0)	2(3.3)	0(0.0)	0(0.0)	2(3.3)	8(13.3)	60(100.0)	
	계	211(64.9)	19(5.8)	15(4.6)	19(5.8)	14(4.3)	2(0.6)	3(0.9)	42(12.9)	325(100.0)	

주: $p<.05$, ** $p<.01$, *** $p<.001$.

(생활비, 사업자금, 보증) 등의 순으로 비율이 높았으며, 월세는 기타(생활비, 사업자금, 보증)에 이어 주택구입비 · 임대료 등의 순으로 높았고, 무상거주는 실직에 이어 주택구입비 · 임대료 등의 순으로 비율이 높게 나타났다.

부동산 자산규모별로는 1천만 원 이하에서는 기타(생활비, 사업자금, 보증)가 가장 비율이 높았으나 1천만 원 초과부터는 주택구입비 · 임대료가 가장 비율이 높게 나타났다. 또한 1천만 원 이하에서는 기타(생활비, 사업자금, 보증)에 이어 주택구입비 · 임대료, 의료비 등의 순이었으며, 1천만 원 초과–1억 원 이하는 주택구입비 · 임대료에 이어 실직, 기타(생활비, 사업자금, 보증), 교육비 등, 1억 원 초과–5억 원 이하는 주택구입비 · 임대료에 이어 기타(생활비, 사업자금, 보증), 교육비와 낮은 임금 등의 순으로 나타났으며, 5억 원 초과는 주택구입비 · 임대료, 기타(생활비, 사업자금, 보증)에 이어 교육비와 의료비, 낮은 임금이 고른 응답 분포를 나타냈다.

부동산 외 자산규모별로는 모든 범주에서 주택구입비 · 임대료가 가장 비율이 높았으며, 다음으로 5백만 원 이하는 기타(생활비, 사업자금, 보증), 교육비 등, 5백만 원 초과–1천만 원 이하는 낮은 임금과 기타(생활비, 사업자금, 보증) 등, 1천만 원 초과–5천만 원 이하는 교육비와 기타(생활비, 사업자금, 보증) 등, 5천만 원 초과는 기타(생활비, 사업자금, 보증), 의료비 등의 순이었다. 연령과 종교에서는 통계적으로 유의미한 차이가 나타나지 않았다.

(2) 가계부채의 종류와 규모

가계부채의 종류는 주택담보대출이 46.4%로 가장 높았으며, 다음으로 신용대출(마이너스 통장 포함), 신용카드대출, 그 외 담보대출, 외상 및 할부, 기타(학자금, 보증 등) 등의 순으로 나타났다.

응답자 특성별 가계부채의 종류는 대체로 주택담보대출을 가장 많이 이용하고 있는 것으로 나타났으나 70세 이상은 그 외 담보대출을 주로 이용하고 있으며, 월평균 근로소득 100만 원 이하와 단순노무직, 별거 · 이혼 · 사별, 월세 거주, 부동산 자산 규모 1천만 원 이하는 신용카드대출을 가장 많이 이용하고 있는 것으로 나타났다. 성별로는 남성과 여성 모두 주택담보대출을 가장 많이 이용하고 있으며, 연령별로는 60대 이전은 주택담보대출을 가장 많이 이용하고 있으며, 70세 이상은 그 외 담보대출을 가장 많이 이용하고 있는 것으로 나타났다.

교육수준별로는 모든 교육 수준에서 주택담보대출의 이용이 가장 많은 것으로 나타났으며, 직업별로는 단순노무직을 제외한 모든 직업 범주에서 주택담보대출 이용이 가장 많았지만 단순노무직은 신용카드대출 이용이 가장 많은 것으로 나타났다.

가계부채 규모는 1천만 원 초과–5천만 원 이하 규모가 34.1%로 가장 높았으며, 다음으로 1억 원 초과–5억 원 이하 25.0%, 5천만 원 초과–1억 원 이하 23.8% 등의 순이었다. 특히, 4년제 대졸 이상, 월평균 근로소득 500만 원 이상, 아파트 거주자, 자가 주거, 부동산 5억 원 초과 등 소득안전성이 높은 집단의 가계부채 규모가 다른 집단에 비해 더 큰 경향이 나타났다.

성별로 살펴보면, 남성의 부채 규모는 1천만 원 초과–5천만 원 이하, 1억 원 초과–5억 원 이하, 5천만 원 초과–1억 원 이하 등의 순이었으며, 여성의 부채 규모는 1천만 원 초과–5천만 원 이하, 5천만 원 초과–1억 원 이하, 1억 원 초과–5억 원 이하 등의 순이다.

교육수준별로는 고졸 이하는 1천만 원 초과–5천만 원 이하, 5천만 원 초과–1억 원 이하, 1억 원 초과–5억 원 이하 등, 전문대학(2 · 3년제) 졸업은 1천만 원 초

표 5-3 가계부채의 종류(복수 응답)

단위: 명(%)

구분		주택 담보 대출	그 외 담보대출(보험, 증권, 예금, 전세권, 자동차 등)	신용대출 (마이너스통장 포함)	신용카드대출 (현금 서비스, 카드론, 대환대출 등)	외상 및 할부 (일시불 신용카드 미결제액 제외)	기타 (학자금, 보증 등)	계
성별	남자	43(9.6)	13(2.9)	31(6.9)	22(4.9)	5(1.1)	2(0.4)	116(25.9)
	여자	165(36.8)	46(10.3)	63(14.1)	42(9.4)	13(2.9)	3(0.7)	332(74.1)
	계	208(46.4)	59(13.2)	94(21.0)	64(14.3)	18(4.0)	5(1.1)	448(100.0)
연령	30세 미만	10(2.2)	2(0.4)	4(0.9)	3(0.7)	0(0.0)	1(0.2)	20(4.5)
	30대	31(6.9)	14(3.1)	17(3.8)	9(2.0)	2(0.4)	3(0.7)	76(17.0)
	40대	85(19.0)	22(4.9)	40(8.9)	20(4.5)	6(1.3)	0(0.0)	173(38.6)
	50대	57(12.7)	12(2.7)	24(5.4)	25(5.6)	5(1.1)	0(0.0)	123(27.5)
	60대	23(5.1)	5(1.1)	8(1.8)	6(1.3)	4(0.9)	0(0.0)	46(10.3)
	70세 이상	2(0.4)	4(0.9)	1(0.2)	1(0.2)	1(0.2)	1(0.2)	10(2.2)
	계	208(46.4)	59(13.2)	94(21.0)	64(14.3)	18(4.0)	5(1.1)	448(100.0)
교육 수준	고졸 이하	71(16.2)	26(5.9)	37(8.4)	36(8.2)	10(2.3)	0(0.0)	180(41.1)
	전문대졸(2 · 3년제)	25(5.7)	10(2.3)	11(2.5)	8(1.8)	4(0.9)	0(0.0)	58(13.2)
	4년제 대졸 이상	108(24.7)	22(5.0)	45(10.3)	17(3.9)	3(0.7)	5(1.1)	200(45.7)
	계	204(46.6)	58(13.2)	93(21.2)	61(13.9)	17(3.9)	5(1.1)	438(100.0)
직업	관리/전문직	23(7.9)	6(2.1)	5(1.7)	4(1.4)	1(0.3)	0(0.0)	39(13.4)
	사무/준전문직	62(21.2)	16(5.5)	31(10.6)	8(2.7)	2(0.7)	1(0.3)	120(41.1)
	판매/서비스직	32(11.0)	7(2.4)	15(5.1)	12(4.1)	3(1.0)	1(0.3)	70(24.0)
	단순노무직	9(3.1)	5(1.7)	8(2.7)	11(3.8)	2(0.7)	0(0.0)	35(12.0)
	기타(주부 · 무직 등)	15(5.1)	6(2.1)	5(1.7)	2(0.7)	0(0.0)	0(0.0)	28(9.6)
	계	141(48.3)	40(13.7)	64(21.9)	37(12.7)	8(2.7)	2(0.7)	292(100.0)
월평균 근로 소득	100만 원 미만	7(1.8)	3(0.8)	12(3.1)	17(4.4)	5(1.3)	0(0.0)	44(11.3)
	100-199만 원	17(4.4)	8(2.1)	16(4.1)	16(4.1)	4(1.0)	2(0.5)	63(16.2)
	200-299만 원	21(5.4)	4(1.0)	10(2.6)	8(2.1)	2(0.5)	1(0.3)	46(11.9)
	300-399만 원	24(6.2)	7(1.8)	11(2.8)	9(2.3)	0(0.0)	1(0.3)	52(13.4)
	400-499만 원	33(8.5)	10(2.6)	8(2.1)	4(1.0)	1(0.3)	1(0.3)	57(14.7)
	500만 원 이상	80(20.6)	16(4.1)	26(6.7)	2(0.5)	2(0.5)	0(0.0)	126(32.5)
	계	182(46.9)	48(12.4)	83(21.4)	56(14.4)	14(3.6)	5(1.3)	388(100.0)

표 5-3 계속

단위: 명(%)

구분		주택 담보 대출	그 외 담보대출(보험, 증권, 예금, 전세권, 자동차 등)	신용대출 (마이너스통장 포함)	신용카드대출 (현금 서비스, 카드론, 대환대출 등)	외상 및 할부 (일시불 신용카드 미결제액 제외)	기타 (학자금, 보증 등)	계
결혼 상태	비혼	17(3.8)	6(1.3)	14(3.1)	12(2.7)	1(0.2)	0(0.0)	50(11.2)
	기혼	182(40.6)	47(10.5)	66(14.7)	34(7.6)	14(3.1)	5(1.1)	348(77.7)
	별거/이혼/사별	9(2.0)	6(1.3)	14(3.1)	18(4.0)	3(0.7)	0(0.0)	50(11.2)
	계	208(46.4)	59(13.2)	94(21.0)	64(14.3)	18(4.0)	5(1.1)	448(100.0)
종교 유무	종교 있음	83(18.8)	25(5.7)	43(9.7)	30(6.8)	7(1.6)	1(0.2)	189(42.8)
	종교 없음	123(27.8)	33(7.5)	50(11.3)	33(7.5)	10(2.3)	4(0.9)	253(57.2)
	계	206(46.6)	58(13.1)	93(21.0)	63(14.3)	17(3.8)	5(1.1)	442(100.0)
거주 유형	아파트	130(29.1)	27(6.1)	40(9.0)	14(3.1)	9(2.0)	1(0.2)	221(49.6)
	단독주택	32(7.2)	9(2.0)	23(5.2)	20(4.5)	3(0.7)	0(0.0)	87(19.5)
	연립 · 다세대 주택	42(9.4)	19(4.3)	28(6.3)	26(5.8)	5(1.1)	4(0.9)	124(27.8)
	상가주택	4(0.9)	3(0.7)	3(0.7)	3(0.7)	1(0.2)	0(0.0)	14(3.1)
	계	208(46.6)	58(13.0)	94(21.1)	63(14.1)	18(4.0)	5(1.1)	446(100.0)
주거 형태	월세	10(2.3)	8(1.8)	22(5.0)	30(6.8)	6(1.4)	3(0.7)	79(17.8)
	무상거주	4(0.9)	2(0.5)	7(1.6)	8(1.8)	1(0.2)	1(0.2)	23(5.2)
	공공임대	13(2.9)	7(1.6)	7(1.6)	6(1.4)	2(0.5)	0(0.0)	35(7.9)
	전세	45(10.2)	24(5.4)	28(6.3)	10(2.3)	5(1.1)	0(0.0)	112(25.3)
	자가	135(30.5)	17(3.8)	28(6.3)	9(2.0)	4(0.9)	1(0.2)	194(43.8)
	계	207(46.7)	58(13.1)	92(20.8)	63(14.2)	18(4.1)	5(1.1)	443(100.0)
부동산 자산 규모	1천만 원 이하	9(2.1)	11(2.6)	21(5.0)	34(8.0)	7(1.7)	2(0.5)	84(19.8)
	1천만 원 초과-1억 원 이하	33(7.8)	14(3.3)	28(6.6)	19(4.5)	4(0.9)	1(0.2)	99(23.3)
	1억 원 초과-5억 원 이하	103(24.3)	24(5.7)	25(5.9)	5(1.2)	5(1.2)	2(0.5)	164(38.7)
	5억 원 초과	52(12.3)	7(1.7)	15(3.5)	3(0.7)	0(0.0)	0(0.0)	77(18.2)
	계	197(46.5)	56(13.2)	89(21.0)	61(14.4)	16(3.8)	5(1.2)	424(100.0)
부동산 외 자산 규모	5백만 원 이하	75(17.5)	26(6.1)	52(12.1)	51(11.9)	11(2.6)	4(0.9)	219(51.0)
	5백만 원 초과-1천만 원 이하	23(5.4)	6(1.4)	9(2.1)	6(1.4)	1(0.2)	1(0.2)	46(10.7)
	1천만 원 초과-5천만 원 이하	55(12.8)	16(3.7)	16(3.7)	3(0.7)	3(0.7)	0(0.0)	93(21.7)
	5천만 원 초과	43(10.0)	9(2.1)	14(3.3)	3(0.7)	2(0.5)	0(0.0)	71(16.6)
	계	196(45.7)	57(13.3)	91(21.2)	63(14.7)	17(4.0)	5(1.2)	429(100.0)

표 5-4 가계부채 규모

단위: 명(%)

구분		300만 원 이하	3백만 원 초과-1천만 원 이하	1천만 원 초과-5천만 원 이하	5천만 원 초과-1억 원 이하	1억 원 초과-5억 원 이하	5억 원 초과	계	x^2
성별	남자	7(8.1)	2(2.3)	35(40.7)	16(18.6)	22(25.6)	4(4.7)	86(100.0)	15.319**
	여자	19(7.5)	25(9.8)	81(31.9)	65(25.6)	63(24.8)	1(0.4)	254(100.0)	
	계	26(7.6)	27(7.9)	116(34.1)	81(23.8)	85(25.0)	5(1.5)	340(100.0)	
연령	30세 미만	2(11.8)	2(11.8)	7(41.2)	3(17.6)	3(17.6)	0(0.0)	17(100.0)	30.844
	30대	4(7.3)	5(9.1)	15(27.3)	18(32.7)	13(23.6)	0(0.0)	55(100.0)	
	40대	8(6.4)	8(6.4)	45(36.0)	29(23.2)	35(28.0)	0(0.0)	125(100.0)	
	50대	6(5.8)	10(9.7)	38(36.9)	25(24.3)	21(20.4)	3(2.9)	103(100.0)	
	60대	3(9.7)	2(6.5)	9(29.0)	6(19.4)	10(32.3)	1(3.2)	31(100.0)	
	70세 이상	3(33.3)	0(0.0)	2(22.2)	0(0.0)	3(33.3)	1(11.1)	9(100.0)	
	계	26(7.6)	27(7.9)	116(34.1)	81(23.8)	85(25.0)	5(1.5)	340(100.0)	
교육 수준	고졸 이하	17(12.1)	13(9.3)	48(34.3)	39(27.9)	20(14.3)	3(2.1)	140(100.0)	33.907***
	전문대졸(2 · 3년제)	0(0.0)	7(15.9)	20(45.5)	8(18.2)	9(20.5)	0(0.0)	44(100.0)	
	4년제 대졸 이상	8(5.3)	7(4.6)	47(31.1)	32(21.2)	55(36.4)	2(1.3)	151(100.0)	
	계	25(7.5)	27(8.1)	115(34.3)	79(23.6)	84(25.1)	5(1.5)	335(100.0)	
직업	관리/전문직	3(9.7)	2(6.5)	10(32.3)	6(19.4)	9(29.0)	1(3.2)	31(100.0)	30.667
	사무/준전문직	3(3.4)	3(3.4)	33(37.9)	17(19.5)	31(35.6)	0(0.0)	87(100.0)	
	판매/서비스직	2(3.6)	5(9.1)	24(43.6)	17(30.9)	6(10.9)	1(1.8)	55(100.0)	
	단순노무직	4(17.4)	2(8.7)	6(26.1)	5(21.7)	6(26.1)	0(0.0)	23(100.0)	
	기타(주부 · 무직 등)	3(13.0)	0(0.0)	5(21.7)	9(39.1)	5(21.7)	1(4.3)	23(100.0)	
	계	15(6.8)	12(5.5)	78(35.6)	54(24.7)	57(26.0)	3(1.4)	219(100.0)	
월평균 근로 소득	100만 원 미만	3(9.4)	3(9.4)	13(40.6)	7(21.9)	4(12.5)	2(6.3)	32(100.0)	63.079***
	100-199만 원	7(15.2)	5(10.9)	20(43.5)	9(19.6)	3(6.5)	2(4.3)	46(100.0)	
	200-299만 원	2(5.4)	6(16.2)	14(37.8)	10(27.0)	5(13.5)	0(0.0)	37(100.0)	
	300-399만 원	3(7.7)	5(12.8)	16(41.0)	10(25.6)	5(12.8)	0(0.0)	39(100.0)	
	400-499만 원	4(9.8)	1(2.4)	16(39.0)	8(19.5)	12(29.3)	0(0.0)	41(100.0)	
	500만 원 이상	4(4.0)	2(2.0)	22(22.2)	24(24.2)	46(46.5)	1(1.0)	99(100.0)	
	계	23(7.8)	22(7.5)	101(34.4)	68(23.1)	75(25.5)	5(1.7)	294(100.0)	

표 5-4 계속

단위: 명(%)

구분		300만 원 이하	3백만 원 초과-1천만 원 이하	1천만 원 초과-5천만 원 이하	5천만 원 초과-1억 원 이하	1억 원 초과-5억 원 이하	5억 원 초과	계	x^2
결혼 상태	비혼	5(13.2)	8(21.1)	10(26.3)	11(28.9)	4(10.5)	0(0.0)	38(100.0)	28.856**
	기혼	20(7.5)	17(6.4)	84(31.7)	66(24.9)	74(27.9)	4(1.5)	265(100.0)	
	별거/이혼/사별	1(2.7)	2(5.4)	22(59.5)	4(10.8)	7(18.9)	1(2.7)	37(100.0)	
	계	26(7.6)	27(7.9)	116(34.1)	81(23.8)	85(25.0)	5(1.5)	340(100.0)	
종교 유무	종교 있음	9(6.4)	15(10.6)	48(34.0)	33(23.4)	35(24.8)	1(0.7)	141(100.0)	3.643
	종교 없음	17(8.7)	12(6.2)	67(34.4)	45(23.1)	50(25.6)	4(2.1)	195(100.0)	
	계	26(7.7)	27(8.0)	115(34.2)	78(23.2)	85(25.3)	5(1.5)	336(100.0)	
거주 유형	아파트	6(3.6)	12(7.1)	44(26.0)	44(26.0)	61(36.1)	2(1.2)	169(100.0)	42.278***
	단독주택	8(11.9)	10(14.9)	31(46.3)	9(13.4)	8(11.9)	1(1.5)	67(100.0)	
	연립 · 다세대 주택	11(11.7)	5(5.3)	37(39.4)	26(27.7)	13(13.8)	2(2.1)	94(100.0)	
	상가주택	1(12.5)	0(0.0)	3(37.5)	2(25.0)	2(25.0)	0(0.0)	8(100.0)	
	계	26(7.7)	27(8.0)	115(34.0)	81(24.0)	84(24.9)	5(1.5)	338(100.0)	
주거 형태	월세	6(10.3)	2(3.4)	30(51.7)	11(19.0)	6(10.3)	3(5.2)	58(100.0)	48.808***
	무상거주	0(0.0)	2(14.3)	7(50.0)	1(7.1)	4(28.6)	0(0.0)	14(100.0)	
	공공임대	1(3.7)	4(14.8)	12(44.4)	8(29.6)	2(7.4)	0(0.0)	27(100.0)	
	전세	7(8.5)	8(9.8)	33(40.2)	17(20.7)	16(19.5)	1(1.2)	82(100.0)	
	자가	12(7.7)	10(6.4)	34(21.8)	44(28.2)	55(35.3)	1(0.6)	156(100.0)	
	계	26(7.7)	26(7.7)	116(34.4)	81(24.0)	83(24.6)	5(1.5)	337(100.0)	
부동산 자산 규모	1천만 원 이하	10(15.6)	9(14.1)	25(39.1)	11(17.2)	6(9.4)	3(4.7)	64(100.0)	80.893***
	1천만 원 초과-1억 원 이하	6(8.6)	6(8.6)	36(51.4)	16(22.9)	6(8.6)	0(0.0)	70(100.0)	
	1억 원 초과-5억 원 이하	6(4.7)	7(5.5)	37(28.9)	41(32.0)	37(28.9)	0(0.0)	128(100.0)	
	5억 원 초과	2(3.4)	1(1.7)	12(20.3)	8(13.6)	34(57.6)	2(3.4)	59(100.0)	
	계	24(7.5)	23(7.2)	110(34.3)	76(23.7)	83(25.9)	5(1.6)	321(100.0)	
부동산 외 자산 규모	5백만 원 이하	16(10.2)	16(10.2)	58(36.9)	33(21.0)	31(19.7)	3(1.9)	157(100.0)	22.110
	5백만 원 초과-1천만 원 이하	5(12.8)	2(5.1)	17(43.6)	7(17.9)	8(20.5)	0(0.0)	39(100.0)	
	1천만 원 초과-5천만 원 이하	2(2.8)	5(6.9)	20(27.8)	19(26.4)	26(36.1)	0(0.0)	72(100.0)	
	5천만 원 초과	3(5.5)	3(5.5)	14(25.5)	17(30.9)	16(29.1)	2(3.6)	55(100.0)	
	계	26(8.0)	26(8.0)	109(33.7)	76(23.5)	81(25.1)	5(1.5)	323(100.0)	

주: $p<.05$, ** $p<.01$, *** $p<.001$.

과–5천만 원 이하, 1억 원 초과–5억 원 이하, 5천만 원 초과–1억 원 이하 등, 4년제 대졸 이상은 1억 원 초과–5억 원 이하, 1천만 원 초과–5천만 원 이하, 5천만 원 초과–1억 원 이하 등의 순으로 나타났다.

(3) 대출 금융기관

대출기관은 시중은행이 55.9%로 가장 높았으며, 다음으로 신용카드사, 저축은행, 보험사 · 증권사, 대부업체 등의 순으로 나타났다. 대출 금융기관은 거의 모든 응답자 특성에서 시중은행을 가장 많이 이용한 것으로 나타났지만, 무상거주는 근소한 차이로 신용카드사를 가장 많이 이용한 것으로 나타났다. 성별로는 남녀 모두 시중은행이 가장 높았고 다음으로 신용카드사였으며, 그 밖에 남성은 저축은행, 대부업체 등, 여성은 저축은행과 보험사 · 증권사, 대부업체 등의 순으로 나타났다. 연령별로는 모든 연령대가 시중은행을 가장 많이 이용한 것으로 나타났으며, 다음으로 30세 미만은 기타(신용회복위원회 등), 새마을금고 등, 30대는 신용카드사, 보험사 · 증권사 등, 40대는 신용카드사, 저축은행 등, 50대는 신용카드사, 대부업체, 60대는 신용카드사와 저축은행 그리고 대부업체 등, 70세 이상은 신용카드사, 저축은행과 대부업체 등으로 나타나 30대 이상에서는 시중은행에 이어 신용카드사를 많이 이용했다.

교육수준별로는 모든 교육 수준에서 시중은행, 신용카드사 순으로 나타났고, 다음으로 고졸 이하는 저축은행, 전문대학(2 · 3년제) 졸업은 대부업체, 4년제 대졸 이상은 보험사 · 증권사와 기타(신용회복위원회 등) 등으로 나타났다. 직업별로는 모든 범주에서 시중은행을 가장 많이 이용한 것으로 나타났다.

표 5-5 대출 금융기관(복수 응답)

단위: 명(%)

구분		시중은행(농협 중앙회 포함)	신용 카드사	보험사/ 증권사	저축 은행	대부 업체	신협	단위농협(축협, 수협 등)	새마을 금고	지인	기타(신용회복위원회 등)	계
성별	남자	64(14.4)	14(3.2)	6(1.4)	10(2.3)	9(2.0)	1(0.2)	3(0.7)	4(0.9)	6(1.4)	5(1.1)	12(27.5)
	여자	184(41.4)	38(8.6)	23(5.2)	23(5.2)	17(3.8)	5(1.1)	9(2.0)	7(1.6)	10(2.3)	6(1.4)	322(72.5)
	계	248(55.9)	52(11.7)	29(6.5)	33(7.4)	26(5.9)	6(1.4)	12(2.7)	11(2.5)	16(3.6)	11(2.5)	444(100.0)
연령	30세 미만	9(2.0)	1(0.2)	0(0.0)	1(0.2)	1(0.2)	1(0.2)	0(0.0)	2(0.5)	0(0.0)	3(0.7)	18(4.1)
	30대	45(10.1)	7(1.6)	6(1.4)	4(0.9)	3(0.7)	0(0.0)	1(0.2)	3(0.7)	2(0.5)	3(0.7)	74(16.7)
	40대	95(21.4)	16(3.6)	11(2.5)	13(2.9)	4(0.9)	1(0.2)	4(0.9)	1(0.2)	7(1.6)	1(0.2)	153(34.5)
	50대	69(15.5)	21(4.7)	9(2.0)	9(2.0)	12(2.7)	2(0.5)	6(1.4)	2(0.5)	4(0.9)	2(0.5)	136(30.6)
	60대	23(5.2)	4(0.9)	3(0.7)	4(0.9)	4(0.9)	1(0.2)	1(0.2)	3(0.7)	2(0.5)	1(0.2)	46(10.4)
	70세 이상	7(1.6)	3(0.7)	0(0.0)	2(0.5)	2(0.5)	1(0.2)	0(0.0)	0(0.0)	1(0.2)	1(0.2)	17(3.8)
	계	248(55.9)	52(11.7)	29(6.5)	33(7.4)	26(5.9)	6(1.4)	12(2.7)	11(2.5)	16(3.6)	11(2.5)	444(100.0)
교육 수준	고졸 이하	81(18.7)	28(6.5)	18(4.2)	24(5.5)	16(3.7)	3(0.7)	5(1.2)	3(0.7)	9(2.1)	4(0.9)	191(44.1)
	전문대졸(2 · 3년제)	25(5.8)	8(1.8)	4(0.9)	4(0.9)	5(1.2)	2(0.5)	2(0.5)	2(0.5)	2(0.5)	1(0.2)	55(12.7)
	4년제 대졸 이상	137(31.6)	15(3.5)	6(1.4)	5(1.2)	5(1.2)	1(0.2)	3(0.7)	5(1.2)	4(0.9)	6(1.4)	187(43.2)
	계	243(56.1)	51(11.8)	28(6.5)	33(7.6)	26(6.0)	6(1.4)	10(2.3)	10(2.3)	15(3.5)	11(2.5)	433(100.0)
직업	관리/전문직	25(8.7)	2(0.7)	3(1.0)	1(0.3)	0(0.0)	1(0.3)	4(1.4)	1(0.3)	0(0.0)	0(0.0)	37(12.9)
	사무/준전문직	74(25.9)	8(2.8)	7(2.4)	3(1.0)	1(0.3)	0(0.0)	1(0.3)	4(1.4)	5(1.7)	2(0.7)	105(36.7)
	판매/서비스직	37(12.9)	6(2.1)	6(2.1)	9(3.1)	3(1.0)	2(0.7)	1(0.3)	1(0.3)	2(0.7)	2(0.7)	69(24.1)
	단순노무직	14(4.9)	9(3.1)	3(1.0)	5(1.7)	7(2.4)	1(0.3)	0(0.0)	1(0.3)	4(1.4)	2(0.7)	46(16.1)
	기타(주부 · 무직 등)	14(4.9)	5(1.7)	2(0.7)	1(0.3)	3(1.0)	0(0.0)	0(0.0)	0(0.0)	2(0.7)	2(0.7)	29(10.1)
	계	164(57.3)	30(10.5)	21(7.3)	19(6.6)	14(4.9)	4(1.4)	6(2.1)	7(2.4)	13(4.5)	8(2.8)	286(100.0)
월평균 근로 소득	100만 원 미만	17(4.4)	14(3.6)	4(1.0)	2(0.5)	8(2.1)	2(0.5)	0(0.0)	1(0.3)	2(0.5)	2(0.5)	52(13.5)
	100-199만 원	26(6.8)	14(3.6)	7(1.8)	10(2.6)	12(3.1)	2(0.5)	0(0.0)	3(0.8)	4(1.0)	2(0.5)	80(20.8)
	200-299만 원	24(6.2)	6(1.6)	1(0.3)	4(1.0)	3(0.8)	0(0.0)	3(0.8)	0(0.0)	2(0.5)	1(0.3)	44(11.4)
	300-399만 원	31(8.1)	5(1.3)	2(0.5)	3(0.8)	1(0.3)	0(0.0)	1(0.3)	0(0.0)	2(0.5)	2(0.5)	47(12.2)
	400-499만 원	30(7.8)	3(0.8)	7(1.8)	3(0.8)	1(0.3)	0(0.0)	3(0.8)	3(0.8)	1(0.3)	1(0.3)	52(13.5)
	500만 원 이상	89(23.1)	3(0.8)	6(1.6)	3(0.8)	0(0.0)	1(0.3)	3(0.8)	1(0.3)	2(0.5)	2(0.5)	110(28.6)
	계	217(56.4)	45(11.7)	27(7.0)	25(6.5)	25(6.5)	5(1.3)	10(2.6)	8(2.1)	13(3.4)	10(2.6)	385(100.0)

표 5-5 계속

단위: 명(%)

구분		시중은행(농협 중앙회 포함)	신용 카드사	보험사/증권사	저축 은행	대부 업체	신협	단위농협(축협, 수협 등)	새마을 금고	지인	기타(신용회복위원회 등)	계
결혼 상태	비혼	27(6.1)	8(1.8)	2(0.5)	3(0.7)	2(0.5)	1(0.2)	1(0.2)	2(0.5)	4(0.9)	1(0.2)	51(11.5)
	기혼	205(46.2)	30(6.8)	20(4.5)	26(5.9)	12(2.7)	4(0.9)	11(2.5)	9(2.0)	9(2.0)	8(1.8)	334(75.2)
	별거/이혼/사별	16(3.6)	14(3.2)	7(1.6)	4(0.9)	12(2.7)	1(0.2)	0(0.0)	0(0.0)	3(0.7)	2(0.5)	59(13.3)
	계	248(55.9)	52(11.7)	29(6.5)	33(7.4)	26(5.9)	6(1.4)	12(2.7)	11(2.5)	16(3.6)	11(2.5)	444(100.0)
종교 유무	종교 있음	114(26.1)	23(5.3)	11(2.5)	16(3.7)	9(2.1)	0(0.0)	2(0.5)	2(0.5)	7(1.6)	4(0.9)	188(43.1)
	종교 없음	132(30.3)	28(6.4)	16(3.7)	17(3.9)	17(3.9)	5(1.1)	9(2.1)	8(1.8)	9(2.1)	7(1.6)	248(56.9)
	계	246(56.4)	51(11.7)	27(6.2)	33(7.6)	26(6.0)	5(1.1)	11(2.5)	10(2.3)	16(3.7)	11(2.5)	436(100.0)
거주 유형	아파트	142(32.2)	14(3.2)	7(1.6)	11(2.5)	6(1.4)	1(0.2)	5(1.1)	3(0.7)	4(0.9)	5(1.1)	198(44.9)
	단독주택	38(8.6)	13(2.9)	10(2.3)	10(2.3)	4(0.9)	1(0.2)	3(0.7)	5(1.1)	4(0.9)	0(0.0)	88(20.0)
	연립 · 다세대 주택	62(14.1)	22(5.0)	12(2.7)	10(2.3)	15(3.4)	4(0.9)	3(0.7)	3(0.7)	7(1.6)	6(1.4)	144(32.7)
	상가주택	4(0.9)	3(0.7)	0(0.0)	2(0.5)	1(0.2)	0(0.0)	1(0.2)	0(0.0)	0(0.0)	0(0.0)	11(2.5)
	계	246(55.8)	52(11.8)	29(6.6)	33(7.5)	26(5.9)	6(1.4)	12(2.7)	11(2.5)	15(3.4)	11(2.5)	441(100.0)
주거 형태	월세	35(7.9)	23(5.2)	8(1.8)	9(2.0)	13(2.9)	0(0.0)	1(0.2)	2(0.5)	10(2.3)	6(1.4)	107(24.3)
	무상거주	4(0.9)	5(1.1)	0(0.0)	2(0.5)	4(0.9)	0(0.0)	0(0.0)	1(0.2)	0(0.0)	1(0.2)	17(3.9)
	공공임대	14(3.2)	8(1.8)	6(1.4)	5(1.1)	5(1.1)	0(0.0)	1(0.2)	1(0.2)	1(0.2)	2(0.5)	43(9.8)
	전세	61(13.8)	10(2.3)	9(2.0)	9(2.0)	2(0.5)	0(0.0)	5(1.1)	4(0.9)	4(0.9)	0(0.0)	104(23.6)
	자가	131(29.7)	6(1.4)	6(1.4)	8(1.8)	2(0.5)	6(1.4)	5(1.1)	3(0.7)	1(0.2)	2(0.5)	170(38.5)
	계	245(55.6)	52(11.8)	29(6.6)	33(7.5)	26(5.9)	6(1.4)	12(2.7)	11(2.5)	16(3.6)	11(2.5)	41(100.0)
부동산 자산 규모	1천만 원 이하	29(6.9)	28(6.7)	8(1.9)	11(2.6)	19(4.5)	1(0.2)	1(0.2)	5(1.2)	9(2.1)	4(1.0)	115(27.3)
	1천만 원 초과-1억 원 이하	46(10.9)	13(3.1)	8(1.9)	12(2.9)	5(1.2)	2(0.5)	1(0.2)	2(0.5)	4(1.0)	4(1.0)	97(23.0)
	1억 원 초과-5억 원 이하	106(25.2)	4(1.0)	10(2.4)	7(1.7)	2(0.5)	2(0.5)	5(1.2)	2(0.5)	2(0.5)	2(0.5)	142(33.7)
	5억 원 초과	55(13.1)	5(1.2)	2(0.5)	0(0.0)	0(0.0)	0(0.0)	4(1.0)	1(0.2)	0(0.0)	0(0.0)	67(15.9)
	계	236(56.1)	50(11.9)	28(6.7)	30(7.1)	26(6.2)	5(1.2)	11(2.6)	10(2.4)	15(3.6)	10(2.4)	421(100.0)
부동산 외 자산 규모	5백만 원 이하	91(21.3)	40(9.3)	17(4.0)	29(6.8)	25(5.8)	3(0.7)	8(1.9)	7(1.6)	11(2.6)	9(2.1)	240(56.1)
	5백만 원 초과- 1천만 원 이하	28(6.5)	5(1.2)	4(0.9)	3(0.7)	0(0.0)	0(0.0)	1(0.2)	0(0.0)	2(0.5)	1(0.2)	44(10.3)
	1천만 원 초과- 5천만 원 이하	67(15.7)	5(1.2)	6(1.4)	0(0.0)	0(0.0)	0(0.0)	0(0.0)	1(0.2)	3(0.7)	1(0.2)	83(19.4)
	5천만 원 초과	47(11.0)	2(0.5)	2(0.5)	1(0.2)	1(0.2)	2(0.5)	3(0.7)	3(0.7)	0(0.0)	0(0.0)	61(14.3)
	계	233(54.4)	52(12.1)	29(6.8)	33(7.7)	26(6.1)	5(1.2)	12(2.8)	11(2.6)	16(3.7)	11(2.6)	428(100.0)

(4) 가계부채 상환 가능성

가계부채 상환과 관련하여 65.1%는 대출기한 내에 상환할 수 있다고 응답하였고, 15.8%는 대출기한이 경과했지만 상환할 수 있다고 응답함으로써 응답자의 80.9%는 상환이 가능하다고 생각하고 있는 것으로 나타났으며, 19.1%는 상환이 불가능하다고 응답했다.

응답자 특성별 가계부채 상환 가능성은 대부분 대출기한 내에 상환할 수 있다는 비율이 가장 많았으나, 70세 이상, 단순노무직, 월평균 근로소득 200만 원 미만, 별거 · 이혼 · 사별, 상가주택 거주, 월세와 무상거주 주거, 부동산 자산 규모 1천만 원 이하에서는 상환이 불가능하다는 비율이 가장 높게 나타났다. 대출기한 내와 대출기한 경과를 포함하여 상환이 가능하다는 비율은 여성, 30세 미만, 4년제 대졸 이상, 관리 · 전문직, 월평균 근로소득 300만 원 대, 비혼, 아파트 거주, 자가 주거, 부동산 자산 규모 1억 원 초과–5억 원 이하, 부동산 외 자산 규모 1천만 원 초과–5천만 원 이하가 가장 높게 나타났다. 상환이 불가능하다는 비율은 성별로는 남성이 높게 나타났고, 70세 이상, 고졸 이하, 단순노무직, 100만 원 미만, 별거 · 이혼 · 사별, 상가주택 거주, 무상거주 주거, 부동산 자산 규모 1천만 원 이하, 부동산 외 자산 규모 5백만 원 이하인 경우였다.

(5) 가계부채 해소 정책에 대한 요구

가계부채 해소를 위해 가장 필요한 정책은 1순위 집값 및 임대료 인하, 2순위 대학등록금 인하, 3순위 최저임금 인상으로 나타났는데, 이는 현재 가구의 부채 발생원인과도 일치하는 결과로 앞서 부채 발생원인 1순위는 주택구입비 · 임대료, 2순위 교육비, 3순위 낮은 임금으로 나타난 바 있다.

1순위 요구의 경우 연령별로는 모든 범주에서 집값 · 임대료 인하가 가장

표 5-6 가계부채 상환 가능성

단위: 명(%)

구분		대출기한 내에 상환할 수 있다	대출기한이 경과했지만 상환할 수 있다	상환 불가능하다	계	x^2
성별	남자	47(54.0)	13(14.9)	27(31.0)	87(100.0)	11.045**
	여자	175(68.9)	41(16.1)	38(15.0)	254(100.0)	
	계	222(65.1)	54(15.8)	65(19.1)	341(100.0)	
연령	30세 미만	15(88.2)	1(5.9)	1(5.9)	17(100.0)	28.760**
	30대	42(75.0)	7(12.5)	7(12.5)	56(100.0)	
	40대	89(71.2)	19(15.2)	17(13.6)	125(100.0)	
	50대	57(56.4)	20(19.8)	24(23.8)	101(100.0)	
	60대	15(46.9)	7(21.9)	10(31.3)	32(100.0)	
	70세 이상	4(40.0)	0(0.0)	6(60.0)	10(100.0)	
	계	222(65.1)	54(15.8)	65(19.1)	341(100.0)	
교육 수준	고졸 이하	72(52.6)	26(19.0)	39(28.5)	137(100.0)	20.213***
	전문대졸(2 · 3년제)	29(64.4)	8(17.8)	8(17.8)	45(100.0)	
	4년제 대졸 이상	118(76.6)	19(12.3)	17(11.0)	154(100.0)	
	계	219(65.2)	53(15.8)	64(19.0)	336(100.0)	
직업	관리/전문직	26(81.3)	3(9.4)	3(9.4)	32(100.0)	33.678***
	사무/준전문직	68(79.1)	13(15.1)	5(5.8)	86(100.0)	
	판매/서비스직	34(63.0)	9(16.7)	11(20.4)	54(100.0)	
	단순노무직	6(26.1)	6(26.1)	11(47.8)	23(100.0)	
	기타(주부 · 무직 등)	14(60.9)	5(21.7)	4(17.4)	23(100.0)	
	계	148(67.9)	36(16.5)	34(15.6)	218(100.0)	
월평균 근로 소득	100만 원 미만	6(18.8)	7(21.9)	19(59.4)	32(100.0)	79.980***
	100-199만 원	20(42.6)	7(14.9)	20(42.6)	47(100.0)	
	200-299만 원	23(63.9)	6(16.7)	7(19.4)	36(100.0)	
	300-399만 원	26(68.4)	10(26.3)	2(5.3)	38(100.0)	
	400-499만 원	32(78.0)	4(9.8)	5(12.2)	41(100.0)	
	500만 원 이상	85(84.2)	10(9.9)	6(5.9)	101(100.0)	
	계	192(65.1)	44(14.9)	59(20.0)	295(100.0)	
결혼 상태	비혼	26(70.3)	7(18.9)	4(10.8)	37(100.0)	54.023***
	기혼	190(70.6)	40(14.9)	39(14.5)	269(100.0)	

표 5-6 계속

단위: 명(%)

구분		대출기한 내에 상환할 수 있다	대출기한이 경과했지만 상환할 수 있다	상환 불가능하다	계	x^2
결혼 상태	별거/이혼/사별	6(17.1)	7(20.0)	22(62.9)	35(100.0)	
	계	222(65.1)	54(15.8)	65(19.1)	341(100.0)	
종교 유무	종교 있음	93(64.6)	21(14.6)	30(20.8)	144(100.0)	.637
	종교 없음	125(64.8)	33(17.1)	35(18.1)	193(100.0)	
	계	218(64.7)	54(16.0)	65(19.3)	337(100.0)	
거주 유형	아파트	127(73.8)	24(14.0)	21(12.2)	172(100.0)	16.909*
	단독주택	38(57.6)	13(19.7)	15(22.7)	66(100.0)	
	연립 · 다세대 주택	54(57.4)	15(16.0)	25(26.6)	94(100.0)	
	상가주택	3(37.5)	1(12.5)	4(50.0)	8(100.0)	
	계	222(65.3)	53(15.6)	65(19.1)	340(100.0)	
주거 형태	월세	20(35.7)	10(17.9)	26(46.4)	56(100.0)	67.510***
	무상거주	4(28.6)	3(21.4)	7(50.0)	14(100.0)	
	공공임대	13(48.1)	3(11.1)	11(40.7)	27(100.0)	
	전세	58(69.9)	15(18.1)	10(12.0)	83(100.0)	
	자가	125(79.1)	22(13.9)	11(7.0)	158(100.0)	
	계	220(65.1)	53(15.7)	65(19.2)	338(100.0)	
부동산 자산 규모	1천만 원 이하	18(29.0)	7(11.3)	37(59.7)	62(100.0)	92.830***
	1천만 원 초과-1억 원 이하	39(56.5)	17(24.6)	13(18.8)	69(100.0)	
	1억 원 초과-5억 원 이하	103(79.8)	20(15.5)	6(4.7)	129(100.0)	
	5억 원 초과	47(77.0)	8(13.1)	6(9.8)	61(100.0)	
	계	207(64.5)	52(16.2)	62(19.3)	321(100.0)	
부동산 외 자산 규모	5백만 원 이하	70(45.2)	30(19.4)	55(35.5)	155(100.0)	62.785***
	5백만 원 초과-1천만 원 이하	28(70.0)	7(17.5)	5(12.5)	40(100.0)	
	1천만 원 초과-5천만 원 이하	63(90.0)	5(7.1)	2(2.9)	70(100.0)	
	5천만 원 초과	49(83.1)	8(13.6)	2(3.4)	59(100.0)	
	계	210(64.8)	50(15.4)	64(19.8)	324(100.0)	

주: $p<.05$, ** $p<.01$, *** $p<.001$.

표 5-7 가계부채 해소를 위해 가장 필요한 정책 – 1순위

단위: 명(%)

구분		집값/임대료 인하	대학 등록금 인하	공공 보육기관 확대	공공 보건의료 기관 확대	최저 임금 인상	실업보험 수급요건 확대	청년수당 수급요건 확대	노인수당 수급요건 확대	재취업 직업훈련	부채 감면	기타 (금리 인하 등)	계	x^2
성별	남자	41(50.6)	2(2.5)	0(0.0)	1(1.2)	10(12.3)	0(0.0)	0(0.0)	1(1.2)	5(6.2)	18(22.2)	3(3.7)	81(100.0)	16.758
	여자	143(58.6)	20(8.2)	2(0.8)	2(0.8)	32(13.1)	2(0.8)	3(1.2)	0(0.0)	6(2.5)	29(11.9)	5(2.0)	244(100.0)	
	계	184(56.6)	22(6.8)	2(0.6)	3(0.9)	42(12.9)	2(0.6)	3(0.9)	1(0.3)	11(3.4)	47(14.5)	8(2.5)	325(100.0)	
연령	30세 미만	11(64.7)	3(17.6)	0(0.0)	0(0.0)	2(11.8)	0(0.0)	0(0.0)	0(0.0)	0(0.0)	1(5.9)	0(0.0)	17(100.0)	101.274***
	30대	33(60.0)	2(3.6)	0(0.0)	0(0.0)	8(14.5)	1(1.8)	1(1.8)	0(0.0)	1(1.8)	6(10.9)	3(5.5)	55(100.0)	
	40대	82(66.7)	12(9.8)	2(1.6)	0(0.0)	16(13.0)	0(0.0)	1(0.8)	0(0.0)	0(0.0)	8(6.5)	2(1.6)	123(100.0)	
	50대	40(44.4)	4(4.4)	0(0.0)	2(2.2)	15(16.7)	1(1.1)	1(1.1)	0(0.0)	6(6.7)	20(22.2)	1(1.1)	90(100.0)	
	60대	14(45.2)	1(3.2)	0(0.0)	1(3.2)	1(3.2)	0(0.0)	0(0.0)	0(0.0)	3(9.7)	9(29.0)	2(6.5)	31(100.0)	
	70세 이상	4(44.4)	0(0.0)	0(0.0)	0(0.0)	0(0.0)	0(0.0)	0(0.0)	1(11.1)	1(11.1)	3(33.3)	0(0.0)	9(100.0)	
	계	184(56.6)	22(6.8)	2(0.6)	3(0.9)	42(12.9)	2(0.6)	3(0.9)	1(0.3)	11(3.4)	47(14.5)	8(2.5)	25(100.0)	
교육 수준	고졸 이하	63(47.0)	9(6.7)	0(0.0)	1(0.7)	22(16.4)	1(0.7)	1(0.7)	1(0.7)	6(4.5)	27(20.1)	3(2.2)	134(100.0)	26.165
	전문대졸(2·3년제)	24(55.8)	2(4.7)	1(2.3)	0(0.0)	7(16.3)	1(2.3)	1(2.3)	0(0.0)	0(0.0)	7(16.3)	0(0.0)	43(100.0)	
	4년제 대졸 이상	94(65.3)	10(6.9)	1(0.7)	2(1.4)	13(9.0)	0(0.0)	1(0.7)	0(0.0)	5(3.5)	13(9.0)	5(3.5)	144(100.0)	
	계	181(56.4)	21(6.5)	2(0.6)	3(0.9)	42(13.1)	2(0.6)	3(0.9)	1(0.3)	11(3.4)	47(14.6)	8(2.5)	321(100.0)	
직업	관리/전문직	20(64.5)	4(12.9)	0(0.0)	1(3.2)	2(6.5)	0(0.0)	0(0.0)	0(0.0)	0(0.0)	4(12.9)	0(0.0)	31(100.0)	46.648
	사무/준전문직	51(61.4)	8(9.6)	1(1.2)	0(0.0)	12(14.5)	0(0.0)	1(1.2)	0(0.0)	3(3.6)	4(4.8)	3(3.6)	83 (100.0)	
	판매/서비스직	28(54.9)	1(2.0)	0(0.0)	1(2.0)	11(21.6)	0(0.0)	0(0.0)	0(0.0)	1(2.0)	9(17.6)	0(0.0)	51(100.0)	
	단순노무직	9(39.1)	0(0.0)	0(0.0)	0(0.0)	4(17.4)	0(0.0)	0(0.0)	0(0.0)	1(4.3)	8(34.8)	1(4.3)	23(100.0)	
	기타(주부·무직 등)	15(68.2)	1(4.5)	0(0.0)	0(0.0)	2(9.1)	1(4.5)	0(0.0)	0(0.0)	0(0.0)	2(9.1)	1(4.5)	22(100.0)	
	계	123(58.6)	14(6.7)	1(0.5)	2(1.0)	31(14.8)	1(0.5)	1(0.5)	0(0.0)	5(2.4)	27(12.9)	5(2.4)	210(100.0)	
월 평균 근로 소득	100만 원 미만	10(31.3)	0(0.0)	0(0.0)	0(0.0)	7(21.9)	0(0.0)	0(0.0)	0(0.0)	0(0.0)	13(40.6)	2(6.3)	32(100.0)	88.578***
	100-199만 원	16(36.4)	0(0.0)	0(0.0)	1(2.3)	7(15.9)	0(0.0)	0(0.0)	1(2.3)	2(4.5)	15(34.1)	2(4.5)	44(100.0)	
	200-299만 원	20(57.1)	1(2.9)	0(0.0)	0(0.0)	6(17.1)	0(0.0)	2(5.7)	0(0.0)	2(5.7)	4(11.4)	0(0.0)	35(100.0)	
	300-399만 원	26(68.4)	2(5.3)	0(0.0)	0(0.0)	4(10.5)	0(0.0)	0(0.0)	0(0.0)	3(7.9)	1(2.6)	2(5.3)	38(100.0)	
	400-499만 원	26(65.0)	5(12.5)	0(0.0)	0(0.0)	5(12.5)	0(0.0)	0(0.0)	0(0.0)	0(0.0)	4(10.0)	0(0.0)	40(100.0)	
	500만 원 이상	64(68.1)	8(8.5)	1(1.1)	1(1.1)	10(10.6)	0(0.0)	1(1.1)	0(0.0)	2(2.1)	5(5.3)	2(2.1)	94(100.0)	
	계	162(57.2)	16(5.7)	1(0.4)	2(0.7)	39(13.8)	0(0.0)	3(1.1)	1(0.4)	9(3.2)	42(14.8)	8(2.8)	283(100.0)	

표 5-7 계속

단위: 명(%)

구분		집값/임대료 인하	대학 등록금 인하	공공 보육기관 확대	공공 보건의료 기관 확대	최저 임금 인상	실업보험 수급요건 확대	청년수당 수급요건 확대	노인수당 수급요건 확대	재취업 직업훈련	부채 감면	기타 (금리 인하 등)	계	x^2
결혼 상태	비혼	23(62.2)	2(5.4)	0(0.0)	0(0.0)	6(16.2)	1(2.7)	1(2.7)	0(0.0)	0(0.0)	1(2.7)	3(8.1)	37(100.0)	54.264***
	기혼	148(58.5)	20(7.9)	2(0.8)	3(1.2)	33(13.0)	1(0.4)	2(0.8)	0(0.0)	10(4.0)	31(12.3)	3(1.2)	253(100.0)	
	별거/이혼/사별	13(37.1)	0(0.0)	0(0.0)	0(0.0)	3(8.6)	0(0.0)	0(0.0)	1(2.9)	1(2.9)	15(42.9)	2(5.7)	35(100.0)	
	계	184(56.6)	22(6.8)	2(0.6)	3(0.9)	42(12.9)	2(0.6)	3(0.9)	1(0.3)	11(3.4)	47(14.5)	8(2.5)	325(100.0)	
종교 유무	종교 있음	74(54.4)	11(8.1)	1(0.7)	0(0.0)	22(16.2)	1(0.7)	0(0.0)	1(0.7)	3(2.2)	20(14.7)	3(2.2)	136(100.0)	10.774
	종교 없음	108(58.4)	11(5.9)	1(0.5)	3(1.6)	20(10.8)	0(0.0)	3(1.6)	0(0.0)	8(4.3)	26(14.1)	5(2.7)	185(100.0)	
	계	182(56.7)	22(6.9)	2(0.6)	3(0.9)	42(13.1)	1(0.3)	3(0.9)	1(0.3)	11(3.4)	46(14.3)	8(2.5)	321(100.0)	
거주 유형	아파트	103(64.4)	8(5.0)	1(0.6)	2(1.3)	19(11.9)	0(0.0)	2(1.3)	0(0.0)	6(3.8)	18(11.3)	1(0.6)	160(100.0)	44.569*
	단독주택	33(50.8)	5(7.7)	0(0.0)	1(1.5)	9(13.8)	0(0.0)	1(1.5)	1(1.5)	2(3.1)	10(15.4)	3(4.6)	65(100.0)	
	연립 · 다세대 주택	44(47.8)	8(8.7)	1(1.1)	0(0.0)	14(15.2)	1(1.1)	0(0.0)	0(0.0)	2(2.2)	18(19.6)	4(4.3)	92(100.0)	
	상가주택	4(50.0)	1(12.5)	0(0.0)	0(0.0)	0(0.0)	1(12.5)	0(0.0)	0(0.0)	1(12.5)	1(12.5)	0(0.0)	8(100.0)	
	계	184(56.6)	22(6.8)	2(0.6)	3(0.9)	42(12.9)	2(0.6)	3(0.9)	1(0.3)	11(3.4)	47(14.5)	8(2.5)	325(100.0)	
주거 형태	월세	26(46.4)	1(1.8)	0(0.0)	0(0.0)	6(10.7)	1(1.8)	0(0.0)	1(1.8)	3(5.4)	16(28.6)	2(3.6)	56(100.0)	72.268**
	무상거주	3(23.1)	2(15.4)	0(0.0)	0(0.0)	1(7.7)	0(0.0)	1(7.7)	0(0.0)	0(0.0)	6(46.2)	0(0.0)	13(100.0)	
	공공임대	12(48.0)	1(4.0)	0(0.0)	0(0.0)	3(12.0)	0(0.0)	1(4.0)	0(0.0)	0(0.0)	8(32.0)	0(0.0)	25(100.0)	
	전세	59(72.0)	7(8.5)	0(0.0)	0(0.0)	11(13.4)	0(0.0)	0(0.0)	0(0.0)	1(1.2)	3(3.7)	1(1.2)	82(100.0)	
	자가	84(57.1)	10(6.8)	2(1.4)	3(2.0)	20(13.6)	1(0.7)	1(0.7)	0(0.0)	7(4.8)	14(9.5)	5(3.4)	47(100.0)	
	계	184(57.0)	21(6.5)	2(0.6)	3(0.9)	41(12.7)	2(0.6)	3(0.9)	1(0.3)	11(3.4)	47(14.6)	8(2.5)	323(100.0)	
부동산 자산 규모	1천만 원 이하	23(37.1)	3(4.8)	0(0.0)	0(0.0)	9(14.5)	0(0.0)	1(1.6)	1(1.6)	3(4.8)	20(32.3)	2(3.2)	62(100.0)	47.692*
	1천만 원 초과-1억 원 이하	42(60.9)	3(4.3)	0(0.0)	0(0.0)	10(14.5)	1(1.4)	0(0.0)	0(0.0)	0(0.0)	11(15.9)	2(2.9)	69(100.0)	
	1억 원 초과-5억 원 이하	74(62.2)	11(9.2)	0(0.0)	1(0.8)	16(13.4)	0(0.0)	1(0.8)	0(0.0)	3(2.5)	10(8.4)	3(2.5)	119(100.0)	
	5억 원 초과	37(63.8)	3(5.2)	1(1.7)	1(1.7)	6(10.3)	0(0.0)	1(1.7)	0(0.0)	4(6.9)	4(6.9)	1(1.7)	58(100.0)	
	계	176(57.1)	20(6.5)	1(0.3)	2(0.6)	41(13.3)	1(0.3)	3(1.0)	1(0.3)	10(3.2)	45(14.6)	8(2.6)	308(100.0)	
부동산 외 자산 규모	5백만 원 이하	68(45.0)	12(7.9)	1(0.7)	1(0.7)	22(14.6)	1(0.7)	2(1.3)	1(0.7)	6(4.0)	35(23.2)	2(1.3)	151(100.0)	49.594*
	5백만 원 초과-1천만 원 이하	25(64.1)	1(2.6)	0(0.0)	0(0.0)	7(17.9)	0(0.0)	0(0.0)	0(0.0)	0(0.0)	4(10.3)	2(5.1)	39(100.0)	
	1천만 원 초과-5천만 원 이하	50(70.4)	7(9.9)	0(0.0)	0(0.0)	10(14.1)	0(0.0)	1(1.4)	0(0.0)	2(2.8)	1(1.4)	0(0.0)	71(100.0)	
	5천만 원 초과	33(63.5)	2(3.8)	1(1.9)	1(1.9)	3(5.8)	1(1.9)	0(0.0)	0(0.0)	2(3.8)	5(9.6)	4(7.7)	52(100.0)	
	계	176(56.2)	22(7.0)	2(0.6)	2(0.6)	42(13.4)	2(0.6)	3(1.0)	1(0.3)	10(3.2)	45(14.4)	8(2.6)	313(100.0)	

주: $p<.05$, ** $p<.01$, *** $p<.001$.

그림 5-5 가계부채 해소를 위해 가장 필요한 정책 - 1, 2, 3순위

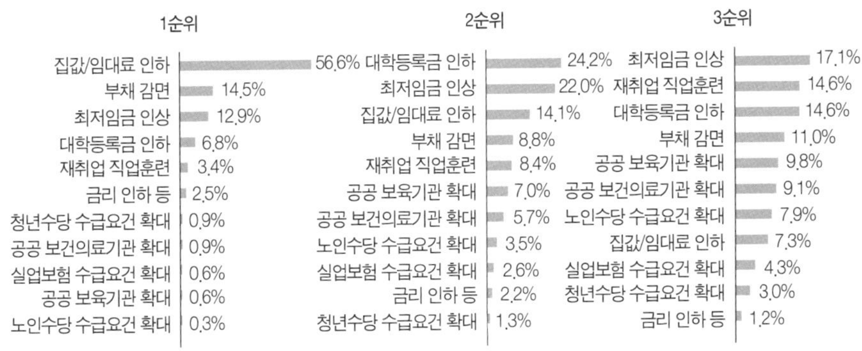

높았으며, 다음으로 30세 미만은 대학등록금 인하, 최저임금 인상 등, 30대는 최저임금 인상, 부채 감면 등, 40대는 최저임금 인상, 대학등록금 인하 등, 50대는 부채 감면, 최저임금 인상 등, 60대는 부채 감면, 재취업훈련 등, 70세 이상은 부채 감면, 노인수당 수급요건 확대와 재취업 직업훈련 등의 순으로 나타나 집값 · 임대료 이외의 정책에 대해서는 연령대별로 차이를 보였다.

월평균 근로소득별로는 100만 원 미만은 부채 감면이 가장 높은 비율을 차지하고 있고 다음으로 집값 · 임대료 인하, 최저임금 인상 순으로 나타났으며, 나머지 100만 원 이상 소득범주에서는 집값 · 임대료 인하가 가장 높은 비율을 차지하고 있으며, 다음으로 100만 원 대는 부채 감면, 최저임금 인상 등, 200만 원 대는 최저임금 인상, 부채 감면 등, 300만 원 대는 최저임금 인상, 재취업 직업훈련, 400만 원 대는 대학등록금 인하와 최저임금 인상, 500만 원 이상은 최저임금 인상, 대학등록금 인하 등의 순으로 나타나 모든 범주에서 집값 · 임대료 인하와 최저임금 인상이 중요한 이슈로 나타났다.

결혼상태별로도 모든 범주에서 집값·임대료 인하와 최저임금 인상이 중요한 이슈로 나타났다.

거주유형별로는 모든 범주에서 집값·임대료 인하가 가장 높은 비율을 차지하고 있으며, 다음으로 아파트는 최저임금 인상, 부채 감면 등, 단독주택과 연립 및 다세대주택은 부채 감면, 최저임금 인상 등의 순으로 나타났고, 상가주택은 부채 감면을 포함하여 대학등록금 인하와 실업보험 수급요건 확대, 재취업 직업훈련 등에서도 고른 분포를 보이고 있다.

(6) 생활만족도

경제적 생활 수준을 비롯한 9개 영역의 생활 만족은 가족관계가 가장 높은 것으로 나타났으며, 다음으로 사회적 친분관계, 친인척관계, 건강, 주거환경, 여가생활, 경제적인 생활 수준, 정치 상황 순으로 나타나 대체로 관계적 측면의 만족은 높은 데 비해 경제적인 생활 수준과 정치 상황에 대한 만족은 낮은 것으로 나타났다.

생활만족도 중 경제적 생활 수준의 경우, 만족 47.7%(만족한다 41.8%, 매우 만족한다 5.8%), 불만족 52.3%(만족하지 않는다 38.0%, 전혀 만족하지 않는다 14.3%)로 불만족하는 비율이 더 높게 나타났다.

주거환경에 대한 만족도는 만족 63.0%(만족한다 52.2%, 매우 만족한다 10.7%), 불만족 37.0%(만족하지 않는다 26.6%, 전혀 만족하지 않는다 10.4%)로 만족하는 비율이 더 높게 나타났다. 여가생활은 만족 53.8%(만족한다 47.1%, 매우 만족한다 6.6%), 불만족 46.2%(만족하지 않는다 33.9%, 전혀 만족하지 않는다 12.3%)로 만족하는 비율이 더 높게 나타났다. 건강에 대한 만족도는 만족 66.1%(만족한다 59.2%, 매우 만족한다 6.8%), 불만족 33.9%(만족하지 않는다 25.3%, 전혀 만족하지 않는다 8.6%)로 만족하는 비

그림 5-6 생활만족도 비교

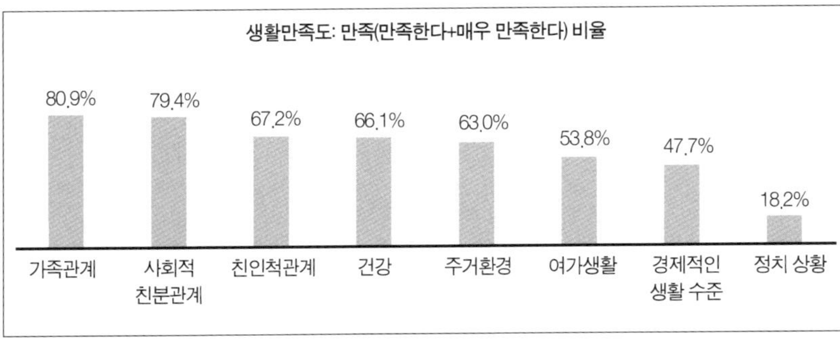

율이 2배가량 더 높았다.

가족관계 및 친인척관계 만족도를 보면, 가족관계에 대한 만족도의 경우, 만족 80.9%(만족한다 59.4%, 매우 만족한다 21.5%), 불만족 19.1%(만족하지 않는다 12.5%, 전혀 만족하지 않는다 6.6%)로 만족하는 비율이 더 높게 나타났다. 친인척관계에 대한 만족도는 만족 67.2%(만족한다 57.9%, 매우 만족한다 9.3%), 불만족 32.8%(만족하지 않는다 24.5%, 전혀 만족하지 않는다 8.4%)로 만족하는 비율이 더 높게 나타났다. 사회적 친분관계는 만족 79.4%(만족한다 69.0%, 매우 만족한다 10.4%), 불만족 20.6%(만족하지 않는다 15.2%, 전혀 만족하지 않는다 5.4%)로 만족하는 비율이 더 높게 나타났다.

정치 상황에 대한 만족도는 모든 응답자 특성에서 불만족이 더 높게 나타났는데, 교육수준별로는 고졸 이하, 직업별로는 단순노무직, 주거형태별로는 공공임대 거주자의 불만족도가 가장 높게 나타났다.

2) 가계부채 실태 구술조사

2016년 11월부터 2017년 1월 9일까지 구술조사한 대상자는 〈표 5-8〉과 같다. 인터뷰 대상자 7명의 가계부채 발생원인을 토대로 가계부채 유형을 나누어 보면, 크게 극빈층의 생계형 부채, 자영업자의 사업운영 부채, 부모 혹은 배우자로부터의 세습형 부채로 구분되지만, 한 가지의 가계부채 유형만 갖고 있는 경우는 없으며, 모두 가계부채 유형이 순환적이고, 복합적 성격을 띠고 있음을 알 수 있다.

표 5-8 가계부채 구술조사 현황

순번	이름(성별)	나이	직업	이전에 했던 일	복지 혜택	현수입	학력	결혼 여부	가구(동거)	거주
1	A(여)	28	무직	유흥업소	–	–	대학 중퇴	기혼	2인가구(남편)	월세
2	B(여)	48	자영업(팬시)	자영업	–	100만 원 내외	대졸	이혼	1인가구	무상임대
3	C(남)	50	무직	영업사원	기초생활 수급	약 64만 원	고졸	미혼	1인가구	월세
4	D(남)	52	단순 노무	자영업(가구공장)	–	약 120만 원	고졸	기혼	2인가구(딸)	전세
5	E(남)	58	무직	탄광, 섬유 공장, 건설노무	장애인연금, 기초생활수급	약 70만 원	초졸	이혼	1인가구	고시원
6	F(여)	65	빌딩 청소원	자영업(식당)	장애인연금, 유족 국민연금, 자녀 용돈	일한 지 3일밖에 되지 않음	초졸	사별	2인가구(아들)	월세
7	G(여)	67	학습지 교사	대학강사, 자영업(가구수입판매)	노령연금, 자녀 용돈	약 120만 원	대학원 졸	기혼	3인가구(남편, 아들)	월세

(1) 극빈층의 생계형 부채

인터뷰 대상자 7명 모두 극빈층의 생계형 부채를 안고 있다. 최초 가계부채 발생원인이 비숙련노동자의 불안정한 고용관계, 사업운영 부채, 부모나 배우자로부터 세습된 부채 등으로 나뉠 수는 있으나 현재 인터뷰 대상자 7명 모두 한 달 소득이 100만 원도 되지 않는, 공적 이전이나 사적 이전 없이는 생계를 이어갈 수 없는 상황에 놓인 극빈층이다. 특히, C씨, E씨는 모두 실직과 낮은 임금으로 인한 소득 불안정, 의료비 확대 등으로 생계가 어려워서 생계형 부채를 지게 된 경우이다.

• C씨 사례

정비업체 영업직, 대형마트 영업직 등 주로 영업직으로 살아왔다. 영업직을 하면서 1주일에 5일은 저녁마다 술자리가 있었다. 현재는 통풍, 고혈압, 당뇨, 협심증 등의 질환으로 일을 하지 못하고 있다. 기초생활수급자 신청을 한 지는 2년 정도 되었다. 한 달 기준 최대 20-30만 원 정도 의료비가 나간다. 생계비, 의료비 때문에 부채를 지게 되었고, 은행, 마을금고, 대부업 등에 부채가 있다.

• E씨 사례

9살 때 부모님이 돌아가신 후, 줄곧 혼자였다. 10대 후반부터 객지를 떠돌아다니면서 탄광, 섬유공장, 노가다 등 안 해본 일이 없다. 30대 초반 교통사고를 크게 당했고, 뇌를 크게 다쳤었다. 그 후 제대로 일을 할 수 없었다. 그리고 교통사고 후유증인지 몰라도 현재 뇌전증(간질)이라는 질병을 앓고 있고, 장애인연금을 받기 시작한 지는 1년이 채 안 되었다. 한 달 평균 5-6번 병원을 다니고 있으며, 현재 병원비도 체납된 상태이다. 굶는 것은 예사고, 무료급식소에서 끼니를 해결하고 있다. 통신요금, 은행 등에 부채가 있다.

(2) 자영업자의 사업 운영 부채

자영업자가 사업 운영에 어려움을 겪게 되는 원인에는 실질임금의 하락으로 인한 중산층 가계의 소비 둔화, 해당 업종의 치열한 가격경쟁, 산업 및 시장변화에 따른 업종의 사양화 등 여러 가지가 있다. 이러한 원인에 따른 사업 실패는 언제든지 뒤따를 수 있는 일이지만, 특히 자영업자의 경우에는 사업 운영부채와 가계부채가 크게 나뉘지 않는다는 점, 지인이나 친인척, 대부업 등의 사금융을 이용하는 경우가 많다는 점, 자영업자의 사회보험제도가 미비하다는 점, 재취업 가능성이 희박하다는 점 등으로 인해 자영업자의 부채 문제 심각성은 매우 높다.

이번 사례에서 B씨, D씨, F씨의 경우를 보면, 모두 제1금융권, 제2금융권은 물론이고, 지인이나 대부업으로부터 고금리 대출을 받고 있었다. 또한 자영업자의 사업 실패는 대부분 곧 가족이나 친척, 친구 등 사회적 관계의 단절과 고립, 근로빈곤층으로의 추락 등을 의미하는 것이었다.

• B씨 사례

B씨는 팬시잡화 품목을 판매하는 자영업을 10년 넘게 해왔다. 2000년대 초반에는 코엑스몰과 구의동 테크노마트에 매장을 두고 영업을 했는데, 2010년대 초반까지 사업이 잘 되는 편이었다. 그런데 MB정부 들어서 코엑스몰 매장 재계약에 문제가 생겼다. 무역협회 소유였던 코엑스

몰을 공사하면서 매장 규모가 커졌고, 상대적으로 규모가 작은 소상인들은 점포 재임대계약을 할 수 없었다. 거기에다 남편과의 이혼으로 어려움이 커졌다. 결국 구의동 테크노마트 매장만 운영하고 있는데, 2012년 이후 급격히 경기가 안 좋아졌다. 게다가 다이소 같은 경쟁 매장에서 팬시 잡화 상품들을 워낙 저가로 판매하다 보니 더욱 어려움이 커졌다. 매장을 정리하지 못하고 계속 가게보증금 축내고, 은행빚, 카드빚 내고, 부모 형제들한테까지 돈 빌려서 가게를 살려보려고 했지만 결국 매장을 정리해야 하는 상황이다.

• D씨 사례

20살 때부터 가구공장에서 일을 했고, 40살에 가구공장 사업을 하기 시작하였다. 2003년부터 2016년 말까지 가구공장 사업을 했다. 2000년대 초반에 홈쇼핑 납품업체 하청을 받아서 가구를 납품하면서 사업경기가 좋아졌다. 그런데 납품업체가 부도를 맞았고, 그 때문에 가구공장도 어려워졌다. 그때 부도어음이 1억 3천만 원 정도였다. 당시 부도를 맞을 뻔했으나 친척, 은행 등으로부터 대출을 받아서 위기를 간신히 넘겼다. 그렇지만 그 이후 사업은 좀처럼 나아지지 않았고, 급기야 지인 소개로 고금리의 사채를 빌리기 시작했다. 원래 사업하면서 알던 사람에게서 소개를 받았고, 급전이 필요했기 때문에 금리가 높아도 빌려다 썼는데, 그게 이자가 계속 늘어나면서 눈덩이처럼 불어서 빚이 커졌다. 2016년 12월 경영 악화로 결국 공장을 폐업했고, 공장 직원들에게 임금을 못 주어서 그것도 밀려 있다. 현재에는 하루하루 막노동(노가다)으로 일하면서 생활을 유지하고 있다.

• **F씨 사례**

현재 65세인 그녀는 2000년 남편이 뇌출혈로 쓰러진 후, 파출부, 식당일, 빌딩 청소 등 안 해본 일이 없다. 뇌출혈로 쓰러졌던 남편은 나중에 고엽제 환자 판정까지 받았다. 남편이 사망한 2013년까지 약 14년간 병간호를 하면서 빚을 졌고, 남편 앞으로 보훈청에서 장애인연금이 나왔지만 얼마 되지 않은 금액이었다.

남편이 사망한 2013년에 그녀는 장애인연금 담보대출, 소상공인대출상품 등을 이용해 순대국집을 창업했다. 주변에서 손맛이 좋다고, 음식점을 하면 잘할 거라고 해서 창업했지만 처음 몇 개월을 빼고 장사가 잘 되지 않았고, 나중에는 점포를 여는 것 자체가 적자였다. 장사가 잘 되지 않아 지인들로부터 고금리로 돈을 빌려서 가게 운영자금으로 사용했지만, 결국 2016년 12월 폐업을 했다. 돈을 빌려주었던 지인들이 점포를 찾아와서 빌린 돈 갚으라고 난리를 친 적도 있었다. 지금은 빌딩 청소 용역업체에 고용되어, 빌딩 청소 일을 시작한 지 한 달이 안 되었다.

자녀로 아들 1명, 딸 2명이 있지만 다들 생활이 녹록하지 않다. F씨는 현재 아들과 함께 월세로 살지만, 아들이 내년에 결혼하게 되면, 아직 결혼하지 않고 혼자 사는 큰 딸의 집으로 가야 한다. 큰 딸도 월세에 산다. F씨는 결혼하고 나서 지금까지 한 번도 월세를 벗어나 본적이 없다.

(3) 부모 혹은 배우자로부터의 세습형 부채

본인의 사업, 혹은 생계를 위해서 가계부채를 지게 된 경우도 있지만 본인의 의지와 무관하게 부모 혹은 배우자로 인해 가계부채를 갖게 되는 경우도 있었다. 이미 생활형편이 어려워진 상황이어서 가계부채를 해결할 능력을 갖지 못한 상태에서 늘어난 가족이기 때문에 부채를 짊어지게 된 경우이다.

• A씨 사례

A씨의 아버지는 은행 지점장이었고, 명예퇴직을 한 후에 사업을 했다. 빌라 건축 및 임대 사업이었는데, 사업은 망했고 빚만 졌다. 사업 실패로 가정불화가 생겼고, A씨가 20대 초반일 때 부모님은 이혼했다. A씨는 어머니, 백혈병을 앓고 있는 여동생, 이제 막 대학교를 들어간 남동생의 생계를 책임져야 했다. 그래서 어머니의 카드빚을 갚기 위해 A씨는 처음으로 대출을 받았다. 그 다음에 회사 생활을 하면서 다시 빚을 지게 된다. A씨가 다니던 회사는 프랜차이즈로 운영되는 꽤 유명한 한방병원이었는데, 병원 상담팀장이었기에 매출실적에 대한 압박으로 병원에서 각종 행사로 물품을 판매할 때, 본인 명의로 물품을 구입하여 병원의 매출실적을 올렸다. 월급이 200만 원인데, 적게는 몇 십만 원어치, 많게는 몇 백만 원어치까지 물품을 구입했다.

결국 물품값으로 카드빚만 지고 회사를 그만둔 A씨는 월수입 800만 원을 보장한다는 유흥업소에 취업한다. A씨는 유흥업소에 월급을 선불로 받고 싶다고 요청하나 거절당했다. 그리고 유흥업소는 A씨에게 고금리 사채업자를 소개시켜 주었다. A씨는 결국 고금리 사채를 빌려 우선 생활비를 충당했지만 건강이 좋지 않아 일을 제대로 못했고, 빚은 계속 늘어났다. 건강 악화로 일을 그만둔 후에는 빚을 갚지 않으면 섬에 팔아버리겠다는 사채업자의 협박에도 시달려야 했다.

• **G씨 사례**

그녀는 원래 대학강사였다. 그러던 중 남편의 가구수입판매 사업에 참여하게 된다. 그녀의 남편은 인도네시아에서 가구를 제작하고, 이것을 국내에 들여와 조립해서 판매하는 사업을 했는데, 그녀는 한국에서의 사업을 맡았다. 그러나 7년간 운영했던 사업은 결국 어려워지고 2001년 사업을 접는다. 사업을 하면서 한국에 없던 남편을 대신하여 그녀의 명의로 대출을 받았고, 현재 그녀의 빚은 국민행복기금, 대부업체, 카드사 등 다양하다. 남편은 질병으로 일을 하지 못하고, 아들은 이제 회사에 입사한 지 얼마 되지 않았다.

그녀는 학습지 교사로 일을 하고 있는데, 나이가 너무 많아서 나이를 속이고 있는 형편이다. 현재 노령연금 외에는 별도로 복지혜택을 받는 것은 없고, 개인워크아웃 신청을 개인파산신청으로 바꾸려고 하고 있다.

이상에서 보듯이 가계부채 문제는 매우 복합적 성격을 띠고 있으며, 가난과 부채가 부모 세대에서 자녀 세대로 세습되는 악순환의 고리가 만들어져 있다. 실직한 50대 가장들의 노동시장 재취업, 어쩔 수 없이 자영업 시장으로 내몰린 영세한 자영업자들의 사업 부도와 이들에 대한 사회보험제도 미흡, 부동산 경기를 통해 경제를 활성화시키려는 정부의 경제정책의 실패와 부동산정책의 실패, 청년 삶의 질과 일자리 창출, 의료비와 그로 인해 경제적 고통을 받는 가족의 생계 문제 등이 복합적으로 얽혀 있음을 확인할 수 있다.

5. 결론 및 제언

1) 연구 결과의 요약

가계부채 문제는 부동산 문제(주거비 상승), 자영업 문제(임대료 등 사업비용, 과당경쟁), 일자리 부족, 분배 악화에 따른 가계소득의 부족 등 다양한 문제를 함축하고 있는 복합적 성격을 가진다. 따라서 가계부채 문제는 어느 한 측면에서만 접근해서는 쉽게 해소되지 않는다. 외환 금융위기 이후 소득분배 악화와 양극화에 따른 생계형 자금수요 급증에서 비롯된 가계부채는 경제의 구조적 측면과 관련이 있어 단기에 해결하기 어렵기 때문이다. 축소일변도의 일방적 정책은 반드시 다른 부작용을 가져오며 정책 저항을 초래할 수 있다. 가계부채의 억제 혹은 축소 과정은 특히 서민가계에 충격을 주는 가계부채의 구조조정을 피할 수 없게 할 것이다. 저소득계층의 충격을 최소화할 수 있는 채무구조조정 방안이 동시에 마련되지 못하면 정책은 실패할 가능성이 높다.

또한 응답자의 특성에 따른 세밀한 접근이 필요하다는 점을 확인할 수 있었다. 예를 들어, 현재 부채 발생원인의 가장 큰 비중은 전체적으로는 주거비용이었지만[10] 응답자 특성별로는 차이가 있다. 특히, 단순노무직이나 100만 원 미만 소득자의 경우는, 실직에 따른 생활비, 사업자금, 보증 등의 이유가 응답 비중이 더 높다.

이미 한국은행, 통계청이 매년 실시하는 가계금융복지조사에서도 나타났듯이, 가계부채의 가장 큰 비중을 차지하는 주택담보대출의 문제는 본 조사에

10 최초 부채 발생원인의 가장 큰 비중을 차지하는 것도 주거비용이다(성남시금융복지상담센터, 2016 참조).

서도 동일하게 나타났다. 그리고 실질임금의 하락, 불안정한 일자리 급증에 따른 근로 빈곤층의 증가와 그로 인한 생계유지를 위한 대출이 급증하고 있음을 알 수 있다.

이번 조사에서 가계부채 해소를 위해 가장 필요한 정책에 대한 의견조사에서도 1순위 집값 및 임대료 인하, 2순위 대학등록금 인하, 3순위 최저임금 인상으로 나타났는데, 이는 현재 가구의 부채 발생원인과도 일치하는 결과이다. 앞서 부채 발생원인 1순위는 주택구입비 · 임대료, 2순위 교육비, 3순위 낮은 임금으로 나타난 바 있다.

한편, 가계부채 구술조사에 따르면 가계부채는 그 유형별로 크게 극빈층의 생계형 부채, 자영업자의 사업 운영 부채, 부모 혹은 배우자로부터의 세습형 부채로 구분될 수 있으며, 한 가지의 가계부채 유형만 갖고 있는 경우는 없으며, 모두 가계부채 유형이 순환적이고, 복합적 성격을 띠고 있음을 알 수 있다. 또한 자영업자의 가계부채의 심각성이 매우 높지만, 그 이유는 다양하기 때문에 정책적 접근이 어렵다. 특히, 지인이나 대부업으로부터 고금리 대출을 받음에 따라 자영업자의 사업 실패는 대부분 사회적 관계의 단절과 고립을 수반한다는 점이 중요하다.

이렇듯 가계부채 문제는 정부의 경제정책 실패, 부동산정책의 실패, 산업구조 재편에 따른 일자리 창출정책 실패, 불안정한 노동시장과 임금소득의 실질적인 하락, 부의 재분배 기능을 하지 못하는 사회보험제도의 문제 등이 복합적으로 응축된 것이라고 할 수 있다.

조사에서 유추할 수 있는 현재 가계부채 상황은 정부의 정책 실패와 정책 부재를 민간에게 떠넘겨 저소득자 · 금융소외 계층들은 열악한 조건에서 고금리 대출을 받아 생계를 잇고 있는 모습이다. 노동, 의료, 교육, 생활의 문제를 빚으로 해결하고 있는 것으로서 이러한 문제는 이번 가계부채 구술조사를 통해서도 알 수 있었다.

2) 정책제언과 향후 연구과제

노동, 의료, 교육, 생활의 문제를 빚으로 해결하고 있는 부채 주도의 경제는 지속 가능하지 않다. 따라서 복지의 공공성, 포괄성 확대를 통해 사회안전망을 구축하여, 복지 사각지대를 최소화해야 한다. 그리고 산업 구조 재편에 따라 신규 일자리를 창출하고, 장기적이고 구조적인 측면에서 저금리정책의 기조를 바꾸며, 노동임금 소득분배의 개선을 통한 가계소득의 증가와 부채상환 능력의 확보가 동시에 이루어져야 한다.

또한 은행권 대출을 규제하면 제2금융권으로, 대부업으로 가계부채가 밀려 나가는 풍선 효과를 근절하려면 복합적이고 근본적인 대책을 세워야 한다. 가계부채는 상당 기간에 걸쳐 누적되어 온 것이므로 단기간에 정책성과를 내려 하기보다는 상당 기간에 걸쳐 체계적인 계획 하에 지속적으로 추진해야 할 필요가 있다.

본 연구는 이러한 거시적 · 구조적 차원의 문제를 토대로 현재의 가계부채 문제를 해소하기 위한 종합적이고 포괄적인 정책이 요구된다고 주장하며, 그 내용은 다음과 같다.

첫째, 한국 금융정책을 수립하는 금융위원회 및 금융감독원 기구의 독립성 확보와 인적 구성 쇄신이 요구된다. 이를 위해서는 금융기관을 관리 · 감독하는 기관의 정치적 독립성이 보장되어야 한다. 외환 금융위기 이후 금융기관의 건전성을 감독하는 정부 부처와 금융정책을 관장하는 정부 부서를 통합 운영하고 있는데, 이를 분리시키는 것도 방법이다.

둘째, 부동산정책은 주거 복지 및 금융 시스템 안정화라는 측면에서 수립되어야 한다. 이 또한 금융정책을 수립하고 관리 · 감독하는 금융위원회의 구조적 쇄신을 필요로 한다. 본 연구 결과에서도 주택담보대출에 따른 가계부채 규모는 가장 큰 비중을 차지하고 있다. 특히, 주택을 보유한 중산층뿐만 아니라 전 · 월세 보증금 관련 대출을 가지고 있는 서민 대부분의 대출은 담보권 이하로 설정된 채무로 인해 채무 조정 및 축소가 불가능하다. 현재의 제도 내에서는 주택가격 또는 보증금 이상의 대출이 있어야만 파산이 가능하기 때문에 관련 제도를 개선할 필요가 있다.

셋째, 금융소비자 보호를 전담하는 기구를 설립하고 금융소비자 보호를 위한 법적 · 제도적 장치를 마련하는 게 필요하다. 전담기구를 설립하여 가계부채 채무자들에게 재무 컨설팅 서비스를 제공하여 채무자의 재정건전성 향상에 기여하고, 필요에 따라 지자체 혹은 중앙정부의 다양한 복지 서비스를 연계시켜 채무자들의 생존권과 생활권을 보호하도록 해야 한다. 또한 해당 기구를 통해 정부의 금융정책을 감시하고, 견제하여 금융소비자의 권리를 보호하는 데에 기여하도록 해야 한다. 미국의 소비자신용보호법과 EU의 소비자신용지침 등도 금융소비자의 권리를 법제화하고 있다. 금융 소비자의 청약철회권을 법률의 규정을 통해 인정하고 있으며, 금융소비자의 알권리를 보장하기 위해 정보제공 의무를 매우 상세하게 규정하고 있다. 특히, 여신상품 거래에 있어 금융소비자에게 가장 중요한 정보인 이자율의 경우 그 산정 근거 및 산정 방식을 구체적으로 규정하고 있다(윤민섭, 2014).

게다가 대부분의 불법 사금융 피해 계층이 저소득층, 영세자영업자인 점을 고려했을 때, 이들 금융소외층을 보호하기 위해서도 금융소비자 보호의 법제화와 강화는 반드시 필요하다. 금융업자는 대출 이용자의 소득, 재산, 부채 상황, 신용, 변제계획 등을 고려하여 객관적인 변제 능력을 초과하는 대부계약을 체결해서는 안 된다.[11] 그럼에도 불구하고 금융소외 계층의 불법 사금융 피해가 줄어들지 않고 있다.

넷째, 영세자영업자와 같이 복지 사각지대에 놓인 계층들의 사회안전망 제도와 파산제도를 현실화시킬 수 있는 정책 마련이 시급하다.

역사적으로, 우리나라는 1970년대부터 21세기 바로 직전까지 대부업이 불법이었다. 가계부채의 심각성이 노출된 것은 소비자금융에 대한 규제가 자유화된 때부터 지금까지 약 15년 남짓 되는 기간 동안임을 유의할 필요가 있다. 대부업체의 주장처럼, 이자율 한도를 올리고, 대부업을 양성화하는 것은 금융소외자들의 피해를 양산할 수 있으며, 파산제도를 현재보다 더 엄격하게 운영하는 것도 마찬가지의 결과를 초래할 수 있다.

이번 조사에서는 가계부채를 갖고 있는 가구(가구주, 혹은 가구원)를 대상으로 가계부채의 원인과 해법에 대해 설문조사를 진행했는데, 특히 가계부채를 해결하기 위한 정책적 과제로서 복지 확대(주거, 교육비, 의료비 등), 임금 인상(근로소득, 최저임금 등) 등에 대한 요구가 높은 것으로 파악하였다.

이러한 조사 결과는 기존 연구와 크게 다르지 않는 것으로 가계부채 채무자가 필요로 하는 가계부채에 대한 정책적 요구사항을 파악하는 기초 데이터가 될 수 있다. 이러한 연구는 가계부채정책 수립에 필요한 기초 데이터를 수집하는 데에 기여할 수 있기 때문에 기초 자료 확보 차원의 지속적인 조사 연구가 요구된다.

11 〈대부업 등의 등록 및 금융이용자 보호에 관한 법률〉 제2조(등록), 제7조(과잉대부 금지) 참조.

특히 자영업자의 경우, 사업운영자금과 생활자금 부족에 따른 가계부채 구분이 명확하지 않기 때문에 자영업자의 가계부채 실태에 대한 조사 및 연구가 추가적으로 필요하다.

'가계부채' 문제는 행위자의 선택의 결과물이자, 사회적으로 구조화된 문제로 파악해야 한다. 사회구조적 문제로서 가계부채 문제를 파악하기 위해서는 가계부채가 형성된 경로, 가계부채의 유형, 가계부채의 재생산이라는 메커니즘을 분석해야 한다. 그렇지만 본 연구는 성남시라는 사례 지역을 제한된 자원으로 조사함에 따라 연구 결과의 보편성을 획득하기 어려웠다는 한계를 안고 있다.

이에 향후 다양한 사례 연구를 통해 가계부채의 생산 및 재생산 메커니즘을 분석하여 가계부채를 유형화하여 이에 대한 이해를 높일 필요가 있고, 이는 가계부채정책 수립을 위한 기초 자료로서 토대가 될 것이다.

특히 각국의 다양한 가계부채 대응정책 현황을 조사하고, 이러한 해외 사례 분석을 통해 가계부채 대응정책이 한국적 상황에서 실효성을 거두기 위해서는 어떻게 적용해야 하는지 제도적 측면에서의 추가 연구가 필요하며, 한국 가계부채 문제가 안고 있는 특수성을 고려한 정책수립이라는 측면에서 이는 더욱 중요할 것이다.

[참고] 설문조사 내용

○ 가계부채 현황 및 가계부채에 관한 의식

- 맨 처음 가계부채 발생원인
- 현재 가계부채 발생원인
- 가구의 부채 종류
- 가구가 보유하고 있는 부채 규모
- 가구의 대출 금융기관
- 가구의 대출금리

- 가구의 대출상환 연체 기간
- 가구의 부채상환 방식
- 한 달 평균 부채상환액 규모
- 현 생활에 대한 만족 정도
- 가구의 부채상환 가능 정도
- 한 달 평균생활비 지출 규모
- 가구의 부채 해소를 위해 필요한 정책

○ 서민금융지원 서비스 이용 경험

- 서민금융지원 서비스 이용 경험
- 채무조정제도 이용 경험

○ 대부업체 이용 실태

- 대부업체 이용 경험 유무
- 이용해 본 경험이 있는 대부업체
- 대부업체 이용 시 피해경험 사례
- 불법 채권추심 피해 사례
- 대부업체 정보유입 경로
- 대부업체 이용 시 최대 대출 이자율
- 불법 채권추심 경험 유형
- 현행 대부업체 이용 시 소비자가 알아야 할 법규 이해 정도

○ 개인신상정보

- 성별
- 결혼 유무
- 학력
- 주거 형태
- 부동산 이외의 자산 규모
- 가구 월평균 근로소득
- 현재 수입 유무
- 연령
- 종교
- 거주지 형태
- 부동산 자산 규모
- 가주 내 경제활동 구성원 수
- 근로소득 이외의 기타 소득
- 직업

- 고용 유무
- 고용 형태
- 현 직장 종류
- 직장의 규모
- 구직 노력 여부
- 복지혜택 수혜 현황

참고문헌

강이주 · 김영신 · 허경옥, 《가계경제학》, 신정출판사, 2009.

김건우 · 이창선, 〈가계부실지수로 본 가계부채〉, 《LGERI리포트》, LG경제연구원, 2012.

김대규, 〈대부업 규제 및 관리감독의 문제점과 개선방안 – 실효성 제고방안을 중심으로〉, 《기업법연구》, 22(3), 한국기업법학회, 2008.

김도균, 〈자영업 부채의 이중성과 외환위기 이후 자영업 부채 증가〉, 《경제와 사회》, 108, 비판사회학회, 2015.

______, 〈자산기반복지와 가계부채의 증가〉, 《2016 비판사회학회 발표 자료집》, 비판사회학회, 2016.

김상봉 · 조경준, 〈개인파산의 주요원인 및 신용시장 채널의 효과 분석〉, 《대한경영학회지》, 25(5), 대한경영학회, 2012.

김현정 · 손종칠 · 이동렬 · 임현준 · 나승호, 〈우리나라 가계부채의 증가 원인 및 지속가능성 분석〉, 《BOK 경제리뷰》, 2013-4, 한국은행, 2013.

김효연, 〈가계부채 문제를 해결하기 위한 입법정책과제〉, 《이슈와 논점》, 492, 국회입법조사처, 2012.

남상호, 〈가계부채가 소득수준별 소비에 미치는 영향 분석〉, 《2016년 한국노동패널 학술대회 자료집》, 2016.

박범석 · 김형주, 〈도시가계 부채 부실화 영향요인에 관한 연구 – 서울시 거주 가계를 중심으로〉, 《도시행정학보》, 27(3), 한국도시행정학회, 2014.

배영목, 〈가계부채의 소득분위별 분포와 특성〉, 《사회과학연구》, 32(2), 충북대학교 사회과학연구소, 2015.

배영목 · 김상미, 〈가계 금융부채의 연령별 특성과 과제〉, 《사회과학연구》, 31(1), 충북대학교 사회과학연구소, 2014.

성남시 금융복지상담센터, 《성남시 가계부채 및 대부업 실태조사》, 2016. 12. 30.

손정국 · 성희활, 〈교육에서 자문으로의 사전적 금융소비자 보호방식의 패러다임 변화 모색〉, 《증권법연구》, 15(1), 한국증권법학회, 2014.

송지용 · 이희숙, 〈전통시장 자영업자의 재무관리와 사금융 이용〉, 《Financial Planning Review》, 7(4), 한국FP학회, 2014.

신진욱 · 이은지, 〈금융화 시대의 주택체제 변동의 네 가지 경로〉, 《경제와 사회》, 비판사회학회, 2012.
안전행정부 · 금융위원회 · 경찰청, 《대부업 제도개선 방안》, 정책자료, 2013.
원승연, 〈가계의 금융부채가 소득불평등에 미치는 영향〉, 《한국사회정책》, 22(3), 한국사회정책학회, 2015.
유경원 · 김기호, 〈가계부채의 리스크 요인 분석: 경기도 지역을 중심으로〉, 한국은행, 2016.
유영성 외, 〈경기도 가계부채 진단 및 시사점〉, 《이슈&진단》, 199, 경기연구원, 2015.
윤민섭, 〈금융소비자보호관련 법제 정비방안 연구(Ⅰ)〉, 《정책연구보고서》, 한국소비자원, 2014.
윤형호, 〈서울시 대부업체의 현주소와 관리감독 개선방안〉, 《정책리포트》, 150, 서울연구원, 2013.
______, 〈법 · 경제학적인 관점에서 본 불법사금융 시장의 수요와 공급〉, 《서울도시연구》, 2016.
이고은, 〈가계부채 진단과 영향점검〉, 《산업분석 Report》, 이슈 분석, 한국투자증권, 2012.
이희숙 · 곽민주, 〈부채감소가계와 부채증가가계의 특성 비교〉, 《Financial Planning Review》, 6(2), 한국FP학회, 2013.
장세훈, 〈빈곤층의 내부 구성과 빈곤화 과정〉, 《경제와 사회》, 비판사회학회, 2006.
제윤경, 〈서울시 가계부채의 현황 및 악성화 진단과 대책(Ⅰ)〉, 《정책리포트》, 155, 서울연구원, 2013.
______, 〈성남시 금융복지상담센터 성과와 과제〉, 《금융복지 정책리포트》, 15-1, (주)에듀머니, 2015.
통계청, 《2015년 가계금융 · 복지조사》, 2015.
한국경제학회, 《주요국의 가계부채 조정과정 및 대응정책 분석》, 국회예산정책처, 2012.
한국금융연구원, 《가계부채 백서》, 금융위원회, 2013.
______, 《대부업 제도개선에 관한 연구》, 금융위원회, 2013.
한국은행, 〈글로벌 금융위기 이후 유럽 4개국의 가계부채 대응사례 및 시사점〉, 《해외경제 포커스》, 2015-5, 2015.
______, 《2016 가계금융복지조사》, 2016.
한정미, 〈서민금융이용자 보호를 위한 법제 개선방안 - 대부업법을 중심으로〉, 《기업법연구》, 22(1), 한국기업법학회, 2008.
황관석 · 박철성, 〈전월세 가격상승이 가계소비에 미치는 효과 분석〉, 《2016년 한국노동패널 학술대회 자료집》, 2016.

금융감독원, 〈사금융 이용실태 조사 결과〉, 보도자료, 2013. 8. 23.

금융위원회, 〈2013년 상반기 대부업 실태조사 결과〉, 보도자료, 2014. 2. 7.

______, 〈2013년 하반기 대부업 실태조사 결과〉, 보도자료, 2014. 6. 19.

______, 〈2014년 상반기 대부업 실태조사 결과〉, 보도자료, 2014. 12. 30.

______, 〈2014년 하반기 대부업 실태조사 결과〉, 보도자료, 2015. 6. 30.

______, 〈2015년 상반기 대부업 실태조사 결과〉, 보도자료, 2015. 12. 19.

______, 〈최근 가계부채 동향 및 향후 관리방향〉, 보도자료, 2016. 5. 26.

______, 〈2015년 하반기 대부업 실태조사 결과〉, 보도자료, 2016. 6. 30.

______, 〈7.25부터 대형 대부업자 등 직접 감독〉, 보도자료, 2016. 7. 25.

______, 〈2016년 상반기 대부업 실태조사 결과〉, 보도자료, 2016. 12. 30.

한국대부금융협회, 〈대부업 이용자, 주로 생계형 목적으로 대출〉, 보도자료, 2016. 9. 22.

______, 〈43만명이 24조 1천억원 불법사금융 이용 추정〉, 보도자료, 2016. 10. 30.

OECD Data(http://www.oecd.org).

제6장

한국 경제의 발전과 경제민주화 과제의 변화: 헌법의 경제민주화 개념을 중심으로

조석곤

1. 머리말

이 글의 목적은 현행 헌법에 규정된 경제민주화라는 가치가 한국 경제의 발전 과정과 조응하는 시대정신을 내포하고 있는 개념이며, 그 개념의 현재적 의미는 재벌체제의 개혁을 매개로 한 경제양극화의 극복에 있음을 설명하려는 것이다. 경제민주화라는 개념이 인구에 회자되기 시작한 것은 현행 헌법에 그 개념이 명시된 1987년 전후이다. 학계에서도 1980년대 중반 본격적으로 논의되기 시작하였는데, 논자에 따라 다양한 관점에서 이를 해석하고 있었다. 최근 경제민주화가 다시 언급되고 있는데, 박근혜 정부의 출범에 '경제민주화' 슬로건이 일조했기 때문이다.

돌이켜 보면, 1987년 체제는 정치민주화에 의해 탄생하였고, 자연히 경제민주화도 시대적 과제가 되었다. 당시 경제민주화에 대한 사회적 요청은 재벌체제의 경제력 집중과 남용의 억제였지만, 이어진 IMF 경제위기는 이 과제를 뒤로 미루었고, 개발연대의 패러다임이 득세하는 계기가 되었다. 박근혜 정부가 이 경향을 더욱 강화하면서 경제민주화는 형해화되었고, 역설적으로 정치민주화의 성과마저도 부정하는 부메랑으로 돌아왔다.

원론적으로 말하자면 근대 사회 정치적 자유의 출발이 신분제 해체였다면, 경제적 자유의 출발은 개인 또는 가족이 스스로의 힘으로 생계를 유지할 수 있는 소득의 확보였다. 경제발전의 정도에 따라 그 양상은 달라지겠지만, 역사적 경험으로 보면 국민소득의 상당 부분을 중산층이 소유하고 있는 평등한 소득 분배가 이루어진 경우에 양자가 동시에 보장될 수 있었음을 보여 주었다. 또한 우리는 소유의 불평등이 단순히 경제적 자유를 해치는 수준을 넘어서서 대의민주주의의 '대리인'을 포획함으로써 정치적 자유마저 훼손할 수 있음을,

2010년대 후반 대한민국에서 목도하고 있다.

재벌이 포획에 성공할 수 있었던 것은 재벌에 대한 국가의 우위(권위주의적 개발국가)가 글로벌화된 재벌에 의해 약화되었기 때문이다. 결과론이긴 하지만 1987년 체제 하에서 정치민주화와 경제민주화는 모두 실패했다. 자유주의에 대한 무분별한 수용과 복지국가의 약화는 민주주의의 후퇴로 귀결되었는데, 그 이면에는 경제권력에 포획된 정치권력의 사유화라는 경제민주화의 실패가 놓여 있었다. 이 사실은 역설적으로 경제민주화의 헌법 조항들이 실효를 갖기 위해서는 그 정신을 반영한 입법조치와 그것을 실현시키려는 정부의 집행 능력에 의해 뒷받침되어야 함을 보여 준다.

이 글의 논의의 순서는 다음과 같다. 2절에서는 헌법 경제 조항의 변화 과정과 그 의미를 설명한다. 3절에서는 1987년 헌법에서 경제민주화라는 가치가 등장한 이유와 그것이 어떤 시대정신을 반영하고 있는지를 설명한다. 4절에서는 1987년 이후 한국 경제의 변화와 그것이 안고 있는 새로운 구조적 모순이 무엇인지 설명한다. 5절에서는 현재 상황에서 이 모순을 극복해 낼 경제민주화의 구체적 과제가 무엇인지를 설명한다. 6절에서는 내용을 요약하고 마무리한다.

2. 한국 경제 발전을 반영한 헌법 경제 조항의 변화

대한민국 헌법에는 제헌헌법 이래 경제에 관한 별도의 장을 두고 있는데 다른 나라 헌법에서는 그 예를 찾아보기 어렵다(성낙인, 2013, p. 139). 제헌헌법 제84조에서 경제적 자유가 '사회정의'에 의해 제한될 수 있다고 했는데, 그 연원은 바이마르 헌법에서 찾을 수 있다는 것이 헌법학자들의 중론이다. 하지만 그 뿌리는 조소앙의 삼균주의에서도 찾을 수 있으며(신우철, 2008), 현행 헌법 제119조 제2항의 '경제의 민주화' 개념으로 이어져 오고 있다.[1)]

제헌헌법이 사회정의의 실현을 헌법에 수용했다는 점에서 사회국가[2)]의 이념을 받아들였다는 주장은 대체로 받아들이고 있지만, '경제적 자유'와 '경제의 민주화'를 항을 나누어 언급한 현행 헌법에도 그 논의가 적용될 수 있는지에 대해서는 논의가 분분하다. 쟁점은 크게 두 가지인데, 첫째는 현행 헌법이 지향하는 경제질서가 무엇인가이며, 둘째는 현행 헌법 제119조의 두 항의 상호관계에 대한 것이다. 물론 두 가지는 서로 밀접하게 연결되어 있다.

첫째, 현행 헌법이 지향하는 경제질서가 사회적 시장질서인가 혼합경제질서인가에 관한 논의이다. 사회적 시장경제질서는 "경쟁경제의 기초 위에 자유주의적 요소와 사회적 요소가 사회적 필요성의 고려 하에 개인적 자유의 최대한이 보장되는 정도로 결합되어 있는 경제"(김형성, 2005, p. 128)로 정의하는데, 이는 헌법재판소 판례가 견지하고 있는 입장이다. 한편, 혼합경제질서를 주장하는 입장은 자유방임적 시장경제의 실패를 교정한 케인스주의적 국가 개입을 강조하는 입장에 서 있다. 전자에서는 "시장경제는 어간(語幹)이고 사회적은 그

---

1 이후 논의에도 언급되기 때문에 관련 조항들을 미리 소개한다.
* 제헌헌법 제84조 대한민국의 경제질서는 모든 국민에게 생활의 기본적 수요를 충족할 수 있게 하는 사회정의의 실현과 균형 있는 국민경제의 발전을 기함을 기본으로 삼는다. 각인의 경제상 자유는 이 한계 내에서 보장된다.
* 헌법 제6호 제111조 ① 대한민국의 경제질서는 개인의 경제상의 자유와 창의를 존중함을 기본으로 한다.
② 국가는 모든 국민에게 생활의 기본적 수요를 충족시키는 사회정의의 실현과 균형 있는 국민경제의 발전을 위하여 필요한 범위 안에서 경제에 관한 규제와 조정을 한다.
* 현행 헌법 제119조 ① 대한민국의 경제질서는 개인과 기업의 경제상의 자유와 창의를 존중함을 기본으로 한다.
② 국가는 균형 있는 국민경제의 성장 및 안정과 적정한 소득의 분배를 유지하고, 시장의 지배와 경제력의 남용을 방지하며, 경제 주체 간의 조화를 통한 경제의 민주화를 위하여 경제에 관한 규제와 조정을 할 수 있다.

2 사회국가란 "사회현상에 대하여 방관적인 국가가 아니라 경제 · 사회 · 문화의 모든 영역에서 정의로운 사회질서의 형성을 위하여 사회현상에 관여하고 간섭하고 분배하고 조정하는 국가"이며, "궁극적으로는 국민 각자가 실제로 자유를 행사할 수 있는 그 실질적 조건을 마련해 줄 의무가 있는 국가"를 의미한다(권건보, 2012, p. 65).

수식어”(성낙인, 2012, p. 4)인 반면, 후자에서는 현행 헌법의 “제23조 제2항의 소유 공공성 조항과 제119조 제2항 경제민주화 조항은 사회경제적 민주주의의 상호보완적인 두 핵심 기둥 조항”(이병천, 2011, p. 152)인 것이다.

첫째 논쟁은 둘째 논쟁과 밀접하게 연관되어 있는데, 사회적 시장경제질서라는 입장을 지지하는 논자들은 “제1항을 원칙으로 하고 제2항을 예외”(이한태, 2013, p. 19)로 보며, “경제의 민주화란 이름으로 국가가 경제를 규제 · 조정할 수 있는 경우는 예외적이어야 한다”(이부하, 2013, p. 98)고 본다. 반면 혼합경제로 보는 입장을 취하는 쪽에서는 “헌법 제119조 제1항과 제2항은 원칙과 예외 또는 상호대립적인 관계가 아니라 국가의 개입에 의한 모든 경제 주체의 자유보장이라는 내용”(김상겸, 2009, p. 18)을 가진 것으로 본다. 나아가 경제의 민주화는 “제헌헌법 이래로 우리 헌정체계가 자유방임적 시장경제질서의 폐단을 시정하기 위한 국가의 경제 개입을 폭넓게 인정하여 온 전통과 연계”(김종철, 2006, p. 26)된 것으로 해석하고 있다.

이 논쟁에 대한 답을 구하는 것이 본고의 과제는 아니지만, 핵심 논점은 사회정의 또는 경제민주화가 헌법적 가치에서 차지하는 위상이다. 논쟁의 한편에서는 그것을 보완적 · 부수적으로 보는 반면, 다른 한편에서는 필수불가결한 것으로 보고 있다. 주목할 사실은 제헌헌법이 별도의 ‘경제’ 장을 설정한 것이 이례적이었음에도 현행 헌법에 이르기까지 그 전통은 계속되었다는 사실보다는, 이후 헌법 개정에서 경제의 자유와 사회정의를 바라보는 관점이 계속 변해 왔다는 사실이다.

헌법 ‘경제’ 장의 첫 조문만을 국한해 보면 두 번의 변화를 주목할 수 있다. 첫째 변화는 제3공화국 헌법(1962년 12월 26일 제5차 개정, 1963년 12월 17일 시행)이다. ‘경제’ 장 첫 조문인 제111조는 2개 항으로 나뉘었는데, 그 내용은 제헌헌법 제

84조와 유사하지만, "개인의 경제상의 자유와 창의를 존중함을 기본"으로 한다는 점을 앞세웠다는 점에서 제헌헌법과 차이가 있다. 사실 제헌헌법의 통제경제적 성격은 국유화 관련 조항에서 두드러지는데, 농지의 '강제' 수용과 분배를 규정한 농지개혁 조항이나 공공재 산업 및 중요 산업의 국공유화나 무역의 국가 통제 등을 규정(제85-87조)한 것이 그 예이다. 이 중 중요 산업의 국유화를 규정한 조항은 이미 1954년의 헌법 개정시 삭제되면서 시장경제체제로의 전환을 예고했으며, 1962년 개정은 제헌헌법이 가지고 있는 통제경제적 성격을 배제하고 시장경제체제가 근간임을 분명히 한 것으로 이해할 수 있다.

둘째, 현행 헌법(제9차 개정, 1987년 10월 29일)은 1962년 헌법의 기본 골격은 유지하면서도 경제에 관한 규제와 조정의 목표로 "시장의 지배와 경제력의 남용을 방지하며, 경제 주체 간의 조화를 통한 경제의 민주화"를 적시한 점에 차이가 있다. 5공화국 헌법(제8차 개정, 1980년 10월 27일) '경제' 장 첫 조문에 "독과점의 폐단은 적절히 규제 · 조정한다"는 제3항을 추가했는데, 현행 헌법에서는 이를 시장 지배와 경제력 남용으로 규정하고 정부 규제의 목표를 '경제민주화'로 설정하고 있다. 시장경제의 폐단을 시정하기 위한 국가의 '적극적인' 경제 개입을 '경제민주화'라는 개념 속에서 요구한 것이다.

성낙인(2013)의 언급처럼 이 변화는 한국 경제의 발전 과정을 반영하고 있다. 해방 후 농업 분야에서는 농지개혁을 통해 소농에게 그 경영권을 넘겨주었지만, 한국의 중요 산업을 인수할 자본가 그룹이 미약한 상태에서 귀속기업의 불하는 미뤄질 수밖에 없었고, 중요 산업 국유화는 그러한 상황을 반영한 것이었다. 그런 점에서 1950년대 중반 귀속재산이 불하되기 시작한 것은 자본주의적 시장경제를 골간으로 한 제3공화국 헌법의 전조라 할 것이다. 한편, 1960년대 이후 고도성장은 독과점의 폐해를 낳았고, 제5공화국 헌법은 이것을 한국

경제의 안정을 해치는 것으로 규정하고 규제 대상으로 삼았다. 민주화운동으로 탄생한 현행 헌법이 '경제의 민주화'를 헌법적 가치로 규정하고 그 구체적 내용으로 경제력 남용의 방지와 경제 주체 간의 조화를 언급한 것은 당연한 것이었다.

말하자면 헌법 경제 조항의 개정은 그 당시 경제 운영에 관한 '시대정신'을 반영한 것이라 할 수 있다. 그렇다고 앞서 언급한 논쟁이 해결된 것은 아니다. 경제민주화가 지양해야 할 대상이 경제 주체 간의 조화를 해치는 경제력 남용임은 분명하지만, 그것을 치유할 국가의 규제와 조정이 개인의 자유와 창의를 어느 정도까지 제한할 것인지에 대해서는 여전히 이견이 있을 수 있기 때문이다. 결국 경제민주화를 어떻게 규정할 것인가가 문제인데, 이 또한 시대 상황에 따라 달라질 수밖에 없다.

다른 관점에서 본다면 헌법 규정 역시 현재의 경제 상황과 괴리될 가능성이 존재할 수 있다. 헌법 규범으로서의 경제민주화는 특정 시공간에서 고유한 의미를 갖는 것이며, 만고불변의 것은 아니다(이장희, 2013). 1987년 당시에는 경제민주화가 경제적 자유의 확대라는 것에 방점이 있을지 모르나 2010년대 경제민주화의 과제는 양극화 극복임은 분명하기 때문이다(유철규, 2013). 이제 현 단계 경제민주화에 관한 본격적 논의에 앞서 1987년으로 돌아가 당시 경제민주화가 어떤 내용의 것인지 먼저 검토해 보기로 한다.

3. 1987년 헌법의 경제민주화

여기에서는 1987년 헌법에 나타난 경제민주화 조항의 의미를 그 개념이 어떻게 현실경제와 조응하였으며 그 결과가 주는 함의가 무엇이었는지를 중심으로 살펴본다. 직선제 개헌과 1987년 체제는 군부독재에 대항한 민주화운동의 산물이었다. 1980년 '서울의 봄'에도 불구하고 군부독재는 계속되었으며, 노동배제적 권위주의 국가-재벌의 발전지배연합(이병천, 1998)은 여전히 지속되었다. 1987년 체제의 성립으로 군부독재는 종식되었지만, 경제체제의 변화 요구는 아직 걸음마 단계였던 것으로 보인다. '노동자 대투쟁'에서 드러나듯이 노동참여적 경제체제에 대한 요구가 분출되었지만 유례없는 삼저호황과 그에 따른 실질임금의 상승은 새로운 경제질서의 창출을 위한 사회적 공감대 형성에 오히려 걸림돌로 작용하였다.

1986-1988년의 경상수지 흑자 규모는 1980년대 국가부채가 가장 많았던 1982년 국가부채 규모를 능가하였다.[3] 수출품 구성도 중화학공업 제품이 주를 이루는 등 경제체질이 변화하였으며, 그 수출은 재벌그룹 산하의 대기업들이 주도하였다. 나아가 노동자들의 임금 상승 요구에 대해 대기업들은 적극적으로 대응하였는데, 결과적으로 대기업과 중소기업의 임금격차가 확대되기 시작했다.[4] 아이러니한 것은 이 시점이 한국 경제에서 제조업 비중이 정점을 찍은 시기라는 점이다. 명목GDP에서 제조업이 차지하는 비중은 1988년 30.1%를 정점으로 이후 하락세로 돌아섰는데, 흔히 말하는 경제의 구조전환기에 들어선 것이다. 이러한 구조전환을 미리 경험한 선진국들은 당시 식민지 경영을 통해 극복하거나 소득 증가를 통한 내수 진작(복지정책)을 통해 대응했지만, 한국은

3 1982년은 GDP 대비 국가채무 비율이 21.6%로 1980년대에 가장 높은 비율을 기록했다(나성린 외, 2006, p. 30). 이는 1980년 기준가격으로 환산하면 약 9.9조 원에 해당하는데, 1980년 기준가격으로 환산한 1986-1988년간 경상수지 흑자액의 합계는 약 13.0조 원에 달하였다.

4 대기업-중소기업 간 임금격차는 1988년에 일시적으로 급등했다가 1992년 이후 다시 완화되었다. IMF 금융위기 이후 다시 격차는 확대되었으며 이 기조는 계속되고 있다. 전자는 대기업 프리미엄에 의한 단기적 현상이었지만, 후자는 노동자 구성 변화에 따른 효과였다(김영미 · 한준, 2008).

조립가공형 수출 산업을 강화함으로써 대응하였다.

물론 1980년대 후반에 한국 경제에서도 전통적 중화학공업 생산물의 국내 수요 증대와 생산직 노동자의 대량소비 참가(유철규, 1992, p. 215)가 가져온 내수의 확대가 새로운 가능성으로 등장했지만, 이 확대가 지속되지는 않았다. 그 이유는, 첫째 재벌을 중심으로 한 재계는 '무노동무임금'을 슬로건으로 하여 임금 상승 요구를 집단이기주의로 규정하는 데 성공하였고, '경제위기론'의 유포를 통해 임금 상승을 통한 내수 진작의 가능성을 봉쇄할 수 있었다. 둘째, 김영삼 정부의 신경제정책은 '행정규제 개혁'을 명분으로 재벌의 금융시장 진출을 허용하였으며, 이에 따라 재벌의 경제력 집중은 오히려 강화되기에 이르렀다.[5)]

이상의 흐름 속에서 파악할 때 1987년 헌법의 '경제민주화' 개념은 경상수지 흑자 전환, 제조업 성장의 감소라는 한국 경제의 질적 변화 과정과 정치체제의 민주화라는 외적 조건이 결합되어 나타난 것이라 할 수 있다. 이는 우리 사회에서 경제민주화가 정치민주화와 불가분의 관계에 있음을 보여 주는데, 양자 사이의 관계가 일률적인 선형관계에 있는 것은 아니다. 우리 역사에서는 산업화가 정치민주화를 이끌었고, 그 과정에서 경제민주화의 과제가 제기되었지만, 양자는 항상 갈등과 조정을 거쳐 왔으며 양자의 교호 과정이 매우 중요했다. 경제의 민주화가 '경제 주체 간의 조화'를 통해 달성된다는 헌법 규정은 그것이 정치의 민주화와 불가분의 관계에 있음을 암시한다. 대통령을 탄핵에 이

5 신경제5개년계획은 김영삼 대통령 후보 시절 대선공약을 기초로 작성된 것이며, 경제제도의 개혁을 통해 경제 발전의 새로운 원동력을 창출한다는 것을 주 내용으로 하고 있다. 여기서 경제제도 개혁은 재정개혁, 금융개혁, 행정규제 개혁으로 구분하고 있지만, 정책금융을 지양하고 금융의 자율화 · 개방화를 추진하되, 이를 위해 실질적이고 본격적인 규제 완화 및 철폐를 추진한다는 것이다(강광하, 2001). 이 정책의 끝이 IMF 금융위기에 닿아 있음은 주지의 사실이다.

르게 한 작금의 사정은 이를 잘 보여 준다. 헌법적 가치였던 경제민주화에 실패함으로써 재벌의 경제력 집중을 제어하지 못했고, 박근혜 정부가 정치권력 사유화를 초래함으로써 정치민주화마저 위협했다.

이런 입장에서 박순성은 경제민주화를 단순한 "경제적 자유주의를 넘어서서, 자유주의와 민주주의의 원리가 경제 영역에서 폭넓게 실현되는 상태"(박순성, 2012, p. 11)로 정의하고 있다. 이를 받아들인다면 경제민주화는 경제적 자유주의와 경제적 민주주의가 관철되는 상황을 의미한다.[6] 경제적 자유주의가 정치권력으로부터 경제 활동의 자유가 침탈당하지 않아야 함을 의미한다면, 그것은 사유재산권과 자유로운 경쟁을 통해 보장된다. 하지만 경제적 민주주의를 경제 활동에 대한 경제력에 따른 평등한 참여를 보장하는 것이라 이해할 수도 있는데, 상속제도와 사유재산권제도가 결합된 현 제도 하에서는 특별한 제도적 보완장치가 없이는 그러한 의미의 경제민주화를 달성하기가 쉽지 않은 상황이다.[7] 제헌헌법의 이익균점권, 현행 헌법의 단결권이나 경제민주화 조항 등은 이러한 문제를 극복하기 위한 제도적 장치라 할 수 있다.

경제민주화 논의가 본격적으로 시작되었던 1980년대 후반 이에 대한 포괄적인 정의는 변형윤(1988)을 들 수 있지만,[8] 경제민주화의 정의를 둘러싼 논쟁

6 롤스 2003[1999]는 각인의 평등한 자유가 우선적으로 보장되어야 하며, 불평등한 분배는 평등한 자유가 위협 받는 경우에만 허용되어야 함을 지적하였는데, 정치적 자유와 경제적 평등이 같은 차원의 존재가 아니지만, 동시에 경제적 불평등이 정치적 자유를 위협할 수 있음을 지적한 것이기도 하다. 나는 이 글에서 롤스의 두 원칙을 경제적 자유주의와 경제적 민주주의에 대응하는 것으로 사용하고자 한다. 어찌 보면 양자는 근대 사회의 내재적 딜레마이다. 근대 사회는 정치적 민주주의와 근대적 자본주의를 쌍생아로 둔 사회이다. 근대 사회의 정치적 민주주의는 대의민주주의인데, 1인 1표의 보통선거가 형식적 정치적 평등을 담고 있지만, 대리인 상호간을 견제하는 헌법상의 장치, '대리인'을 감시하기 위한 사회적 장치(언론, NGO 등) 등이 없었다면 "1인에 대한 정치적 자유의 대체로 평등한 보장"이라는 실질적 정치적 평등에 다가서지 못했을 것이다. 한편, 사유재산의 보호를 근간으로 하는 자본주의체제는 1원 1표를 근간으로 하고 있는바, 그 형식적 경제적 평등은, 재산권의 불평등 분배를 용인하고 있다는 점에서, "1인에 대한 경제적 자유의 대체로 평등한 보장"이라는 실질적 경제적 평등을 보장하지 못한다는 점에서 근본적 모순을 내포하고 있다.

7 정치민주화를 같은 방식으로 설명한다면 자유주의는 인권이며, 민주주의는 (피)선거권이라 할 수 있다.

은 경제민주화를 경제적 자유주의로 좁게 보는 입장과 경제적 민주주의까지로 포괄하는 것으로 넓게 보는 입장으로 구분할 수 있다.[9] 먼저 첫째 입장은 경제민주화를 경제 효율성 증대를 위한 정부정책으로 이해하는 방식인데, 그 정책수단에는 규제 완화뿐만 아니라 완전경쟁을 저해하는 경제력 집중 해소도 포괄된다.[10] 둘째 입장은 경제적 평등까지 포괄하는 것으로 이해하는 방식인데, 경제력을 남용하는 재벌체제에 대한 개혁이나 산업민주주의의 도입 등을 주장하는 논의들이 이에 해당한다.[11]

두 입장 모두 재벌개혁을 경제민주화의 주요 과제로 다루고 있지만, 전자는 경제적 효율성의 관점에서 접근하는 반면, 후자는 경제적 평등성의 관점에서 접근하고 있다는 점에서 차이가 있다. 현재 재벌개혁과 관련된 논의 중에서 중소기업 고유업종 지정이나 계열사 일감 몰아주기에 대한 제한 등이 전자와 관련된 것이라면, 출자총액제한제도, 순환출자제한제도, 지주회사 요건 강화 등은 후자와 관련된 것들이다. 소액주주운동이나 종업원지주제 등이 경제적 결정권의 다변화라는 산업민주주의를 지향하는 것임을 고려하면 재벌개혁은 경제민주화의 다양한 스펙트럼을 모두 포괄하고 있는 것으로 보인다. 이 문제

8 변형윤은 경제민주화의 주내용으로 민주노조 결성 내지 노조민주화 · 농업의 농민화 내지 농협민주화 · 소비자단체의 활성화의 추진, 주식 소유의 실질적 분산 · 독과점화 내지 경제력 집중화 방지의 추진, 금융자율화의 추진, 실질적인 경제계획의 '유도계획'화의 추진(변형윤, 1988, p. 272) 등 4가지를 지적했다.

9 경제민주화를 가치가 아닌 방법론상의 원칙으로 이해하는 김상조(2012)의 입장은 다소 독특한데, 재벌개혁의 경우는 한국 경제에 대한 충격을 줄이기 위해 실현 가능한 개혁부터 순차적으로 해결하자는 실용적 접근 방식이긴 하지만, 이러한 절충적 제안 방식을 통해 재벌에 대한 구조적 개혁이 이루어질 수 있을지는 의문이다.

10 지속적 경제 발전을 위해서 "규제와 간섭을 줄이면서 자유로운 경쟁에 기초한 시장경제질서를 확립하는 것"(김덕중, 1988, p. 275)이라는 주장이나, 경제민주화가 재벌의 경제력 집중이 가져올 폐해를 억제하기 위한 것이라는 김종인 전 의원의 주장이 이에 해당한다. 그는 한 인터뷰에서 "(경제적 부를) 소유한 자들의 정치사회적 힘도 같이 늘어(나며) … 경제 세력의 힘이 우위에 있다면 그에 반하는 정책이나 법적 조치는 경제 세력의 반발로 인해 무산"될 것이기 때문에 경제민주화 조항을 도입하게 되었다고 쓰고 있다(김종인 인터뷰, 2011).

11 경제민주화를 산업민주주의, 즉 기업 내 민주주의로 규정(정병수, 1988)하는 주장이나, "경제적 약자에 대한 경제적 강자의 지배 구조를 타파하는"(정운찬, 1997, p. 1363) 것이라는 주장이 이에 해당한다.

가 상존한다는 것은 1980년대 후반 당시 헌법적 가치였던 경제민주화가 30여 년 동안 소기의 성과를 거두지 못하였음을 의미하며, 그 핵심에 재벌체제가 자리하고 있음을 보여 준다. 이제 1987년 체제 30년 동안의 한국 경제 변모 과정과 경제민주화의 과제 변화에 관해 절을 바꾸어 살펴본다.

4. 1987년 체제의 한국 경제와 그 딜레마

1987년 체제의 경제 구조는 1980년대 이후 선진 자본주의 국가를 지배했던 신자유주의, 즉 시장이 국가를 압도하는 경제사조가 두 차례의 금융위기를 겪으면서 점차 강화되었던 시기였다. 신자유주의는 19세기 자유주의와 비교하면 세계화에는 동일한 입장을 보이지만, 정치적으로는 보수화되었다. 그 때문에 노조, 사회입법, 고정환율(보호무역) 등과 같은 자유방임에 반하는 제도적 장치들에 대해서는 반대하는 입장을 취하면서도, 자유주의에 반하는 제도적 장치들(예를 들면, 완전경쟁에 반하는 독점)에 대해서는 상대적으로 관용적이라는 모순적 입장을 보였다.

2차 세계대전 이후의 세계경제는 케인스주의적 국가 개입을 당연시했는데, 이 체제는 고도성장을 바탕으로 국내적으로는 타협적인 노사관계, 대외적으로는 후발국을 배려하는 선별적 자유무역이 실시된 시기였다. 국민국가 차원에서 보장되었던 이 체제는 포디즘을 바탕으로 한 초국적기업의 성장과 그에 따른 거대 금융자본의 등장으로 한계에 봉착했다. 이후 세계화를 기치로 한 신자유주의는 국민국가 단위로 유지되던 케인스주의적 국가 개입을 통한 자본주의적 질서를 무력화시켰다. 소득순환은 여전히 국민국가 단위에서 이루어짐에도 불구하고, 재생산 단위는 세계적 차원에서 이루어진다는 괴리는 신자유주의 하에서 나타나는 새로운 딜레마 중의 하나가 되었다.

구체적으로 살펴보면, 1987년 이후 30년간 한국 경제는 1997년 IMF 외환위기와 2008년 글로벌 금융위기를 기준으로 세 시기로 나눌 수 있다. 1987년 체제 첫 10년은 민주화와 재벌 간의 힘겨루기에서 김영삼 정부가 세계화를 기치로 규제 완화 쪽으로 선회하면서, '재벌개혁'이 후퇴했고 결국 IMF 외환위기를 맞게 되었다. 이후 김대중 정부는 '투기적 금융자본의 규제'를 위해 재벌의 도덕적 해이를 규율해야 했음에도 불구하고 '빅 딜'과 공적 자금 투입으로 면죄부를 제공하였고, 노동시장 유연화를 통하여 이후 진행될 경제양극화의 빌미를 제공하였다. 2000년대 들어와서는 복지제도의 재편이 끊임없이 국가 의제로 등장하였지만, 2008년 글로벌 금융위기는 오히려 신자유주의 정책을 부추기며 경제양극화를 더욱 심화시켰다. 이제 경제민주화의 과제는 규제 완화가 아니라 "시장으로 넘어간 권력을 민주화하는 과제"(유철규, 2013, p. 9)가 되었다.

2008년 글로벌 금융위기는 외부에 원인이 있었던 것이고 그 충격도 크지 않았던 반면, 1997년 외환위기는 이후 한국 사회를 질적으로 변모시킬 정도로 큰 충격을 가했다. IMF 외환위기는 주지하는 바와 같이 국가 규제가 과도하게 완화되면서 준비되지 않은 채 금융자유화를 추진했기 때문에 발생한 것으로, 과거 고도성장을 이끌었던 권위적 발전국가가 '연성 시장국가'(이병천, 1999, p. 103)로 전환하면서 재벌의 저항에 효율적으로 대응하지 못했기 때문에 일어난 현상이었다. 이는 성장의 과실은 사적 자본이 챙기고, 위험은 사회화하는 자본과 국가의 독특한 지배동맹체제였다.[12] 이와 같은 재벌의 경제적 지배 강화는

12 이병천은 이를 개발자본주의라 불렀으며, "19세기 후발 이행기에 나타나는 고성장의 산업자본주의 발전 양식, 즉 권위주의 국가와 권위주의적 자본의 지배동맹 아래 생산적 투자와 축적은 사적 자본이 주도적으로 수행하면

경제양극화 심화라는 21세기 한국 경제의 구조적 위기를 심화시켰다.

경제양극화는 엄밀하게 정의하기는 어렵지만, 생산 활동과 자산분배에 있어서 격차가 구조적으로 확대됨으로써 성장과 소비를 이끌었던 중산층의 폭이 감소하고 결과적으로 계층 분포의 양 극단이 커지는 현상을 지칭한다. 고도성장기에는 중산층은 두터워졌으며, 이들은 한국 사회 민주화의 버팀목이었지만, 이제 그 힘을 잃고 있다. 양극화는 다양한 측면에서 관측할 수 있는데, 내수와 수출의 격차, 경공업과 중화학공업의 격차, 중소기업과 대기업의 격차 등을 언급할 수 있다. 한국 경제에서는 전자에 비해 후자가 우위를 점해 왔으며, 모두 재벌기업들에 의해 주도되고 있다. 노동시장의 유연화에 따른 정규직과 비정규직의 임금격차 또한 중요한 양극화 현상이다. 2008년 금융위기 이후에는 '임금 없는 성장'과 '기업저축의 역설'이라는 과소 소비적 상황이 구조화되었으며,[13] 갈수록 심각해지는 고령화 문제도 소득 불평등에 악영향을 미치고 있다.[14]

이제 몇 가지 지표를 통해 1980년대 이후 한국 경제의 변화를 살펴본다. [그림 6-1]은 1980-2016년간 수출과 내수가 차지하는 비중을 보여 준다. 수출이 차지하는 비중은 1990년대 중반 이후 급격하게 증가하고 있는 반면, 내수(국내 소비와 투자의 합)가 차지하는 비중은 지속적으로 감소하고 있다.[15]

서 독특하게 시장을 관리 · 조절하는, 성장지향적이고 생산 중심적인 협력자본주의"(이병천, 2006, p. 377)라고 정의했다.

13 박종규(2013)가 지적한 한국 경제의 새로운 구조적 문제로서, 임금 없는 성장은 실질임금이 2008년 이후 지금까지 햇수로 6년째 계속 정체하여 노동생산성과 실질임금의 격차가 갈수록 벌어지고 있는 사상 초유의 현상을, 기업저축의 역설은 2008년 이후 기업저축이 가계와 내수를 고사 상태로 몰아갈 만큼 지나치게 증가하고 있는 현상을 지칭한다.

14 60세 이상 인구의 증가는 전체 시장소득지니계수를 0.0385 높이고, 처분가능지니계수의 경우 0.0190 높인다(박종규, 2017, p. 11).

15 2013년 이후의 감소는 유가 하락에 따른 가격효과로서 유가가 상승 기조로 돌아서면서 2017년 수출액은 전년대비 10% 이상의 상승세를 보이고 있다. 수출 비중의 감소에도 불구하고 내수 비중이 증가하지 않은 것은 같은

그림 6-1 수출 및 내수 비중 추이, 1980-2016

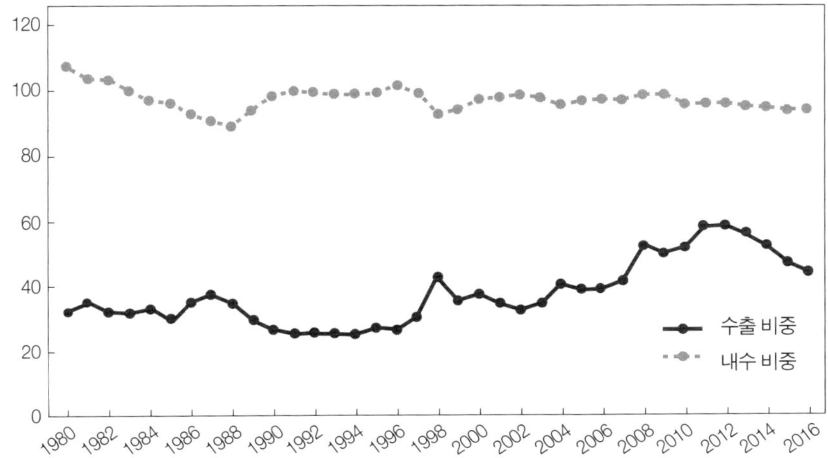

주: 내수 비중은 국내총생산에 대한 지출에서 소비 및 투자 지출이 차지하는 비중이며, 수출 비중은 총수출이 국민총소득에서 차지하는 비중임.
자료: 〈국민계정〉(www://kosis.kr).

[그림 6-2]를 보면 같은 기간 처분가능소득 중에서 가계소득이 차지하는 비중은 지속적으로 감소한 반면 기업 부문의 소득은 지속적으로 증대하고 있다. 가계순저축률은 1988년에 정점에 달하였다가 이후 감소 추세로 돌아섰으며, IMF 외환위기 때 급격히 하락한 후 종래 수준을 회복하지 못하고 있다.[16)]

대기업과 중소기업의 격차도 지속적으로 확대되고 있다. [그림 6-3]은 종업

이유로 수입 비중이 감소했기 때문이다.

16 그럼에도 불구하고 한국은행이 추계한 노동소득분배율은 오히려 지속적으로 상승하는 것으로 나타나는데, 이러한 괴리가 나타난 이유는 자영업자의 소득을 노동소득에서 모두 제외했기 때문이다. 자영업자 중에서는 노동소득에 훨씬 미치지 못하는 소득을 얻는 사람이 많은 한국의 현실을 반영하지 못한 탓이다. 이를 보정하면 노동소득분배율은 하락 추세를 보인다(주상영 · 전수민, 2014; 이상헌, 2014).

그림 6-2 처분가능소득에서 가계 및 기업이 차지하는 비중과 가계순저축률 추이, 1980-2016

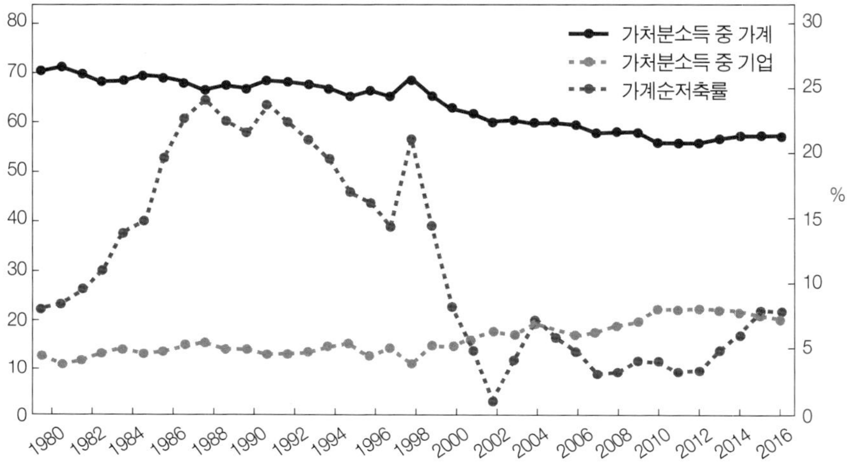

주: 가계 순저축률은 오른쪽 축의 수치임.
자료: 〈국민계정〉(www://kosis.kr).

원 10인 이상 광업 · 제조업을 대상으로 한 광업 · 제조업 조사를 바탕으로 사업체 수, 종업원 수, 부가가치 생산액에서 대기업이 차지하는 비중의 추이를 나타낸 것이다. 센서스 결과인 2010년 통계를 논외로 한다면, 대기업은 사업체 수 비중은 급감하였고, 부가가치와 종업원 수 모두 감소 추세를 보이지만, 종업원 수 비중의 감소 추세가 더 강하다. 이는 대기업 종사자의 일인당 부가가치 생산성이 더 높음을 의미한다. 그럼에도 불구하고 중소기업이 사업체 수나 고용하는 종업원 수에서 양적으로 감소하지 않는 것은 그만큼 중소기업 중 한계기업이 많았음을 의미한다. 10인 미만의 영세 사업체를 포함한다면 그 간극은 더 확대될 것이다.

그림 6-3 광업 · 제조업에서 대기업이 차지하는 비중의 추이, 1980-2014

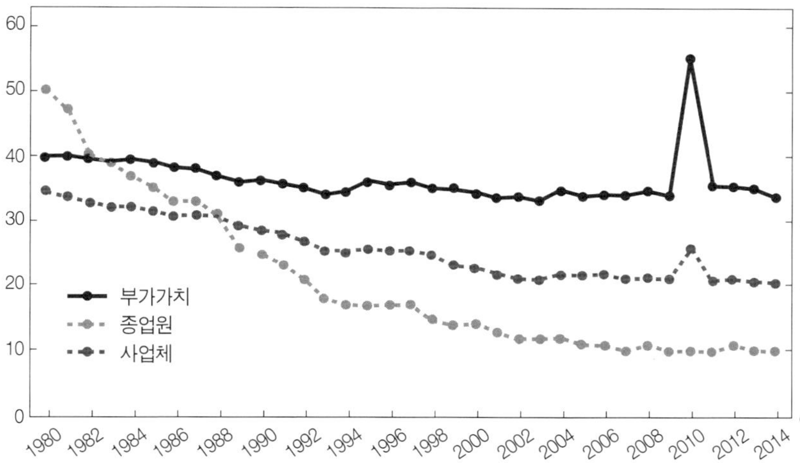

주: 각 수치는 10인 이상 사업체 중에서 대기업이 차지하는 비중임. 단, 사업체 수 비중은 오른쪽 축의 수치임.
자료: 〈광업 · 제조업조사〉(www://kosis.kr). 단, 2010년은 센서스 결과임.

이 지표들을 보면 2000년대 들어와 이제 내수와 수출은 동조하지 않는다는 점, 처분가능소득에서 가계의 몫보다는 기업의 몫이 꾸준히 증대해 왔다는 점, 그리고 대기업의 부가가치 점유율은 감소하였지만, 종업원당 부가가치 생산성은 더 높다는 점을 확인할 수 있다. 대기업은 그러한 생산성의 우위로 해외시장에서 경쟁력을 유지할 수 있었으며, 그 대가로 소득도 가계보다 빠른 속도로 증가했지만 그것이 내수로는 환류되지 않는 시스템이 정착된 것을 확인할 수 있다. 그리고 이것이 현재 한국 경제가 처한 구조적 모순의 실상이다.

5. 경제민주화의 새로운 과제: 양극화 극복 과정의 딜레마

1987년 체제 성립 이후 진행되어 온 재벌체제의 강화와 그에 기초한 경제양극화의 심화는 아이러니하게도 그 체제를 탄생시킨 헌법적 가치 중의 하나인 경제민주화를 심각하게 훼손해 왔다. 문제는 재벌체제나 경제양극화 현상 등은 이제 한국 경제의 구조적 모순으로 자리 잡았기 때문에 쉽게 해결하기가 난망한 것들이라는 점이다. 현 시점 경제민주화의 과제는 훼손된 경제적 자유주의와 경제적 민주주의를 바로 세워 이 난제들을 극복하는 것으로 설정되어야 한다.

물론 입법 당시 경제민주화 개념 속에 양극화 극복이라는 목표가 뚜렷하게 설정되어 있지는 않았을 것이다. 사실은 경제력 집중에 근거한 재벌체제가 그 경제적 권력을 남용하여 정치적 권력까지 행사하려는 것을 우려한 측면이 컸을 것이다. 그 이후 한국 사회가 '정경유착'을 넘어서서 재벌이 권력을 포획하는 단계에 이르렀음을 상기하면, 그러한 우려가 정확했음을 보여 준다. 문제는 경제성장의 속도가 느려지면서 재벌체제가 지닌 모순이 경제양극화를 심화시켰으며, 그것이 사회양극화로 진전되면서 한국 사회 통합을 심각하게 위협하고 있는 단계에 이르렀다는 것이다. 결국 현실의 경제 상황이 경제민주화라는 헌법 가치가 지향하는 바와 일치하지 않는다는 것인데, 이 절에서는 이 불일치를 미시적, 거시적, 그리고 사회적 차원으로 나누어 살펴본다.

첫째, 미시적 차원의 불일치로는 기업 내 혹은 산업 간 경쟁에서 자유주의를 가로막는 요인이 존재하는 것을 들 수 있다.[17] 이는 주요 산업 분야에서의

17 미시적으로 보면 경제 주체인 개인과 기업도 그 실상은 매우 위계적인 조직이다. 소비 주체인 개인의 소비 행위는 가계 단위로 이루어지는데, 현실의 가계는 가부장적 위계질서를 가진 공동체이다. 생산은 기업 차원에서 이

독과점의 진전과 기업들을 수직적으로 연결하고 있는 재벌체제가 가진 딜레마로부터 출발한다. 김기원은 재벌을 "후진국 공업화의 경제 주체로서 필연적으로 발생하는 다각적인 기업집단"(김기원, 2001, p. 203)으로 정의하고, 대략 1980년대 전반에 형성된 것으로 보고 있다. 그는 재벌체제를 황제경영과 선단문어발 경영에 의해 국민경제를 독재적으로 지배하는 독재체제로 규정하고, 재벌총수의 반기업행위(김기원, 2005, p. 103)를 한국 경제의 진정한 문제의 하나로 보았다.

고도성장기 재벌은 경제성장의 견인차였던 적이 있었지만, 현재에도 그러한 역할을 수행하고 있는지는 의구심을 갖는 사람들이 많다. 조립가공형 수출산업은 통제 불가능한 해외시장 여건에 큰 영향을 받으며, 국내 고용을 충분히 창출하지도 않는다. 재벌의 존재 자체가 완전경쟁 실현을 가로막는 것이지만, 그렇다고 재벌 규제가 완전경쟁을 복원하는 방향으로 나갈 수는 없다. 이미 글로벌 기업화한 재벌기업의 생산력은 해당 산업 분야에서 국내의 완전경쟁을 실현하는 것 자체가 불가능한 단계에 이르렀다.

재벌체제의 문제점은 많은 선행연구에서 지적하고 있으므로 재론할 필요는 없으며, 다만 여기에서는 본고의 주제와 관련하여 경제적 자유주의를 침해하고 있다는 사실을 지적하고자 한다. 기업 자체가 위계적 질서인 데다가 직접적 연관관계가 없는 다수의 기업을 경제력을 이용하여 통제하는 것은 경제적 효율성의 원천인 분권적 의사결정을 저해한다는 점에서 심각한 문제를 야기할 소지가 있다. 그리고 이는 공정성 차원의 도덕적 문제와는 별개의 것이다. "재벌개혁은 무엇보다도 총수(일가)의 지배력을 약화시키는 개혁이라는 기본 방향과 원칙"(송원근, 2016, p. 105) 하에서 진행되어야 한다는 주장[18)]은 정곡을 찌르고

루어지는데, 기업은 기회비용을 줄이기 위해 조직된 권위적 위계질서체계이다. 기업 내 경제적 민주주의의 확대가 "노동자들의 숙련의 깊이와 폭을 확대하는 데 기여"(성낙선, 2014, p. 300)할 것이라는 주장도 있다.

있다고 할 것이다. 경제권력이 정치권력으로 전환될 가능성은 항상 존재하며, 그것은 정치적 민주주의를 훼손할 수 있다는 점에서 '적절한' 규제가 필요한 사항이다. 그리고 그 '적절함'의 기준은 경제민주화의 또 다른 기준인 경제적 민주주의의 관점에서 수립되어야 할 것이다.

둘째, 거시적 차원의 불일치로는 미시적 차원에서 발생하는 재벌체제의 모순을 해결할 거시적 정책 수단이 분명하지 않으며, 그것을 국가가 집행할 수 있는 능력이 있는지도 의문시된다는 사실이다. 자본주의 체제는 항상 경쟁 격화에 따른 수익성 저하의 위험과 생산과 소비 시점 불일치에 따른 과소 소비의 위험이 내재하고 있는 경제체제이므로 이를 적절히 조절할 수 있는 정책당국자의 역량이 중요하다.

경제성장에서 수행한 정부 역할을 살펴보면, 산업화 초기 가격기구가 아직 정상적으로 작동하지 않을 때 국가는 '공공선'의 담지자로서 그것을 제도적으로 확립하는 역할을 수행했으며, 가격기구가 정상적으로 작동하는 제도적 장치를 갖춤으로써 고도성장을 지속할 수 있었다. 이에 따라 경제 규모가 급격히 확대되면서 낙수 효과도 발생하여 중산층이 두터워졌고, 이것이 1987년 체제 성립의 원동력이 되었다. 하지만 생산 부문이 소수 독점재벌에 의해 장악되면서 문제가 발생했는데, 양질의 노동력과 풍부한 자본으로 성장은 유지되었으나 공공선의 담지자로서 국가의 역할이 위축되면서 1997년 금융위기를 초래하였다. 정부는 이를 노동시장 유연화로 대처하면서 경제독점은 오히려 가속화되었고 경제양극화를 고착시킨 것이었다.

재벌체제가 만들어 낸 거시적 딜레마는 '임금 없는 성장과 기업저축의 역

18 그는 경제민주화를 향한 재벌개혁 방향으로 총수 지배력 약화, 재벌권력 통제, 금산분리 규제 강화를 통한 금융민주화, 공정한 시장을 통한 시장민주화 등을 제시하고 있다(송원근, 2016, pp. 130-141).

설'(박종규, 2013)이다. 이는 '고용 없는 성장'이며, '투자 없는 축적'으로 전형적인 과소 소비 상황이다. 이제 낙수 효과도 작동되지 않는다. 무역량이 국민소득을 넘어선 지 오래이며, 대기업의 주력 업종은 수출 산업이다. 내수 부진이 끊임없이 언급되는 현실은 낙수 효과의 정점이었던 1980년대 중후반의 상황과 극명하게 대비되고 있다.

그렇다고 해서 '케인스의 재림'으로 이를 해결할 수도 없다. 재정정책으로 대규모 고용이 창출되는 승수 효과를 기대할 수 있었던 1930년대와 지금의 경제 상황은 너무 다르기 때문이다. 이 상황을 타개할 대안으로는 경제정책 측면에서는 소득 주도 성장모델이, 경제 구조 측면에서는 네트워크경제론을 주목할 필요가 있다.

소득 주도 성장모델(wage-led growth model)은 노동소득이 총수요를 결정하는 주된 요인이라는 관점에서 임금 인상과 고용안정을 통해 성장과 소득 증대를 도모한다는 이론이다(홍장표, 2014a). 홍장표는 실증분석을 통해 노동소득이 유효수요와 생산성을 증진시키는 거시경제적 이득이 1997년 외환 금융위기 이후 강화되었음을 보여 주고 있다(홍장표, 2014b, p. 92). 이를 위해서는 다양한 경제 주체들이 분권적 의사결정의 주체로 참여해야 한다는 점에서 경제적 민주주의가 보장되어야 하는데, 이 조건이 충족된다면, "노동자, 중소상공인, 영세자영업자 등 서민들의 소득(임금)을 높여 구매력을 증진시키고 소비와 생산, 고용을 늘려 다시 소득(임금)을 높이는 선순환 구조를 만들어 한국 경제의 저성장을 극복"(이강복, 2014, p. 114)할 수 있다는 것이다.

네트워크경제론은 모방과 학습만으로 성장동력을 확보할 수 있었던 추격발전 단계가 지나면, 새로운 경제 발전 동력으로 '개방형 혁신'이 필요하다는 관점에서 제기되었다. 이일영(2012)은 네트워크 경제를 명확히 규정하지 않았지만, '안전 · 공존 · 분권 · 기회 · 혁신'의 가치를 추구하는 행위자들이 네트워크 관계의 구축을 통해 협력 행동을 추구하면서, 이를 통해 자발적으로 규칙과 규범이 만들어지는 경제로 설정하고 있다. 네트워크 경제의 핵심 고리에 대해서는 사회적 경제 영역(정건화, 2012), 다양한 집단 간의 정치연합(정준호, 2012), 참여자본주의 · 공공경제 · 사회적 연대경제의 상생관계(이병천, 2013a), 중소기업(전병유 · 정준호, 2015) 등 다양한 입장이 제시되고 있다. 이 경우 국가의 과제는 "주체들의 협력과 신뢰를 유도할 수 있는 공유자산을 제공하고 생산 주체들의 네트워크형 거버넌스를 구축하도록 유도하는 것"(전병유 · 정준호, 2015, p. 24)이라는 점에서는 의견을 같이하고 있다.

셋째, 제도적 차원의 불일치는 보다 근원적인 것으로, 효율성을 중시하는 자본주의적 시장경제는 본질적으로 소득의 공정한 분배와는 다른 방향으로 발전할 가능성이 많다는 점 때문에 발생한다. 사유재산권이 보장되는 자본주의 사회에서 재산의 처분권은 개인에게 있기 때문에 개인 능력에 따라 축적된 자산은 사회로 귀속되기보다는 대개 혈연을 통해 승계되는 것이 일반적이다. 결국 세대가 지속되면 자산 소유의 불평등은 필연적으로 증가할 것이기 때문이다. 자본주의 국가에서는 상속세와 양도세를 활용하여 불평등 요인을 완화시키려 하고 있지만, 근본적인 해결책은 아니다. 피케티(2014)는 기존의 복지정책과 누진소득세 외에 글로벌 자본세를 부과하여 부의 불평등을 해소할 것을 제안하고 있지만, 실현 가능성은 미지수이다. 결국 복지국가 운영에 필요한 '적절한' 세율(누진소득세율 및 상속/양도세율)에 대한 사회적 합의를 도출하는 국가의 역량이 중요하다.

6. 맺음말

이 글에서는 현행 헌법에 규정된 경제민주화라는 가치가 헌법상에서 어떤 위치를 차지하는지를 설명하고, 현재 상황에서 경제민주화의 가치는 재벌체제의 폐단을 해소하여 경제양극화라는 구조적 위기를 극복함으로써 실현될 수 있음을 보이고자 하였다. 간단히 요약하면 제헌헌법 이래 한국 사회의 경제체제는 사회적 시장경제질서에 기초한 것이라는 주장과 혼합경제체제라는 주장이 대립하고 있지만, 더 중요한 것은 그 헌법이 제정 · 개정될 당시의 경제 상황과 시대정신을 반영하여 해석해야 할 것이라는 관점을 유지하는 것이다. 1987년 헌법의 경제민주화에 대해서도 경제민주화를 경제적 자유주의로 좁게 보는 입장과 경제적 민주주의까지로 포괄하는 것으로 넓게 보는 입장으로 구분할 수 있다. 헌법 개정 당시에는 전자의 입장이 더 강했을지 모르지만, 현재 상황은 경제양극화의 해소라고 하는 후자의 입장에 방점을 둘 수밖에 없는 상황이다. 이를 위해 재벌체제의 운영 방식은 대폭 규제되어야 하며, 정책의 운영 방안은 소득중심성장정책으로 선회하고, 재벌 대기업 외에 중소기업, 사회적 경제, 시민사회 등으로 조직화된 새로운 네트워크를 통해 혁신동력을 구할 방안을 마련해야 할 것임을 지적하였다.

경제민주화는 자본주의 경제체제에서 시장과 국가가 수행하는 역할에 관한 경제학의 뿌리 깊은 논쟁과 관련이 있다. 경제민주화가 언급된다는 사실 자체가 현 상태가 민주적이지 않음을 의미한다. 그것은 시장 자율에 맡긴 경제 시스템의 기본적 한계이며, 경제민주화의 주체가 시장이 될 수 없음을 보여 주는 증좌이다. 자본주의 경제체제는 가격(효율성)에 의해서만 움직이는 것이 아닌 공정함(정의)이 필요하다는 것인데, 이러한 공정함은 가격에 의해 저절로 달성되지 않기 때문에 '공공선'의 담지자인 국가가 주도하는 경제민주화와 시장 사이의 갈등 역시 불가피한 것이다.

재벌체제라는 고착화된 구조의 개혁은 국민 다수의 동의가 없다면 지속 불가능하다. 경제민주화의 핵심은 참여에 있다는 이정우(2013)의 주장은 간결하지만 정곡을 찌르고 있다. 대한민국은 경제민주화에 해당하는 몇 차례의 역사적 경험이 있다. 경지의 평등한 분배라는 농지개혁은 대한민국의 탄생과 함께 했으며, 금융실명제의 전격 실시 역시 소중한 경험이다. 적절한 비유는 아니지만, 두 차례의 군사정권은 부정축재자의 처벌을 통해 정권의 정당성을 확보하고자 했다. 재벌체제의 개혁 또한 시대적 소명으로 인식하는 공감대가 형성되어야만 가능할 것이다.

재벌체제가 낳은 구조적 문제인 경제양극화는 중산층의 존립 기반을 흔든다는 점에서 경제민주화의 심각한 위협 요인이다. 2016년의 촛불혁명은 재벌체제에 포획된 사유화된 국가권력에 대한 국민의 단죄였으므로, 재벌체제에 대한 규율 강화를 통한 경제민주화의 복원 역시 시대적 요구임이 분명하다. 그 과제가 실질임금 상승을 통해 가능할지, 기본소득의 보장을 통해 가능할지는 별도의 문제이지만, 그 결과가 중산층의 폭을 넓힘으로써 우리 사회 민주화에 기여하길 기대해 본다.

참고문헌

강광하, 〈신경제5개년계획에 대한 평가〉, 《경제논집》, 40(2 · 3), 서울대학교경제연구소, 2001, pp. 129-148.

권건보, 〈경제민주화와 복지의 공법적 기초와 과제〉, 《공법연구》, 41(2), 2012, pp. 61-88.

김기원, 〈재벌체제의 발전과 모순〉, 《동향과 전망》, 50, 2001, pp. 200-223.

______, 〈재벌기업과 재벌총수〉, 《역사비평》, 73, 2005, pp. 99-104.

김덕중, 〈한국경제와 경제민주화〉, 《경제학연구》, 36(1), 1988, pp. 275-285.

김상겸, 〈한국경제질서와 헌법상의 경제조항에 관한 연구〉, 《한독사회과학논총》, 19(4), 2009, pp. 3-28.

김상조, 〈경제민주화의 의미와 과제〉, 《경제와 사회》, 96, 2012, pp. 112-140.

김영미 · 한준, 〈기업규모별 임금격차 분해를 통해본 한국 노동시장의 구조변동, 1982-2004〉, 《한국사회학회 사회학대회논문집》, 2008, pp. 55-66.

김종철, 〈헌법과 양극화에 대한 법적 대응〉, 《법과사회》, 31, 2006, pp. 9-32.

김형성, 〈경제헌법과 사회적 시장경제〉, 《경제법연구》, 4(2), 2005, pp. 119-135.

나성린 · 박기백 · 박형수, 《우리나라 국가부채의 지속가능성》, 한국조세연구원, 2006.

롤스 저, 황경식 역, 《정의론》, 이학사, 2003.

박순성, 〈고전적 자유주의와 경제민주화〉, 《황해문화》, 76, 2012, pp. 8-26.

박종규, 《한국경제의 구조적 과제: 임금 없는 성장과 기업저축의 역설》, 한국금융연구원, 2013.

______, 〈지니계수로 본 인구고령화의 소득분배에 대한 영향〉, 《금융브리프》, 26(1), 2017, pp. 10-11.

변형윤, 〈경제민주화의 과제〉, 《경제학연구》, 36(1), 1988, pp. 271-273.

성낙선, 〈한국에서의 경제 민주화 논쟁: 쟁점과 평가〉, 《동향과 전망》, 92, 2014, pp. 288-319.

성낙인, 〈헌법상 경제질서와 경제민주화〉, 《고시계》, 57(12), 2012, pp. 2-8.

______, 〈대한민국 경제헌법사 소고 – 편제와 내용의 연속성의 관점에서 –〉, 《서울대학교법학》, 54(3), 2013, pp. 133-161.

송원근, 〈외환위기 이후 재벌정책 변화와 개혁방향〉, 《기억과 전망》, 34, 2016, pp. 103-148.

신우철, 〈건국강령(1941.10.28) 연구: '조소앙 헌법사상'의 헌법사적 의미를 되새기며〉, 《중앙법학》, 10(2), 2008, pp. 64-98.
유철규, 〈80년대 후반 이후 내수확장의 성격〉, 《동향과 전망》, 18, 1992, pp. 189-218.
______, 〈경제민주화 공약과 박근혜 정부〉, 《동향과 전망》, 89, 2013, pp. 71-106.
이강복, 〈박근혜 정부의 경제민주화와 재벌개혁〉, 《경제발전연구》, 20(2), 2014, pp. 127-147.
이병천, 〈한국의 발전국가 자본주의와 발전딜레마〉, 《창작과비평》, 26(3), 1998, pp. 250-270.
______, 〈역사적 관점에서 본 한국경제의 위기 해석〉, 《경제학연구》, 47(4), 1999, pp. 101-120.
______, 〈개발자본주의론 서설 – 홉스적 협력 자본주의와 그 딜레마〉, 《역사비평》, 74, 2006, pp. 373-411.
______, 〈대한민국 헌법의 경제이념과 제119조의 한 해석〉, 《동향과 전망》, 83, 2011, pp. 144-179.
______, 〈어떤 경제/민주화인가〉, 《시민과 세계》, 22, 2013a, pp. 106-125.
______, 〈한국경제 전환의 인식과 대안 – 진보적 자유주의와 신개발주의를 중심으로〉, 《경제와 사회》, 100, 2013b, pp. 46-73.
이부하, 〈경제와 헌법의 관계〉, 《경제규제와 법》, 6(2), 2013, pp. 89-100.
이상헌, 〈소득주도성장: 이론적 가능성과 정책적 함의〉, 《사회경제평론》, 43, 2014, pp. 67-99.
이일영, 〈87년 체제와 네트워크국가: 경제민주화의 발전경제학〉, 《동향과 전망》, 86, 2012, pp. 44-78.
이장희, 〈헌법 제119조 제2항 '경제민주화'의 의미〉, 《공법연구》, 42(2), 2013, pp. 95-124.
이정우, 〈경제민주화의 과제〉, 《내일을 여는 역사》, 50, 2013, pp. 18-26.
이한태, 〈경제헌법과 경제민주화의 헌법적 가치〉, 《서울법학》, 20(3), 2013, pp. 1-36.
전병유 · 정준호, 〈한국경제 성장체제의 재구성을 위한 시론〉, 《동향과 전망》, 95, 2015, pp. 9-43.
정건화, 〈민주주의, 지역 그리고 사회적 경제〉, 《동향과 전망》, 86, 2012, pp. 7-43.
정병수, 〈산업민주주의의 이념과 목표〉, 《경제학연구》, 36(1), 1988, pp. 287-303.
정운찬, 〈우리나라의 경제민주화〉, 《문학과사회》, 10(4), 1997, pp. 1362-1378.
정준호, 〈네트워크 실패에 기반한 신산업정책론의 가능성과 한계〉, 《동향과 전망》, 85, 2012, pp. 50-88.
주상영 · 전수민, 〈노동소득분배율의 측정: 한국에 적합한 대안의 모색〉, 《사회경제평론》, 43, 2014, pp. 31-65.
토마 피케티 저, 장경덕 외 역, 《21세기 자본》, 글항아리, 2014.
홍장표, 〈한국의 노동소득분배율 변동이 총수요에 미치는 영향: 임금주도 성장모델의 적용

가능성〉, 《사회경제평론》, 42, 2014a, pp. 31-65.
______, 〈한국의 기능적 소득분배와 경제성장 – 수요체제와 생산성체제 분석을 중심으로 –〉, 《경제발전연구》, 20(2), 2014b, pp. 67-97.

제7장

우리 헌법의 경제민주화 사상과 제119조의 문맥 - 1987년 헌법이 얻은 것과 잃은 것 -

이병천

이 글은 학술지에 게재된 논문(〈대한민국 헌법의 경제이념과 제119의 한 해석〉, 《동향과 전망》, 제83호, 2011)을 서울대 공익인권법센터 주최 '경제민주화 심포지엄'(2016년)에서 발표를 거쳐 수정·보완한 것이다.

1. 문제

새삼스러운 말이지만 현대 한국에서 헌법 규범(norms)과 역사적 현실(facts) 간에는 늘 심각한 간극이 있어 왔다. 현실에서는 힘이 지배하며 심지어 힘이 정의라고 큰 소리친다. 국가권력은 독점적 재벌과 '사익공동체'로 공모해 헌법을 짓밟고 농단하며 헌법 위에 군림해 왔다. 1987년 민주화 이후 30년이 넘는 오늘의 우리 현실에서, 불안에 떨며 내일의 희망을 빼앗기고 있는 90% 대중의 삶의 현실과 헌법 규범 간에는 여전히 간극이 매우 크다. 이는 정의로운 대한민국으로 가는 기본 관문인 실질적 경제민주화와 복지국가를 건너 뛴 채 주로 재벌과 가진 자를 살찌게 하는 무분별한 규제 완화와 압축 시장화로 나아간 결과이다. 한때 한국은 민주화 이행 이후 민주적 '공고화'에까지 성공했다고 높이 평가받기도 했지만, 다른 각도에서 보면 민주화 이후 한국 사회는 민주주의의 심각한 '결손화'(缺損化) 과정을 걸어왔다(신진욱, 2017). 그에 따라 민주화의 약속은 깨어졌다. 가깝게는 박근혜 정부가 경제민주화와 복지 증진에 대한 대국민 약속을 배신하고 삼성을 비롯한 재벌과 희대의 정경유착으로 이익을 사유화하고 비용을 사회화함으로써 3대 세습 자본주의 체제를 고착화 · 공고화시켰다(이병천, 2014, pp. 291-304; 2016b, pp. 403-409; 2016c, pp. 75-77). 사법부가 적폐세력의 한 축을 구성하고 있음을 빼놓을 수 없다. 촛불 시민혁명 행진이 패륜권력과 재벌의 공모에 의한 공공성 농단 사태에 제동을 걸지 않았다면 한국의 진로는 꼼짝없이 이른바 '헬 조선' 상황에 갇혀 헤어나지 못했을 것이다.

이런 상황에서 헌법을 다시 불러내는 것이 무슨 소용이 있을까, 사람들은 물을 것이다. 충분히 이해되는 물음이다. 그러나 또 달리 생각하면, 다 죽어 가겨우 숨이 붙어 있는 헌법에 다시 새 민주적 생기와 활력을 불어넣어 그 규범적 힘으로 현실을 지배하는 권력의 힘과 지배적 이데올로기를 제어해야 할 필요성은 더 커진 것이 아닐까? 이 글의 주제인 경제민주화의 경우는 특히 그렇다. 우리는 다음과 같은 말을 자주 듣는다. 주류 시장경제학 교과서에 따르면 경제는 민주화와는 아무런 관계가 없다. 민주화는 정치 문제일 뿐이고 경제는 정치와 별개 문제이다. 거기에는 경제생활에 민주주의를 적용한다거나 경제의 민주적 관리라거나 하는 생각은 시장경제 고유 영역에 해악을 끼칠 뿐이다. 그러나 우리 헌법은 넓은 의미에서 '사회적' 시장경제에 기초하고 있으며 분분한 경제민주화 논의가 기본 준거로 삼아야 할 아주 훌륭한 교과서이다. 우리의 국민 교과서, 시민 교과서는 딴 곳에 있지 않다.

우리 헌법은 제1조에서 "대한민국은 민주공화국이다"라고 하고, 제2조에서는 "대한민국의 주권은 국민에게 있고, 모든 권력은 국민으로부터 나온다"라고 말하고 있다. 그리고 헌법의 경제사상 또한 이에 부합되는 경제적이고 사회적인 민주주의 이념에 기초해 있다. 그 기본 가치와 정신에 따르면 고삐 풀린 시장이 낳는 심각한 불평등, 불균형과 불안정, 재벌의 독점 · 독식 체제는 국가의 규제와 조정의 대상이며, 반헌법적이고 위헌적이다. 이 글은 이런 문제의식 위에서 특히 헌법 경제 조항 제119조를 중심으로 우리 헌법의 경제사상이 어떤 기조를 갖고 있는지, 어떻게 변해 왔는지에 대해 살펴보려고 한다. 헌법의 경제사상 문제에 접근하는 이 글의 기본 시각은 헌법을 동태적 변화물로 보고 헌정사를 국가 및 자본권력의 발전과 민주주의 발전의 이중운동이라는 역사적 맥락 속에서 파악하는 것이다. 자본주의의 역사적 발전은 그것에 상응하는 '정당화 양식'을 요청한다. 그리고 사회 세력들은 그 '정당화 양식'을 둘러싸고 다툼을 벌인다. 그 다툼의 기본선은 자본 및 국가권력의 지배 대 민주주의 및 인권 간의 다툼이다. 그에 따라 역사적으로 모든 정당성은 쟁투적 요소를 내포한 정당성이 된다.[1] 이 정당화 양식을 둘러싼 다툼은 '법의 정치'[2]라는 형태를 취하기 마련이다. 해당 나라의 가장 기본적인 공적 규범을 규정한 헌법을 둘러싼 법의 정치가 바로 헌법 정치다. 이 글은 헌법 연구에서 '지배의 정당성 대 민주적 정당성' 간 다툼의 동학이라는 관점을 설정한다. 그런 관점 위에서 헌법 제119조를 중심으로 대한민국 헌법의 경제사상이 어떤 헌정사의 변모를 겪었는지, 부당한 현실의 개혁과 지배 이데올로기의 제어를 위해 어떤 규범적 기초를 제공할 수 있는지, 나아가 어떤 문제점을 안고 있고 새로운 개혁 과제를 갖고 있는지를 살펴보고자 한다. 그런데 제119조의 연구라 해도 먼저 그 역사적 연원 및 제헌헌법의 경제민주화 사상 전반에 대한 논의가 불가피하다.

2. 제헌헌법의 경제민주화 사상과 그 특징

그간 권위주의자들과 경제적 자유주의자들은 우리 헌법을 경제적 자유주의 방향으로 수정하기 위해 집요한 노력을 한 바 있다. '뉴라이트' 쪽에서는 제헌헌법이 자유주의 시장경제에 입각해 있을뿐더러 그것이 식민지 지배('식민지 근대화')의 유산인 양 아전인수적 해석을 한 적이 있다.[3] 뉴라이트 역사교과서

---

1 이병천(2006), pp. 401-404.

2 Scheueuerman(1994), Maravall & Przeworski(2003).

3 이영훈(2007) 및 교과서포럼(2008, p. 6)을 보라. 이에 대한 비판은 이병천(2014, 제1장과 제2장) 참고. 이영훈(2016)은 근래 방대한 분량의 저서를 출간했는데 여기에서는 제헌헌법의 경제 이념이 '민족사회주의'적 성격을 갖고 있다고 지적하고 있다. 그러나 이는 헌법 제정에 참여한 일부 논자들의 생각일 뿐이다. 뿐만 아니라 이영훈은 재산권이 자연권이라고 하는 고색창연한 자유시장/사유재산 절대주의를 표명하면서, 재산권을 공공복리에 적합하게 행사해야 한다고 천명한, 제헌헌법 이래 면면히 흐르는 우리 헌법의 기본 이념에 무척 당황해 한다(이영훈 2016, pp. 305-306, 585, 588). 이영훈은 이전에는 1948년 '건국'의 경제 이념이 자유시장 체제라고 했다가 그렇지 않음을 알고 나서는 자유시장 체제가 아니라고 마구 비판한다. 그의 헌법과의 불화 정도는 매우 심각하다.

에 따르면 대한민국 '건국' 이념은 자유민주주의와 '자유시장경제'에 기초를 두고 있다(교과서포럼, 2008, p. 6). 한편, 최근 교육부가 제작한 국정 역사교과서(2017, p. 254)에는 제헌헌법이 민주주의와 '시장경제'를 기본 틀로 삼았다고 하면서 "재산권의 행사는 공공복리에 적합하도록 하여야 한다"(제15조)는 헌법의 핵심 규정을 싹둑 잘라내어 버린다.[4]

우리 헌법이 말하는 것은 국정 역사교과서나 뉴라이트 교과서가 말하는 것과는 다르다. 대한민국의 제헌헌법의 경제사상은 경제적 자유주의가 아니라 특유한 형태의 사회적 시장경제론 위에 서 있다. 유진오가 말하고 있듯이 우리 제헌헌법은 처음부터 경제적 · 사회적인 민주주의와 정치적 민주주의의 조화를 추구했는데, 그 점에서 보자면 기본 정신과 이념에서 고전자유주의와 고전자본주의 헌법이 아니라 현대적인 바이마르공화국 헌법을 이어받고 있다.[5] 그러나 지금까지 알려진 바에 따르면 제헌헌법에 나타난 경제민주주의는 어떤 단일의 사상이 아니라 여러 사상들, 그러니까 바이마르 헌법과 함께 조소항의 삼균주의에 기반을 둔 임시정부 헌법 및 이를 계승한 헌법 초안들, 중국의 헌법 문서 그리고 해방 후 헌법 제정을 주도한 우파 세력의 생각(이청천 등의 '민족사회주의'나 이승만의 '일민주의'를 포함) 등에 영향을 받았다. 이들 사상이 어떻게 혼합되어 있는지에 대해서는 상당한 논란이 있다.[6] 그러나 "우리 헌법이 미국을 비

4 박근혜 정권 시기 이같은 헌법 왜곡 국정교과서를 제작하는 데 무려 44억이나 되는 혈세가 투입되었다는 사실에 놀랄 뿐이다.

5 1948년에 세계인권선언이 제정된 사실에도 유의해야 한다. 세계인권선언의 경제 · 사회적 권리들은 제2차 세계대전으로 잠시 중단되었던 19세기 말 이래의 사회입법 전통을 다시 이은 것으로 볼 수 있다. 특히, 인권선언의 제23조는 "모든 사람은 사회의 구성원으로서 사회보장을 받을 권리를 가진다"라고 하여 복지를 인권으로 천명하고 있다(조효제, 〈복지를 권리로 본 세계인권선언〉, 한겨레신문, 2011. 8. 13, p. 14).

6 예컨대, 이영록(2006)은 유진오 개인을 중심으로 그가 어떻게 기존의 헌법 사상을 종합하여 제헌헌법을 기초했는지에 초점을 두면서 사상적 바탕으로는 '5.5 헌장' 등 중국 헌법 문서의 영향을 강조한다. 반면 신우철(2008)은 유진오보다는 조소앙의 삼균주의와 건국강령의 사상적 바탕을 훨씬 더 중시한다.

롯한 서구의 자유주의·민주주의 국가의 헌법에서 내용을 빌려왔다"(최장집, 2005, p. 74)는 식의 주장만큼은 사실과 크게 어긋난다.

돌이켜 보면 고전자유주의적 자본주의 시대에는 소유권의 신성불가침과 경제 활동에 대한 사적 자치가 원칙이었고 작은 정부가 좋은 정부라는 생각이 지배적 사조였다. 헌법도 자유권과 재산권의 신성불가침을 규정했고 별도의 경제 조항은 둘 필요가 거의 없었다. 그러나 자본주의 시장경제에 내재된 여러 모순들, 즉 경제적 빈곤과 불평등, 노사 간 대립, 국민경제의 불균형과 불안정, 공황 등이 새로운 시대 문제로 터져 나오면서 헌법도 시대 변화에 부응하지 않을 수 없었다. 독일 바이마르 헌법은 선진자본주의 역사상 새 시대 변화에 능동적으로 부응한 최초의 사회국가 및 사회적 시장경제 헌법이었다. 이 점은 ① 경제생활의 질서는 각인에게 인간다운 생활을 보장할 목적을 갖는 정의의 원칙에 적합해야 하고, 경제적 자유는 이 한계 내에서 보장된다고 한 것(제151조), ② 재산권은 의무를 포함하며 재산권의 행사는 공공복리에 적합해야 한다는 재산권의 공공성 규정(제153조 제3항),[7] 그리고 ③ 자본권력의 일방적 전횡에 대해 노동의 참여권과 견제력을 제도화한 노사동등권과 노동자평의회, 지방 및 국민경제회의에 관한 규정(제165조) 등에서 잘 나타난다.[8] 그리하여 이후 많은 나라들이 자기 방식으로 바이마르 헌법의 정신을, 경제에 관한 별개 조항들을 두든 하든 그렇지 않든, 헌법 속에 담기에 이르렀다. 아시아에서 중국 헌법 문서나 한국의 제헌헌법 또한 기본선에서 바이마르 헌법의 정신을 수용하고 있다. 제헌헌법이 그저 '(자유)민주주의와 (자유)시장경제'를 기본 가치로 삼고 있다고

7 이는 독일 기본법 제14조 제2항에 그대로 계승되었다.

8 자세한 것은 송석윤(2016) 참조. 독일은 비스마르크 시대에 후발 추격산업국이면서도 복지의 측면에서도 일찍부터 선발산업국에 앞서 유럽 복지국가의 길을 선도했었다.

말하는 것은 바이마르 이전과 이후 시대 변화를 모르거나 고의적으로 무시하는 흑백 이분법적 논리가 아닐 수 없다.[9)]

그러나 우리 헌법은 바이마르공화국과는 또 다른 역사적 전통과 시대 조건 위에서 만들어졌음을 강조할 필요가 있다. 균등, 균평 및 균형의 가치를 중시하는 한국의 사상적 전통, 그 전통을 발전적으로 수용한 건국강령을 비롯한 임시정부 헌법의 유산, 이웃 중국 헌법의 영향, 민족해방운동과 민족주의적 요구, 그리고 분단과 좌파 배제 및 우파 득세 등의 사정이 우리 헌법에 바이마르 헌법 이상으로 그에 따른 한국적 특징을 각인시켰다. 헌법의 경제사상을 '사회적 시장경제'로 명명한다 해도 독일과 구분되는 그 고유한 특징을 파악할 필요가 있다. 아래에서 제헌헌법 경제민주화 사상의 몇 가지 특징을 지적해 보고자 한다.

첫째, 제헌헌법은 바이마르 헌법의 요소를 수용하고 있지만 그것에 비해 훨씬 강력한 국가소유 및 통제의 원칙을 제시하고 있다(이영록, 2006; 2013). 이를 보여 주는 대표적 조항은 중요 산업(금융, 보험 포함) 및 자연력의 국공유 조항(제85조, 제87조)이다. 바이마르 헌법은 공유의 가능 근거만 마련해 놓고 있을 뿐이며 자연력에 대해서는 '국가감독'만을 규정하고 있다. 또 바이마르 헌법이 '통상 및 영업의 자유'를 별도 조항(제151조 제3항)으로 명시하고 있음에 반해, 우리 헌법에서는 "모든 국민에게 생활의 기본적 수요를 충족케 하는 사회정의의 실현과 균형 있는 국민경제의 발전을 기함을 기본으로 삼는다"는 한계 내에서 각인의 경제적 자유가 보장된다고 규정하고 있다(제84조).[10)]

9 그 뿌리에 공산진영과 반공자유진영이라는 냉전적 이분론이 깔려 있다.
10 이 점 때문에 이영록(2009; 2013)은 제헌헌법 및 그 경제 조항 이념에 대해, '동일주의적 경향과 공화주의적 경향의 불편한 공존'을 보여 준다는 의미에서 '동화주의'에 입각해 있다고 말한다.

그럼에도 불구하고 제헌헌법에는 주요 대규모 공업의 국유, 국영 조항이 빠져 있다. 뿐만 아니라 토지국유화 또는 토지사유 제한의 조항이 없다. 임시정부의 건국강령(토지국유화) 이래 민주의원안 및 조선임시약헌(토지사유 제한)으로 이어지고 있던 규정이 제헌헌법에는 사라졌다(박찬승, 2012; 2013).[11] 우리 헌법에서 토지공개념 관련 조항은 1962년 헌법에서 초보적 형태로 등장했다가 1987년 헌법에서 민주화 시대에 부응하는 내용으로 수정되었다(제122조) (김배원, 2005; 전강수, 2011; 2017). 그럼에도 대한민국 현대사에서 토지공개념의 현실적 구현 과제는 노태우 정부 시기 공개념 관련 일부 법률이나 노무현 정부 시기 종부세가 헌법불합치 판결을 받은 데서 보듯이 큰 곤란을 겪게 되었다.[12]

둘째, 우리 헌법은 토지 및 대규모 공업을 제외한 분야에서 국가소유 및 통제 성격은 강한 반면에 여러 이해당사자의 민주적 참여권과 견제력을 제도화하는 문제에서는 바이마르 헌법에 현저히 미달한다. 가장 중요한 대목은 바이마르 헌법 경제민주화의 핵심 구성 부분으로 들어 있는 노동자평의회와 지방 및 국민경제 회의 조항이 우리 헌법에는 빠져 있다는 것이다.

우리 헌법 제정사를 살펴보면 노동자 경영참여권은 삼균주의에 입각한 임시정부 건국강령(1941. 11. 25)에는 없었지만, 이를 이어받은 (남조선대한민국 대표) 민주의원안에 최초로 명시된 바 있으며 남조선과도입법의원의 조선임시약헌(1947. 8. 6)은 이를 이어받고 있다. 제2장 국민의 권리의무를 규정하고 있는 제4조에 10가지 '생활균등권' 중의 하나로서 제7항에 "기업의 경영관리 면에 노동

11 또한 이는 제헌헌법이 바이마르 헌법에 크게 미달하는 부분이다. 바이마르 헌법 제155조 '토지의 분배 및 이용에 대한 국가의 감독' 참조. 바이마르공화국 시기 경제민주화의 일환으로서 주거권(제155조 제2항)에 대해서는 정현백(2016, 제3장) 참조. 한편, 이웃 대만 또한 제헌헌법에서부터 자본 통제와 함께 지권균등화 원칙을 명확히 규정해 놓고 있다. 이는 손문의 삼민주의에 뿌리를 둔 것이다(김상용, 1995, pp. 254, 275, 310-311). 반면 일본은 토지소유권의 배타적 사유(및 건축자유) 국가의 전형을 보여 주고 있는데, 한국은 바로 이 일본의 길을 따랐다.

12 헌법상 토지소유권 문제를 깊이 있게 논의한 글로는 배영길(1995) 참고.

자 대표 참여' 조항이 들어 있다.[13] 그러나 새로 헌법 기초 논의가 시작된 후 만들어진 국회 헌법 초안과 그 이전 행정연구회 초안, 유진오 초안 등 어디에도 이 조항은 사라졌다. 그러다가 국회 헌법 초안의 심의 과정에서 전진한에 의해 '노농 8개 조항'의 일부로서 노동자 경영참여권이 노동자 이익균점권과 함께 제출되었지만 기각되고 이익균점권만이 사회적 기본권으로 살아남았다(제헌헌법 제18조). 한편, 국민경제회의 부분은 유진오도 매우 중시했고 국회 헌법 초안에 내각자문기구로나마 들어 있었으나(제95조) 심의 과정에서 삭제되었다.

이리하여 제헌헌법은 국가의 소유 및 통제가 자못 강력한 가운데 '모든 국민에게 생활의 기본적 수요를 충족케 하는 사회정의의 실현과 균형 있는 국민경제의 발전을 기함을 기본'으로 삼는다는 평등주의 지향을 갖고 있음에도 불구하고, 이를 실현 가능케 할 뿐 아니라 그 자체 고유 가치를 갖는 노동자의 민주적 경영참여권, 특히 공업 부문에서 거대자본의 횡포는 물론 비대한 국가권력의 오남용을 방지할 수 있는 대항적 견제 · 균형력을 제도화하지 않고 있다는 한계, 자본권과 노동권 간의 균형을 제도화하지 못했다고 하는 중대한 한계를 갖게 되었다. 이 빈틈은 이후 헌법 개정의 역사 속에서 더욱 악화되며, 1987년 민주화를 계기로 개정된 현행 헌법에서도 이 문제는 여전히 해결하지 못했다.

셋째, 균등과 함께 균형은 제헌헌법이 명시하고 있는 헌법적 기본 가치이다. 이는 전문에서 "정치, 경제, 사회, 문화의 모든 영역에 있어서 각인의 기회를 균등히 하고 … 국민생활의 균등한 향상을 기하고"라거나, 6장 경제의 모두 조항(제84조)에서 "균형 있는 국민경제의 발전을 기본"으로 삼는다는 규정으로 나타나 있다. 여기서 '균형 있는 국민경제의 발전'이란 어떤 의미인가. 이 규정

13 그러나 조선임시약헌에는 노동 기본권이 명시되어 있지 않았으며 다수 의원들은 경영참여권을 의견진술권으로 이해하고 있었다. 이에 대해서는 이경주(2001) 참조.

은 1987년 헌법 제119조 제2항에서 "균형 있는 국민경제의 성장 및 안정"이라는 말로 계승되고 있다. 유진오는 이를 '국민경제 조직의 균형 있는 발전'으로 풀이하고 있다.[14] 그렇지만 이 규정의 연원이 임시정부 건국강령에서 "민족 전체의 발전과 국가를 건립 보위함"(건국 [6])에 있다고 본다면 경제적 민족주의의 의미도 빼놓을 수 없다고 생각된다.[15]

국민경제 조직의 균형 있는 발전 및 경제적 민족주의의 관점에서 보자면 중소기업, 그리고 협동조합이나 노동자 자주관리기업, 사회적 경제 그리고 커먼즈 등 비자본주의적인 참여-연대 경제의 발전은 대단히 중요하다. 오늘날 다원적 사회경제 형태의 강점이 크게 주목 받고 있는 새로운 추세에 비추어 볼 때 이 점은 특히 강조될 필요가 있다. 그럼에도 불구하고 제헌헌법에는 이들의 보호 육성에 대한 규정이 존재하지 않는다. 뿐만 아니라 자연력의 국유 조항은 자연자원의 공동소유에 기반을 둔 커먼즈의 복원과 발전을 억압하는 결과를 가져왔다.[16] 중소기업 보호와 관련해서는 유진오 초안에서 보호 조항을 볼 수 있을 뿐인데 초안 제99조에서는 "중소상공업은 입법과 행정에 있어서 보호를 받고 법률에 의하지 아니하면 그 자유를 제한 받지 아니한다"라고 규정되어 있다. 이는 바이마르 헌법(제164조)에서 참고한 것이 아닌가 짐작되는데,[17] 여하튼

14 이영록(2013), p. 81.

15 유진오 초안에도 "균형 있는 민족경제의 발전"이라고 표현되어 있다(제93조).

16 이에 대해서는 전재경(2006), 이순태(2015), 이병천(2017) 참고. 제헌 논의 과정에서 수산, 산림 등 자연자원 국유화 문제를 둘러싸고 토론이 일어났으나 다수결로 국유화 안이 통과되었다(이순태, 2015). 제헌헌법상 자연력의 '국유 조항'은 1954년 개정헌법에서 '특허 조항'으로 개정되었는데, 특허 조항이 국유 조항보다 커먼즈의 발전에 더 유리하다고 보기도 어렵다. 대한민국 법제사상 커먼즈의 복원과 발전을 뒷받침하는 입법적 근거는 1958년 신민법에서 처음으로 '총유' 규정이 도입됨으로써 마련되었다. 그러나 박정희 정부는 '지방자치에 대한 임시조치법'(1961년) 등의 입법으로 마을[리동] 재산을 군에 넘기도록 하는 불법 조치에 의해 민법적 총유 보장권을 짓밟았다. 1970년대 새마을운동은 이런 파괴적 토대 위에서 진행되었다.

17 송석윤(2016, p. 181) 참고. 나는 바이마르 헌법 제정자들이 국유계획화론과 거리를 두면서도 당시의 주류 경제민주화 사상, 즉 힐퍼딩류의 '조직자본주의'론에 입각해 있었다고 생각하고 있는데 그럼에도 불구하고 바이마르 헌법에서 중소 상공업 보호 조항이 들어 있는 것은 흥미롭다.

유진오 경제민주화 사상의 또 한 가지 전향적인 대목을 보여 준다.

요컨대, 제헌헌법에 중소기업의 보호와 공정한 경쟁 및 상생협력, 보편적인 시장접근권과 패자부활권 규정 그리고 국유·국영 기업과 별개로 아래로부터 피어나는 다양한 비자본주의 형태의 기업 및 각종 커먼스 형태의 보호 육성에 대한 규정들이 결여되어 있다는 것은 "균형 있는 국민경제의 발전"을 말하고 있음에도 불구하고, 그에 대한 헌법의 사고가 여전히 협소했음을 말해 준다. 결국, 이 점을 앞서 말한 노동자 경영참여권 부재의 문제와 통합해서 생각해 보면, 제헌헌법을 지배했던 당대 경제민주화 사상은 국유 및 국가통제를 통한 거대 기업권력의 견제에 주된 관심이 놓여 있었으며, 국유 부문을 포함해 다양한 소유 및 경영 형태가 공존하면서 견제와 균형, 상생 협력이 이루어지는 다원적인 참여 및 연대의 시장경제상을 가진 것이 아니었다고 여겨진다. 즉, 국유와 사유의 이분법적 사고를 벗어나지 못했다. 국공유 부문의 '신탁관리'[18]와 같은 생각을 찾아볼 수 없는 것은 두 말할 것도 없다.

마지막으로, 제헌헌법의 또 한 가지 특징은 '경제 조항'(제6장)을 별도로 두고 있다는 것이다(제84-89조). 이는 1987년 현행 헌법에도 그대로 계승되고 있다(제9장 경제, 제119-127조). 이 부분은 일단 형식적으로는 바이마르 헌법 편제를 따른 것으로 보인다. 바이마르 헌법에는 제2편(독일 인민의 기본권과 기본 의무) 조항 안에 별도로 제5장 '경제생활'을 두고 제151조 이하에서 일련의 경제 조항을 설치해 놓고 있다. 제153조 제3항에 소유의 공공성 또는 사회적 의무 규정이 들어 있다. 그러나 경제 조항의 편제 방식에서 제헌헌법은 바이마르 헌법과 중요한 차이를 갖고 있다. 바이마르 헌법은 기본권 영역 안에 경제 조항을 두고 있는

18 이에 대해서는 우자와(2008[2000]) 참고.

반면에 제헌헌법은 기본권 조항(제2장 국민의 권리 의무)과 별개 장으로 국가의 통치 구조 다음에 경제 조항(제6장)을 두고 있다. 이에 따라 재산권의 공공성 규정(15조)은 기본권 조항에 들어 있고 경제 조항에는 없다. 사기업에서 노동자의 이익분배 균점권(18조)도 기본권 조항으로 들어 있다.

제헌헌법에서 경제 조항을 기본권 조항과 분리해 놓은 편제 방식은 유진오의 헌법 초안에서 비롯된 것으로 보이며 국회 헌법위원회 기준안도 이를 따르고 있다. 반면에 조선임시약헌(과도정부, 1947. 8. 6), 대한민국 건국강령(1941. 11. 25)은 물론, 행정연구위원회안(1948. 3. 1)에도 두 조항은 분리되어 있지 않다.[19] 이렇게 경제 조항이 기본권 영역과 별도로 설치되어 있음으로 해서 경제 질서를 기본권과 분리시켜 논의할 수 있는 것처럼 오해할 여지를 남기게 되었다. 그러나 근본적으로 중요한 것은 형식적 편제보다 헌법이 지향하는 기본 가치와 정신이다. 그런 관점에서 볼 때 기본적 인권 조항이야말로 '절대적 우위' 조항이라 할 것이며, 경제 조항은 기본권 조항과 별개라기보다 그것에 종속된 조항으로 보는 것이 타당하다는 생각이다.[20]

3. 1987년 헌법 제119조, 무엇을 말하고 있나

우리 현행 헌법은 1987년 정치적 민주화 과정에서 탄생했다. 이 헌법에는 제9장이 별도의 경제 조항(제119-127조)이고, 제2장 국민의 권리와 의무 안에서

19 정종섭 편(2002, pp. 166, 169, 177-178, 183, 191) 참조. 이영록(2006a, pp. 252-325)에 따르면 기본권 조항과 별도로 경제 조항을 두고 있는 제헌헌법의 편제 방식은 중국의 '5.5 헌장'과 유사한 형식이다.

20 이에 대해서는 오동석(2011) 참조.

제23조에 재산권의 공공성이 규정되어 있다. '제9장 경제'의 머리 규정인 제119조, 그리고 제23조를 같이 보면 다음과 같다.

> 제119조 제1항: 대한민국의 경제 질서는 개인과 기업의 경제상의 자유와 창의를 존중함을 기본으로 한다.
> 제119조 제2항: 국가는 균형 있는 국민경제의 성장 및 안정과 적정한 소득의 분배를 유지하고, 시장의 지배와 경제력의 남용을 방지하며, 경제주체 간의 조화를 통한 경제의 민주화를 위하여 경제에 관한 규제와 조정을 할 수 있다.
> 제23조 제1항: 모든 국민의 재산권은 보장된다. 그 내용과 한계는 법률로 정한다.
> 제23조 제2항: 재산권의 행사는 공공복리에 적합하도록 하여야 한다.
> 제23조 제3항: 공공 필요에 의한 재산권의 수용 · 사용 또는 제한 및 그에 대한 보상은 법률로써 하되, 정당한 보상을 지급하여야 한다.

헌법 제9장 제119조 제2항은 조항의 핵심 내용을 따서 '경제민주화 조항'으로 불리기도 한다. 사람들은 제119조 제2항에 1987년 민주화의 시대정신이 헌법적으로 표현되어 있다고 보기도 한다.[21] 그동안 한국의 개혁 · 진보주의자들은 제1항은 별로 거론하지 않고 주로 제2항을 내세워 왔다. 반면에 보수 · 자유시장주의자들은 제1항을 전면에 내세운다. 그러면서 제2항을 비판하고 집요하게 삭제하려고 해왔다.[22]

---

21 토지공개념 관련 조항은 122조에 사회복지 관련 조항은 34조에, 노동 관련 조항은 32-33조에 규정되어 있다.
22 강경근 외(2010), 좌승희 편(2007).

그런데 헌법 제119조 제2항이 탄생하는 데는 6월 항쟁의 시대적 배경 위에서, 당시 국회개헌특위 경제분과 위원장이었던 김종인의 노력이 컸던 것으로 알려져 있다. 그의 역할이 과연 어느 정도였는지는 논란이 있지만,[23] 제119조 제2항이 어떤 의미를 가지고 있는지를 정확히 알기 위해서 김종인 전 의원의 설명을 직접 들어볼 필요가 있다. 아래에서 다소 길지만 두 부분을 인용한다.

A: "재벌의 탄생은 무엇을 의미하느냐? 일반적으로 생각할 때, 경제가 발전하면 물질이 풍요로워지고 이는 곧 국민의 부의 증가와 생활 수준의 향상, 그리고 국민의 행복의 증대로 생각하기 쉽다. 이 부분에서 간과하는 것이 있는데, 경제의 부가 증가한다는 것은 부 자체만 증가하는 것이 아니라 부를 바탕으로 그것을 소유한 자들의 정치 · 사회적 힘도 같이 늘어난다는 것이다. 재벌과 경제 세력의 성장 과정을 보면, 1960년대는 태동기, 1970년대는 확장기, 1980년대는 안정기가 도래했다고 볼 수 있다. 1970년대 중반부터 내가 생각했던 것이 6차 경제개발 5개년 계획이 끝나는 1990년대 초에 가면 정치 세력과 경제 세력의 관계가 역전을 하는 상황이 될 것으로 생각했다. 그렇게 되면 정치 세력에 심각한 문제가 생기게 되는데, 정치 세력이라는 것이 당면한 정치 · 사회적 여러 가지 문제를 해결하기 위해 나름의 이해관계를 유지해 나갈 필요도 있고, 여러 가지 법적 조치도 필요하다면 해야 하는 것이 정치 세력이다. 그런데 경제 세력의 힘이 우위에 있다면 그에 반하는 정책이나 법적 조치는 경제 세

23 논란이 있지만, 홍헌호(2012, p. 237)는 당시 노태우 민정당 대표위원조차 정치, 사회의 민주화와 경제민주화를 시대적 요청으로 강조하고 있던 상황에서 김종인의 역할이란 "다 차려진 밥상을 방안에 들고 온 정도"에 불과했다고 말한다.

력의 반발로 인해 무산되거나 관철되지 못할 것이다. … 그런데 1970년대 한국 재벌의 상황을 보면, 이후의 상황은 루스벨트 당시 미국 기득권 세력의 권한보다 막강하게 될 것이 훤히 보였다. 마침 헌법 개정을 하는 특위를 만들었는데, 그 특위에서 경제 조항을 담당하는 위원장이 되었다. 한국 재벌의 힘이 증대되었다는 것을 여실히 경험한 것이 이때인데, 내가 헌법개정위 경제분과위원장이 되니까 전경련에서 즉시 반응이 왔다. … 이후에 경제민주화 조항을 꼭 넣을 수밖에 없게 된 것은, 향후 재벌이 법률과 언론을 장악한 상황 속에서 보수적 판사들이 판결을 내린다면 정부가 국가 운영을 위해 필요한 조치를 제대로 취할 수 없게 된다. 혹 취한다 해도 이것이 재벌들의 이익에 반하는 것이라면 이것을 헌법재판소에 제소하고, 또 이것이 위헌이 되는 사태가 벌어질 수 있는데, 이런 상황을 막기 위해 조항을 넣은 것이다."[24]

B: "왜 민주화라는 표현을 그곳에 사용했는가를 설명하겠다. 시장경제의 기본 원리대로 가게 되면 계속해서 힘 있는 사람이 독식을 하기 때문에 독과점이라는 현상이 필연적으로 나타날 수밖에 없다. … 산업화되고 경제가 성장하면 기본적으로 경제 세력이 영향력을 행사하는 범위가 넓어진다. 경제력이라는 것이 자연적으로 보이지 않게 사회 · 문화 전반적으로 넓어져 경제 세력을 정치 세력이 통제할 수 없는 상황까지 간다. 그렇다고 경제 효율을 포기하고 경제 세력을 화해시킬 수는 없기에 그 자체를 민주화할 수밖에 없다. 경제 세력 내부의 의사결정 과정을 민주화

24 김종인(2011). 비슷한 내용을 남재희(2005; 2006, pp. 143-157)도 전하고 있다.

할 수밖에 없다. 지나치게 경제력이 강해지는 상황에서 그것을 시정할 수 있는 방안으로 경제의 효율을 상하지 않는 방향에서 경제의 민주화라는 표현을 넣은 것이다."[25]

위의 인용문에서 김종인의 설명에 따르면 산업화 이후 대한민국이 어떤 새로운 도전에 직면했는지, 따라서 어떤 헌법적 과제에 직면했는지를 잘 알 수 있다. 즉, 경제적 민주주의라는 헌법 규범과 산업화 이후 거대공룡처럼 비대해진 재벌 지배현실 간에 심각한 간극이 나타났던 것이다. 통제 불능 상태가 되었음은 물론, 거꾸로 경제 · 사회 · 문화 전반, 그리고 정치 세력까지 통제할 수 있게 된 거대 재벌권력의 위협, 또 정부의 규제와 조정 노력에 대해 자유시장경제라는 명분을 내세우며 이를 좌절시키고 대법원조차 재벌 손을 들어 줄 상황을 자신이 우려했다는 것이다. 이것은 제헌헌법이 제정되던 때와는 판이하게 달라진 형국이다. 그래서 김종인은 되돌리기 어렵게 된 산업화 이후 그리고 민주화 이행이라는 새 역사적 조건 속에서 "정치 세력이 사회 조화를 위하여 경제 세력을 견제하기 위한 방법"으로서, "지나치게 경제력이 강해지는 상황에서 그것을 시정할 수 있는 방안"이 필요하고, "경제 세력 내부의 의사결정 과정을 민주화"해야 한다고 생각했다는 것이다. 김종인에 따르면 헌법 제119조 제2항 그중에서도, 특히 '경제 주체 간의 조화를 통한 경제민주화' 규정에는 바로 이런 중대한 의미가 담겨 있다. 그리고 이전까지 우리 헌법에는 명시적으로 '경제민주화'라는 개념이 들어 있지는 않다는 점도 생각해야 한다. 이렇게 1987년 헌법은 정치적 민주화 이행을 넘어 '경제민주화'라는 민주화 시대의 새로운 기

25 대화문화아카데미 편(2011).

본 가치와 정신을 담고 있다.

그런데 제119조 제2항에서 '경제 주체 간의 조화를 통한 경제의 민주화'라는 말은 안타깝게도 매우 애매모호한 표현이다. 그 정확한 의미는 무엇일까. 왜 헌법 조문에 이런 애매한 표현이 나타났을까. 위의 인용문 B에서 보면 김종인 자신은 그 의미를 "경제 세력 내부의 의사결정 과정을 민주화"한다는 의미라고 풀이하고 있다. 그렇다면 그 의사결정 과정의 민주화는 혹시 노동자의 경영 참여를 말하는 것일까. 그런 의미라면 애매한 표현이 아니라 노동자의 경영 참여라고 명확히 명문화하고 헌법 노동기본권 조항에도 그 조문을 넣었어야 했다. 그러나 우리가 알다시피 노동자 경영참여권은 기득권 세력의 저항 때문에 제헌헌법에서도 명문화되지 못한 조항 아닌가. 그렇게 버려진 규정을 1987년 시점에서 개헌 주도 세력들이 다시 살린다? 기대하기 어려운 이야기이다. 뿐만 아니라 당시 민정당 의원총회 개헌안 토론에서 노동자 경영참여권(및 이익균점권)을 전향적으로 반영하자는 주장이 나왔음에도 불구하고 정작 김종인 자신은 이에 반대했다.[26] 김종인의 생각의 기본선은 대략 다음과 같은 것이었다.[27]

- 노동자 경영참여권과 이익균점권을 헌법에 규정한 나라는 없다.
- 정부와 민간의 역할을 분명히 규정하고 수평적 상호화합 측면에서 정부가 적극적으로 개입해야 한다.
- 기업가와 노동자 간의 형평을 유지할 수 있는 어떤 틀을 헌법 조항에 담아야 한다.

26 이 점은 이전에 홍원호(2012, p. 236)가 지적한 바 있다.
27 동아일보 1987년 7월 23일, p. 4, 〈민정당 의원총회 개헌안토론 지상중계〉. 경향신문, 같은 날짜(p. 3)도 참조.

즉, 김종인은 '기업가와 노동자 간 형평'을 유지하고 '수평적 상호화합'을 보장하는 어떤 틀에 대한 조항, 그리고 이를 위한 정부의 적극적 개입 역할을 규정하는 조항을 헌법에 담아야 한다고 보면서도 노동자 경영참여권과 이익균점권을 명문화하는 것에 대해서는 확실히 반대했다. 그러니까 그의 주장의 실체인즉 노동자 의사결정 참여권와 이익균점권이 빠져 있는 기업가 · 노동자 간 형평과 수평적 상호화합인 것이다. 바로 이런 생각이 119조 제2항의 애매하고 복잡한 표현으로 나타난 것이다.[28]

뿐만 아니라 나는 제119조 제2항 경제민주화 조항을 기본권 조항(제2장 국민의 권리와 의무)과 따로 분리 고립된 것이 아니라 거기에 종속된 조항으로 보아야 함을 말하고자 한다. 이와 함께 1987년 헌법에서 기본권 조항이 획기적으로 개선되었다는 점도 강조해야 한다. 만약에 우리 헌법의 기본 이념이 제헌헌법 이래 경제적 · 사회적 민주주의와 사회적 시장경제 성격을 갖고 있지 않았더라면 제119조 제2항의 경제민주화 조항은 쉽게 도입되기 어려웠을 것이다. 제119조 제2항 경제민주화 조항이 우리 헌법의 여타 사회경제 민주주의 조항들과 잘 합치된다는 것이 중요한 지점이다. 경제민주화 조항은 이들 조항을 민주화 이후 및 산업화 이후의 시대 상황에 부합되게 진전시킴과 동시에, 노동자 경영참여권 문제에도 보듯이 제헌헌법 이래의 그 한계도 동시에 갖고 있다고 보는 것이 적절하다고 생각한다.

28 서울대 공익인권법 센터가 주최한 경제민주화 심포지엄(2016년 9월 30일)에서 김종인은 헌법 제119조의 '경제주체 간의 조화'라는 표현이 자본과 노동 간의 조화라는 의미를 담고 있다고 설명했다. 그러나 이는 그가 이전까지 취해 온 스탠드와는 다른 것 같다. 또 그는 여러 이유를 들어 한국에서 노동자의 경영 참여는 시기상조라는 주장을 했는데 이것이야말로 그의 일관된 생각이라 여겨진다. 그의 경제민주화론은 노동자의 경영 참여와 이를 통한 견제와 균형, 건설적 타협이라는 생각이 빠져 있는 담론이다. 현실정치 무대에서 김종인이 취해 온 경제민주화론과 전략에서 노동참여권에 대한 적극적 견해는 찾아보기 어렵다. 그는 노조가 '사회 문제'에 깊이 관여하면 노동자 권익 보호를 소홀히 하게 된다는 취지의 발언도 한 바 있다.

이런 저자의 생각에서 볼 때 제119조만 따로 떼어 내서 제1항과 제2항의 관계를 원칙과 보충, 심지어 원칙과 예외로 보려는 자유시장주의자의 주장은 성립할 수 없다. 상당히 보수적으로 경도되어 있는 헌법재판소의 판례도 이런 주장을 거부한다. 헌재는 제119조 제1, 2항 모두를 고려한 판례를 내린 바 있다. "헌법이 이미 많은 문제점과 모순을 노정한 자유방임적 시장경제를 지향(指向)하지 않고 아울러 전체주의 국가의 계획통제경제도 지양(止揚)하면서 국민 모두가 호혜공영(互惠共榮)하는 실질적인 사회정의가 보장되는 국가, 환언하면 자본주의적 생산 양식이라든가 시장 메커니즘의 자동조절 기능이라는 골격은 유지하면서 근로대중의 최소한의 인간다운 생활을 보장하기 위하여 소득의 재분배, 투자의 유도 · 조정, 실업자 구제 내지 완전고용, 광범한 사회보장을 책임있게 시행하는 국가, 즉 민주복지 국가의 이상을 추구하고 있음을 의미하는 것이다"(헌재 1989. 12. 22. 88헌가13)라거나, "우리 헌법은 자유시장경제 질서를 기본으로 하면서 사회국가 원리를 수용하여 실질적인 자유와 평등을 아울러 달성하려는 것을 근본 이념으로 하고 있는 것이다"(헌재 1998. 5. 28. 96헌가4등) 등으로 말하고 있다. 이 헌재의 판례는 주목해서 보아야 할 지점을 갖고 있는데, 그것은 제119조 제1항과 제2항을 연결하는 고리 부분이다. 헌재의 판례는 자유시장경제 질서가 "갖가지 모순"을 수반하고 있다고 지적하고 있다. 또 "실질적인 자유와 평등을 아울러 달성"하는 것이 헌법의 근본 이념이라고 말한다. 그럼으로써 제1항의 "경제상의 자유"가 형식적 자유에 불과함을 일러준다. 헌법상 경제질서에 대한 이 같은 헌재의 판단은 자유시장의 갖가지 모순, 형식적 자유의 이름아래 실질적인 부자유와 불평등의 모순을 은폐하는 보수 자유시장주의자들의 파당적 프레임을 확실히 거부한다. 헌재의 판례는 시장과 정부가 상호 대체관계가 아니라 보완관계에 있음을 말해 준다.

우리는 국가권력의 간섭을 제한하지 않으면 자유가 유린된다는 자유시장주의자의 주장이 아주 교묘한, 프레임 전략임을 간파해야 한다. 어떤 자유인지, 누구의 자유인지, 어떤 시장인지, 어떤 국가권력인지에 대해 전혀 말하지 않고 있기 때문이다. 그들은 단지 추상적인 경제적 자유 일반, 시장 일반, 국가 일반에 대해서만 반복할 뿐이다. 제119조 제1항을 금과옥조로 여기는 자유시장주의자들은 자유시장이 그 자체로는 모든 사람들이 동등하게 시장에 참여해 자신의 사회경제적 삶의 기회와 상생 협력을 증진시킬 수 있는 어떤 실질적인 소득–자산 기반도, 아무런 실질적 자유도 제공하지 않는다는 사실을 숨긴다.[29] 제119조 제1항에서 "개인과 기업의 경제상의 자유와 창의를 최대한 보장"한다고 말했을 때, 우리는 그 '경제상의 자유'가 '어떤 자유인가', '누구의 자유인가'를 물어야 한다. 자유시장주의자들은 바로 이 '누구의 자유인지', '어떤 자유인지'의 문제를 숨기는 프레임 전략을 구사한다. 그런데 그들의 프레임 전략을 걷어내면 시장경제는 정글식 약육강식 시장과 다름없게 됨을 알 수 있는데, 거기서 경제적 자유란 소수의 특권적 자유와 다수 서민대중의 부자유를 의미한다.

4. 제119조의 헌정사, 동전의 뒷면

지금까지 우리는 1987년 헌법 제119조가 정치적 민주화 이행의 시대정신만이 아니라 그것을 넘어 경제민주화 조항이 담겨 있고 이는 제헌헌법 이래 변함

29 오늘날 세계적 불평등과 '고용 없는 저성장'의 추세 속에서 기본소득 및 기본자산 논의가 활발한 것은 자유시장주의가 무엇을 덮어버리고 있는지를 여실히 보여 준다고 할 것이다.

없이 지속되어 온 민주공화국의 경제 이념인 경제적 민주주의와 사회적 시장경제 이념을 발전적으로 계승하고 있는 것임을 주장했다. 이는 확실히 동전의 주요한 측면이다. 그렇지만 제119조는 또 다른 뒷면을 가지고 있다. 지금까지는 제119조에서 제2항 경제민주화 부분을 중심으로 논의했지만 이제 제119조 전체에 눈을 돌려야 한다.

1) 제119조 제1항과 제2항의 편제 방식

먼저 제119조 전체가 어떻게 편제되어 있는지, 그 편제 방식부터 살펴보기로 하자.

> 제119조 제1항: 대한민국의 경제 질서는 개인과 기업의 경제상의 자유와 창의를 존중함을 기본으로 한다.
> 제119조 제2항: 국가는 균형 있는 국민경제의 성장 및 안정과 적정한 소득의 분배를 유지하고, 시장의 지배와 경제력의 남용을 방지하며, 경제주체 간의 조화를 통한 경제의 민주화를 위하여 경제에 관한 규제와 조정을 할 수 있다.

즉, 제119조는 제1항에서 대한민국의 경제 질서는 개인과 기업의 경제상의 자유와 창의를 존중함을 기본으로 한다고 규정한 다음, 제2항에서 국가의 규제와 조정에 대한 규정을 하고 있다. 보수 자유시장주의자들이 제1항이 기본이며, 제2항은 부수적 · 보완적 조항, 심지어 예외적 조항이라고 주장하는 것도 여기에 근거를 두고 있다. 그러나 헌재의 판례에서도 말하고 있듯이, 그 "기본"

자체가 갖가지 모순을 갖고 있고 형식적 자유와 평등에 그치고 있기 때문에 제1항이 기본이고 제2항이 부수적, 심지어 예외적이라는 자유시장주의자들의 해석은 어불성설이다. 그런데 언제 이런 제119조의 편제 방식 변화가 나타났는가? 우리 헌법의 역사상 제1항과 제2항의 편제는 실로 중대한 변화를 겪었다.

제헌헌법으로 돌아가 보자. 제헌헌법상 해당 조항 제84조는 위에서 이미 본 바 있지만 다시 써 보면 다음과 같다.

> 제84조: 대한민국의 경제 질서는 모든 국민에게 생활의 기본적 수요를 충족할 수 있게 하는 사회정의의 실현과 균형 있는 국민경제의 발전을 기함을 기본으로 삼는다. 각인의 경제상 자유는 이 한계 내에서 보장된다.

여기서 제헌헌법 제84조는 모든 국민에게 생활의 기본적 수요를 충족할 수 있게 하는 사회정의의 실현과 균형 있는 국민경제의 발전을 기함을 "기본"으로 삼고 있다. 먼저 이 "기본"을 규정한 후에, "각인의 경제상 자유는 이 한계 내에서 보장"한다고 말하고 있다. 1987년 헌법과 비교하면, "기본"도, 조항 순서도 거꾸로, 완전히 뒤바뀌어 있다. 이는 매우 중대한 변화이다. 그렇다면 이 변경은 언제 이루어졌는가. 그것은 박정희 집권기의 일이다. 제3공화국 헌법(1962. 12. 26)에서 관련 조항은 제111조인데 이는 아래와 같이 되어 있다.

> 제1항: 대한민국의 경제 질서는 개인의 경제상의 자유와 창의를 존중함을 기본으로 한다.
>
> 제2항: 국가는 모든 국민에게 생활의 기본적 수요를 충족시키는 사회정

의의 실현과 균형 있는 국민경제의 발전을 위하여 필요한 범위 안에서 경제에 관한 규제와 조정을 한다.

1962년 헌법에서 "기본"이 뒤바뀐 것이다. 그리고 제헌헌법이 기본으로 삼았던 사회정의의 실현과 균형 있는 국민경제의 발전을 위해서는 정부는 "필요한 범위 안에서"만 규제와 조정을 할 수 있다고 제한을 부과하고 있다. 뿐만 아니라 박정희 정부는 제헌헌법 제84조의 이 같은 수정과 함께, 다른 두 개의 관련 조항을 삭제했다. 다른 두개의 조항은 다음과 같은 제헌헌법 제5조와 제18조 2항이다.

제5조: 대한민국은 정치, 경제, 사회, 문화의 모든 영역에 있어서 각인의 자유, 평등과 창의를 존중하고 보장하며, 공공복리의 향상을 위하여 이를 보호하고 조정하는 의무를 진다.
제18조 제2항: 영리를 목적으로 하는 사기업에 있어서는 근로자는 법률이 정하는 바에 의하여 이익의 분배에 균점할 권리가 있다.

제18조 제2항은 제헌헌법의 초안에는 없었지만 심의 과정에서 제기된 것으로, 기업경영 참가권은 부결되고 이익균점권만 새로 포함되었던 것이다.[30] 그리고 제5조는 제1장 총강 안에 들어 있는데, 정치적 민주주의와 경제적 · 사회적 민주주의의 조화를 추구한 제헌헌법의 이념이 총론적 수준에서 담겨 있는 조항이다.[31] 박정희 정권은 이런 중요한 조항을 도려냄과 동시에, 제84조의

30 자세한 것은 이흥재(2010) 참조.
31 헌법제정회의록(헌정사 자료 제1집). 국회도서관(1967a, p. 103)의 유진오의 발언 참조.

순서를 뒤바꾸어 경제적 자유를 먼저 세우는 수정을 단행한 것이다.[32] 이승만 정부 시기 1954년 개헌에서 제헌헌법의 중요 산업 국유화 조항(제87조)이 삭제된 것은 잘 알려져 있다. 그럼에도 불구하고 1954년 개헌에서는 제84조 경제 질서의 원칙 규정에서 수정은 가하지 않았다. 박정희 정부에 와서 최초로 제헌헌법상의 경제 질서 원칙에 큰 수정을 가했다. 이로써 한국의 경제헌법사에서 제헌헌법과 다른 3공화국의 전통이 만들어진 셈이다. 1980년 5공화국 헌법 제120조는 1962년 3공화국 헌법의 제111조 제1, 2항에 "제3항 독과점의 폐단은 적절히 규제 · 조정한다"를 추가한 것이다. 이상의 경과를 볼 때, 1987년 헌법 제119조의 편제 방식과 내용은 제헌헌법이 아니라, 제헌헌법 제84조의 규정에 처음으로 칼질을 한 3공화국 헌법, 그리고 이를 이은 5공화국 헌법을 답습하고 있음을 알 수 있다.

이러한 헌법 경제 조항의 중대한 변화는 더 넓게 보면 우리 헌법에서 민주공화국, 민주주의를 어떻게 보고 있느냐 하는 문제와 밀접하게 연결되어 있다. 한 연구가 밝히고 있는 바와 같이, 우리 헌법 전문에 "자유민주적 기본 질서"라는 말이 처음 나타난 것은 '유신헌법' 때의 일이었다. 이는 제헌헌법 전문에서 "민주주의 제(諸) 제도"로 말하고 있는 것과는 근본적으로 다른 문구로서, 북한과 대결의식 위에서 유신독재와 반공권위주의를 정당화하기 위한 의도로 새로 만들어진 것이다.[33] 1987년 헌법은 이 유신헌법 전문을 답습하고 다시 제4조에 "자유민주적 기본 질서에 입각한 평화적 통일"이라는 문구를 추가했다.

---

32 또한 지방자치에 관한 임시조치법(1961년 9월 1일)이 제정 · 실시됨으로써 리(里) 주민의 총유에 속하는 마을 재산이 시군(지방자치단체) 소유로 이전되었다. 이는 지역 커먼즈를 파괴하고 새로운 발전을 봉쇄하는 중요한 결과를 가져왔다.

33 자세한 것은 박명림(2007; 2011)의 글을 참조. 박명림은 '자유민주적 기본 질서'의 공식적인(법제처) 영어 표기가 'the liberal-democratic order'가 아니라, 'the free and democratic basic order'로 되어 있다고 말하고 있다.

그런데 넓게 보면 자유민주주의란 원래부터 하나의 단일 이념을 나타내는 게 결코 아니다. 맥퍼슨(Macpherson, 1973)이 잘 지적했듯이 자유민주주의란 자유주의와 민주주의의 모순적 구성물, 소유집착적 개인주의와 발전적 참여민주주의의 혼합물이다. 따라서 어디에 더 방점을 찍느냐에 따라 자유민주주의의 성격과 내용, 미래 발전 방향은 판이하게 달라진다.[34] 나는 제헌헌법상의 "민주주의 제 제도"가 군부독재 시대에 이른바 "자유민주적 기본 질서"로 바뀜으로써 그 이념적 시계추는 민주공화주의로부터 자유주의적 민주주의 쪽으로 변경되었으며, 사회경제적 측면에서는 경제적 · 사회적 민주주의로부터 '경제적 자유주의' 쪽으로 크게 경도되었다고 생각한다. 군부독재가 역설적으로 경제적 자유주의 지향과 결합되었다. 제헌헌법 제84조가 3공화국 헌법 제111조 제1항, 그리고 5공화국 헌법 제120조로 변한 것은 이 변화와 궤를 같이한다는 게 나의 해석이다.

논자에 따라서는 임시정부 헌법 이래 면면히 이어지고 제헌헌법에서 제정된 경제적 · 사회적 민주주의 질서의 기둥을 뒤흔든 1962년의 이 조항 개헌(제111조)이 박정희 시기 압축 경제 근대화를 가능케 한 법적 기초가 되었다고 말할지도 모른다.[35] 그러나 민주공화국을 이후 괴물처럼 거대한 지배력을 행사하

34 맥퍼슨은 국유, 공동소유(common property), 사유로 짜여지는 다원적 소유 형태의 발전에 대해서도 지적한 바 있다.

35 이영훈(2007, p. 221)이 그런 주장을 편다. 그는 그렇게 주장하면서 1962년 개정헌법 제111조 제1항과 제헌헌법 제15조를 같은 재산권 보장 조항으로 간주한다. 그는 1962년 헌법 제111조가 제헌헌법을 어떻게 수정 · 변질시켜 만들어진 것인지에 대해서도 말하지 않는다. 제헌헌법의 재산권 조항이 식민지 지배유산, 특히 일제 민법의 연속이라는 이영훈의 주장에 대해서는, 다음과 같은 유진오의 대답을 언급해 둘 필요가 있다. "여기서 말씀드릴 것은 이 재산권에 관한 생각이 가령 그 전 일본 민법에 있던 돈 재산권에 관한 생각과는 대단히 다르다는 점을 한마디 말씀드려 두겠습니다. 그 전에는 재산권은 절대적으로 해 가지고 그랬지마는, 지금은 공공 필요에 의해서 불가불 이것을 수용해야 하는 경우에는 법률의 정하는 바에 의해서 상당한 보상을 지불함으로써 행한다. … 그래서 재산권을 절대적인 것이라고 보지 않고 법률로써 재산권의 내용을 정하고 법률로써 그 한계를 정해 가지고 그 법률이 허용하는 한계 내에서 재산권은 용인된다는 그 규정입니다"(헌법제정회의록-제헌의회, 1967, p. 147).

면서도 지극히 무책임한 반민주적 '재벌 공화국'으로 전락시킨 헌법적 기초가 바로 3공화국의 헌법 수정에서 깔려졌다고 할 것이다.

2) 제119조 제1항의 검토

이제 헌법 제119조 제1항의 내용을 자세히 살펴보기로 하자. 이 조항은 "개인과 기업의 경제상의 자유와 창의를 존중함을 기본으로 한다"고 되어 있다. 그런데 이와는 달리, 1980년 5공화국 헌법에는 단지 개인의 경제상의 자유와 창의를 존중하는 것으로만 규정되어 있다. 즉, 6공화국 헌법에서 기업이 개인, 즉 사람과 똑같은 자격으로 들어간 것이다. 이 조항 변화는 우리 헌법 역사상 초유의 일이다. "기업의 자유" 부분은 3공화국 헌법 제111조 제1항, 5공화국 헌법 제120조의 제1항에도 없었다.

그런데 제119조의 규정에서 기업이 사람 또는 자연인과 똑같은 수준의 권리를 갖는다는 것은 중대한 문제가 아닐 수 없다. 왜냐하면 앞서 지적한 바대로 기업, 특히 대기업은 단순한 제도가 아니라 그 자체 거대한 '경제 세력'(김종인), 경제권력체이며 사물은 물론이고 인간을 지배하고, 경제는 물론 사회, 문화 그리고 정치에 대해서 부당한 구조적 지배력을 뻗치기 때문이다. 기업의 자유를 사람의 자유와 동등한 레벨로 '존중'함을 기본으로 하게 되면, 현실에서는 똑같이 존중되기는커녕 기업 아니 독과점 대기업과 소수 재벌이 사람 위에 군림하는 자본주의가 나타나게 된다. 그 때문에 기업에 대해 사람과 똑같은 경제적 자유를 제공할 수 있느냐 하는 것이 외국 헌법사에서는 중대한 논란의 대상이 되었다. 이와 관련해 로버트 달(Dahl 1995; 1985, pp. 82-90)은 기업의 사적 소유권이 헌법이 보장하는 기본적 인권이 될 수 없다고 지적한 바 있다. 또 미국 클린턴

표 7-1 헌법 제119조의 연원과 변화

연도	경제 조항 (1)	경제 조항 (2)
1948	제84조 대한민국의 경제 질서는 모든 국민에게 생활의 기본적 수요를 충족할 수 있게 하는 사회정의의 실현과 균형 있는 국민경제의 발전을 기함을 기본으로 삼는다. 각인의 경제상 자유는 이 한계 내에서 보장된다.	제85조 광물 기타 중요한 지하자원, 수력과 경제상 이용할 수 있는 자연력은 국유로 한다. 공공 필요에 의하여 일정한 기간 그 개발 또는 이용을 특허하거나 또는 특허를 취소함은 법률이 정하는 바에 의하여 행한다. 제87조 ① 중요한 운수, 통신, 금융, 보험, 전기, 수리, 수도, 가스 및 공공성을 가진 기업은 국영 또는 공영으로 한다. 공공 필요에 의하여 사영을 특허하거나 또는 그 특허를 취소함은 법률이 정하는 바에 의하여 행한다. ② 대외무역은 국가의 통제 하에 둔다.
1952	제84조	1948년 헌법과 동일
1954	제84조	제85조 광물 기타 중요한 지하자원, 수력과 경제상 이용할 수 있는 자연력은 법률이 정하는 바에 의하여 일정한 기간 그 채취, 개발 또는 이용을 특허할 수 있다. 제87조 삭제 제88조 국방상 또는 국민생활상 긴절한 필요로 인하여 법률로써 특히 규정한 경우를 제외하고는 사영기업을 국유 또는 공유로 이전하거나 그 경영을 통제 또는 관리할 수 없다.
1960	제84조	1954년 헌법과 동일
1962	제111조 ① 대한민국의 경제 질서는 개인의 경제상의 자유와 창의를 존중함을 기본으로 한다. ② 국가는 모든 국민에게 생활의 기본적 수요를 충족시키는 사회정의의 실현과 균형 있는 국민경제의 발전을 위하여 필요한 범위 안에서 경제에 관한 규제와 조정을 한다.	제112조 광물 기타 중요한 지하자원, 수산자원, 수력과 경제상 이용할 수 있는 자연력은 법률이 정하는 바에 의하여 일정한 기간 그 채취 개발 또는 이용을 특허할 수 있다.
1972	제116조	① 광물 기타 중요한 지하자원, 수산자원, 수력과 경제상 이용할 수 있는 자연력은 법률이 정하는 바에 의하여 일정한 기간 그 채취 개발

표 7-1 계속

연도	경제 조항 (1)	경제 조항 (2)
1972	제116조	또는 이용을 특허할 수 있다. ② 국토와 자원은 국가의 보호를 받으며, 국가는 그 균형 있는 개발과 이용을 위한 계획을 수립한다.
1980	제120조 ① 대한민국의 경제 질서는 개인의 경제상의 자유와 창의를 존중함을 기본으로 한다. ② 국가는 모든 국민에게 생활의 기본적 수요를 충족시키는 사회정의의 실현과 균형 있는 국민경제의 발전을 위하여 필요한 범위 안에서 경제에 관한 규제와 조정을 한다. ③ 독과점의 폐단은 적절히 규제 · 조정한다.	제120조 ① 광물 기타 중요한 지하자원, 수산자원, 수력과 경제상 이용할 수 있는 자연력은 법률이 정하는 바에 의하여 일정한 기간 그 채취 개발 또는 이용을 특허할 수 있다. ② 국토와 자원은 국가의 보호를 받으며 국가는 그 균형 있는 개발과 이용을 위하여 필요한 계획을 수립한다.
1987	제119조 ① 대한민국의 경제 질서는 개인과 기업의 경제상의 자유와 창의를 존중함을 기본으로 한다. ② 국가는 균형 있는 국민경제의 성장 및 안정과 적정한 소득의 분배를 유지하고, 시장의 지배와 경제력의 남용을 방지하며, 경제 주체 간의 조화를 통한 경제의 민주화를 위하여 경제에 관한 규제와 조정을 할 수 있다.	1980년 헌법과 동일

정권기 노동부 장관을 역임한 로버트 라이시(Reich, 2008)도 기업에 민주주의 권리나 의무를 부여하는 것은 바람직하지 않다고 말했다. 반면 우리는 이런 중차대한 문제에 대한 아무런 진지한 논의 없이 제119조 안에 너무 쉽게 집어넣은 것이다.

그리하여 제119조는 제1항과 제2항이 상호조화 또는 균형관계에 있다기보다 팽팽한 긴장과 갈등관계에 있는 구조를 갖게 되었다. 이처럼 1987년 헌법이 제헌헌법을 뒤바꾼 3공화국, 5공화국 헌법 조항을 답습하고 있고 더구나 거기에는 없었던 "기업" 부분까지 새로 집어넣음으로써 발생한 가장 중대한 문제는 이 변화가 우리로 하여금 사기업의 영리 활동이 천부적 자연권인 것처럼, '자유시장'이 자연적인 것인 양 잘못 생각하도록 만들었다는 것이다. 바꾸어 말해 기업과 시장이 기본적으로 정치적 · 제도적 구성물이라는 생각이 밀려났다. 실제로 민주화 이후 제119조 제1항은 재산권 보장 조항(제23조 제1항), 직업선택의 자유 조항(제15조)과 함께 '경영권'과 그 오남용을 보장하는 강력한 헌법적 근거로 활용되었다(이창훈, 2015).[36] 또 노동자의 경영참여권이 불비함은 물론 노동권이 전반적으로 취약한 기울어진 운동장 상황에서 기업주가 일방적으로 추진하는 취업규칙의 작성 변경이나 경영상의 이유를 내세운 정리해고, 그리고 노동자 파업에 대해 형사 처벌은 물론 민사상 손해배상 가압류 청구 등에 대해 대법원은 거의 기업주 손을 들어 주었다(박귀천, 2003; 박귀천, 2016; 신권철, 2016; 송강직, 2016; 김선수, 2014, p. 34).[37] 따라서 우리는 민주화 이후 경제민주화의 논점에서 단지 공정거래법상의 공정경쟁 확립 및 경제력 집중 제한 문제 쪽에만 시야를 좁힐 것이 아니라, 근본적으로 재산권 및 경영권의 민주화 문제가 존재하고 있음을 알아야 한다. 우리는 재벌총수에 의한 부당한 경영권 세습체제를 물론 극복해야 하지만, 그와 더불어 이해당사자의 복리, 공공복리에 기여하지 않는 고삐 풀린 경영권 자체의 정당성에 대해 의문을 제기할 필요가 있다. 민주화 이후 경제민주화의 과제는 복합적이다. 경제민주화는 결코 공정 경쟁만을 의미하지 않는다. 무엇보다 경영권이 노동기본권을 마구 짓밟는 부조리와 적폐를 청산하고 경영권과 노동권이 균형을 이루는 것이야말로 비정상을 정상화하

36 그러나 경영권에 대한 헌법적 근거는 부실하다. 이에 대해서는 전형배(2015) 참조.

37 박귀천(2016)은 한국의 취업규칙 관련 규정이 19세기 독일의 영업법이나 나치 시대 노동법의 영향을 받았을 것으로 보고 있다.

는 경제민주화의 근본이다(박제성, 2017).

우리는 묻는다. 기업의 자유와 자유시장이란 것이 자연적인 것인가? 그렇지 않다. 그것들은 정치적 · 제도적 · 역사적 구성물이다. 그리고 현존하는 소유 구조, 부와 소득의 분배 구조는 정의롭지 못한 배경조건들, 이미 불공평한 역사적 조건들의 결과일 수 있다.[38] 나는 기업의 자유 및 자유시장에 대한 이런 생각을 민주공화주의적 또는 시민정치적 사고라고 부른다.[39] 제헌헌법의 규정대로 모든 국민은 생활의 기본적 수요를 충족할 수 있어야 하되, 이는 저마다 자신의 좋은 삶(well doings and well beings)을 추구할 수 있는 실질적 자유와 역량을 신장함과 동시에 좋은 시민적 삶을 살기 위해 그렇게 해야 한다.[40] 경제적 불평등을 일정 범위 내로 통제해야 하는 이유도 여기에 있다. 경제민주화는 그 자체뿐만 아니라 정치적 참여와 자유, 연대의 증진을 위해서 요구된다.

위와 같은 의미에서 볼 때 1987년 헌법 제119조에서 경제민주화 세력은 하나를 얻고 다른 하나를 잃은 꼴이 되었다. 만약 제119조 제2항의 '경제민주화' 조항이 현실에서 그 말에 합당한 실체적 의미를 확보하지 못한다면, 제1항에서 간단히 허용한 기업 권력의 자유와 횡포에 대해 민주적 대항력, 견제 · 균형력을 갖지 못한다면 – 1987년 민주화 이후 지금까지도 우리는 그러지 못하고 있다 – 1987년 헌법 제119조는 오히려 실질적으로는 후퇴한 개정이 될 우려마저 있다. 그렇다고는 해도 제119조 제2항에서 기업이 포함되었다는 것이 사회적 기본권에서 기업이 자연인과 동등한 지위를 갖게 되었다고 해석할 수는 없다.

38 Laborde & Maynor(2008; 2009), pp. 46-47.
39 이에 대해서는 장하준(2010)도 시장자유주의를 비판하는 '정초명제'로 "thing1"으로 언급한 바 있다. 그러나 그의 생각은 정치적인 것을 국가통치로 환원하는 국가맹신 정치론이라는 문제를 갖고 있다.
40 이 때문에 나는 제헌헌법의 소중함을 환기시키면서도 새 민주적 · 사회적 공화국을 위해 그 단순한 복원을 주장하지는 않는다.

거듭 말하지만, 우리 헌법에서 경제 조항은 기본권 조항과 분리 규정되어 있다는 사실을 유념할 필요가 있다. 기본권 조항은 어디에도 기업의 기본권을 규정하고 있지 않다. 다만 생존권으로서 '모든 국민의 재산권을 보장'할 뿐이며, 재산권 행사에 대해 공공복리의 의무를 요구하고 있다.[41]

3) 제119조 제2항의 재론

다시 제119조 제2항으로 돌아가자. 제119조 제2항을 재검토하기 위해 1980년 5공화국 헌법과 1987년 제119조 전체를 비교해 보겠다.[42] 5공화국 헌법 해당 경제 조항은 제120조인데 아래와 같다.

> 제1항: 대한민국의 경제 질서는 개인의 경제상의 자유와 창의를 존중함을 기본으로 한다.
> 제2항: 국가는 모든 국민에게 생활의 기본적 수요를 충족시키는 사회정의의 실현과 균형 있는 국민경제의 발전을 위하여 필요한 범위 안에서 경제에 관한 규제와 조정을 한다.
> 제3항: 독과점의 폐단은 적절히 규제·조정한다.

1987년 6공화국 헌법을 1980년 5공화국 헌법과 비교해 보면 다음과 같다. 먼저 3개 조항이 2개 조항으로 축소되었다. 독립 조항이던 독과점의 폐단에 대한 규제 조정 조항을 제2항으로 통합시켜 "시장의 지배와 경제력의 남용을 방

---

41 오동석(2011) 참고.
42 '경제 주체 간의 조화' 부분에 대해서는 이 글 제3절 참조.

지하며"라는 문장으로 반영했다. 조문상으로는 독자적 조항으로 유지하는 것이 더 나은데 통합 조항으로 변했다. 둘째, 제2항을 자세히 보면, 5공화국 헌법에서는 국가의 규제 조정 목적이 "모든 국민에게 생활의 기본적 수요를 충족시키는 사회정의의 실현과 균형 있는 국민경제의 발전을 위하여"로 되어 있다. 이 부분이 1987년 6공화국 헌법에서는 "균형 있는 국민경제의 성장 및 안정과 적정한 소득의 분배를 유지하고 … 경제 주체 간의 조화를 통한 경제의 민주화를 위하여"로 바뀌었다. 여기서 '균형 있는 국민경제의 발전' 부분은 흡사하다고 보면, 결국 5공화국 헌법에서 "모든 국민에게 생활의 기본적 수요를 충족시키는 사회정의의 실현" 부분이, 1987년 헌법에서는 "적정한 소득의 분배를 유지하고 경제 주체 간의 조화를 통한 경제의 민주화"로 바뀐 것이다.

여기서 5공화국 헌법상의 사회정의란 어떤 의미인가. 명확히 '모든 국민에게 생활의 기본적 수요의 충족'이라고 하여 평등주의적인 분배적 정의의 의미로 사용되고 있다. 그렇다면 1987년 헌법에서 '적정한 소득의 분배를 유지'한다는 말은 어떤가. 나는 이 부분에서는 1987년 헌법이 오히려 이전보다 더 뒷걸음질친 것은 아닌지 하는 생각이 든다. "모든 국민에게 생활의 기본적 수요를 충족시키는 사회정의의 실현" 그리고 "균형 있는 국민경제의 발전"은 알고 보면 결코 6공화국 헌법의 고유 조항이 아니다. 그것은 원래 제헌헌법에 있던 조항(제84조)으로서 이후 군부독재 시기에도 건드리지 못한 채 이어져 온 조항이다.[43] 이런 불변의 사회적 기본권 조항이 1987년 헌법에서 바뀐 것이다. "모든 국민에게 생활의 기본적 수요를 충족"시킨다는 말은 보편주의적 의미를 확실하게 담고 있다. 이 조항은 헌법 제10조의 "모든 국민은 인간으로서의 존엄과

43 이 조항의 역사적 연원에 대해서는 주 11 참조.

가치를 가지며 행복을 추구할 권리를 가진다"는 조항, 그리고 제34조(제1항 모든 국민은 인간다운 생활을 할 권리를 가진다. 제2항 국가는 사회보장 · 사회복지의 증진에 노력할 의무를 진다)와도 유기적 연관성, 통합성을 갖고 있고 상호보완적이다.

뿐만 아니라 '기본적 수요의 충족'이란 말은 사회적 통념으로 통용되는 표현이라는 게 중요하다. 물론 어디까지가 '기본적 수요'인지 하는 문제가 여전히 남는데, 이는 단지 '먹고 입는 것'만이 아니라 그 이상으로 최저한의 문화적 욕구를 충족할 수 있는 수준이어야 한다.[44] 그런 의미에서 '모든 국민에게 생활의 기본적 수요의 충족'이라는 보편주의적 · 평등주의적 의미는 매우 중요하다. 반면에, '적정한 소득의 분배를 유지'한다는 말은 대단히 애매모호하다. 고무줄같이 자의적으로 해석될 여지를 주는 주관적 표현이다. 사회적 통념으로 통용되기가 매우 어렵다. 뿐만 아니라 헌법의 다른 조항들과 괴리가 있다고 생각된다.

마지막으로, 제헌헌법 제84조는 "대한민국의 경제 질서는 … 사회정의의 실현과 균형 있는 국민경제의 발전을 기함을 기본으로 삼는다"라고 규정하고 있음에 반해, 1987년 헌법 제119조 제2항은 "국가는 … 경제에 관한 규제와 조정을 할 수 있다"라고 쓰고 있다. 1980년 헌법에서 "필요한 범위 안에서 경제에 관한 규제와 조정을 한다"라는 표현보다는 훨씬 개선되었다. 그러나 "해야 한다"가 아니라 "할 수 있다"로 되어 있어, 국가가 경제민주화를 위해 마땅히 규제하고 조정해야 할 기본적인 사회적 책임과 의무를 "이행하지 않을 수도 있는" 것처럼 여지를 남기고 있다.

---

44 이 문제에 대해 제헌헌법 심의 과정에서 유진오는 이렇게 대답한 바 있다. "그 기본 취지는 생활의 기본적 수요가 사람으로서 먹고 입는 것으로는 우리의 사람다운 사람이라고는 할 수 없습니다. 그리고 먹고 입고 하는 이상에 최저문화의 욕망을 취할 수 있는 그러한 정도의 생활을 할 수 있어야 경제적 기본 균등이 실현될 것이라고 이렇게 생각해서 말을 써본 것입니다"(헌법제정회의록, 1967, p. 212).

5. 제119조의 역설

마지막으로 헌법 제119조의 '역설'에 대해 말해 보고자 한다. '역설'이라니, 무슨 이야기인가? 지금까지 1987년 헌법 제119조의 두 얼굴, 즉 경제민주화 세력이 얻은 것, 계승 · 발전시켜야 할 것과 잃은 것을 말했는데, 그렇다면 더 들어가 그 조항 성립의 구체적 경과는 어떠했나. 그 조항을 주도한 쪽은 어떤 쪽이었나. 6월 민주 항쟁의 시기, 정치적 민주화 이행의 시기이니만큼 민주 진보 세력이 제119조의 민주 진보적 부분을 관철시키고 보수 세력이 그 보수적 부분을 관철시켰던 것인가? 헌법 제119조는 그런 타협적 균형의 산물인가? 그렇게 생각하기 쉽다. 그러나 유감스럽게도 실제 경과는 전혀 그렇지 않다.

앞서 말했듯이 헌법 제9장 제119조 제2항은 법률제안자 이름을 따라 '김종인 조항'으로 불리기도 한다. 제헌헌법 제119조 제2항에 경제민주화 내용이 들어가게 된 것은 물론 6월항쟁과 민주화 이행이라는 시대적 배경이 있었다. 그렇지만 그것만으로는 설명되기 어렵다. 당시는 대통령 직선제 개헌이 가장 중요한 관심사고 이슈였다. 그리고 개헌은 민주화 운동 세력의 손을 떠나 기존 제도 정당의 수중으로 넘어갔었다. 헌법 쟁취 국면과 헌법 제정 국면은 완전히 분리 구획되었다(박명림, 2007, p. 71). 이런 사정 때문에도 우리는 특별히 김종인 개인의 역할에 주목하게 되는 것이다. 그런데 당시 김종인은 어떤 정치적 위치에 있었는가. 그는 전두환 정권에서 민주정의당 국회의원이었으며 1987년 9차 개헌 당시 국회개헌특위 경제분과위원장을 맡았다. 그런 위치에서 그가 전두환을 설득한 결과 제119조 제2항이 민주정의당의 개헌안으로 제출되었던 것으로 알려져 있다. 즉, 제119조 제2항 '경제민주화' 조항은 민주정의당이 제시하여 최종안으로 통과된 것이다.

달리 말해, 헌법 경제민주화 조항은 진보 세력은 물론이고 야당이었던 통일민주당(이 당은 고 김영삼, 고 김대중이 주도하여 창당한 당이다)이 제기하고 성사시킨 것이 아니었다. 정반대로 (수구) 보수정당인 민주정의당 내부의 한 경제민주주의자의 노력에 크게 힘입은 것이었다. 그렇다면 통일민주당이 헌법 제119조 성립에서 한 일은 무엇이었나? 당시 통일민주당의 개헌안을 살펴보아야 한다. 이 안은 제8장 제115조에 4개 조항을 제시하고 있다. 민주당의 제115조 제2항은 5공화국 제120조 제2항을 답습하고 있다. 반면 제115조 제2항은 5공화국 헌법 제120조 제1항에서 "개인의 경제상의 자유"를 "개인과 기업의 경제상의 자유"로 수정해 놓았다. 즉, 오늘날 재계, 보수 언론, 그리고 여러 시장자유주의자들이 금과옥조로 삼는 1987년 헌법 제119조 제1항, "대한민국의 경제 질서는 개인과 기업의 경제상의 자유와 창의를 존중함을 기본으로 한다"는 조항을 제기한 쪽은 바로 통일민주당이었던 것이다.

결론적으로 1987년 헌법 제119조 제1항은 통일민주당이 제기하고 제2항은 민주정의당이 제기한 것을 타협 · 종합함으로써 성립된 것이다. 바로 이것이 헌법 제119조의 '역설'이라는 것이다. 1987년 개정 헌법의 경과와 관련하여 오늘의 더불어민주당, 나아가 자유주의 개혁 세력에 비판적 성찰이 요구되는 '불편한 진실'이 아닐 수 없다.[45]

역설은 이것으로 그치지 않는다. '대화문화아카데미'라는 시민단체에서 1987년 헌법을 넘는 새로운 더 좋은 헌법을 만든다면서 헌법 관련 책을 출간했다. 그간 논의해 온 경과를 살펴본즉, 그 내부에 119조 경제민주화 조항을 삭제

45 또 다른 문제로서 민주화 시대 개혁정부는 이전에 박정희 정권이 단행한 강권적 마을 재산 박탈 조치를 원인무효화하고 새롭게 마을재산권을 복원하는 특별법을 제정하거나 주민들에게 마을 재산을 되돌려주는 민주적 조치를 시행하지도 않았다. 지자체로는 예외적으로 제주도만이 시군귀속 재산의 마을 환원 조치를 시행했다. 이에 대해서는 이병천(2017; 2018) 참고.

하려는 강력한 움직임이 있었다. 경제 분야 개헌안의 주도자들이 만든 시안 중에는 다음과 같은 안이 있었다(대화문화아카데미 편, 2011, p. 344).

> 제119조: ① 대한민국은 시장경제 질서를 근간으로 하여 개인과 기업의 자유와 창의를 존중한다.
>
> ② 국가는 지속 가능한 경제성장과 적정한 소득분배를 유지하고, 특정 경제 주체의 경제력 남용을 방지하며, 시장의 실패에 대처하기 위해 긴절한 필요가 있는 경우에 경제에 관한 규제와 조정을 할 수 있다.

위의 시안은 자유시장주의자들의 주장과 별로 다를 바 없는 내용이라 할 수 있다. 대화문화아카데미에서 내놓은《새로운 헌법 필요한가》라는 이전 책(2008)에서도 경제헌법 개정 주도자들은 유사한 견해를 제시하였다. 토론 과정에서 제119조에 대한 김종인의 설명이 유력한 반론 역할을 하여 그 최종안이 제119조의 유지로 나온 것은 다행스럽다. 그러나 이는 1987년 이후 헌법 개정에 대한 시민단체의 논의가 이런 정도이고, 제119조 경제민주화 조항이 다시 한 번 김종인에 힘입어 살아남게 되었다는 것은 우려해야 할 일이다.[46)]

46 대화문화아카데미 책과 비교할 일은 아니지만, 차병직 외(2010)의 경우도 제119조에 대한 서술이 빈약하고, 제119조를 둘러싼 쟁점에 둔감하다. 뿐만 아니라 "자본주의, 공산주의, 사회주의 국가, 사회국가, 복지국가라는 용어는 명확하지 않고, 어느 한 사회의 경제 질서를 경제 용어나 개념에 맞추는 것도 우스운 일이다"라고 쓰고 있는데, 이 서술이야말로 '우스운 일'이 아닌가. 대한민국 헌법이 사회국가, 복지국가를 추구하는 헌법이 아니라는 말인지 이해하기 어렵다. 이 책은 '시민의, 시민에 의한, 시민을 위한 헌법'을 추구하는데 그때 '시민'이라는 말이 무슨 말인지 알기 어렵다. 이 부분의 서술은 최근 이 책의 신판에서도 거의 변하지 않았다.

6. 결론

1987년 이후 한국 사회는 한때 민주적 공고화에 성공했다는 평가를 받기도 했지만 그 핵심 대목들에서 결손(缺損)을 확대해 왔다. 1997년 외환위기와 구조조정을 전환점으로, 이어 이명박 · 박근혜 정부를 거치면서 한국 사회는 사회경제적 불평등과 양극화, 신빈곤 현상이 심화되고 경제민주화는 여전히 미완의 과제로 남게 되었다. 한국 자본주의는 불공정, 불평등과 저성장의 악순환 늪에 빠졌다. 특히, 박근혜 정부가 경제민주화와 복지 증진의 대국민 약속을 배신하고 무분별한 규제 완화 기조를 추구시킴으로써 한편으로 비리와 세습, 재벌 독식이 고착화되는 반면, 다른 한편으로 다수 국민들은 삶의 불안에 허덕이게 되었다. 이런 맥락에서 이 글은 헌법 제119조를 중심으로 우리 헌법의 경제민주화 사상을 검토하였다. 많은 논의들이 헌법 제119조를 1987년 6월항쟁의 산물로만 본다거나, 헌법의 다른 사회경제적 조항들과 분리시켜 제119조만 고립적으로 본다거나, 그것을 금과옥조로 여긴다거나 하는 경향을 보인다. 또 헌법을 현실의 역동적 변화와 분리시켜 정태적, 고정적으로 파악하는 경향도 강하다. 이 글은 이런 연구 경향을 벗어나 헌법 연구에서 지배의 정당성 대 민주적 정당성 간 다툼의 동학이라는 관점을 설정했다. 그런 관점 위에서, 헌법 제119조를 중심으로 한국 헌법의 경제 이념이 어떤 의미를 갖고 있고 어떤 헌정사의 변모를 겪었는지, 오늘 우리의 고통스런 현실의 개혁에 어떤 규범적 정당성의 기초를 제공할 수 있는지, 그리고 어떤 한계 지점을 갖고 있고 새 개헌 과제를 갖고 있는지에 대해 살펴보았다.

우리의 연구는 다음과 같은 사실을 밝혔다. 헌법 제119조는 직접적으로는 1987년 6월 민주항쟁의 산물이긴 하지만 그것에 대한 포괄적 이해는 제헌헌법

표 7-2 정당들의 1987년 헌법 개헌안 비교

헌법과 개헌안	조문	조항 내용
제5공화국 헌법 (1980. 10. 25)	제9장 경제 제120조	① 대한민국의 경제 질서는 개인의 경제상의 자유와 창의를 존중함을 기본으로 한다. ② 국가는 모든 국민에게 생활의 기본적 수요를 충족시키는 사회정의의 실현과 균형 있는 국민경제의 발전을 위하여 필요한 범위 안에서 경제에 관한 규제와 조정을 한다. ③ 독과점과 경제력 집중의 폐단은 적절히 규제 조정한다.
민주정의당 개헌안	제9장 경제 제118조	① 대한민국의 경제 질서는 개인의 경제상의 자유와 창의를 존중함을 기본으로 한다. ② 국가는 국민경제의 성장 및 안정과 적정한 소득의 분배를 유지하고 시장의 지배와 경제력의 집중 남용을 방지하며 경제 주체 간의 조화를 통한 산업의 민주화를 위하여 필요한 규제와 조정을 할 수 있다.
통일민주당 개헌안	제8장 경제 제115조	① 대한민국의 경제 질서는 개인과 기업의 경제상의 자유와 창의를 존중함을 기본으로 하고 국민경제의 균형 있는 향상을 기하도록 한다. ② 국가는 모든 국민에게 생활의 기본적 수요를 충족시키는 사회정의의 실현과 균형 있는 국민경제의 발전을 위하여 필요한 범위 안에서 경제에 관한 규제와 조정을 한다. ③ 독과점의 폐단과 경제력 남용에 의한 소득 불균형의 시정 및 분배 구조의 왜곡을 적절히 규제 조정한다. ④ 국가는 저소득층의 생활안정과 소득 향상 및 복리 증진을 위하여 적극적인 시책을 강구하여야 한다.
1987년 헌법 (1987. 10. 29)	제9장 경제 제119조	① 대한민국의 경제 질서는 개인과 기업의 경제상의 자유와 창의를 존중함을 기본으로 한다.(-통일민주당 개헌안) ② 국가는 균형 있는 국민경제의 성장 및 안정과 적정한 소득의 분배를 유지하고 시장의 지배와 경제력의 집중 남용을 방지하며 경제 주체 간의 조화를 통한 경제의 민주화를 위하여 경제에 관한 규제와 조정을 할 수 있다.(-민주정의당 개헌안)

으로 소급되는 역사적 연원과 우리 헌정사 전체에 대한 이해를 필요로 한다. 제헌헌법은 자유시장경제가 아니라 경제적 · 사회적 민주주의를 기본 가치와 정

신으로 삼고 있다. 구체적으로 그것은 사유재산권 행사가 공공복리에 적합하게 이루어지도록 한 것, 모든 국민에게 기본적 수요를 충족시키는 사회정의 실현을 경제상 자유보다 앞세운 것, 국가 소유 및 통제로 고삐 풀린 거대자본의 전횡을 막도록 한 것 등에서 나타난다. 그러나 제헌헌법은 노동자 경영참여권이 빠진 것, 토지사유권 제한이 빠진 것, 중소기업 보호나 협동조합을 비롯한 연대경제 조항이 빠진 것 등에서, 국유와 사유의 이분법 틀에서 벗어나지 못한 점에서 한계를 갖고 있다.

1987년 민주화 헌법의 제119조에는 제헌헌법상의 기본가치와 지향이 구현되어 있다. 그렇지만 제119조는 양면성을 갖고 있으며, 그 속에 커다란 긴장 및 모순을 내포하고 있다. 1987년 헌법에서 제정된 제119조 제2항 '경제민주화' 조항은 분명히 재산권 행사의 공공성 조항을 비롯해 제헌헌법 이래 우리 헌법이 갖고 있는 경제적 · 사회적 민주주의 이념의 기조 위에서 비로소 도입될 수 있었고 전향적인 요소를 갖고 있다. 그러나 1987년 헌법의 제119조는 또 다른 측면을 갖고 있는데, 그것은 노동자의 경영참여권이 제거된 제헌헌법 이래의 한계를 여전히 갖고 있을뿐더러, 제헌헌법을 수정 · 변질시킨 1962년의 헌법 즉 제3공화국에서 개악된 헌법의 기본 틀을 따르고 있다는 것이다. 그 수정의 핵심적 내용은 제헌헌법의 기본 기조인 사회정의와 평등 · 균형주의보다 경제적 자유, 무엇보다 기업의 자유를 앞세운 것이다.

마지막으로 이 연구는 헌법 제119조에 내재된 역설 또는 "불편한 진실"을 보였다. 현행 헌법은 1987년 6월 민주항쟁의 시기, 정치적 민주화 이행의 시기에 만들어졌으니 민주 진보 세력이 제119조의 제2항을 관철시키고 보수 세력이 그 보수적 부분인 제1항을 관철시킨 것으로 생각하기가 쉽다. 그러나 사실은 그렇지 않았다. 헌법 제119조 중에서 제1항, 경제민주화 조항은 1987년 당시

민주정의당이 제시한 반면, 경제자유화 조항은 야당인 통일민주당이 제시하였다. 경제민주화 조항인 제119조 제2항이 민주정의당의 안이었고, 자연인 개인의 자유에 기업의 자유를 추가하여 제1항을 개악한 것은 통일민주당이었다. 이는 헌법 제119조 탄생의 중대한 역설이 아닐 수 없다. 오늘날 개헌 논의가 분분하고 명실상부한 시민주권의 보장을 위해 개헌이 필요한 것도 분명한 사실이지만, 더불어민주당 나아가 새 민주 사회의 선도자 역할을 자임하는 모든 세력들은 반드시 이전 시기 헌법 개정의 역설을 자신을 비추는 거울로 삼아야 할 것이다.

오늘날 개헌 논의가 분분하고 명실상부한 시민주권의 보장을 위해 개헌이 필요한 것도 분명한 사실이다. 더불어민주당 나아가 새 민주공화국 건설의 선도자 역할을 자임하는 모든 세력들은 반드시 이전 시기 헌법 개정의 역설을 자신을 비추는 성찰적 거울로 삼아야 할 것이다. 촛불시민혁명의 성과로써 나타날 대한민국 신 체제는 지난 시기 정치적 민주화 이행에 그쳤고 심각한 결손들을 물려준 1987년 체제를 넘어, 그리고 '헬 조선'의 불공정 · 불평등 · 불안의 3불 체제를 넘어 노동자를 비롯해 이해당사자 실질적 참여를 보장하는 민주적이고 정의로운 사회경제체제를 추구해야 한다. 대선 이후 윤곽이 나타날 새 헌법 또한 반드시 이 같은 촛불시민혁명의 새 열망을 담아 내야 할 것이다.

* 문재인 정부의 출범 이후 대통령이 새 개헌안을 발의하였다(2018년 3월 26일). 이 개헌안은 무산되었지만 경제질서와 관련하여 ① 경제민주화 조항에 '상생'을 추가하고(125조 2항), ② 소상공인의 보호육성과 협동조합 등 사회적 경제의 진흥의무를 명시하였으며(130조 1항), ③ 토지공개념을 명시(128조 2항)하는 등 상당히 전향적인 내용을 담고 있다. 그러나 1987년 헌법 119조의 ①항(경제자유화 조항)과 ②항(경제민주와 조항)의 순서는 그대로 유지하고 있다. 그리고 참여연대 등시민사회의 개헌 청원안에 들어 있던 "대한민국의 경제는 사회적 시장경제 질서를 기본으로 한다" 와 같은 조항은 수용되지 않았다.

참고문헌

강경근 외, 《한국 헌법 무엇이 문제인가》, 북마크, 2010.

교과서포럼, 《대안교과서 한국근현대사》, 기파랑, 2008.

교육부, 《국정역사교과서》, 2017.

국회도서관 입법조사국, 《헌법제정회의록(제헌의회)》, 국회도서관, 1967a.

______, 《헌법개정심의록》, 1-3권, 국회도서관, 1967b.

김배원, 〈한국 헌법상 토지 재산권의 보장과 제한〉, 《토지법학》, 제20호, 2005.

김상용, 《토지소유권 법사상》, 민음사, 1995.

김선수, 《노동을 변호하다》, 오월의 봄, 2014.

김수용, 《건국과 헌법 – 헌법논의를 통해본 대한민국 건국사》, 경인문화사, 2008.

김영수, 《한국헌법사》, 학문사, 2000.

김종인, 〈'自由人' 인터뷰: 김종인 전 청와대 경제수석〉, 한림국제대학원대학교 정치경영연구소, 2011. 4. 18(http://ipm.hallym.ac.kr/ interview/7511).

김철수, 《한국헌법사》, 대학출판사, 1990.

남재희, 〈개헌…제119조②항, 헌재, 편집권 독립〉, 국회보, 2005. 12(남재희, 《아주 사적인 정치비망록》, 민음사, 2006, pp. 143-157에 재수록).

대화문화아카데미, 《새로운 헌법 필요한가》, 2008.

대화문화아카데미 편, 《새로운 헌법, 무엇을 담아야 하나》, 2011. 7.

박귀천, 〈연구노트: 경제위기 이후 정리해고 관련 판례 검토〉, 《노동사회》, 74권, 2003.

______, 〈독일 노동법상 근로조건 결정시스템 – 취업규칙으로부터 사업장협정으로〉, 《노동법연구》, 제41호, 2016. 9.

박명림, 〈헌법개혁과 한국민주주의〉, 2007(함께하는 시민행동 편, 《헌법 다시 보기 – 87년 헌법 무엇이 문제인가》, 창비사 수록).

______, 〈박정희 시기의 헌법정신과 내용의 해석〉, 《역사비평》, 96호, 2011 가을.

박제성, 〈관할권 또는 법을 말할 수 있는 권한 – 경영권의 법적 근거에 대한 비판적 검토와 사회정의의 교의적 가치에 관하여〉, 《시민과 세계》, 30호 2017.

박찬승, 〈대한민국 헌법의 임시정부 계승성〉, 《한국독립운동사연구》, 43, 2012.

______, 《대한민국은 민주공화국이다 – 헌법 제1조 성립의 역사》, 돌베개, 2013.

박홍규, 《그들이 헌법을 죽였다》, 개마고원, 2001.

배영길, 〈헌법상 재산권의 보장과 그 한계〉, 《自治硏究》, 6(1), 1995.

송강직, 〈노동자 경영참가와 노사관계 차원의 경제민주화〉, 서울대 공익인권법센터 · 서울대 인권센터 주최, 2016 경제민주화 심포지엄, 2016.

송석윤, 〈바이마르 헌법과 경제 민주화〉, 서울대 공익인권법센터 · 서울대 인권센터 주최, 2016 경제민주화 심포지엄, 2016.

신권철, 〈취업규칙을 넘어 – 판례법리와 그 비판〉, 《노동법연구》, 41, 2016. 9.

신우철, 〈중국의 제헌운동이 상해 임시정부 헌법제정에 미친 영향 – 임시헌장(1919. 4. 11)과 임시헌법(1919. 9. 11)을 중심으로〉, 《법사학연구》, 29호, 2004.

______, 《비교헌법사 – 대한민국 입헌주의의 연원》, 법문사, 2008.

신진욱, 〈한국에서 결손민주주의의 심화와 촛불의 시민정치〉, 《시민과 세계》, 29호, 2017.

오동석, 〈헌법상 경제 민주화 조항 해석론〉, 민주당 헌법 제119조 경제민주화 특별위원회 토론회, 《헌법 제119조, 우리시대에 던지는 의미는?》, 2011. 8. 10.

우자와 히로우미(宇澤弘文) 저, 이병천 역, 《사회적 공통자본 – 진보적 공공경제학의 모색》, 필맥, 2008[2000].

유종일, 《경제 119》, 시사인, 2011.

이경주, 〈미군정기의 과도입법의원과 조선임시약헌〉, 《법사학연구》, 23권, 2001.

이병천, 〈개발자본주의론 서설–홉스적 협력자본주의와 그 딜레마〉, 신정완 외, 《우리 안의 보편성: 학문 주체화의 새로운 모색》, 한울아카데미, 2006.

______, 〈양극화의 함정과 민주화의 깨어진 약속〉, 이병천 편, 《세계화시대의 한국자본주의》, 한울, 2007.

______, 《한국자본주의 모델》, 책세상, 2014.

______, 〈한국은 독일모델에서 무엇을 배울까,〉 《동향과 전망》, 98, 2016a 가을.

______, 〈한국은 평화복지국가를 건너뛰는가〉, 이병천 외 편, 《안보개발국가를 넘어 평화복지국가로 – 독일의 경험과 한국의 과제》, 사회평론, 2016b.

______, 〈세월호 참사 국가를 묻다〉, 이병천 외 편, 《세월호가 남긴 절망과 희망》, 한울, 2016c.

______, 〈마을재산권복원기본법 제정을 촉구한다〉, 한겨레신문, 2017. 2. 27.

______, 〈핏빛 제주, 누가 마을 공동체를 망가뜨렸나–제주 4.3의 생환과 마을의 운명〉, 프레시안, 2018년 4월 3일.

이병천 · 신진욱 편, 《민주정부 10년 무엇을 남겼나》, 후마니타스, 2015.

이순태, 《자연자원의 이용과 관리에 관한 법제》, 한국법제연구원, 2015.

이영록, 《유진오 헌법사상의 형성과 전개》, 한국학술정보, 2006a.

______, 《우리 헌법의 탄생》, 서해문집, 2006b.
______, 〈제헌헌법의 동화주의 이념과 역사적 의의〉, 《한국사연구》, 144, 2009.
______, 〈제헌헌법상 경제조항의 이념과 그 역사적 기능〉, 《헌법학연구》, 19권 2호, 2013.
이영훈, 《대한민국 이야기》, 기파랑, 2007.
이창훈, 〈기업의 자유에 관한 헌법적 연구〉, 《서울법학》, 22권 3호, 2015.
이흥재, 《노동법제정과 전진한의 역할》, 서울대출판부, 2010.
장하준, 《그들이 말하지 않는 23가지》, 부키, 2010.
전강수, 〈공공성의 관점에서 본 한국 토지보유세의 역사와 의미〉, 《역사비평》, 94, 2011.
______, 〈토지공개념헌법 명기의 필요성과 가능성, 그 방법〉, 《사회과학논총》, 16, 2017.
전재경, 《자원고갈과 환경오염에 대비한 자연자원 관리법제(1)》, 한국법제연구원, 2006.
전형배, 〈경영권의 본질과 노동3권에 의한 제한〉, 《강원법학》, 44호, 2015.
______, 《주거 유토피아를 꿈꾸는 사람들》, 서울: 당대, 2016.
정종섭 편, 《한국헌법사 문류》, 박영사, 2002.
조동걸, 〈임시정부의 건국강령〉, 우사조동걸저술전집 8, 《대한민국 임시정부》, 역사공간, 2010.
좌승희 편, 《새헌법연구》, 경기개발연구원, 2007.
차병직 외, 《안녕 헌법》, 지안, 2010.
최장집, 《민주화 이후의 민주주의》, 후마니타스, 2005.
홍헌호, 《맥쿼리의 빨대는 누가 뽑을 수 있을까》, 이매진, 2012.
Dahl, R. A., *A Preface to Economic Democracy*, Berkeley: University of California Press, 1985(안승국 역, 《경제민주주의》, 인간사랑, 1995).
Laborde, C. and J. Maynor, *Republicanism and political theory*, Wiley-Blackwell, 2008(곽준혁 외 역, 《공화주의와 정치이론》, 까치, 2009).
Macpherson, C. B., *Democratic Theory: Essays in Retrieval*, Oxford University Press, USA, 1973.
Maravall and Przeworski, *Democracy and Rule of Law*, Cambridge University Press, 2003(강중기 외 역, 《민주주의와 법의 지배》, 후마니타스, 2008).
Reich, R. B., *Supercapitalism - The Transformation of Business, Democracy, and Everyday Life*, Vintage, 2008(형선호 역, 《슈퍼자본주의》, 김영사, 2008).
Scheueuerman, *Between the Norm and the Exception - The Frankfurt School and the Rule of Law*, The MIT Press, 1994.

제8장

토지공개념 헌법 명시의 의의와 쟁점

전강수

이 글은 전강수(2017)를 대폭 수정 · 재구성한 것이다. 따라서 이 논문에 들어 있던 내용은 별도의 출처 표기를 하지 않음을 밝혀둔다.

1. 오해받고 있는 토지공개념

한국 사회에서 토지공개념만큼 오해받고 있는 정책 철학도 없다. 1987년에 만들어져 30년이나 시행된 현행 헌법 속에 토지공개념 조항[1]이 엄연히 자리잡고 있음에도, '토지공개념은 위헌'이라고 믿는 국민들이 적지 않다. 정부가 토지공개념 정신에 부합하는 정책을 시행하면 언론과 기득권층이 들고 일어나 그 정책을 위헌이라는 이유로 공격한다. 그 결과 헌법 정신과 실제 정책 간에 괴리가 발생하여, 부동산 투기를 근절하고 불로소득을 차단할 수 있는 정책들이 제대로 시행되지 못했다. 불평등이 심화되고 주거 문제가 악화된 것은 당연한 일이었다. 헌법의 토지공개념 정신에 부합하는 정책들이 시행되었다면 한국이 '부동산 공화국'이라는 오명을 뒤집어쓰는 일은 없었을지 모른다.

토지공개념과 관련하여 헌법과 정책의 괴리가 생긴 데는 현행 헌법의 토지공개념 조항이 추상적이고 포괄적이어서 해석의 여지가 크다는 점이 크게 작용했다. 그 때문에 1990년대 노태우 정부 때 제정된 토지공개념 3법 중 2개 법률(토지초과이득세법, 택지소유상한에 관한 법률)과 참여정부 때 제정된 종합부동산세법 등 헌법의 토지공개념 정신을 살린 법률들이 이런저런 이유로 위헌 또는 헌법 불합치 판정을 받았다. 역대 정부들이 부동산 문제의 근본적 해결을 외면한 채 대증요법에 주력하게 된 것은 어찌 보면 당연한 일이었다.

문재인 정부는 헌법과 정책의 괴리가 심각한 것을 깨달았던지, 2018년 3월 21일 대통령 개헌안을 발표하면서 토지공개념을 명문화하는 내용을 포함시켰다. 토지공개념 조항이라 불리는 현행 헌법 제122조를 문구 수정을 약간 하는

1 제122조 국가는 국민 모두의 생산 및 생활의 기반이 되는 국토의 효율적이고 균형 있는 이용 · 개발과 보전을 위하여 법률이 정하는 바에 의하여 그에 관한 필요한 제한과 의무를 과할 수 있다.

것 외에 그대로 유지하면서 제128조로 옮기고, 거기에 따로 한 개 항을 신설하는 방식을 취했다.

> 제128조: ① 국가는 국민 모두의 생산과 생활의 바탕이 되는 국토의 효율적이고 균형 있는 이용 · 개발과 보전을 위하여 법률로 정하는 바에 따라 필요한 제한을 하거나 의무를 부과할 수 있다.
> ② 국가는 토지의 공공성과 합리적 사용을 위하여 필요한 경우에만 법률로써 특별한 제한을 하거나 의무를 부과할 수 있다.[2]

신설 항에 "토지의 공공성"이라는 말과 "특별한"이라는 수식어가 들어갔다는 점이 주목된다. 토지에 대해서는 일반 재산권보다 훨씬 강한 사회적 구속성을 인정해야 한다는 의미이니 말이다. 청와대는 이 항을 신설하는 목적도 분명히 밝혔다. "토지에 대한 투기로 말미암은 사회적 불평등 심화 문제를 해소"하겠다는 것이다.

토지공개념을 헌법에 명시한다는 것은 부동산 문제를 근본적으로 해결하겠다는 의지를 표명한 셈이니, 현행 토지제도로부터 이익을 누려온 세력과 그들을 대변하는 정당과 언론의 반발은 불을 보듯 뻔했다. 실제로 대통령 개헌안을 두고 자유한국당 홍준표 대표는 "토지공개념까지 도입하게 되면 이건 사회주의 헌법"이라고 비난했고, 같은 당 김성태 원내대표는 "토지를 가지고 불평등 심화를 해소하겠다는 것은 전 세계에서 문 대통령밖에 없을 것"이라고 주장했다. 대통령 개헌안 발표 후에 보수 언론을 중심으로 "재산과 토지를 공유한

2 밑줄은 필자가 했다. 이하 헌법개정특별위원회 자문위원회 경제 · 재정분과의 최종안 외에는 모두 동일하다.

다는 뜻이니 공산주의 사회에서나 할 수 있는 이야기"라거나, "토지공개념 제도가 있는 나라는 잠비아뿐"이라는 등 전문가의 입을 빌린 가짜뉴스가 쏟아져 나왔다. 그중에서 "토지공개념을 가장 확실하게 한 모든 나라는 지금 몰락했다"고 한 자유한국당 정진석 경제파탄대책특위 위원장의 발언은 단연 압권이다. 2018년 4월 10일 자유한국당은 '사회주의 개헌·정책 저지 투쟁본부'를 발족시키면서 문재인 대통령의 개헌안을 '사회주의 개헌'으로 공식 명명하기까지 했다.

한국의 기득권 세력이 중요한 사회적 의제에 대해 억지주장이나 가짜뉴스로 대응하는 것은 어제 오늘의 일이 아니다. 거기에 일일이 반응하는 것은 피곤한 일이지만, 워낙 중요한 내용이라서 사실관계를 살펴보지 않을 수 없다. 차분하게 논리적으로 대응하는 것은 더 중요하다. 따라서 이 글에서는 우선, 토지의 특수성을 검토하여 토지공개념의 정당성을 밝히고, 헌법의 토지공개념 정신에 부합하지 않는 부동산 정책이 실시된 이유와 결과를 구명하여 토지공개념 헌법 명시의 필요성을 제시한다. 그 다음, 토지공개념 조항의 등장과 진화의 과정을 추적하여 토지공개념 헌법 명시의 역사적 의의를 밝힌다. 마지막으로, 토지공개념을 둘러싼 주요 쟁점을 검토하여 이 철학이 자본주의 시장경제와 사유재산의 정신에 정확하게 부합하며, 오히려 토지공개념이 실현되어야만 자본주의가 진정한 자본주의로 거듭날 수 있음을 논증한다.

2. 토지공개념 헌법 명시의 필요성과 역사적 의의

1) 토지공개념 헌법 명시의 필요성

토지와 자연자원은 사람이 만든 물건과는 성질이 근본적으로 다르다.[3] 천부자원이어서 공급이 고정되어 있을 뿐만 아니라 위치도 고정되어 있으므로, 어느 지역에 수요가 생긴다고 해도 그 위치에 필요한 만큼 공급할 수가 없다.

토지의 특성들 가운데 공급고정성은 특히 중요한데, 그로 인해 노동과 자본, 그리고 일반 생산물에서는 드러나지 않는 특이한 경제 현상이 생기기 때문이다. 한 사람이 더 가지면 다른 사람들의 소유가 감소할 수밖에 없기 때문에 토지 소유는 제로섬 게임이며, 따라서 원래부터 독점의 성격을 갖는다.

일반 생산물이나 자본의 경우 수요가 증가하면 공급이 따라 증가해서 사회 전체의 복지를 증가시키지만, 토지는 공급이 고정되어 있기 때문에 수요 증가가 오로지 가격 상승으로 이어지고 토지 소유자만 이익을 본다. 이 이익은 생산에 아무런 기여도 하지 않고 얻는 불로소득이다. 고전학파 경제학자들과 헨리 조지가 지대에 무겁게 세금을 부과하여 공적으로 환수해야 한다고 주장한 것은 그 때문이다.

한국에는 3,800만 개의 토지 필지가 있다고 알려져 있는데 문제는 그것들이 면적이나 모양, 위치나 환경 면에서 모두 다르다는 사실이다. 이른바 개별성이다. 이 성질 때문에 일반 생산물에 적용하는 수요-공급의 원리는 토지에는 그대로 적용하기 어렵다. 한 토지 단위는 다른 토지 단위들과 붙어 있어서 한

3 전강수(2012), pp. 29-44; 이정전(2015), pp. 143-160.

곳에서 행하는 경제행위가 필연적으로 인근 토지에 영향을 미친다. 이른바 연접성이다. 이 성질 때문에 토지시장에서는 이른바 외부 효과의 문제가 일상화되는데, 이는 시장에 맡겨둬서는 해결되지 않는다.

일반 생산물이나 자본은 시간이 지나면 물리적으로 마모되고 경제적으로 감가되지만, 토지는 시간이 가도 물리적으로 마모되지도 않고 경제적으로 감가되지도 않는다. 영속성을 갖는 것이다. 지구상에 존재하는 어떤 것도 사용하는데 가치가 올라가는 것은 토지 외에 없다. 그 때문에 토지는 가치저장 수단으로 활용되기 쉽고, 적절한 제도를 마련하지 않으면 투기의 제물로 전락하기도 쉽다.

천부성, 공급고정성, 위치고정성, 개별성, 연접성, 영속성 등 토지의 특성은 너무 많아서 일일이 열거하기가 어려울 정도다. 오늘날 많은 국가에서 토지의 사적 소유권을 인정하면서도 일반 재산에 비해 강한 공공성을 함께 규정하고 있는 것은 바로 토지가 갖는 특성들 때문이다. 이 점은 한국도 마찬가지다. 우리나라는 제헌헌법에서부터 재산권의 사회적 구속성을 규정했고, 현행 헌법에서는 토지공개념 조항을 두어 토지 재산권에 대해서는 일반 재산권에 비해 더 강한 사회적 구속성을 인정했다.[4]

그럼에도 불구하고 토지공개념을 구현하기 위한 정책이 시행될 때마다 위헌 논란이 불거졌고, 실제 주요 법률들이 위헌 판정이나 헌법 불합치 판정을 받아서 무력화되는 일이 종종 벌어졌다. 헌법재판소는 여러 판결에서 토지공개념 정신을 총론적으로는 일관되게 지지하면서도, 과세 기술 등의 문제를 들어 세부 규정에 위헌 또는 헌법 불합치 결정을 내렸다. 일부 언론은 이를 빌미로

4 김배원(2005).

표 8-1 부동산소득(실현 자본이득+임대소득) 추산

(단위: 조 원, %)

연도	2007	2008	2009	2010	2011	2012	2013	2014	2015
실현 자본이득	275.5	291.9	297.5	299.1	300.3	285.0	263.9	240.3	227.0
임대소득	167.9	178.6	189.0	201.9	214.6	221.9	230.4	242.4	255.1
합계	443.4	470.5	486.4	501.1	514.9	507.0	494.3	482.7	482.1
합계/GDP	42.5	42.6	42.2	39.6	38.6	36.8	34.6	32.5	30.8

자료: 남기업 · 전강수 · 강남훈 · 이진수(2017), p. 122.

'토지공개념은 위헌'이라는 거짓 정보를 줄기차게 유포했다. 국민들 사이에 '토지공개념은 위헌'이라는 착각이 만연하게 된 것은 그 때문이다.

게다가 과거 9년을 집권한 새누리당(한나라당) 정권은 종합부동산세 무력화, 양도소득세 중과 폐지, 개발이익환수 완화 등 반(反) 토지공개념 정책을 적극 추진하여 착각을 강고하게 만들었다. 그 결과, 헌법 정신과 실제 정책이 심각하게 괴리되는 모순이 오랫동안 지속되었다.

토지공개념 정책이 제대로 시행되지 못한 경제적 결과는 심각하다. 지난 수십 년간 주기적으로 부동산 투기 광풍이 불었으며, 토지 불로소득이 소수에게 집중되면서 소득과 자산의 불평등이 심화되었다. 〈표 8-1〉에서 보듯이, 한국에서는 2007-2015년 9년 동안 해마다 450-500조 원의 부동산소득이 발생했다. GDP 대비 비율은 2008년에 42.6%로 가장 높았고 그 이후에는 경향적으로 하락하지만, 9년 내내 부동산소득은 GDP의 30%를 초과했고, 9년 평균은 무려 37.8%에 달하는 어마어마한 규모였다.

현재 한국은 토지 소유의 편중이 워낙 심해서 부동산소득의 상당 부분을 부동산 과다 소유 개인 혹은 법인이 향유했을 가능성이 높다. 이는 부동산이 소득 불평등의 중요한 원인으로 작용했음을 의미한다. 가액 기준으로 볼 때, 2014

년 현재 개인 토지 소유자 중 상위 10%가 전체 개인 소유지의 64.7%를, 법인 토지 소유자 중 상위 1%가 전체 법인 소유지의 75.2%를 소유한 것으로 드러난다. 게다가 2008-2014년 법인의 토지 소유 집중도가 현저하게 상승한 사실도 확인된다. 노력소득 때문에 불평등이 심해져도 문제인데, 불로소득 때문에 그렇게 된다면 그것은 사회의 근간을 흔드는 심각한 문제가 될 수밖에 없다.

부동산 투기는 노동자들의 근로 의욕과 기업가들의 기업심을 저해하고, 경쟁력을 갖춘 사람들의 창업을 방해하며, 지가 상승기 건설 부문을 중심으로 과잉투자를 유발하고, 금융시장에서 자금 배분의 비효율을 초래하는 등, 경제 효율을 저해하기도 한다. 작금의 저성장과 경기침체는 한국 정부가 토지공개념 정책을 제대로 시행하지 않아서 초래된 측면이 다분하다.

한국은 해방 이후 농지개혁에 성공함으로써 한때 세계적으로 매우 평등한 사회를 실현했었다. 1960년대 이후 장기간 유례없는 고도성장을 구가했던 것도 농지개혁이 실현한 평등의 힘 덕분이었다([그림 8-1] 참조).

하지만 1970년대 이후 급격한 도시화와 함께 개발 붐이 일면서 여기저기서 부동산 불로소득의 기회가 생겨났고, 국민들이 부동산 투기에 가담하면서 대한민국은 노력소득이 중시되던 활력 넘치는 사회에서 지대추구 사회로 변질되고 말았다. 밤낮없이 일하고 사업해서 소득을 얻고, 그것을 아껴 저축해서 재산을 불리거나 자식 교육에 몰두했던 한국 국민이 어느 사이엔가 강남 불패와 부동산 불패를 신봉하며 불로소득을 탐하는 베짱이로 전락하고 말았다.

이 모든 것은 투기와 불로소득을 차단할 수 있는 법률과 제도를 도입하지 않았거나 도입했다가도 끝까지 지속시키지 못해서 생긴 일이다. 근본 대책을 마련하지 않은 채로 계속 이대로 가면 불평등은 한층 심화되고 저성장은 더욱 악화될 가능성이 크다. 종국에는 사회가 몰락의 위험에 처할 지도 모른다. 문

그림 8-1 1960년 토지 소유 평등도와 1960-2000년간 경제성장의 상관관계

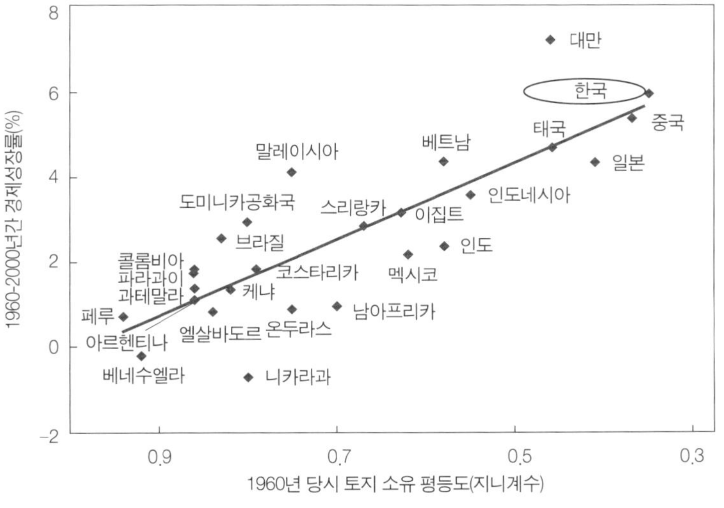

자료: Deininger(2003).

재인 정부가 추진하는 소득주도 성장과 혁신성장도 '지대추구의 덫'을 걷어내지 않으면 효과를 기대하기 어렵다. 부동산 문제를 근본적으로 해결할 토지공개념 정책을 제대로 시행하지 않으면 국가의 미래가 위태로워지는 단계에 왔는데, 현행 헌법으로는 역부족이다.

2) 토지공개념 헌법 명시의 역사적 의의

헌법의 토지공개념 정신과 실제 정책의 괴리 현상을 해소하고 토지공개념을 둘러싼 소모적인 논란을 방지하기 위해서는 헌법 속에 토지공개념을 더욱

분명하게 규정하는 것이 불가피하다. 자유한국당은 '사회주의 헌법'이니 뭐니 하면서 문재인 대통령의 개헌안을 고사시키거나 부결시키려 하겠지만, 설사 이 개헌안이 국회를 통과하지 못한다고 하더라도 앞으로 한국 사회는 토지공개념 논의를 회피할 수 없다. 정치적으로 토지공개념 헌법 명시는 유턴이 불가능한 도로 위에 올라선 셈이다. 반대 세력이 토지공개념을 압도할 수 있는 논리를 새로 개발해서 여론의 지지를 확보하지 않는 한, 향후 실제 개헌이 이루어질 때까지 토지공개념은 계속해서 수많은 논의의 테이블 위에 주요 의제로 올라갈 수밖에 없다. 한국 사회에서 부동산 투기와 부동산 불로소득으로 인한 불평등이 해소되지 않는 한, 언젠가는 토지공개념이 헌법에 명문화될 가능성이 높다.

여기서는 토지공개념이 헌법에 명시된다면, 그 역사적 의의가 무엇일지 생각해 보기로 하자. 그러려면 현행 헌법의 토지공개념 조항이 어떻게 만들어졌는지부터 알아야 한다. 우선, 한 가지 지적해 둘 사실은 현행 헌법 제122조 외에 토지공개념을 구성하는 것으로 볼 수 있는 조항이 더 있다는 점이다. 바로 제23조 제1항, 제2항과 제120조 제2항이다.

> 제23조: ① 모든 국민의 재산권은 보장된다. 그 내용과 한계는 법률로 정한다.
> ② 재산권의 행사는 공공복리에 적합하도록 하여야 한다.
> ③ 공공 필요에 의한 재산권의 수용 · 사용 또는 제한 및 그에 대한 보상은 법률로써 하되, 정당한 보상을 지급하여야 한다.

> 제120조: ① 광물 기타 중요한 지하자원, 수산자원, 수력과 경제상 이용

할 수 있는 자연력은 법률이 정하는 바에 의하여 일정한 기간 그 채취·개발 또는 이용을 특허할 수 있다.

② 국토와 자원은 국가의 보호를 받으며, 국가는 그 균형 있는 개발과 이용을 위하여 필요한 계획을 수립한다.

제23조 제1항, 제2항은 사유재산권 보장과 재산권에 대한 사회적 구속성을 규정한 조항으로, 토지를 특정하지는 않았지만 재산권 일반이 공공복리에 제한을 받는다고 선언한다는 점에서 토지공개념 성립의 토대를 이룬다. 그리고 통상 토지 이용에 대한 국가 개입도 토지공개념의 한 부분을 이루는 것으로 간주하므로, 국가의 계획권을 규정한 제120조 제2항도 토지공개념 조항으로 분류할 수 있다. 토지공개념의 관점에서 보면, 제122조는 본(本) 조항, 제23조와 제120조 제2항은 보조 조항에 해당한다.

현행 헌법 제23조는 제헌헌법 제15조로 처음 도입된 이래 사소한 글자 수정 외에는 그대로 유지되어 왔다.[5] 박찬승(2012)은 제헌헌법 제15조가 독일 바이마르 공화국 헌법 제153조 "소유권은 헌법에 보장하며, 그 수용은 단지 공공의 복리를 위해 법률에 근거해서만 이루어진다. 동시에 소유권은 그 행사가 공공선에 기여해야만 하는 의무를 진다"를 받아들인 것으로 보고, 이는 "자유주의적 시장경제체제에 대한 강력한 제한을 의미"한다고 평가한다. 한편, 제120조 제2항은 유신헌법에서 도입되어 현행 헌법까지 아무 변경 없이 지속되어 왔다.

그렇다면 토지공개념 본 조항 제122조는 언제, 어떻게 등장했을까? 제헌헌

5 제헌헌법 제15조의 내용은 다음과 같다. "재산권은 보장된다. 그 내용과 한계는 법률로써 정한다. 재산권의 행사는 공공복리에 적합하도록 하여야 한다. 공공 필요에 의하여 국민의 재산권을 수용, 사용 또는 제한함은 법률이 정하는 바에 의하여 상당한 보상을 지급함으로써 행한다."

법은 제85조에서 "광물 기타 중요한 지하자원, 수산자원, 수력과 경제상 이용할 수 있는 자연력은 국유로 한다. 공공 필요에 의하여 일정한 기간 그 개발 또는 이용을 특허하거나 또는 특허를 취소함은 법률의 정하는 바에 의하여 행한다"고 하여 자연자원의 국유를 규정하기는 했지만, 거기에 토지공개념 조항은 없었다. 이는 제헌헌법 작성에 큰 영향을 미쳤다고 알려진 대한민국 임시정부 건국강령(1941. 11. 28)[6] 이 토지 국유와 토지의 상속 · 매매 · 저당 · 양도 · 유증(遺贈) · 전조차(轉租借) 금지를 규정했던 것과는 대조적이다. 토지공개념 본 조항이 처음 등장한 것은 1962년에 만들어진 제3공화국 헌법에서다. 이 조항은 1972년에 부분 개정된 후, 1987년 현행 헌법이 만들어지면서 대폭 개정되었다.

> [제3공화국 헌법](1962. 12. 26)
>
> 제114조: 국가는 농지와 산지의 효율적 이용을 위하여 법률이 정하는 바에 의하여 그에 관한 필요한 제한과 의무를 과할 수 있다.

> [유신헌법](1972. 12. 27)
>
> 제119조: 국가는 농지와 산지 기타 국토의 효율적인 이용 · 개발과 보전을 위하여 법률이 정하는 바에 의하여 그에 관한 필요한 제한과 의무를 과할 수 있다.

6 해방 전 대한민국 임시정부가 여섯 차례 제 · 개정한 헌법들에는 '경제' 장이 별도로 마련되지 않았다. 헌법은 아니지만 그에 준하는 문서로 취급되는 건국강령에는 '경제' 장이 들어 있어서 임시정부의 경제관을 확인할 수 있다. 건국강령의 내용과 의의에 대해서는 박찬승(2012)을 참조하라.

[현행 헌법]

제122조: 국가는 국민 모두의 생산 및 생활의 기반이 되는 국토의 효율적이고 균형 있는 이용 · 개발과 보전을 위하여 법률이 정하는 바에 의하여 그에 관한 필요한 제한과 의무를 과할 수 있다.

사실 제3공화국 헌법 제114조는 전체 국토를 대상으로 하지도 않았고 토지의 공공성을 실현하기 위한 것도 아니어서 토지공개념 조항이라 부르기 곤란할 정도다. 다만 현행 토지공개념 조항의 형식적 틀을 제시했다는 점에서 '원형'이라 부를 수 있다. 유신헌법에 와서 "기타 국토"가 포함되고, 국가가 필요한 제한과 의무를 과하는 목적도 효율적인 이용을 넘어 효율적인 개발과 보전까지 확대됨으로써 토지공개념 조항으로의 일부 진화가 확인되지만, 여전히 농지와 산지가 중심인데다 토지의 공공성을 실현하기 위한 "제한과 의무"를 규정하지는 않았다.[7]

유신헌법 제119조는 제5공화국 헌법(1980. 10. 27) 제123조에서 아무런 변경 없이 그대로 유지되다가 현행 헌법에 와서 대폭 개정된다. "농지와 산지 기타 국토" 대신에 "국민 모두의 생산 및 생활의 기반이 되는 국토"라는 구절을 삽입하여 적용 대상을 전체 국토로 확정하는 동시에 토지가 국민 모두에게 어떤 의미를 갖는지 밝혔으며, 국가가 토지에 필요한 제한과 의무를 과하는 목적 또한 "효율적인 이용 · 개발과 보전"에서 "효율적이고 균형 있는 이용 · 개발과 보전"으로 확대한 것이다.[8]

현행 헌법은 이처럼 명실상부한 토지공개념을 규정했다는 점에서 역사적

7 "이용 · 개발과 보전"의 수식어가 "효율적인"으로 그치고 있다는 점에 주목하라.
8 전강수(2011), pp. 73-74.

의미를 갖는다. 단순히 농지와 산지의 효율적인 이용을 도모하기 위해 만들어진 헌법 조항이 전체 국토를 대상으로 공개념을 적용하는 획기적인 규정으로 진화한 데는 고도성장과 급속한 도시화에 따른 토지 문제의 악화라는 요인이 작용했다. 특히 현행 헌법이 만들어진 1980년대 후반은 올림픽을 전후하여 전국 곳곳에서 부동산 투기 광풍이 불던 때여서 토지공개념의 취지에 대한 국민적 공감대가 넓었던 시기였다.

헌법상 토지공개념 조항의 등장 · 진화 과정은 경제 상황의 변화와 국민 여론의 형성에 따라 그것이 더욱 구체화되고 강화될 수 있음을 보여 준다. 토지공개념 헌법 명시에 대한 여론의 지지는 상당히 높다. 2017년 10월에 국회와 SBS가 실시한 공동 여론조사에서는 토지공개념을 헌법에 도입하자는 데 대한 찬성이 62%를 기록했고, 2017년 7월에 국회의장실이 전문가 3,396명을 대상으로 실시한 여론조사에서는 토지공개념 도입에 대한 찬성이 68.5%였다. 2018년 4월 11일 MBC TV 백분토론에서 발표된 여론조사 결과는 토지공개념 헌법 명시에 대해 전체 응답자의 64.1%가 찬성, 27.9%가 반대인 것으로 나왔다.

게다가 문재인 대통령의 개헌안 발의로 토지공개념 헌법 명시는 한국 사회에서 회피할 수 없는 사회적 의제로 떠올랐다. 개헌안을 부결시킬 수 있는 의석수를 확보하고 있는 자유한국당이 그 권한을 행사하려고 하지 않고, '사회주의 개헌 · 정책 저지 투쟁본부'를 발족시키는 등 격렬한 여론전에 나선 것은 향후 전개될 토지공개념 '전선'에서 밀리지 않으려는 의지의 표현이다. 이는 앞으로 여론 지형에 따라 토지공개념 헌법 명시가 얼마든지 가능하다는 것을 반증하는 유력한 증거이기도 하다.

토지공개념 헌법 명시는, 현행 헌법에서 추상적이고 포괄적이어서 부동산 문제의 근본적 해결에 도움을 못 주고 있는 조항을 헌법과 정책의 괴리를 허용하지 않는 구체적이고 명확한 조항으로 개정하려는 시도이다. 만일 이 시도가 향후 개헌 과정에서 성공한다면, 1962년에 처음 출현한 토지공개념 조항은 긴 진화 과정을 마무리하게 되는 셈이다.

한국 사회에서 토지공개념을 헌법에 명시하자는 주장을 최초로 제기한 것은 시민단체인 토지정의시민연대였다. 2006년 8월 이후 이 단체가 제시한 헌법 개정안은 다음과 같다.[9)]

> 第122조: ① 국가는 국민 모두의 생산 및 생활의 기반이 되는 국토를 효율적이고 균형 있게 이용 · 개발 · 보전하고 투기를 방지하기 위하여 법률이 정하는 바에 의하여 토지공개념 등 필요한 제한과 의무를 과할 수 있다.
> ② 제1항의 구체적인 수단은 시장친화적이 되도록 노력하여야 한다.
> 第119조: ③ 국가는 토지와 천연자원으로부터 소유자의 생산적 노력 및 투자와 무관하게 발생하는 이익을 환수할 수 있다.

토지공개념 조항에 '투기 방지'라는 목적을 명시하고 토지공개념이라는 용어를 명기하면서 그것을 시장친화적인 방식으로 실현한다는 것을 밝히는 내용이다. 시장친화적 토지공개념 실현을 위한 핵심 정책 수단이 토지 불로소득 환수에 있음을 명확히 해두기 위해, 경제민주화 조항으로 알려진 현행 헌법 제119조에 관련 항을 새로 추가하는 내용도 포함시켰다.

토지정의시민연대의 개정안은 토지공개념을 헌법에 명시하자고 주장한

9 토지정의시민연대(2006).

최초의 시도로 의의가 크다. 이 개정안이 발표된 이후 김근태, 정동영, 정세균 등 정치인들이 토지공개념 헌법 명기를 대선 공약으로 내걸기도 했고, 국회의원들의 모임인 미래한국헌법연구회가 그 내용을 본격 검토한 것을 보면, 그것은 상당한 사회적 영향력을 발휘했던 것으로 보인다.

2017년 1월 국회에 헌법개정특별위원회가 설치되고, 이 위원회를 지원하기 위해 자문위원회가 설치되었다. 자문위원회는 2개의 소위원회, 6개의 분과로 나뉘어 활동했는데, 그중 경제 · 재정분과에서 경제민주화 조항 개정과 함께 토지공개념 헌법 명기를 주요 의제로 다루었다. 경제 · 재정분과가 토지공개념과 관련하여 내놓은 1차 시안, 2차 시안, 최종안 등 세 차례 개정안의 내용은 다음과 같다.

[1차 시안]

제123조: ① 현행대로

② 토지재산권에 대하여는 공공복리를 위하여 특별한 제한과 부담이 부과될 수 있다.

[2차 시안]

제123조: ① 국가는 국민 모두의 생산 및 생활의 기반이 되는 영토의 효율적이고 균형 있는 이용 · 개발과 보전을 위하여 법률이 정하는 바에 의하여 그에 관한 필요한 제한과 의무를 과할 수 있다.

② 국가는 토지의 독점을 방지하고 투기수요를 억제하기 위하여 특별한 제한과 부담을 부과할 수 있다.

③ 국가는 공공주택 공급 등 주택개발정책을 통하여 모든 국민이 쾌적

한 주거생활을 할 수 있도록 노력하여야 한다.

[최종안][10]

제120조: ① 국가는 국민 모두의 생산 및 생활의 기반이 되는 국토의 효율적이고 균형 있는 이용 · 개발 · 보전을 도모하고, 토지 투기로 인한 경제왜곡과 불평등을 방지하기 위하여 법률이 정하는 바에 의하여 필요한 제한과 의무를 과한다.

② 국가는 공공주택 공급 등 주택개발정책을 통하여 모든 국민이 쾌적한 주거생활을 할 수 있도록 노력하여야 한다.

③ 국가는 주거 및 영업활동의 안정을 도모하기 위하여 법률이 정하는 바에 의하여 공정한 임대차가 이루어지도록 노력하여야 한다.

제121조: ① 자연자원은 모든 국민의 공동 자산으로서 국가의 보호를 받으며, 국가는 지속 가능한 개발과 이용을 위하여 필요한 계획을 수립하고 이를 달성하기 위하여 노력한다.

헌법개정특별위원회 자문위원회 경제 · 재정분과는 1차, 2차 시안에서는 문맥상 · 내용상 허술함을 드러냈지만, 최종안에서는 거의 완벽에 가깝게 토지공개념을 명시하는 조항들을 만들어냈다. 토지공개념을 적용하는 목적이 토지 투기로 인한 경제 왜곡과 불평등을 방지하는 데 있음을 명확히 했을 뿐만 아니라, 국가의 공공주택 공급 의무와 부동산 임대차 시장 공정성 확보 의무를 같이

10 국회 헌법개정특별위원회 자문위원회(2018).

규정함으로써 부동산 문제의 근본적 해결을 위한 헌법적 기초를 확고히 했으니 말이다. 게다가 현행 헌법 제120조를 대폭 수정하면서 자연자원이 모든 국민의 공동자산임을 천명한 것도 획기적이다. 이 최종안은 한국 사회에서 부동산 문제를 근본적으로 해결할 수 있는 헌법적 여건을 조성할 수 있다는 점에서, 내용상 대통령 개헌안 상의 토지공개념 조항보다 뛰어나다. 문재인 대통령의 개헌 발의가 자유한국당의 반대로 실패로 돌아간다고 하더라도 토지공개념 헌법 명기는 계속해서 주요한 사회적 의제로 취급될 수밖에 없다는 점은 앞에서 언급하였다. 향후 다시 개헌이 논의될 때, 문재인 대통령 개헌안의 토지공개념 조항보다는 헌법개정특별위원회 자문위원회 경제 · 재정분과의 최종안을 유력한 기준으로 삼는 것이 더 바람직할 것으로 판단한다.

3. 토지공개념을 둘러싼 쟁점

1) 토지공개념을 헌법에 명시하면 사회주의 헌법이 될까?

먼저, 다른 나라들의 토지 관련 헌법 조항을 소개하고 논의를 진행하자. 중문(中文)으로 되어 있고 "영토 내 토지는 국민 전체에게 속한다"고 선언하는 것을 보면 영락없이 사회주의 중국의 헌법일 것 같지만, 아니다.

> 第142條: 國民經濟應以民生主義爲基本原則, 實施平均地權, 節制資本, 以謀國計民生之均足
> 第143條: … 領土內之土地屬於國民全體. 人民依法取得之土地所有權,

應受法律之保障與限制. 私有土地應照價納稅, 政府並得照價收買. 附著於土地之礦, 及經濟上可供公衆利用之天然力, 屬於國家所有, 不因人民取得土地所有權而受影響. 土地價值非因施以勞力資本而增加者, 應由國家徵收土地增値稅, 歸人民共享之

이 헌법은 제142조에서 평균지권을 실시한다는 것을 명기하고, 제143조에서 국토는 국민 전체에게 속한다고 선언한다. 제143조에서는 그 외에도 인민은 토지소유권을 취득할 수 있지만 법률의 보장과 제한을 수용해야 한다고 규정하며, 토지공개념 제도의 핵심 수단인 토지가치세를 명기하는 동시에, 토지증치세(土地增値稅)를 부과하여 노동과 자본에 의하지 않은 토지가치 증가분은 조세로 징수하여 인민이 함께 향유토록 한다고 선언한다. 이는 바로 제2차 세계대전 이후 가장 모범적인 토지제도를 도입했다고 알려진 대만의 헌법인데, 문재인 정부가 신설하고자 하는 조항보다 훨씬 강력한 내용이다.[11] 이 한 가지 증거만으로도 최근 언론을 통해 알려진 토지공개념에 대한 비난은 전혀 근거가 없음이 드러난다.

대만 외에도 토지공개념은 독일, 스페인, 이탈리아 등의 헌법에 명시되어 있다. 독일은 헌법에 해당하는 기본법에 '사회화'를 목적으로 토지와 자연자원을 공유로 전환할 수 있다는 조항을 두고 있고, 스페인은 국가가 투기를 막기 위해 토지 이용을 공공의 이해에 맞게 규제할 수 있다는 헌법 조항을 가지고 있

11 대만 헌법은 토지공개념의 시조인 헨리 조지의 직접적인 영향을 받았다. 이는 대만 헌법이 쑨원(孫文)의 삼민주의에 토대를 두었기 때문에 하는 말이다. 중국의 국부로 추앙받는 쑨원은 해외 체류 시절 헨리 조지의 경제사상을 접하고는 평균지권론을 확립했다. 그는 평균지권의 이상을 중국에 실현하기 위해 노력했지만 결실을 보지 못하고 1924년 간암으로 사망했다. 그의 후계자 장제스(蔣介石)는 국공내전에서 패배하여 대만으로 퇴각했으나 쑨원의 삼민주의를 계승하여 대만 헌법에 평균지권을 명기하였다(정태욱, 2015).

다. 특히 스페인 헌법은 공공의 도시계획으로 생기는 이익에 대해 사회 공동체의 몫이 있다고 규정하고 있기도 하다. 이탈리아 헌법에는 이번에 문재인 정부가 신설하고자 하는 항과 거의 유사한 내용의 토지공개념 조항[12)]이 들어 있다. 어느 누구도 이 네 나라를 공산주의 국가라 부르지는 않을 것이다. 이 나라들은 때로 경제적 어려움을 겪기도 했지만, 몰락하기는커녕 선진 또는 중진 자본주의국으로 여전히 건재하다.

싱가포르처럼 국토의 대부분이 국가 소유인 나라는 굳이 토지공개념을 규정할 필요가 없었을 테니 헌법에 관련 조항이 없지만, 오래 전부터 토지를 민간에 임대하고 사용료를 걷어서 공공의 이익을 위해 사용하는 토지공공임대제를 시행해 왔다. 이 제도는 토지보유세와 함께 토지공개념 제도의 양대 축 가운데 하나이다. 뿐만 아니라 부동산보유세 실효세율이 한국의 7, 8배 수준인 미국도 건국 당시부터 토지공개념이 뿌리내린 나라로 분류할 수 있다.

이처럼 잠시만 시간을 들여서 조사하더라도 보수 언론과 자유한국당 인사들이 토지공개념에 퍼붓는 비난은 거짓임이 드러난다. 사실과 합리적 토론에 기초하여 사회 문제를 풀어가는 풍토가 절실히 필요한 시점이다.

2) 토지공개념은 사유재산제도의 정신에 위배될까?

선진국 가운데 헌법에 토지공개념 조항을 두고 있는 나라가 더 있다고 해서 그것만으로 토지공개념 제도의 정당성이 입증되는 것은 아니다. 토지공개념이 자본주의의 양대 축이라 불리는 사유재산제도와 시장경제와 정합성을 갖

12 제44조 국가는 토지의 합리적 사용과 공평한 사회관계를 보장하기 위해 토지 사유권에 대해 법률로써 의무와 제한을 부과한다.

는지 따져보아야 한다. 우선 사유재산제도의 관점에서 토지공개념을 평가해 보자.

토지공개념은 사유재산제도의 원칙에 위배된다고 믿는 사람들이 적지 않다. 그런데 그게 정말일까? 사유재산제도란 개인의 노력과 기여의 산물에 대해 절대적·배타적 소유권을 보장하는 제도를 의미한다. 뒤집어 말하면 개인이 스스로 만들지 않은 것을 차지해서 자기 소유물로 삼는 것은 사유재산제도의 정신에 어긋난다. 경제적 가치의 관점에서 볼 때, 인간 사회에서 생기는 가치에는 개인이 만드는 것도 있고, 사회가 만드는 것도 있다. 사유재산제도의 정신에 입각해서 볼 때, 전자는 그것을 만든 개인에게, 후자는 공적으로 환수하여 사회로 돌리는 것이 옳다. 사회적 요인에 의해 창출되는 가치를 개인이 차지하면 그것은 불로소득이 된다. 고전학파 경제학자들과 헨리 조지가 지대와 지가 차액을 불로소득으로 본 것은 그 때문이다. 지대와 지가 차액은 소유자의 노력과 기여가 아니라 사회의 발달과 정부의 정책 등 사회적 요인에 의해 발생한다. 토지공개념의 핵심은 토지 불로소득을 공적으로 환수하는 데 있다. 그러므로 토지공개념 제도야말로 진정한 사유재산제도의 원칙에 부합한다.

사회가 창출하는 가치를 개인이 전유하도록 허용하면 소득, 생산, 소비 등에 대한 과세가 불가피해져서, 개인이 스스로 만드는 가치를 소유하기 어려워지고 궁극적으로 가치 창출 자체도 곤란해진다. 자유주의 계열의 많은 경제학자들이 토지에 대해서만큼은 절대적·배타적 소유권을 인정해서는 안 된다고 주장한 것은 그 때문이다.[13] 경제학의 시조 애덤 스미스는 지대가 과세에 특히 적합하다고 생각했다. 조세 부담이 전가되지도 않고, 생산 활동을 위축시키지

13 전강수(2012), pp. 184-186.

도 않는다는 이유에서였다. 그는 지주들이 언제나 독점자로서 지대를 최대한 뽑아낸다고 주장하기도 했다. 영국 고전학파 경제학을 이끈 데이비드 리카도와 제임스 밀은 지주 계급에게만 세금을 부담시키는 것은 부당하다는 주장을 덧붙이기는 했지만, 지대세의 성격에 관한 한 스미스의 견해를 거의 그대로 받아들였다. 존 스튜어트 밀은 미래의 지대 상승분을 조세로 환수하자는 새로운 주장을 펼치면서도, 지대에 부과하는 조세가 능률성과 정의성을 갖춘 조세라고 분명히 선언했다. 그는 지주가 아무런 노력도 모험도 절약도 하지 않으면서 무슨 권리로 일반적인 사회진보에서 생기는 부를 차지하는가 하고 묻기도 했다.

한계효용이론을 주창하여 신고전학파 경제학 성립의 계기를 마련한 레옹 발라는 한층 더 파격적인 주장을 펼쳤다. 즉, "개인의 능력에 의한 생산물을 모두 개인에게 귀속시키기 위해서는 국가가 토지를 소유하고 그 임대료로 국가를 유지하고 자본을 형성해야 한다"고 주장했으며, 토지세는 조세라기보다는 국가를 통한 토지의 공동 소유의 표현이자 완벽한 정부 수입원이라는 견해를 제시하였다.[14] 영국 신고전학파의 아버지 알프레드 마셜도 지대세가 토지 이용과 토지 생산물의 생산에 영향을 주지 않으며, 조세부담은 전적으로 지주에게 귀착된다고 보았다. 그는 조세부담이 모두 지주에게 귀착된다고 해서 지주들이 큰 손해를 입는 것은 아니라고 말하기도 했다.[15]

3) 토지공개념은 반(反)시장적일까?

토지공개념은 직접 소유를 제한하는 방법, 토지 이용을 규제하는 방법, 처

14 전강수(2012), p. 186.
15 전강수(2012), p. 185.

분을 제한하는 방법, 수익을 제한하는 방법 등 다양한 형태로 구현 가능하지만, 시장친화적인 방법으로 구현하는 정책이 최선이며 따라서 그것이 핵심이 되어야 한다. 시장만능주의자들은 토지에 절대적 · 배타적 소유권을 인정해야만 토지 자원의 효율적 배분이 가능하고 오남용을 막을 수 있으며 토지 사용의 안정성을 보장할 수 있다고 생각한다. 그러나 토지에 권리가 부여되지 않아서 생기는 오남용을 방지하기 위해서는 토지 사용자에게 배타적 사용권을 설정해 주고 사용 분량에 따라 사용료를 징수하거나 남용을 막기 위한 관리 제도를 마련하면 충분하다. 토지자원의 오남용을 막기 위해 사용권 · 처분권 · 수익권을 몽땅 개인에게 부여하는 것은 지나친 방법이다.

토지에 절대적 · 배타적 소유권을 인정하여 사용권과 처분권뿐 아니라 수익권까지 개인에게 부여할 경우, 투기적 보유를 자극해 오히려 토지의 효율적 사용을 저해한다. 투기적 보유자들은 이용이 아니라 적당한 시기에 토지를 팔아서 시세차액을 챙기는 데만 관심이 있어서 보유 토지의 최선 사용에는 무관심하기 때문이다. 토지에 절대적 · 배타적 소유권을 인정하는 것은 안정적인 토지 사용에도 도움이 되지 않는다. 요즈음 한국 사회 곳곳에서 벌어지는 건물주들의 갑질을 생각해 보라. 토지를 사용하는 사람은 세입자들인데, 이들 중에는 건물주의 횡포 때문에 사업을 안정적으로 운영하기 어려운 처지에 빠진 사람이 한둘이 아니다.

지대를 공적으로 환수하는 토지보유세[16]는 시장친화적 토지공개념의 핵심 정책 수단이다. 그것은 조세제도를 통해 토지 사용자에게 사용 분량에 따라 사용료를 징수한다. 완전경쟁적 토지시장에서 토지보유세를 제대로 부과하면

16 헨리 조지는 이를 토지가치세라 불렀다. 헨리 조지(1997) 제8권을 참조하라.

초과부담이 발생하지 않으며, 현실의 불완전한 토지시장에서 토지보유세를 부과하면 투기적 보유를 억제하여 토지 이용의 효율성을 높인다. 앞의 특성을 중립성(neutrality)으로 부르는 것은 잘 알려져 있다. 중립성을 뛰어넘어 토지 이용의 효율성을 높이기까지 한다는 점에서 일부 경제학자들은 뒤의 특성을 초중립성(super-neutrality)이라 부른다. 요컨대 토지보유세를 제대로 부과하여 토지공개념을 실현하면 시장의 기능이 저해되기는커녕 오히려 향상된다.

4. 토지공개념의 제도화 방안

토지공개념은 토지제도와 부동산 정책의 기본 철학과 관련되는 문제라서 매우 중요하지만, 어떤 정책으로 그 정신을 구현할 것인가도 그에 못지않게 중요하다. 앞으로는 토지공개념 헌법 명시 여부와 함께 정책 수단에 대한 논의도 본격적으로 이루어져야 한다. 직접 소유를 제한하는 방법, 토지 이용을 규제하는 방법, 처분을 제한하는 방법, 수익을 제한하는 방법 중에서 소유 제한과 처분 제한은 시장원리에 반하는 정책수단이기 때문에 그런 것들을 중심으로 토지공개념을 구현할 경우 반(反)시장적이라는 비판을 모면하기 어렵다. 하지만 시장친화적인 방법으로 토지공개념을 구현하는 것은 얼마든지 가능하다. 특히 토지 단위들이 붙어 있어서 한 곳에서 하는 경제활동이 주변에 직접 영향을 끼치는 외부 효과 문제를 해결하기 위해 토지 이용 규제를 시행하는 것은 토지시장의 효율성을 높이는 친시장적 정책이다. 그래서인지 정도의 차이는 있지만, 세계 모든 나라에서 토지 이용 규제를 실시하고 있고, 그 필요성에 대해서는 누구도 의심하지 않는다.

그러면 수익제한의 경우는 어떤가. 이 부동산 불로소득을 환수하는 정책도 시장친화적인 방법으로 시행할 수 있지만, 나라별로 천차만별일 뿐만 아니라 그에 관한 견해도 다종다양하다. 우리나라의 예를 보더라도 노태우 정부의 토지공개념은 핵심 정책인 토지보유세를 주변화하는 대신 대증적 성격이 강한 법률들(택지소유상한제법, 토지초과이득세법, 개발이익환수법)로 정책을 추진했다. 노무현 정부의 부동산 보유세 강화 정책은 정곡을 찔렀지만 정책 추진의 미숙함과 재집권 실패로 좌절을 맛보았다. 노무현 정부의 종합부동산세는 한국 역사상 최초로 보유세 강화 정책을 본격 추진했다는 점에서 의의가 큰 세금이지만, 과세 대상자 전원이 반대하게 되어 있는 세금이어서 조세저항이 격렬했다.

그렇다면 어떤 방법으로 부동산 불로소득을 환수해야 시장친화적이며 효과적일까? 많은 사람들이 부동산 불로소득을 지가 차액, 즉 자본이득으로 보기 때문에 그에 대한 대책으로는 부동산 자본이득세를 떠올린다. 한국에서도 1974년에 실현 자본이득에 과세하는 양도소득세가 도입되어 지금까지 부과되고 있다. 양도소득세는 부동산 불로소득을 일부 환수하는 기능을 하지만, 동결 효과와 조세 전가 등의 부작용이 있을 뿐 아니라, 지대소득을 전혀 건드리지 못한다는 한계를 내포한다. 이 세금은 부동산을 팔 때 부과하기 때문에 부동산 소유자로 하여금 부동산 매각을 꺼리게 만들어서 거래를 위축시킨다. 또 팔지 않고 보유하면서 지대소득을 향유하는 행위에 대해서는 전혀 효과를 발휘하지 못한다. 게다가 매도자가 우위에 서는 가격 상승기에는 세금 부담이 매수자에게 전가되기도 쉽다. 따라서 부동산 불로소득은 발생한 후에 자본이득세로 환수하기보다 아예 발생하지 않도록 차단하는 것이 현명한데, 그 가장 좋은 수단은 토지보유세이다.

종합부동산세의 한계를 극복하고 토지보유세를 강화하는 방법은 없을까?[17] 필자는 '국토보유세+기본소득+지역상품권 3종 세트'로 토지공개념을 제도화할 것을 제안한 바 있다(전강수 · 강남훈, 2017). 이 정책의 핵심은 현행 종합부동산세를 폐지하는 대신 국토보유세를 새로 도입하고, 그 세수 순증분을 전액 모든 국민에게 1/n씩 기본소득(토지배당)으로 지급하는 것이다. 국토보유세는 (건물이 아닌) 토지에만 부과하고, 용도별 차등과세를 철폐하며, 전체 토지 소유자를 대상으로 하는 점에서 종합부동산세보다 우수한 세금이다. 국토보유세 세수 순증분으로 분배하는 기본소득은 지역상품권으로 지급하여 지역 경제 활성화를 도모한다.

전강수 · 강남훈(2017)에 따르면, 국토보유세를 15.5조 원 걷어서 전 국민에게 1인당 연 30만 원씩 토지배당으로 지급할 경우, 전체 가구의 95%가 순수혜 가구가 되는 것으로 드러난다. 종합부동산세는 과세 대상자 전원이 반대하는 세금이지만, 토지배당과 결합된 국토보유세는 과세 대상자의 95%는 지지하고 불과 5%만 반대할 세금인 것이다. 국토보유세는 조세저항을 극복한다는 면에서도 종합부동산세보다 월등한 세금이다.

과세 기술상 몇 가지 고려해야 할 사항이 있다. 이중과세 논란을 피하기 위해 국토보유세 세액에서 재산세 토지분에 해당하는 부분은 환급한다. 또 세부담이 급증하는 경우를 감안하여 연간 세부담 상승률에 상한을 둔다. 그리고 부동산 공시가격 평가 제도를 개편해서 단독주택과 상가 · 빌딩의 낮은 과표 현실화율을 개선한다.

토지보유세의 강화 외에 시장친화적 토지공개념을 제도화하는 방법으로는 국공유지를 확대해서 공공임대하고 임대료를 시장가치대로 걷는 정책이 있

---

17 종합부동산세를 유지한 채로 보유세를 강화하는 방안에 대해서는 전강수(2018)를 참조하라.

다. 그런데 토지공공임대제라 불리는 이 제도를 한국에서 시행하려면 토지 비축으로 국공유지를 많이 확보해야 하므로 시간이 많이 걸리고 엄청난 자금이 필요하다. 하지만 장차 통일이 이루어지는 상황을 상정할 경우에는 즉각 시행이 가능한 대안이므로 지금부터 도입 방안을 연구해서 마련해 둘 필요가 있다. 그뿐만 아니라 최근 우리 사회에서는 소규모이기는 하지만 협동조합 등 사회단체를 통해 토지공공임대제의 정신을 구현하고자 하는 움직임이 활발하게 일어나고 있는데, 이는 미국과 영국 등 선진국에서 뿌리를 내린 공동체 토지신탁(Community land trust)으로 발전할 가능성이 있다.

요컨대 시장친화적 토지공개념은 토지보유세 강화와 토지공공임대제 시행으로 얼마든지 제도화할 수 있으며, 최근에는 제도 도입시에 발생할 수 있는 현실적 난점들을 극복할 수 있는 대안까지 제시되었으므로 더 이상 제도화가 어렵다는 이유로 반대할 수는 없다.

참고문헌

국회 헌법개정특별위원회 자문위원회, 《국회 헌법개정특별위원회 자문위원회 보고서》, 2018.

김배원, 〈한국 헌법상 토지 재산권의 보장과 제한〉, 《토지법학》, 제20호, 2005.

김윤상, 《지공주의》, 경북대학교 출판부, 2009.

남기업 · 전강수 · 강남훈 · 이진수, 〈부동산과 불평등 그리고 국토보유세〉, 《사회경제평론》, 제54호, 2017.

박찬승, 〈대한민국 헌법의 임시정부 계승성〉, 《한국독립운동사연구》, 제43집, 2012.

이정전, 《토지경제학》, 박영사, 2015.

전강수, 〈공공성의 관점에서 본 한국 토지보유세의 역사와 의미〉, 《역사비평》, 제94호, 2011.

______, 《토지의 경제학》, 돌베개, 2012.

______, 〈토지공개념 헌법 명기의 필요성과 가능성, 그리고 방법〉, 《사회과학논총》, 제16집, 2017.

______, 〈부동산 불평등 해소를 위한 보유세제 개편 방안〉, 더불어민주당 김종민 의원실 주최 정책 토론회 발표 자료, 2018.

전강수 · 강남훈, 〈기본소득과 국토보유세〉, 《역사비평》, 제120호, 2017.

정태욱, 〈손문 평균지권의 자유주의적 기원과 중국 공화혁명에서의 전개과정〉, 《법철학연구》, 제18권 제2호, 2015.

토지정의시민연대, 〈개헌을 위한 시장친화적 토지공개념 7문 7답〉, 2006.

헨리 조지 저, 김윤상 역, 《진보와 빈곤》, 비봉출판사, 1997.

Deininger, Klaus, *Land Policies for Growth and Poverty Reduction*, World Bank Policy Research Report, 2003.

제2부 민주화 이후 30년 한국 모델의 성찰

제9장

민주화 이후 30년 한국은 어떤 사회경제 대안을 남겼나?: 다원적 개발주의, 자유복지주의, 그 너머

이병천

1. 문제와 관점

이 글의 기본 과제는 민주화 이후 30년 한국 사회경제의 흐름을 대안 중심으로 되돌아보는 것이다. 그런 성찰을 기반으로 새로운 발전 전망에 대해서도 약간 언급할 것이다. 30년의 연대기를 말하는 것은 여기서의 과제가 아니다. 그것은 나의 능력 밖의 일이기도 하고 다른 연구자들이 더 잘해 낼 것이다. 역사란 현재의 관점에서 바라보는 과거와 현재의 모종의 대화이며, 그 대화가 죽은 것이 아니려면 늘 새로움을 더해야 한다. 민주화 이후 30년의 시점에 선 오늘의 우리는 어떤 새로움을 더할 수 있을까.

민주화 30년의 끝자락은 실로 역동적이었다. 공사 분간조차 하지 못하고 대리인이면서도 주권자의 뜻을 거역함으로써 자신의 무덤을 판 '혼군'(昏君) 대통령의 헌정파괴 행위, 그에 따른 국가 공공성 및 사회 공공성의 처참한 붕괴 사태, 연인원 1,700만에 달하는 시민 참여로 나타난 촛불시민혁명, 그리고 고조된 전쟁 위협과 냉전 안보 공세, 종북몰이를 이겨낸 새 민주정부의 출범 과정을 거치는 동안에, 민주화 이후 한국의 시민성과 민주주의는 미증유의 위기와 시련을 극복하고 한 차원 높은 수준으로 성숙했다. 광장정치와 제도정치의 투 트랙이 시너지를 낸 이 독특한 압축폭발형 시민참여의 공유 경험과 공유 학습 과정에서 한국인이 무슨 엄청난 짓을 했는지, 무엇을 얻었고 무엇을 빠트렸는지, 침몰 상태의 비정상 대한민국호를 수리하고 정상화하기 위해, 겹겹이 쌓인 과거 적폐를 청산하고 정의로운 새 대한민국을 수립하기 위해 어떤 과제를 안게 되었는지에 대해 앞으로 깊이 있는 연구가 진행되어야 할 것이다.

적폐, 정상, 주권, 정의, 공공, 공존, 통합 등등의 말들이 한국 민주주의의 '성숙화'(단지 공고화만이 아니라)를 위한 새 열쇠말로 떠올랐다. "극우반공 극단주의를 버려라." "적과 나의 흑백이분법을 버려라." "경쟁하되 공존하고 협치하라." "무엇보다 주권자의 뜻을 받들어 사익 추구 먹잇감이 된 국가의 공공성을 바로세우라." "비리와 세습, 불공정과 불평등으로 갈라지고 무너진 사회경제의 공동(체)성을 재창조하라." 이것이 일종의 '촛불 컨센서스'가 아니었을까. 그러나 촛불 컨센서스는 불안정할뿐더러 여러 균열선이 내부를 가로지른다. 촛불은 하나가 아니다. 촛불시민혁명의 바탕에 사회경제적 모순과 불만이 깔려 있었던 것은 분명하지만 그 이슈는 무대 중심에서는 밀려났다. 나라를 '정상화' 해야 한다, 목전에 다가온 대선에서 '정상적' 민주정부를 세워야 한다는 생각이 광장정치의 주도적 흐름이 되었다. 촛불광장에 나오지 못한, 나올 수 없었던 시민들도 많았다. 사회경제 문제에서 새로운 대안적 컨센서스를 만들고 모두를 위한 경제성장, 복지, 평화, 생태의 네 바퀴가 공진하는 민주적·생태적 평화복지국가의 새 길을 여는 것이 시대 교체의 과제로 제기되었다.

이 강연에서 제기하는 물음은 다음과 같다.[1] 민주화 30년 민주정부와 보수정부는 서로 공존, 대화, 학습할 수 있는 어떤 대안적 유산을 남긴 것이 있는가? 그 성과는 무엇이며, 우리는 어떤 지점에서 그것들의 한계를 넘어서야 하는가? 의외로 들릴지 모르지만 나는 개혁적 보수정부로는 노태우 시기, 민주적 개혁정부로는 김대중·노무현 시기가 상호 건설적 대화와 학습이 가능할 법한 두 가지 대안적 유산을 남겼다고 생각한다. 첫째, 두 정부는 남북 사이에 적대적 대결주의를 넘어 교류협력과 평화공존을 추구했다는 점에서 보수, 진보가 함께 손잡고 갈 수 있는 중요한 합의점을 갖는다.[2] 둘째, 노태우 시기는 민주화 이행 초기 과도적 전환기에 아래로부터 표출된 개혁 압력을 수용하면서 산업

---

1 이 글과 다르게 과거 적폐 문제에 집중해 민주화 이후 30년을 반성적으로 돌아보는 연구가 당연히 필요하다.
2 평화와 통일 사이에 거리두기를 하지 않은 것은 중요한 한계이다.

화 시대 성장지향 개발주의 유산이 민주화 시대 다원적 이해와 일정하게 결합하는 방식으로 개발주의의 다원주의적 진화 대안을 남겼다. 나는 이를 '다원적 개발주의'(plural developmentalism: PD)라고 부를 것이다. 다른 한편으로, 김대중 · 노무현 시기는 본격적으로 도래한 세계화 시대에 적응하고 호응하면서 시장지향적인 개혁과 복지 확대가 결합하는 방식으로 또 한 가지의 대안, 즉 중도자유주의적 개혁 대안을 남겼다. 나는 이를 '자유 · 복지주의'(economic liberalism+state welfarism: LW)라고 부를 것이다. 본고는 보수정부의 PD와 민주정부의 LW가 남긴 유산, 그 성과와 한계에 대한 – 다소 불편한 – 이야기가 될 것이다. 그리고 결론에서 새로운 과제에 대한 이야기가 약간 보태어질 것이다.[3]

2. 개발주의의 분기(分岐)와 한국의 경로에 대하여

동아시아의 권위주의적 근대화 체제는 흔히 개발국가 모델 또는 개발주의 모델이라고 불린다. 한국의 경우 그것은 다름 아닌 박정희 체제이다. 한국의 박정희 체제는 박정희 사후 1980년 5월 광주에서 야만적 학살을 자행한 반동적 전두환 신군부에 의해 새로운 형태로 재구축되었고,[4] 민주화 이후 시기에는 주로 아버지의 어두운 부분을 닮은 딸, 즉 박근혜 체제를 낳았다.[5] 박근혜 대통령에 의한 미증유의 국정농단과 국가 사유화 사태는 민주화 시계를 거꾸로 돌리

3 본문의 3-5절은 이병천(2016c)의 요지를 요약하면서 새로운 개념화를 시도하는 등, 내용을 보완했음을 밝힌다.

4 전두환 신군부는 박정희 유신체제의 구조적 모순에 대해 보수 · 반동적 방향으로 출구를 제시했다고 할 수 있다(정상호, 1998; 이병천, 2014, pp. 103-104).

5 이 역사적 경과는 박근혜 정부 시기 국정 한국사 교과서에서 '경제성장과 민주화의 연속성'을 보여 주려고 한 김낙년(2016)의 생각과는 어긋난다. 권위주의 개발국가 체제를 맹목적으로 미화하는 조이제(2005)의 눈에도 이런 경과가 보이지 않을 것이다.

는, 박정희 유신독재의 어두운 유산이 부활한 것이라 해도 좋을 것이다.[6] 박정희 체제는 국가권력과 재벌 지배동맹의 주도 아래 강력한 성장의 조직화 능력을 보여 주었지만 고도의 권력집중과 극우적 냉전반공주의 경향, '국가 자율성'이라는 말을 무색케 하는 국가권력의 자의적 오남용 및 재벌과의 정경유착 때문에 지배권력의 속성과 체제의 작동 방식 모두에서 반성적 견제, 감시력이 매우 취약하다는 두 얼굴을 갖고 있었다(한배호, 1994, pp. 344, 528; 이병천, 2000; 2016a, pp. 31-32).

박정희의 권위주의적 근대화 체제(한국 모델 1.0)[7]는 넓게 보자면 자본주의 다양성론에서 말하는 조정시장경제의 특수 유형으로서 국가와 재벌의 지배복합체가 주도하는 집단적 협력자본주의라는 특성을 갖고 있었다.[8] 한편으로 이 발전 양식은 고부채 · 고투자와 위험의 공유, 국가에 의한 성과 규율을 동반한 거대한 특혜적 지원,[9] 노동자 및 국민대중의 희생과 헌신, 그리고 관리된 개방과 복선형 산업화 등을 통해 압축적으로 거대한 국부를 창출했다. 이 개발주의

---

6 일찍이 박근혜는 이렇게 말한 바 있다. "유신 없이는 아마도 공산당의 밥이 되었을지 모른다. 국가의 운명은 운에 맡길 수 없는 것이고 설마가 있을 수 없기에. 시대 상황과 혼란 속에 나라를 빼앗기고 공산당 앞에 수백만이 죽어갔다면 그 흐리멍덩한 소위 민주주의가 더 잔학한 것이었다고 말할지 누가 알 수 있으랴"(박근혜, 1999; 1981년 10월 28일자).

7 한국자본주의 모델 1.0, 2.0, 3.0에 대해서는 이병천(2014, pp. 413-422) 참고.

8 장하성(2014, pp. 77-85)은 박정희 경제체제를 '계획경제체제'이고 사회주의적 발상에 입각해 있다고까지 말하고 있는데 이는 이해하기 어렵다.

9 성과 규율을 강제한 국가의 특혜적 지원은 경제학적으로 '조건부 지대'(contingent rents)라 불린다(Aoki et al., 1997). 조건부 지대론, 바꾸어 말해 생산적 투자를 낳도록 정책적으로 유도하는 '지대기회'(rent opportunities)의 창출론은 지대론을 발전론과 연결시켰다는 점에서 획기적 의미를 갖는다. 그러나 조건부 지대론의 바탕에 깔려 있는 것은 스티글리츠, 아오키 등의 정보 중심 제도경제학인데 이 이론은 권력(국가, 계급)과 갈등을 중심적 문제로 다루지 않는다는 결함을 갖고 있다. 이는 포스트왈라시언 제도경제학의 발전구도에서 제도적 다양성의 폭은 좁지만 권력을 핵심 변수로 내장시킨 보울스(Bowles, 2004)와는 흐름이 다르다. 예컨대 스티글리츠(1993, p. 111)는 이 문제에 대해 보울스 및 진티스와 논쟁하는 글에서 위계적 관계가 존재하는 데에는 권력행사를 넘어선 적절한 경제적 이유가 존재한다면서, "한국의 주목할 만한 경제성장은 고도로 집중된 소유권을 가진 대기업에 기반을 둔 것이었다. 이들 기업자산을 재분배한다고 해서 한국이 더 빨리 성장하는데 별로 도움이 되었을 것 같지 않다"라고 주장한 바 있다. 조건부 지대론에서 권력론의 결핍은 개발주의 퇴행 경로를 해명함에 있어 큰 난점을 가져온다.

체제 아래 한국에서 이른바 '한강의 기적'이 일어났던 것이다.

그러나 박정희식 발전체제는 지극히 불공정하고 불균형한 체제였다. 극우 반공의 개발주의는 북한과 대결 속에서 그것을 닮아 감으로써 거기에는 '북한적 요소들'이 스며들어 있다(이종석, 2003).[10] 이 체제에서 노동 세력의 정치적 진출은 심각하게 억압·배제되었고, 이는 "노동 없는 민주주의"(최장집, 2010) 혹은 극심한 '노동이중화' 민주주의의 역사적 기원을 제공했다. 박정희 체제에서 집단적 협력으로 창출한 공동가치의 가장 큰 몫은 재벌이 차지했으며 그들의 지배력과 재산권은 통제하기 어려울 정도로 비대한 것이었다. 경제 구조에서 노동, 중소기업 등 여타 이해당사자들의 참여, 견제 및 균형력의 성장은 크게 억압되었다. 이렇게 박정희 체제는 이중적 의미에서 고강도 특권체제였으며 거대 자본권력의 압축성장 체제였다(이병천, 2012b, p. 56; 2014, p. 96; 2016a, p. 42). 뿐만 아니라 고성장으로 일자리 창출, 빈곤 및 소득 불평등 완화를 도모하는 그 성장제일주의는 복지재정 체계를 '작은 정부'로 가두었는데 이런 사회정책적 노선에서 또한 박정희식 개발주의는 '개발자유주의'(장경섭, 2009; 2011) 또는 감세국가(김미경, 2018) 성격을 가지고 있었다. 더구나 매우 중대한 문제는 사익을 도모하면서 비용을 사회화하는 국가·재벌 간 정경유착의 관성이 확대재생산되었다는 사실이다.

이상과 같은 박정희 체제의 구조적 모순은 당대는 물론 이후 진로에서 이해당사자의 참여권 보장에 의한 재벌의 민주적 규율은 물론이고, 압축고성장의 핵심 기제였던 국가의 재벌 규율을 곤란하게 만들었다. 오히려 재벌에 의한 국가 포획과 정경유착, 그리하여 국가 공공성의 붕괴를 가져왔다. 이는 곧 개발

10 바꾸어 말해 이른바 '종북적 요소들'이 들어 있다고 해도 좋겠다.

주의가 정실자본주의(crony capitalism)로 타락하는 경로, 조건부 발전지대가 약탈지대로 변질되는 퇴행적 경로(degenerate developmental stste path)가 된다(Aoki, 2001; 2010).[11] 이런 경로를 타는 가운데 무분별한 규제 완화와 과잉시장화, 개방화가 포개짐으로써 김영삼 정부 시기인 1997년 외환위기가 발발했고, 이윽고 박근혜 시기에 이르러서는 세월호 참사와 희대의 국정농단 사태가 빚어진 것이다. 박근혜 체제란 '개발 없는 정실주의', 세습재벌 체제, 신자유주의의 삼자 악조합 체제였다고 할 수 있으며, 이 체제에서 정치 공공성, 사회 공공성, 그리고 경제 공공성 삼자가 총체적으로 붕괴했다.

사실 개발국가 이후 탈추격 이행의 다양한 경로에서 동아시아 다른 나라들과 비교해 볼 때 한국의 개발주의가 퇴행적 경로가 아니라 발전적 진화의 경로, 즉 제도증강적인(institution-emhancing) 경로로 나아가는 문은 상당히 좁았던 것으로 보인다. 국가와 재벌 지배동맹의 권력집중과 내부자들 간의 정경의 유착, 외부자를 차별하고 배제하는 폐쇄성이 워낙 강고해 반성적 자기 정화력이 빈곤했기 때문이다. 한국 모델의 원형을 제공했다고 할 수 있는 일본 자본주의는 반인륜적 전범국가로 추락했다가 전후 미국 점령기에 재벌 해체 등 민주개혁을 통해 새롭게 거듭나 현대화의 길로 나아갔다.[12] 동아시아 자본주의를 그냥 동질적 그룹으로 묶어 보는 것은 부적절하다. 대만, 싱가포르는 일본 · 한국 계보와는 성격이 상당히 다르다. 이들 나라는 국가 재벌동맹이 주도한 일본 · 한국 계보와는 달리, 재벌을 키우지 않았다. 토지 · 주택 부문을 위시해 공공성이 높은 국영 부문을 가졌을 뿐만 아니라 한국에 비해 부패 비리가 훨씬 덜하다.

---

11 이 '개발주의 퇴행'의 경로에 대한 정치경제학적 해명은 경험적으로나 이론적으로 아직 미진한 상태이다.

12 독일도 일본, 한국과 함께 권위주의적 개발주의의 공통 계보에 속하며 그 선두주자라고 할 수 있다. 이 나라는 일본과 유사하게 파시즘 및 전범국가로 추락했으나 전후 이중의 단절을 거쳐 '라인강의 기적'과 민주적 평화복지국가의 기적을 일으키고 이어 평화적 · 사회적 통일을 달성하는 길로 나아갔다(이병천, 2016a).

그리고 중국의 경우, 포스트사회주의의 점진적 실험주의 길로 나아가면서 지방분권성과 시장경제의 포용적 개방성이 강하며 평등주의에 더 많은 관심을 보인다.[13] 지금 중국은 세계적인 창업국가로 발돋움하고 있다. 한국과는 판이하게 다른 상황이다. 반면 한국은 불행하게도 이들 나라가 보여 주는 바와 같은 체제 타락의 항체 또는 면역력을 제대로 키우지 못했다. 권위주의적 개발주의 과거 적폐와의 단절은 매우 불철저했고 그 적폐를 키워 갔다.

위와 같은 사정에도 불구하고 굳이 내가 박정희식 개발주의의 양면적 얼굴과 진화의 가능성의 문제를 꺼내는 데는 어떤 문제의식이 있다. 첫째, 권위주의적 개발주의가 민주화 시대 다원적 이해를 수용하는 방식으로 발전적으로 전환되었다고 할 노태우 시기 분배 지표와 그 기본 골격이 해체되고 본격적으로 시장개혁 방향으로 나아간 김대중 · 노무현 시기 분배 지표(지니계수, 소득10분위 배율, 계층이동성 등)를 비교해 보면, 노태우 시기가 훨씬 더 양호하다는 것이다.[14] 우리는 이 '팩트'와 냉정하게 대면하지 않을 수 없다. 그리고 거기에는 분배 실적을 떠받치는 어떤 생산체제의 문제가 있으며 재산권, 노동권, 복지권의 접합 방식의 관점에서 바라본 중요한 질적 변화가 깔려 있다.

둘째, 제도는 어떻게 진화하는가 하는 문제가 있다. 일찍이 알렉산더 거센크론(Gerschenkron, 1962)이 말했듯이, 후발국은 자신에 맞게 제도를 혁신하고 착근시켜야 한다. 거센크론은 추격 시기를 중심으로 말했지만 이 과제는 탈추격 시기 경로 창조를 위해서도 마찬가지로 제기된다. 나는 민주화와 세계화 시대,

13 중국의 같은 '시장보존적 연방주의'(Qian and Weingast, 1996)라 불리기도 한다. 이른바 '베이징 컨센서스'(황핑 외, 2015)라는 말에는 개혁 중국 모델을 워싱턴 컨센서스의 대항축으로 세우려는 생각이 깔려 있다. 그러나 중국 개혁의 길도 극심한 불평등, 부동산거품 등 심각한 모순을 안고 있다. 중국 내부의 급진민주적 개혁론의 흐름으로는 추이즈위안(2003; 2014)을 참고할 수 있다.

14 구체적인 '팩트 체크'를 위해서는 홍민기(2015), 전병유(2016) 참조.

탈추격의 한국 사회경제 모델의 정체성을 어떻게 발전적으로 창조해야 할까, 한국적 경로와 조건에 맞게 착근시킴이 없이 미국식(그것이 설사 뉴딜의 미국이라 해도)이라든가 유럽식 모델을 그대로 모방·이식하는 개혁이 가능할까 하는 문제의식을 갖는다. 일본, 대만, 싱가포르, 중국 등 동아시아 이웃 나라들의 경우, 과거의 어두운 유산과 단절하고 선진 제도를 수용하면서도 자기 궤도에서 탈주하지 않고 탈추격기 발전적 진화 경로를 모색했음에 주목할 필요가 있다.

3. 보수적 개혁 대안 – 다원적 개발주의의 경로

범민주진보권에서 노태우 정부에 대한 기존의 평가는 상당히 부정적이다. 공안정국, 삼당 합당, 수서비리 사건을 거쳐 뇌물죄로 노태우가 구속 수감된 저간의 경과로 볼 때 노태우 정부에 대해 부정적 평가가 나오는 것은 당연하다. 이 정부 역시 공사를 잘 분간할 줄 몰랐으며 개발주의 타락의 어두운 요소를 갖고 있었다. 과거 적폐와의 단절이 불철저했던 것은 노태우 정부도 마찬가지였다. 뿐만 아니라 노태우 정부는 주류인 수구보수권으로부터도, 특히 그것의 남북화해와 교류, 협력의 평화주의는 제대로 동의를 얻지 못했다. 이렇게 볼 때 민주화 30년 동안 노태우 정부 시기가 개혁적 보수의 가능성의 길로서 한 가지 사회경제 대안을 남겼다는 생각 – 이것이 나의 생각이다 – 은 상당히 낯설게 들릴 수 있다.[15)]

발상을 전환해 보면 어떨까. 첫째, 노태우 정부 시기는 민주화 이행 이후

15 노태우 정부에 대한 통상적 해석과는 다른 견해를 보여 주는 대표적 연구로는 강원택(2012), 강원택 외(2012)가 있다. 그러나 나의 견해가 이들 연구와 같은 것은 아니다.

아래로부터 사회경제 개혁 압력이 비교적 살아 있던 전환시기였다. 둘째, 노태우 시기는 글로벌 신자유주의가 본격적으로 상륙하기 이전이었다. 따라서 영미식 시장주의가 글로벌 표준으로 위세를 떨치기 이전 시기였다. 셋째, 노태우 정부가 물려받은 박정희식 개발주의는 어두운 적폐 요소만이 아니라 비판적으로 재구축해 계승해야 할 요소도 함께 갖고 있었다. 이런 점 등을 고려한다면, 노태우 정부를 바라보는 다른 생각이 가능할 수 있을 것이다. 노태우 시기는 성장지향 개발주의가 국가·재벌의 수직적·폐쇄적 동맹 틀을 일정하게 벗어나 민주화 시대에 표출된 다양한 이해와 결합하는 방식으로 개발주의의 다원주의적 진화 경로를 보였다. 나는 이를 다원적 개발주의라고 부르고자 하는데 이 대안(한국 모델 2.0)은 구체적으로 어떤 내용을 가졌는가.[16]

먼저 노태우 시기 사회경제의 제도적 조절양식의 측면부터 보자. 첫째, 노동체제의 변화이다. '1987년 노동체제'는 노조 설립 요건 삭제, 노조 설립 형태 자율화, 단체교섭의 상급조직 위임 보장, 냉각기간 단축 등 노조 설립 및 활동 자유를 크게 확대시켰다. 노동 측은 기업별 노조의 한계를 벗어나지 못했다. 이는 박정희 체제가 강제한 실로 어두운 유산이었다. 그러나 이제 단체교섭으로 자본 측과 마주할 수 있었다. 둘째, 노태우 정부는 은행을 통제하면서 여신관리제도에 의거해 재벌에 대한 규제력 또는 규율력을 여전히 가졌다. 이에 따라 재벌의 경제력 집중이나 부동산 투기의 규제 과제, 그리고 중소기업 육성, 소재부품산업 육성, 기술개발 지원 등 산업정책의 목표를 실현할 수 있었다. 셋째, 부동산 투기가 광풍을 일으키고 토지자산 불평등과 투기적 자산 증식 문제가 전 사회적 문제로 부각되는 상황에서 택지소유상한제, 개발부담금제, 토지초과이

16 노태우 정부의 다원적 개발주의는 또한 박정희의 극우반공-남북대결주의도 넘어섰다.

득세제 등 토지공개념 3법을 제정 시행했다. 넷째, 대외 개방을 전략적으로 관리했다. 이는 정책 자율성과 개방 이익을 확보하면서 경제성장이 사회적 분업의 확대 및 분배적 확산 효과와 선순환을 일으키는 기제를 제공했다.

위와 같은 조절양식 위에서 다음과 같은 축적체제가 작동했다. 국가-재벌-은행 관계, 대중소기업 간 상생적 하청관계, 완제품-부품산업 관계 등에서 위험 공유와 조정시장경제의 작동 방식이 개선되었다. 재벌 주도 고부채-고투자 체제가 굴러가면서 노동시장 유연화가 억제되는 가운데 괜찮은 일자리가 지속적으로 증대되고 실질임금이 상승했다. 이에 따라 소득분배가 개선되고 소비구매력이 증대되었다. 무엇보다 부동산 투기가 규제되었다. 대외적으로 개방이 관리됨으로써 국민경제의 안정이 유지되었다. 경제의 취약 부분이 보호를 받았다. 수출 내수의 공진-고투자 성장-유연화가 규제된 고용 확대-가계 저축의 거시회로가 선순환을 이루는 축적체제가 작동했다. 한국 경제발전사상 보기 드물게 투자 주도와 소득 주도, 수출과 내수가 공진, 선순환을 일으켰다고 할 수 있다.

그러나 노태우식 다원적 개발주의는 기본적 한계를 갖고 있었다. 가장 약한 고리는 효과적인 재벌규율체제의 결핍에 있었다. 재벌 지배 구조에는 이렇다 할 변화가 없었다. 경영권은 과잉 보호되었고 경제력 집중은 높았다. 재벌은 제2금융권을 지배하는 금산복합체적 성격을 갖고 있었다. 반면 노동기본권과 견제력은 미약했고 노동 측은 기업별 노조의 한계에 갇혔다.[17] 중소기업도 집단적 교섭력을 갖지 못했다. 재벌이 주도하는 성장 성과에 정권이 의존하는 상황에서 여신관리제도는 쉽게 무력화될 수 있는 위험성을 갖고 있었다. 대중소

17 정치적으로 독자적 노동자 정당 또는 사회민주당 건설이 어려운 난관에 처해 있었던 것은 두 말할 것도 없다. 이는 극우반공주의와 성장제일 개발주의의 가장 어두운 유산에 속한다고 하겠다(김수진, 2008).

기업 간, 그리하여 노동시장에도 규모에 따른 이중구조화 현상이 진행되었다. 국가 복지는 이전 시기에 비해 뚜렷한 변화를 보이지 않았다. 그 대신 박정희 시대에 이어 이른바 '생활보장체제'(김도균, 2018)를 한층 확대 강화했다. 한국의 노태우식 다원적 개발주의는 일본이 1970년대 초까지 도달한 포스트개발주의 개혁 대안에 현저히 미달하는 것이었다.

4. 개발주의의 해체와 중도자유주의 대안 – 자유 · 복지주의 경로

노태우 시기가 산업화 시대 성장지향 개발주의 유산을 민주화 시대 다원적 이해와 결합시키는 방식으로 다원적 개발주의 대안을 남겼다면, 김대중 · 노무현 민주정부 10년은 어떤 대안을 남겼는가. 민주개혁 정부는 반독재 민주정부로서 '정통성'에 기인하는 민주적 지향성을 가졌다. 그러나 이 두 정부의 개혁의 길은 외환위기라는 사건, 미국 표준을 앞세운 글로벌 신자유주의의 물결 그리고 여전히 강력한 재벌의 지배력이라는 조건들에 의해 규정되었다. 이런 조건 속에서 민주정부는 관치경제와 정경유착, 재벌 지배, 저복지의 구체제를 개혁하고 민주주의, 공정한 경쟁시장, 그리고 복지 증진이라는 세 마리 토끼를 혼합해 "병행 발전"시키는 개혁 대안을 만들고자 했다. 1997년 이후 민주주의, 시장경제, 복지 확대를 혼합하는 병행 발전 대안은 개발주의를 새롭게 민주적으로 업그레이드시키는 길은 결코 아니었고, 위험 공유와 관민 협력에 기반을 둔 개발주의 체제 자체를 해체하는 전혀 새로운 길이었다.

시장은 야누스적 얼굴을 갖고 있다. 만약 민주적으로 충분히 열린 시장경제라면 여러 이해당사자들에게 동등한 참여의 시민권을 보장할 것이다. 재벌의 경제력 집중은 통제될 것이다. 대중소기업이 상생 협력하고 경쟁 패자의 부활이 매우 용이한 산업 생태계가 작동하며 창조적 혁신이 솟아날 것이다. 노동자에게 합당한 발언권이 주어지며 비정규직의 남용은 규제될 것이다. 괜찮은 일자리가 지속적으로 창출될 것이다. 불로소득은 엄중히 통제될 것이다. 대중소기업 간, 노사 간에 긍정적 타협(positive compromise)과 열린 시장의 창조적 역동성이 복지 확대와 선순환을 일으킬 것이다. 반면에 시장에 고삐가 풀리고 민주주의에 고삐가 물린다면, 새로운 시장규율이 민주적 규율을 꺾는다면 민주주의, 시장경제, 복지 증진의 세 가지 목표는 병행 발전이 아니라 크게 불균형한 발전의 길로 가게 될 것이다. 그 앞에는 불평등 · 불공정 · 불안이라는 미래가 기다린다. 1997년 이후 민주정부 10년 시기, 경제와 노동에는 시장자유화를 대폭 추진하면서 그 불안정과 위험은 복지 확대로 방어하는 방식의 불균형 발전 노선, "자유+복지주의"라는 한국형 제3의 길 대안(한국 모델 3.0)은 실로 큰 모험이었다. 이 자유 · 복지주의 대안은 보수적 개혁 대안인 다원적 개발주의를 쉽게 능가할 수 있는 대안은 아니었던 것으로 보인다.

김대중 정부 시기는 세계화 시대에 호응해 본격적으로 시장지향적 개혁을 추구했다(자유 · 복지주의 A). 이전까지 독일 모델을 한국의 롤모델로 삼기도 했던 준비된 대통령의 생각은 크게 변질되었다. 이 정부는 관치금융과 재벌 지배를 치유할 목적으로 경쟁과 개방의 시장규율을 부과하는 구조개혁을 단행했다. 재벌경영의 투명성과 책임성을 높이고 재무 구조를 크게 개선하는 조치(부채 비율 200%)가 취해졌다. 자본시장으로 재벌을 규율하고 금융경쟁력을 키우기 위해 급진적인 금융자유화와 개방화가 단행되었다. 정리해고제와 파견근로제를 도입해 노동시장을 유연화시켰다. 중소기업 고유업종제도가 폐지되고 벤처육성이 중소기업 발전의 주도 전략이 되었다.

구조 개편을 통과함으로써 한국 모델은 새로운 형태로 탈바꿈했다. 첫째, 오랜 관치경제 폐해 및 규율공백 상태를 벗어났다. 경제 각 부문들이 일정 정도 투명성과 책임성을 가지고 질서 잡힌 형태로 변했다. 대마불사 신화가 무너졌다. 둘째, 정치적 노동기본권이 신장되었다. 1987년 노동체제가 해체되었고 민주노총이 합법화되었다. 사회합의 기구로서 노사정위원회가 가동되었다. 셋째, 국가 복지가 획기적으로 확대되었다. 고성장과 고용 증대로 저복지를 대체하던 오랜 발전 방식이 이제 이른바 '생산적 복지'(핵심은 근로복지) 중심으로 국가 복지를 확대하는 방식으로 전환되었다.

그러나 김대중 체제에서는 국가-기업-은행, 대-중소기업, 완제품-부품 관계 등에서 위험 공유와 조정시장의 양식이 해체되었다. 노동시장은 유연화와 고용 불안정, 고용 정체라는 새로운 상황으로 들어갔다. 비정규노동 형태와 기업 규모에 따른 차별이 악조합된 이중구조적 유연노동시장에 고삐가 풀렸다. 부동산 규제정책들이 거의 전면적으로 완화되거나 폐기되었다. 전면 개방으로 인해 취약 부문이 심각한 타격을 받게 되었다. 수출 독주-투자 양극화-저성장-불안정 노동 확대와 불평등 심화-가계부채 폭증-부동산 투기로 이어지면서 악순환의 함정에 빠져드는 축적체제가 모습을 드러냈다. 요컨대, '과잉' 시장자유화의 어두운 결과를 방어하기에 생산적 복지란 턱없이 '과소'한 것이었다.

자유 · 복지주의 노선은 노무현 정부에 이르러 5년의 시간을 더 가졌다(자유 · 복지주의 B). 김대중 정부에 비해 참여정부는 종부세의 추진으로 대표되는 부동산 분야의 개혁정책은 물론이고 복지 분야에서도 훨씬 전향적인 변화를 이루어냈다. 경제 체질의 강화를 위해 손쉬운 경기부양정책을 자제했다. 민영화 또한 억제되었다. 그럼에도 불구하고 앞선 정부가 선택한 자유 · 복지주의 노선이 부과한 경로의존적 무게는 결코 가볍지 않았다. 집권에 대한 준비 부족, 국정 운영의 불안정, 대안 모델에 대한 부족한 이해와 구현 능력 등 때문에 그 톱니바퀴를 되돌리기란 쉽지 않았다. 집권 초기 한때 네덜란드 모델이 거론되기도 했지만 너무 손쉽게 폐기되었다. 비정규직 사용의 자유화와 기업별 노조의 한계가 맞물리면서 저임금과 고용 불안정, 불안정 노동이 만성화되게 되었다. 프레카리아트가 대량 창출되는 길이 트였다. 일관성 없는 부동산정책과 금융의 탈규제로 치솟는 집값을 잡기란 쉽지 않았다. 복지를 확대한 것은 사실이지만 과잉 시장과 과소 복지 간의 간극은 매우 컸다. 김대중 정부는 이른바 '폴라니적 모순'(이병천, 2014)에 빠졌다.

다소 도식적으로 말하자면 제2차 세계대전 후 선진국들이 통과했던 민주적 자본주의 형태로서 포드주의(케인스주의적 타협) 발전 양식이란, 임금과 생산성의 연동에 기반을 둔 노자 간의 긍정적 계급 타협과 주거 · 교육 · 의료 복지의 결합을 의미한다. 그리고 이를 통한 경제성장 · 일자리 · 복지의 선순환체제라 할 수 있다.[18] 그렇지만 노무현 모델은 이와는 거리가 매우 멀었다. 동반성장 또는 성장과 분배의 선순환으로 불리기 했던 '진보적 성장' 전략의 결핍 내지 때늦은 자각은 이 정부의 중대한 약점이었다. 이미 "권력은 시장으로", 재벌로 넘어가 있었다. 과잉 시장과 과소 복지 간의 모순이, 폴라니적 모순이 재생산되었다. 정권 말기 복지국가의 미래상을 제시할 목적으로 만들어진 '비전 2030'은 때를 놓쳤을 뿐더러 여전히 재원 문제에 대한 해법을 보여 주지 못했다.

---

18 포드주의 모델(내포적 축적체제)에서 임금은 고용 관련 변수가 아니라 생산성 관련 변수이며, 투자는 이윤 관련 변수가 아니라 소비 관련 변수가 된다(山田鋭夫, 1995[1994], pp. 68-72, 83).

5. 결과

지금까지 우리는 한국 사회가 자신의 사회경제 경로를 발전적으로 재창조함에 있어서 민주화 이후 30년이 어떤 대안적 재료를 남겼는지에 대해 살펴보았다. 우리는 민주화 30년이 보수적 개혁 대안으로서 다원적 개발주의, 그리고 중도자유주의적 개혁 대안으로서 자유·복지주의를 남겼다고 보았다. 이 같은 분석 결과에 기반을 둘 때 아래와 같은 결론이 가능하지 않을까 한다.[19]

우리는 묻는다. 민주개혁 정부 시기 자유·복지주의는 보수적 대안인 다원적 개발주의를 앞서는 대안일까. 포스트민주화 30년의 새로운 경로 창조를 위해 자유·복지주의 대안을 디딤돌로 삼고 그것의 수리 보수(補修)를 도모하는 것으로 충분할까. 만약 이에 대해 선뜻 "yes"라고 답하지 못한다면 어떤 대목에서 다원적 개발주의에서 학습해야 할까. 문재인이 이끄는 새 중도 민주정부는 기본선에서 김대중·노무현 정부가 남긴 자유·복지주의를 수리하면서 그 "2.0 버전"을 도모할 것 같기 때문에 이 질문은 중요하다.

첫째, 자유·복지주의는 공사 분간을 하지 못하는 정경유착과 정실자본주의 요소를 크게 털어 냈다. 물론 완전히 척결하지는 못했지만 다원적 개발주의 시기와 비할 바는 아니다. 둘째, 자유·복지주의에서 경제 각 부문들은, 특히 자본시장의 재벌규율 방식이 성립함으로써 상당 정도 투명성과 책임성을 가진 시장경제 형태로 변화되었다. 셋째, 노동기본권 측면에서 자유·복지주의의 민주성이 진보했음은 분명하다. 1987년 노동체제는 노동기본권을 크게 제한했다(제3자 개입 금지, 노조의 정치 활동 금지, 복수노조 금지 등). 자유·복지주의는 이

19 다원적 개발주의와 자유·복지주의에 대한 이 글에서의 비교 평가가 곧 해당 시기 정부의 공과에 대한 평가와 같은 것은 아니다. 다양한 요인들의 보다 세밀한 분석, 평가는 별도로 이루어져야 할 것이다.

같은 정치적 · 법적 구속을 해체시켰다. 넷째, 대중의 복지권이 크게 신장되었다. 국가 복지가 획기적으로 확대되고 사회정책과 경제정책의 새로운 혼합 방식이 나타났다. 사회정책이 성장 일변도의 정책에 종속되고 저복지로 억압 받았던 오랜 작은 정부 시기를 벗어나 비로소 복지국가로의 전망에 대해 말할 수 있게 되었다.

그럼에도 불구하고 대부분의 분배 지표에서, 복지 확대를 감안한다 해도 다원적 개발주의가 더 양호한 것을 어떻게 설명해야 할 것인가. 왜 자유 · 복지주의는 부와 소득의 분배 개선에 실패했을까? 첫째, 자유 · 복지주의에서 재벌개혁의 과실을 누가 가져갔는지에 대해 생각해 보아야 한다. 재벌개혁의 핵심은 자본시장에 의한 규율에 있었다고 할 수 있는데 그 분배적 결과는 무엇인가. 주주의 구성은 어떠했나. 총수 일가, 외국계 펀드, 국내 기관투자가 그리고 국내 상층 자산가들이 주로 재벌 대기업이 창출한 부를 공유한 인사이드들이 아니었나. 또한 이익은 재벌 계열사로도 흘러들어가 재벌체제의 자기 확장을 가능하게 했다. '개미' 소액주주들이 약간 편승했지만 이는 미미한 부분에 불과하다(이병천, 2011; 2012; 이병천 · 정준호 · 최은경, 2014). 그러니까 1997년 체제에서 재벌 대기업과 외자 및 국내 상층 대주주들을 중핵으로 하는 지배연합의 재산권이 획기적으로 강화된 것이다.

둘째, 노동시장은 비정규 노동과 기업 규모에 따른 차별이 결합되어 불안정 · 저임금 노동의 양산, 복지 차별 및 사각지대로의 배제, 그리고 고용 정체라는 어두운 상황으로 빠져들어 갔다. 이렇게 이중구조적인 유연 노동시장 및 복지체제 나아가 이중화를 동반한 양극화 생산체제가 빈곤과 불평등 심화의 기본 요인이 되었던 것이다. 그리고 이런 상황으로 빠져들게 한 데는 재벌체제와 주주 가치 추구가 공생관계에 있었음을 지적해야 한다. 변화된 권력 양식에서 재벌과 금융자본은 서로 긴장관계도 있었으나 서로 동맹자였다. 그 지배동맹이 노동체제를 비롯해 한국 경제 시스템의 작동 방식을 조정하고 감시·규율하고 자신의 이해에 맞게 "사보타주"하는 모양새가 만들어진 것이다.

셋째, 부동산 투기에 대한 규제 틀은 노무현 정부 시기에 재구축되긴 했지만 자유화된 금융시장의 조건 속에서 그 정책은 큰 한계를 갖고 있었다. 가계부채 증대를 동반하는 부동산 투기가 불평등을 심화시켰다. 지대추구 및 지대수탈 행위가 번창하는 가운데, 취약한 주거복지권과 취약한 노동권이 악조합되어 민생을 고통에 빠트리는 형국이 초래되었다. 넷째, 전면 개방의 부정적 효과를 지적해야 한다. 중소기업, 자영업, 농업 등 취약 부문이 글로벌 경쟁에 여과없이 노출되고 큰 타격을 입었다. 재벌 대기업을 중심으로 해외투자가 급증함으로써 '지역적 의미의 국민경제와 국민대중의 살림살이 터전인 민족경제 간의 괴리'가 심화되었다. 박정희 시대 이후 노태우 시기까지 개선되어 갔던 복선형 산업화 패턴이 깨어지고 생산체제 면에서 사회적 분업 연관이 감퇴했다. 생산체제 면에서 둑이 터진 시장지향 자유·복지주의 대안은 개발주의 유산과 다원적 이해를 결합시킨 다원적 개발주의 대안과의 경합에서 밀렸다. 복지권이 확대되었다고 하지만 그것으로 생산체제 약세와 재산권의 강화 효과에 대처하기는 어려운 일이었다.

그렇다면 생각을 바꾸어 보수적 개혁 대안이었던 다원적 개발주의를 새 발전 경로 창출을 위한 준거점으로 삼아 보자고 말할 수 있을까? 한국의 민주화 시대 다원적 개발주의는 일본의 개혁 도달점에 훨씬 미달한다. 일본은 전후 미군 점령기에 재벌 해체를 비롯한 민주개혁을 통해 전전체제와 크게 단절했다. 재벌 해체 후 1970년대 초에 이르기까지 일본은 고용 안정과 현장노동자의 관리직 승진 개방, 주거래은행제도에 의한 기업규율, 집단교섭권 보장 및 성과 공유제를 통한 대중소기업 간 이중 구조 해소, 개발국가로부터 '미시코포라티즘에 기반한 관료적 다원주의' 국가로의 전환 등 발전적 진화를 거듭했다. 1970년대 초에는 복지국가 '원년'을 선언하기에 이른다. 잃어버린 20여 년의 장기불황을 겪은 이후에는 극우적 아베 정권 아래 아베노믹스 이후 '1억 총활약 플랜'(저출산 · 고령화 종합대책, 동일노동 동일임금 등 노동개혁)과 4차 산업혁명에 대응하는 발전 전략을 추진하고 있음을 본다. 물론 일본 시민의 노동권과 복지권은 결코 독일, 스웨덴의 수준에 비할 바가 못 된다. 사회경제 공공성을 구현하는 조정 수준(scale) 자체가 전혀 다르다. 그러나 한국은 일본처럼 발본적 재벌 해체, 고용안정 및 현장노동자의 관리직 승진, 주거래은행의 기업규율, 집단교섭권 보장 및 성과공유제를 통한 대중소기업 간 이중 구조 해소, 수직적 관민 협력을 넘어선 관료적 다원주의로의 진화 등의 개혁 경험을 갖지도 못했다. 그리고 시장지향 개혁에서는 미국처럼 엄정한 반독점법,[20] 채무자 우호적인 파산법, 강도 높은 징벌적 손해배상제도, 높은 법인세율 등 열린 시장의 개혁 경험을 가진 적도 없다. 이런 까닭에 우리는 한국이 자신의 역사에서 민주적 자본주의의 준거점을 가지고 있는가라고 묻게 되는 것이다.

6. 새 대안 발전의 경로창조 과제 앞에서[21]

민주화 30년의 시간은 민주적 힘과 가치가 당당히 발언권을 갖게 해 주었

20 미국의 반독점법은 단지 자유주의자들의 공정경쟁론이 아니라 당대 민중주의 운동의 결과였으며(추이즈위안, 2003, pp. 109-110), 제퍼슨적 시민공화주의 사상에 역사적 뿌리를 갖고 있다.

21 문재인 정부 정책의 평가와 전망은 2017년 5월 시점의 생각이며 그 이후 변화 부분은 포함되어 있지 않다.

지만 동시에 국가 · 재벌의 지배동맹이 구축해 놓은 구체제의 지배력도 해방시켰다. 더구나 권위주의 근대화 구체제의 적폐 위에 미국식 시장 모델이 세계 표준으로 둔갑한 자본 세계화의 거센 물결이 포개짐으로써 사회경제적 민주화의 진로에는 한층 곤란이 가중되었다. 이 같은 이중적 곤란 속에서 1987년 민주화 이행 초기 노태우 시기는 보수적 개혁 대안으로서 다원적 개발주의의 대안을 남겼다. 그리고 1997년 외환위기 이후 김대중 · 노무현 시기는 중도자유주의 개혁 대안으로서 자유 · 복지주의의 대안을 남겼다. 그렇다면 우리는 자유 · 복지주의 대안이 다원적 개발주의 대안을 능가한다고 말할 수 있을까? 이 물음에 대한 답은 부정적이다. 그 바탕에는 무엇보다 1997년의 전환점 이후 고삐 풀린 시장자유화가 삶의 불안과 불평등을 심화시키는 이중화를 동반한 양극화의 생산–노동–복지 체제가 출현했다는 사실, 그리고 재산권 · 노동권 · 복지권, 이 세 권리의 접합 방식이 재산권 우위로 심대하게 변화했다는 사실이 깔려 있다. 달리 말해 민주정부는 폴라니적 모순에 빠졌다. 이는 민주화 이후 30년의 실로 중대한 역설이자 불편한 진실이 아닐 수 없다.

지난 시기를 되돌아보는 것이 본고의 주요 과제이긴 하지만 이 성찰을 기반으로 새로운 발전 전망에 대해서도 약간 언급해 보기로 하자. 촛불시민혁명 이후 한국은 어떤 대안적 컨센서스로 가려고 하는가. 촛불시민혁명의 아들로 태어난 문재인 새 민주정부는 김대중 · 노무현 정부를 이어받아, 예컨대 "자유 · 복지주의 2.0" 버전 같은 것을 추구하지 않을까 예상된다. 구체적으로 이 새 버전은 어떤 모양새가 될까? 지난 시기 자유 · 복지주의가 어떤 구조적 모순을 내장하고 있었는지 새 정부는 알고 있을 것이다. 어지간한 복지 확대로는 과잉 시장화의 모순을 해결할 수 없다. 조세 저항이 심하기 때문에 복지 확대도 만만찮은 과제이다. 따라서 "시장에 넘겨준 권력"을 회수해 경제, 복지 모두에 더 많은 민주적 · 사회적 요구를 담아내야 한다. 이 같은 방향은 과거 적폐의 청산과 새 대안 경로의 창출이라는 두 개의 허들을 넘어야 한다. 어느 하나 쉬운 과제가 아니다.

새 정부의 개혁론은 여러 목록들의 나열적 묶음처럼 보이기는 하지만 그런 가운데서도 '사람 중심 경제', 특히 '소득 주도 성장'론이 전체를 아우르는 붉은 실과 같은 위치에 놓여 있는 것 같다. 소득 주도 성장은 실질임금과 가계소득 증대를 통해 노동소득분배율을 회복하고 이를 토대로 내수를 확대하고 노동생산성 증가를 촉진함으로써 경제성장을 도모하는 전략이다. 그러나 이 한국형 사람 중심 경제론은 무엇보다 지대 수탈을 주도하거나 거기에 이해관계를 같이하는 계층들의 저항을 극복하고 혁신형 성장으로 나아가야 하는 과제, 양극화 및 이중화(대중소기업, 정규직 · 비정규직의 분단 등) 체제와 이해를 같이 하는 기득권 계급 계층들의 사보타주를 극복해야 하는 험난한 과제를 안고 있다. 오늘의 한국이 진정으로 새 대안 발전의 높은 경로를 열고자 한다면 온갖 불법, 편법을 동원해 3대 세습을 굳히면서 약탈적 특권체제를 재생산하려는 거대 재벌에 대해 어떤 힘으로 사회적 책임규율을 부과해야 할지, 다수이면서도 약자이고 흩어진 채 각자도생하는 여러 이해당사자들이 어떻게 응분의 권리 몫을 갖고 집단적으로 새로운 견제 · 균형력을 증강(empowerment)시킬 수 있을지,[22] 재산권 · 노동권 · 복지권의 조합 방식을 어떻게 새롭게 바꿔내야 할지, 이른바 '4차 산업혁명'이 새로운 디스토피아가 되지 않도록 어떻게 사회적 견제력과 보호력, 통합력을 발전시켜야 할지 하는 문제들을 해결해야만 한다. 물론 오랜 숙제인 '증세 있는 복지'에 대해 국민적 동의를 얻는 것이 큰 난관이다.

22 프레카리아트로 대표되는 약자들의 연대가 왜 나타나지 않는지에 대해서는 장지연 · 신진욱(2017) 참고.

이들 중대 난관들에 대해 자세히 논의하기는 어렵다. 여기서는 아래 두 가지 문제에 대해서만 좀더 언급해 보기로 한다.

첫째, 다수 대중들이 가계부채 부담에 긴박되어 있다. 부채 부담과 미래 불안이 소비 증대를 가로막고 있다. 부동산시장과 금융시장이 자유화되어 있고, 대중들의 자산적 축적 동기가 만연해 있다. 이런 상황에서 최저임금 인상 등 노동시장 개선 조치만으로 소비 증대와 내수 진작으로 가는 성장체제 선순환을 이끌어 낼 수 있을까 하는 문제가 제기될 수 있다. 금융, 부동산, 도시재생 문제를 둘러싼 새 정부의 제반 정책에서 이에 대한 확고한 대비책을 찾아보기가 쉽지 않다. 이 정부의 개혁정책 승패는 많은 부분 부동산 부양책의 유혹을 얼마나 이겨낼지, 나아가 보유세 강화, 국공유 자산 확충을 비롯해 토지공개념을 얼마나, 어떤 방식으로 구현해 낼지에 달려 있다.[23] 토지공공성 실현은 획기적 조세정의 및 재분배 정책일 뿐만 아니라 지대추구와 저성장의 악순환을 끊고 혁신형 성장으로 나아가는 필수적 관문 정책이기도 하다(하준경, 2017).

둘째, 수요체제와 함께 성장체제의 또 다른 기본축인 생산성 체제에 대한 논의가 미진하다. 최저임금 인상의 효과는 장기적으로 경쟁력 없는 기업의 도산을 촉진시키는 것이고 구조조정의 고통을 거쳐 기업 경쟁력이 높아질 수 있다. 그러나 한국에서 오랜 기간 저임금에 기반해 생존을 이어온 자영업 · 중소기업 분야의 업그레이드란 보통 일이 아니다. '단기'에 대한 처방을 정말 잘 해야 한다. 그러지 못할 경우 "장기에는 모두 죽을 수도 있다." 경기가 침체되고 갑을 구조가 심화되고 정부보조금도 탕진하는 어두운 시나리오가 나타날 수

23 한국의 국내총생산 대비 보유세 비율은 0.8%에 불과하다(2017년). 영국은 3.11%, 미국은 2.48%, 일본은 1.87%이다. 토지공공성의 구체적 실현을 위해서는 우선적으로 과세표준(과표)의 현실화가 중요하다. 그리고 조세정책뿐만 아니라 국공유 토지의 대폭적 확충 정책이 요구된다. 금융의 재규제 또한 필수적이다.

있다. 나아가 소득 주도 성장론을 포섭한 자유 · 복지주의에서 중장기 생산성 향상의 논리는 어떤 것인가 하는 문제가 있다. 강자 독식의 약탈적 산업 생태계가 동반성장의 생태계로 바뀌져야 할 것이다.[24] 시장 참여에서 패자 부활에 이르기까지 명실상부하게 공정한 경쟁과 협력이 구현되는, 열린 시장경제가 구축되어야 한다. 이로써 혁신성장의 새 물결이 일어나야 한다. 그러나 그 혁신성장이 미국식의 급진적인 '창조적 파괴'의 혁신을 기대하는 것인지, 독일 혹은 일본 등의 점진적 혁신을 기대하는 것인지가 문제이다. 제시된 혁신 과제들이 채무자 우호적 금융과 쉬운 패자 부활을 허용하는 미국식 시장 중심형 제도적 배치를 겨냥하는지, 적극적 노동시장을 필수적으로 요구하는 북유럽형 제도적 배치를 겨냥하는지가 불분명하다.

우리는 한국형 민주적 시장경제의 진로는 어떤 것인가 하는 물음과 마주하고 있다. 이를 위해 어떤 제도적 배치, 어떤 혁신 생태계, 어떤 개방적인 사회경제적 위험 공유 및 견제와 균형의 틀을 짜야 할 것인가. 이도저도 아니고 낡은 규제 완화 정책을 답습하는 식으로 주저앉을 것인가. 이 선택지 여하에 따라 자유 · 복지주의 2.0의 모양새는 크게 달라진다. 성장체제의 제도적 배치 자체가 크게 달라질 수밖에 없고 경제정책과 사회정책의 결합 방식도, 노동–복지–교육 체제도 다르게 짜여야 한다. 21세기 한국의 정의로운 복지국가는 생산체제 면에서 이 '경제적 토대' 문제에 대한 해법을 가지면서 더불어 성장, 양질의 일자리 그리고 보편적 복지가 누적적 선순환을 일으킬 때 비로소 열릴 것이며 더 높은 길로 나아갈 수 있다.

24 홍장표(2016) 교수도 한국 경제 발전 패러다임 전환을 위해 소득 주도 성장의 정책과제와 더불어 산업 생태계의 혁신이라는 과제를 제시하면서 두 정책이 종합 패키지로 구현되어야 한다고 강조한 바 있다. 주목해야 할 대목이다.

민주화 이후 30년을 맞은 한국 사회경제의 새로운 발전 경로는 분명 어떤 단절을 거쳐야만 열릴 것이다. 새 정부를 책임진 대통령은 이렇게 말했다. "이제 우리는 다시 실패하지 않을 것입니다. 우리는 이명박 · 박근혜 정부뿐 아니라 김대중 · 노무현 정부까지 지난 20년 전체를 성찰하며 성공의 길로 나아갈 것입니다. 우리의 꿈을, 참여정부를 뛰어넘어 완전히 새로운 대한민국, 나라다운 나라로 확장해야 합니다."[25] 이 희망이 실현되기 바란다. 이를 위해서는 권력을 시장과 재벌에, 삼성에 넘겨주고 기득권층에 포획되었던 지난 시기 "연성 민주정부"를 넘어 기득권을 규율할 수 있는 강력한 민주정부로서 권위와 능력을 새롭게 재창조해야 한다. 무엇보다 더불어 사는 정의로운 대한민국을 향한 새로운 공유신념체계를 창조해야 한다. 이와 함께 한국이 자신의 구체적 조건과 상황에 맞게 어떤 새로운 대안 경로를, 새 코리언 컨센서스를 창조해야 할지에 대해 지혜를 발휘해야 한다. 우리는 "강남의 귤이 회수를 건너면 강북의 탱자가 된다(남귤북지(南橘北枳))"라는 말을 상기해야 한다.

새로운 대한민국은 또 다시 기회를 놓쳐서는 안 된다. '제3기 민주정부'는 성공한 정부로 기억되어야 한다. 아니, 명실상부한 촛불정부로서 역사적 책무를 다해야 한다. 불평등과 저출산 · 양극화 심화, 삶의 불안이 정치 불안을 낳아 민주주의를 위기에 빠트리고 민주주의의 위기가 한반도 평화 과정을 위협했던 지난 시기 낮은 길의 악순환을 반전시켜 성장-일자리-민주-복지-생태-평화의 바퀴들이 공진하는 '민주적 평화복지국가'라는 시대 교체의 과제가 걸려 있다(이병천, 2017). 단지 물질적 재화의 분배 정의뿐만 아니라 구성원들이 저마다 좋은 삶을 실현할 수 있는 인간적 · 시민적 역량을 배양하며 이웃과 연대감을

25 노무현 전 대통령 8주기, 문재인 대통령의 추도사(2017년 5월 23일).

가지고 더불어 살아갈 수 있도록 삶의 양식을 교체하는 과제, 진정 풍요로운 '사람 사는 세상' (노무현)을 만들어야 하는 과제가 걸려 있다.

* 출범 1년의 시점에서 볼 때 문재인 정부는 놀랍게도 한반도 평화 의제에서는 어려운 관문을 통과하고 있는 반면에, 국내 사회경제개혁 의제에서는 중대한 한계에 봉착한 것 같다. 그 한계는 최저임금법 개정안 처리(2018년 5월 28일)에서 집중적으로 나타나고 있다. 최저임금의 산입범위를 확대한 개정안의 통과는 단지 노동 문제에 그치지 않고 재벌개혁, 지대수탈개혁, 혁신체제개혁, 재정개혁, 금융개혁 등을 포괄하는 개혁 프로그램 전반의 중장기적 모양새가 불투명함을 드러내고 있다는 점에서 우려가 크다. 국내 사회경제개혁 의제에서의 한계가 한반도 평화의 진로에까지 역습효과를 낳지 않도록 해야 할 것이다. 한반도 평화 관문의 통과가 한계에 봉착한 국내 사회경제에 탈출구를 열어주지 않을까 기대를 걸어야 할 상황이다.

참고문헌

강원택, 《노태우 시대의 재인식》, 나남, 2012.

강원택 외, 《탈냉전사의 인식》, 한길사, 2012.

김낙년, 〈한국 경제발전과 민주화의 연속성 보여주려 했다〉, 조선일보, 2016. 12. 26.

김도균, 《한국 복지자본주의의 역사 – 자산기반 복지의 형성과 변화》, 서울대출판부, 2018.

김미경, 〈감세국가의 함정–한국의 국가와 민주주의에 관한 재정사회학적 고찰〉, 후마니타스, 2018.

김수진, 〈정당정치와 계급정치: "노동 없는 민주주의"의 예외성에 관한 고찰〉, 《세계지역연구논총》, 26권 3호, 2008.

김윤철 · 서복경 · 이철희, 〈76% 연합이 새 정부의 성패를 가른다〉, 프레시안, 2017. 5. 15.

박근혜, 《고난을 벗삼아 진실을 등대삼아》, 부산일보 출판국, 1998.

이병천, 〈발전국가체제와 발전딜레마〉, 《경제사학》, 28호, 2000.

______, 〈외환위기 이후 한국의 축적체제〉, 《동향과 전망》, 81호, 2011.

______, 〈한국경제 97년체제의 특성에 대하여〉, 《동향과 전망》, 86호, 2012a.

______, 《한국경제론의 충돌》, 후마니타스, 2012b.

______, 《한국자본주의 모델》, 책세상, 2014.

______, 〈한국은 평화복지국가를 건너뛰는가〉, 이병천 · 윤홍식 · 구갑우 편, 《안보개발국가를 넘어 평화복지국가로》, 사회평론, 2016a.

______, 〈복지정치와 시민적 길 – 시민적 복지국가를 향해〉, 《시민과 세계》, 28, 2016b.

______, 〈현대 한국에 민주적 자본주의의 준거모델은 있는가〉, 《공공사회연구》, 6권 4호, 2016c.

______, 〈촛불의 아들, 문재인 정부의 가능성〉, 경향신문, 2017. 5. 13.

이병천 · 정준호 · 최은경, 〈삼성전자의 축적방식 분석〉, 《동향과 전망》, 92호, 2014.

이병천 · 신진욱 편, 《민주정부 10년 무엇을 남겼나 – 1997년 체제와 한국사회의 변화》, 후마니타스, 2014.

이병천 · 유철규 · 전창환 · 정준호 편, 《한국의 민주주의와 자본주의 – 불화와 공존》, 돌베개, 2016.

이종석, 〈유신체제의 형성과 분단구조〉, 이병천 편, 《개발독재와 박정희 시대 – 우리시대의 정치경제적 기원》, 창비, 2003.

장경섭, 《가족 생애 정치경제 - 압축적 근대성의 미시적 기초》, 창비, 2009.
______, 〈개발국가, 복지국가, 위험가족 - 한국의 개발자유주의와 사회재생산 위기〉, 《한국사회정책》, 18(3), 2011.
장지연 · 신진욱, 〈약자들의 연대는 왜 나타나지 않는가 - 프레카리아트 논의를 중심으로〉, 황규성 · 강병익 편, 《다중격차 2 - 역사와 구조》, 페이퍼로드, 2017.
장하성, 《한국자본주의》, 헤이북스, 2014.
전병유 편, 《한국의 불평등 2016》, 페이퍼로드, 2016.
전병유 · 신진욱 편, 《2016 다중격차 - 한국사회 불평등구조》, 페이퍼로드, 2016.
정상호, 〈박정희 신드롬의 정치적 기원과 그 실상〉, 한국정치연구학회 편, 《박정희를 넘어서》, 푸른숲, 1998.
조이제, 〈총론 - 한국의 근대화〉, 조이제 · 카터 에커트 편, 《한국의 근대화, 기적의 과정》, 월간조선사, 2005.
최장집, 《민주화 이후의 민주주의: 한국민주주의의 보수적 기원과 위기》, 후마니타스, 2010.
추이즈위안(崔之元), 《毛澤東文革理論的得失與'現代性'重構》, 1997(장영석 옮김, 《중국은 어디로 가고 있는가》, 파주: 창비, 2003).
추이즈위안(崔之元) 지음, 김진공 옮김, 《프티부르주아 사회주의 선언》, 돌베개, 2014.
하준경, 〈조물주 위에 건물주 있다는 나라〉, 동아일보, 2017. 9. 16.
한배호, 《한국정치변동론》, 법문사, 1997.
홍민기, 〈최상위 소득비중의 장기추세(1958~2013년)〉, 《경제발전연구》, 21(4), 2015.
홍장표, 〈소득주도성장과 산업생태계 혁신〉, 이병천 외 편, 《한국의 민주주의와 자본주의》, 파주: 돌베개, 2016.
황핑 외 저, 김진공 · 류준필 옮김, 《베이징 컨센서스》, 소명, 2015.
山田鋭夫 저, 현대자본주의 연구모임 역, 《20세기 자본주의》, 한울, 1995[1994].
Aoki, M., *Toward a comparative institutional analysis*, The MIT Press, 2001.
______, *Corporations in Evolving Diversity*, Oxford University Press, 2010.
Aoki, M. et al., "Beyond the East Asian Miracle: Introducing the Market Enhancing View," M. Aoki, Hyung-Ki Kim, and M. Okuno-Fujiwara, eds., *The Role of Government in East Asian Economic Development: Comparative Institutional Analysis*, Oxford University Press, 1997.
Bowles, S., *Microeconomics: Behavior, Institution, and Evolution*, Princeton University Press, 2004.

Qian, Yingyi and Barry R. Weingast, "China's transition to markets: market-preserving federalism, chinese style," *The Journal of Policy Reform*, 1(2), 1996.

Stiglitz, Joseph E., "Post Walrasian and Post Marxian Economics," *Journal of Economic Perspectives*, Vol. 7, no. 1, Winter 1993.

[부록] 이병천 정년기념 인터뷰(대담자 곽정수)

"민주주의가 어떻게 고삐풀린 자본/재벌을 통제하느냐에 한국경제의 미래가 달렸습니다."[1]

한국의 대표적인 진보 경제학자인 이병천 강원대 교수가 정년 퇴임에 앞서 지난 12월 4일 서울 방배동 자택에서 〈한겨레〉와 만났다. 이 교수는 6일 강원대에서 '자본주의의 다양성과 한국 모델의 교훈' 이라는 주제로 30년간의 교수 생활을 마무리하는 정년기념 강연을 진행했다.

이 교수는 초기에는 전통적 마르크스주의와 박현채 선생의《민족경제론》의 학문적 세례를 받았다. 그러나 세계적으로는 1989년 국가사회주의의 붕괴 그리고 국내적으로는 1980년대 중엽 한국 경제 회복과 재벌의 성장을 지켜보며 사상적 · 학문적 전환점을 맞았다. 이후 외부 사상에 얽매이지 않고 우리 현실에 입각해서 독자적인 한국 자본주의 발전 모델의 연구에 집중했다. 이 과정에서 선생이었던 안병직 전 서울대 교수와 헤어졌다. 박정희의 개발독재와 노동통제를 비판하면서도 강력한 자본통제는 긍정적으로 평가했다. 반면 개혁 성향의 김대중 · 노무현 정부가 경제 실적에서 노태우 정부보다 나은 게 있느냐고 비판했다. 그는 재벌개혁의 수단으로 소액주주운동을 벌인 장하성 · 김상조 교수를 '주주자본주의론자' 라고 비판했다. 또 신자유주의 극복을 위해 대안

1 한겨레 신문. 2017년 12월 6일. 약간 수정했다. 강원대 정년기념 강연에 대해서는 다음 유튜브를 참고. https://www.youtube.com/watch?v=hLXWk3H42A0&t=308s

연대 활동을 함께 해온 정승일 · 장하준 교수 등의 '재벌 대타협론'과도 결별했다.

이 교수는 기성의 권위를 맹목적으로 추종하기를 거부하고 자기 눈으로 자기 연구를 하려고 노력하는 톡특한 학문적 · 실천적 궤적을 남겼다. 그는 공부하는 법과 관련해 "남의 고대광실을 부러워하지 말고 나의 판자집을 짓자는 생각을 했다"면서 이 공부 자세는 "공자의 '학이사'(學而思: 배우기만 하고 생각하지 않으면 얻음이 없고 생각하기만 하고 배우지 않으면 위태롭다는 뜻)와 연암 박지원의 '법고창신'(法古創新: 옛 것을 본받아 새로운 것을 창조한다는 뜻) 정신과 통한다"고 말했다.

이 교수는 30년간 수많은 논문, 저서, 칼럼을 발표하고 다양한 시민사회 활동에 참여한 실천적 지식인이었다. 참여연대 부설 참여사회연구소 활동을 주도하면서 기관지인 《시민과 세계》를 펴냈고, 진보 성향의 사회경제학자들 모임인 한국사회경제학회 창립을 주도했다. 2014년 세월호 참사 이후에는 '가넷'(가만히 있지 않는 강원대 교수 네트워크)을 주도했다.

경제학자로서 화두가 무엇이었는지?

첫째는 마르크스의 한계를 넘어서면서 새로운 자본주의 비판 이론과 진보적 대안을 발전시키는 문제다. 둘째는 한국 자본주의 변화를 어떻게 볼 것이냐의 문제다. 작은 머리로 한 가지 화두도 벅찬데 두세 가지와 씨름하다보니 많이 힘들고 헤매었다.

답을 얻었는가?

답을 얻었다기보다 나의 페이스(pace)를 얻었다고 할까. 남의 얘기를 따르기보다, 내 스스로 보는 안목이 생겼다. 앞으로 게으름을 피우지 않고 열심히 연구하면, 시간만 허락한다면 내용을 채워갈 수 있을 것 같다. 마르크스의 한계를 넘는 시민적 진보이념과 제도주의 정치경제학의 틀 위에서 연구할 수 있게 되었다. 한국 자본주의의 성과와 모순에 가득 찬 그 이중성을 두 눈으로 균형 있게 볼 수 있게 되었다. 복안적 안목을 갖게 되었다고 할 수 있겠다.

사상적 정체성으로 '시민적 진보'를 강조하는데?

나의 독자적인 사상적 진보의 깃발(지향점)이라 할 수 있다. 그 의미는 첫째 노동존중 사회를 추구하되 노동 중심 진보 또는 마르크스적 진보를 넘어 다중심적, 다원적 진보를 지향한다는 것이다. 두 번째는 제도정치와 광장정치의 투 트랙으로 가는 '이중민주주의'이다. 투 트랙 모두에 시민들이 동등한 참여의 기회를 가질 수 있어야 한다. 그런 의미에서 민주적 정의가 보장되어야 한다. 세 번째는 시장사회를 넘어서는 좋은 삶을 추구하면서 이를 위한 새로운 시민적 주체를 세우는 것이다. 이 점에서 단순히 분배정의를 강조하는 진보적 자유주의와 길이 갈린다."

학문적인 전환점이 있었다면?

세계적으로는 1989년 베를린 장벽의 붕괴가 지적인 전환점이었다(이 교수는 이후 국가권력을 장악해서 혁명적으로 재편하는 '전복적 사고'와 결별하고, 자본주의와 함께 가면서도 어떻게 이를 넘어설 것이냐의 문제에 천착했다). 국내적으로는 1980년대 중반의 '3저 호황'이었다. 3저 호황을 외부적 요인만으로 볼 것인지, 한국경제가 자율적으로 발전할 수 있는 내부 동력을 가지게 되었다고 볼 것인지가 큰 쟁점이었다."

선생이 없어 더 힘들었다는 뜻은?

나에겐 과분한 선생(안병직 전 서울대 교수)이 있었다. 운이 좋았다. 하지만 시대의 변화를 읽는 생각이 달라져서, 가는 길이 갈라지고 결별했다. 이후 선생 없이 혼자 길을 가다보니, 고난의 행군이었다(안병직 전 교수는 한국의 자본주의 성장의 성공에 방점에 둔 '중진자본주의론'을 폈다).

평소 '자본주의와 민주주의의 불균형' 문제를 강조했는데?

폴라니가 시장 대 사회의 이중운동에 대해 말했는데, 나는 이를 응용해 한국의 자본주의와 민주주의 간 이중운동과 불균형에 대해 이야기한다. 한국은 박정희 정부 시기를 통해 결정적으로 자기 동력을 가진 자본주의 발전 모델이 출현했다. 하지만 너무나 민주주의를 억압했고, 고도로 압축된 불균형 성장이었다. 이 때문에 나는 한국 자본주의 역사와 얼굴을 종속이론과 다르게 보면서도, 고도성장에 성공했다면서 심각한 불균형을 주변화하는 일면적 성공담론과도 거리를 둔다.

정년기념 강연인 〈자본주의의 다양성과 한국 모델의 교훈〉에서 한 얘기는?

자본주의의 다양성은 큰 주제인데, 비교제도론적, 발전론적, 역사적, 원론적 다양성 등 여러 각도에서 살펴볼 수 있다. 내가 주목하는 것은 폴라니나 칼레츠키 같은 학자들이 꿰뚫어 보았던 파시즘의 두 얼굴이다. 통상적인 생각은 파시즘은 독점적 대기업과 지배동맹을 맺고 그들의 이익에 봉사한다는 것인데 물론 이는 맞는 말이지만, 자유시장주의가 못하는 사회보호 기능도 했다. 이른바 반동적 사회보호주의라는 것이다. 파시스트 권력은 완전고용을 추구하면서 이에 대한 자본가의 반대를 규율하고 대중(의 지지)을 획득했다. 대공황 당시 (미국 루스벨트의) 뉴딜은 실업 극복에 실패했지만, (히틀러의) 나치즘은 해결했다. 파시즘에 대한 이런 인식은 박정희의 개발독재를 이해하는 데도 중요한 실마리를 제공한다. 물론 박정희의 개발독재와 히틀러의 나치즘을 같은 것으로 볼 수는 없다.

박정희 모델의 두 얼굴과 연관되는가?

박정희는 재벌을 육성하고 이와 결탁하면서도 노동통제와 자본통제를 모두 했다. 박정희 체제는 세 가지 속성을 갖고 있다. 첫째는 싱가포르, 대만 등 동아시아 발전 모델과 함께 공통적으로 갖고 있는 국가 주도의 압축 성장의 개발주의다. 이런 후발 개발국가의 길은 북한도 배워야 할 부분이다. 둘째는 독일, 일본과 같은 국가민족주의 또는 반동적 근대화 체제의 성격이다. 독일과 일본은 최종적으로 파시즘과 전범국가의 길로 치달았다. 셋째는 한국 예외주의적 성격으로서, 남북간 대결주의적 체제 경쟁과 극우 반공안보국가였다."

자본주의 다양성이 보여 주는 한국 모델의 교훈은 어떤 것인가?

산업화, 민주화 세력 모두에 불편한 두 개의 진실이 있다. 박정희 시대는 고성장과 대중 포섭 능력을 가졌다. 하지만 자기 성찰과 감시 능력이 매우 취약했고, 결국 위기에 처해 박정희의 죽음과 유신체제의 붕괴를 낳았다. 이후 민주화 시대에는 노동과 시민사회의 목소리가 커졌다. 하지만 자본(재벌)에 대한 통제력을 상실하였다. 국가권력이 재벌의 고삐를 잡고 고삐 조정 또는 규율 능력을 발휘해야 하는데, 재벌에 끌려다니는 연성국가가 되어 힘이 약하였다. 이것이 민주화 시대의 큰 역설이다."

진보 성향인 김대중 · 노무현 정부에 대한 평가는?

노태우 시기와 김대중 · 노무현 시기를 비교하면 민주정부 10년이 경제 실적 면에서 노태우보다 낫다고 자신할 수 없다. 불평등 심화, 성장 둔화, 부동산 투기거품과 가계부채 문제 등 여러 면에서 그렇다. 노태우 정부는 산업화의 유산과 민주화의 요구가 만난 일종의 '다원적 개발주의' 시기였다. 물론 임금 상승과 생산성 향상이 선순환하는 내포적 축적체제를 만들지는 못했다. 하지만 '자유 · 복지주의' 시대라 할 수 있는 김대중 · 노무현 정부는 1997년 외환위기를 거치며 복지는 확대되었지만, 독일 · 일본식 조정시장경제의 발전 방향을 버리고 미국식 시장주의 모델을 대안으로 받아들였다. 이에 따라 과잉시장화로 사회통합성이 깨어지는 폴라니적 모순이 나타났고, 한국 모델의 발전적 진로를 위한 내부 자산이 크게 약체화되었다(이 교수는 외환위기 이후 김대중 정부의 구조조정과 개혁에 대해 무분별한 개방과 시장주의에 매몰되었다고 비판한다). 한국은 외환위기 이후 자기 페이스를 잃었다. 더 정확히 말해 민주적 자본주의에 대한 자기 준거 모델이 없어졌다. 미국은 루스벨트가 있고, 유럽은 1960-1970년대 황금기 복지국가 모델(스웨덴 · 독일 등)이 있다. 우리의 준거점은 어디인가? 자기 페이스를 갖지 못하면 우리 유산을 긍정적으로 이어가지 못한다."

문재인 정부는 재벌중심 경제에서 사람중심 경제로의 패러다임 전환과 일자리 · 소득주도, 혁신 성장, 공정경제를 강조한다.

과거 정부들은 대개 정권 초기에 공약이 무너졌다. 문재인 정부는 매우 다행스럽게도 깃발이 살아 있다. 하지만 한국 자본주의 발전 모델의 궤적 속에서 우리가 어떻게 걸어왔는지, 어디에 서 있는지에 대한 역사 인식이 미약해 보인다. 성공한 선진국은 모두 발전 모델의 고유한 정체성을 갖고 있다(이 교수는 독일형 사회적 시장경제, 또는 일본형 기업주의적 조정시장경제와 접목시키면서 한국형 민주적 조정시장경제 모델을 주창한다). 정치적 민주주의만 얘기해선 안 되고 새 발전 모델을 구현하기 위한 사회경제적 제도 형태가 필수적이다. 유럽 모델, 일본 모델로 갈 것인지, 아니면 그런 모델보다 훨씬 더 국가가 강력한 역할을 할 것인지 생각해 보아야 한다. 이때 우리 역사 속에서 축적된 우리의 자산과 기반이 무엇인지 아는 게 중요하다. 소득주도 성장에 이어 혁신 성장을 이야기하는데, 어떤 혁신인지가 좀 막연하다. 중소벤처를 강조하지만 독일과 일본에는 미국 같은 실리콘벨리가 없다.

새 정부가 어떻게 해야 한다고 생각하나?

권력행사가 약해 보인다. 눈치를 많이 보는 것 같다. 촛불혁명의 힘으로 집권한 정부인데 칠 때는 과감히 쳐야 한다. 이런 식으로는 시대교체가 어려워질까 걱정이다. 지방 선거를 거치며 수구보수 정치세력이 다시 살아나면 어떻하나 걱정도 된다.

장하성 · 김상조 교수의 소액주주운동을 주주자본주의라고 비판했는데?

소액주주운동은 소액주주의 이익을 위한 것과 소액주주운동을 매개로 일반적 이익을 실현하자는 두 측면이 있다. 두 번째에 동의한다. 그런데 소액주주운동은 결국 외국 자본 중심의 시장규율 체계를 지향하면서, 주주자본주의 지향 개혁이라는 한계를 보였다. 한 예로 삼성물산과 제일모직 합병 이후 삼성전자가 주주배당을 수조 원씩 늘렸는데, 상당 부분은 외국 주주들을 통해 해외로 빠져나갔다. 이재용은 건재하다. 국민연금이 하고 있는 걸 보라. 소액주주운동을 주도한 장하성 교수(현 청와대 정책실장)는 미국식 주주자본주의론자다. 2014

년 발간한 《한국자본주의》에서 노동 부분을 얘기하긴 했지만, 노동이 주요 이해당사자로서 참여와 견제 역할을 한다는 인식은 약하다. 또 부동산 등 자산 불평등과 지대개혁 문제에 대한 이해도 약하다. 김상조 교수(현 공정거래위원장)는 원래 노동을 중시하는 입장이었다가 외환위기 이후 생각의 변화가 있었다. 2012년 펴낸 《종횡무진 한국경제》를 보면 '최소개혁주의'를 표방했는데 이런 생각은 사실상 보수정당 개혁파의 주장과 큰 차이가 없어 보인다.

문재인 정부는 기관투자가 역할을 강화하는 스튜어드십 코드의 시행을 강조하는데?

지금 한국은 노동이나 은행의 역할이 약한 만큼, 국민연금의 역할이 매우 중요하다. 재벌의 주요 주주인 국민연금이 일반 소액주주뿐만 아니라 노동자, 하청 중소기업을 포함한 다양한 이해당사자를 위해 제대로 역할을 해야 한다. 궁극적으로 한국형 민주적 조정시장경제로의 발전을 위해 힘써야 한다. 재벌에 대한 미국식 주주자본주의 규율을 넘어, 이해당사자로서 목소리를 내서 정경유착과 총수일가의 전횡도 근절해야 한다. 정부가 의지만 있으면 얼마든지 가능한 일이라 생각한다.

신자유주의 극복을 위한 창립한 대안연대가 재벌과의 사회적 대타협을 주장하고, 외국 자본에 맞서 재벌을 옹호했다는 지적을 받았는데?

대안연대 내부에는 두 개의 흐름이 있었다. 한쪽은 조원희(국민대), 이찬근(인하대), 장하준(캠브리지대) 교수들이고, 다른 쪽은 나와 김균(고려대), 유철규(성공회대), 조돈문(카톨릭대) 교수들이다. 둘이 생각이 달랐는데, 처음에는 잘 몰랐다. 장 교수 쪽은 재벌의 폐해에 대한 인식이 미약하고, 재벌을 어떻게 규율할지에 대한 생각이 미흡했다. 또 재벌과의 사회적 대타협을 너무 쉽게 생각했다.

박근혜 · 최순실 국정농단 사태를 한국 자본주의 모델의 관점에서 본다면?

대통령과 국가권력은 일종의 대리인이다. 그러면 주인(국민)의 요구와 위임에 부응해 책임을 갖고 정당하게 권력을 행사해야 한다. 하지만 박근혜는 권력을 자의적으로 행사하며 오남용했다. 또 기본적으로 공적 책임에 대한 의식이 너무나 부족하고 무능했고, 삼성 등 재벌과 사익추구 공동체를 이루었다. 이는 정경유착이 심했던 아버지 박정희와 닮은 꼴이라는 점에서 한국 자본주의 역사 전체를 관통하는 구조적 모순의 폭발이라고 볼 수 있다. 하지만 박정희와 다른 부분도 주목해야 한다. 박근혜는 최순실의 꼭두각시라 할 정도로 무능했고 재벌에 포획되었다. 재벌에 포획되면서 정경유착을 도모한 박근혜는 재벌에 대한 규율력을 가지면서 정경유착을 이룬 박정희와는 크게 다르다."

공동저서인 《한국사회, 삼성을 묻는다》에서 삼성이 한국 사회에서 갖는 빛과 그림자의 양면을 조명했다. 총수가 뇌물죄로 재판을 받고 있는 삼성에 대해 조언을 한다면?

삼성이 솔직해야 한다. 손바닥으로 하늘을 가리는 짓을 하지 말고 사실대로 털어놓아야 한다. 오만과 독선을 버려야 한다. 우리 사회 기본 구성원으로서 책임 의식을 가져야 한다. 삼성은 그동안 온갖 혜택을 받으면서도 비용과 위험은 사회화했다. 경영세습권과 총수일가의 사익추구를 위해 온갖 비리, 공작을 은폐하고, 거짓말을 했다. 이제는 책임을 인정하고 국민에게 진심으로 사과를 해야 한다. 그것이 가능해야 미래에 대한 얘기가 가능하다. 삼성은 과거에도 국민기업으로서 새 출발을 할 기회가 여러 차례 있었는데 모두 놓쳤다. 이번에는 정말 중요한 기회다. 하지만 시대가 변했는데도 여전히 구태의연하다. 박근혜, 최순실, 이재용 게이트 국면에서 지금까지 하는 짓을 보면 적폐개혁은 난망이다.

삼성뿐만 아니라 재벌 전체를 놓고 말하면, 한국의 재벌에 일말의 윤리의식이 있는지 묻고 싶다. 재벌의 이익이 국민과 공유되어야 한다. 재벌이 잘 되면 국민의 삶도 좋아져야 한다. 그 방식은 미국식, 유럽식, 일본식 등 여러 가지가 있다. 한국도 사회 통합을 가능케 하는 새로운 포용적 성장, 견제와 균형이 있는 성장체제로 가는 구상과 전략을 만들어야 한다. 이때 재벌개혁은 필수적 관문이고 너무 지체된 개혁 관문이다.

한때 마르크스 경제학을 깊이 공부했다. 젊은이들을 위해 그 의미와 한계를 짚어 준다면?

큰 이야기인데, 마르크스는 자본의 지배와 착취 논리를 해명하는데 지대한 기여를 했다. 하지만 노동만이 가치를 창출한다는 노동가치론은 부적절하다. 이는 노동만이 창출된 가치를 가져가야 한다는 생각으로 이어져, 사회적으로 타협이 불가능하게 만든다. 폴라니가 말하는 바 자본주의와 민주주의 간 이중운동을 바라볼 수 없게 한다. 노동자뿐만 아니라 관련된 여러 당사자들이나 제도, 전체 사회가 가치 창출에 기여한다. 뿐만 아니라 오늘날 불로소득과 지대수탈 문제, 그리고 지식경제와 인지자본주의 문제가 한국은 물론 전 세계적 이슈로 부각되었는데 이를 해명함에 있어 마르크스만으로는 턱없이 역부족이다. 그리고 언젠가부터 나는 자본론보다는 정치경제학비판요강이나 후기 마르크스의 러시아론에 주목하게 되었다. 그리고 거기서 폴라니와 친화성도 보고 있다.

최근 글에서 지난 30년을 돌아보며 '다시 신발끈을 고쳐 매고 처음으로 돌아가야 한다. 청바지!' 라고 외쳤다. 어떤 의미인가?

청바지는 세월호 참사 추모를 위한 강원대 교수 모임인 〈가넷〉의 동지 박기동 교수가 저작권자다. 청춘은 바로 지금이다, 그러니까 늘 새롭게 시작한다는 의미다. 정년 후에도 그런 청바지 정신으로 살아갈 것이다.

이병천 연보

1952 경남 마산생.

1976 서울대학교 경제학 석사(논문: 〈저개발국 경제개발과 국가자본주의-인도경제를 중심으로〉).

1981 〈구한말 호남철도부설운동에 대하여(1904~1908)〉, 《경제사학》, 5.

1983 〈조선후기 상품유통과 여객주인〉, 《경제사학》, 6.

1984
- 石井寬治, 《日本經濟史》(공역), 동녘.
- 〈거류지무역기구와 개항장객주〉, 《경제사학》, 7.
- 〈개항과 불평등조약체제의 확립〉, 《경제사학》, 8.

1985
- 서울대학교 경제학 박사(논문: 〈개항기 외국상인의 침입과 한국상인의 대응〉).
- 長岡新吉 · 石坂昭雄 編, 《一般經濟史》(번역), 동녘.
- 〈개항기 외국상인의 내지상권 침입〉, 《경제사학》, 9(1).

1987
- 〈전후 한국자본주의 발전의 기초과정〉, 《지역사회와 민족운동》, 지방사회연구회 창간호, 한길사(대구 지방사회연구회 창립 1주년 기념 심포지엄 발표. 이후 박현채 · 조희연 편, 《한국사회구성체 논쟁 1》, 죽산, 1989 및 김진균 · 조희연 편, 《한국사회론》, 1990, 한울에 재수록).
- 〈식민지반봉건사회구성체론의 이론적 제문제〉, 《산업사회연구》, 2.
- 한국사회경제학회 창립 주도적 참여.

1988
- 〈전후 한국 경제학연구의 동향과 과제-정치경제학의 관점에서〉(공저), 학술단체연합심포지움 준비위원회, 《80년대 한국인문사회과학의 현단계와 전망》, 역사비평사.
- 〈식민지혁명에서의 민족부르조아지의 지위론〉, 《사회경제평론》, 창간호.
- 〈북한학계의 한국근대사회성격과 시대구분 논쟁〉, 《창작과 비평》, 16(4).
- 〈한국근대현대사 연구의 몇가지 문제-민중시대 선언하는 《한국민중사》〉(서평), 《실천문학》, 9.

1989
- 《북한학계의 한국근대사 논쟁》(편저), 창작과 비평사.
- 에티엔 발리바르, 《역사유물론 연구》(번역, 익명), 푸른산.
- 〈한국사회 성격론 및 변혁론 연구의 새로운 전진을 위하여〉, 박현채 · 조희연 편,

《한국사회구성체 논쟁 1》, 죽산.
• 〈소련의 한국사회 연구동향과 남한경제론〉, 《사상문예운동》, 1.
• 〈북한은 남한자본주의를 어떻게 보는가〉, 《사상문예운동》, 2.
• 〈제5공화국 시기의 한국자본주의〉, 한국사회경제학회 제5회 월례발표회.

1990 • 《페레스트로이카 100문 100답》 해설, 일빛.
• 〈오늘의 사회주의와 맑스주의의 위기〉(좌담), 《창작과 비평》, 여름.

1991 • 《한국근현대사회과학 주요논문대계》(공편, 전40권), 전태일노동자료연구실.
• 〈맑스 역사관의 재검토〉, 《사회경제평론》, 4.

1992 • 《마르크스주의의 위기와 포스트 마르크스주의》, 1, 2권(공편역), 의암.
• 〈포스트맑스주의와 한국사회〉, 《사회평론》, 92(9).
• 〈민주주의론의 새로운 발전을 위하여 – 프롤레타리아독재론을 비판한다〉, 《창작과 비평》, 75, 봄.
• 〈한국사회와 맑스주의〉(좌담), 《동향과 전망》, 17, 가을.

1993 • 《마르크스주의의 위기와 포스트 마르크스주의》, 제3권(공편역), 의암.
• 《사회민주주의의 새로운 모색 – 스웨덴의 경우》(공편역), 백산서당.
• 〈세계사적 근대와 한국의 근대〉, 《세계의 문학》, 69(김성기 편, 《모더니티란 무엇인가》, 민음사, 재수록).
• 〈한국 사회과학의 진단과 반성〉, 《사회철학》, 창간호.
• 〈오늘 우리에게 마르크스주의는 무엇인가〉, 《이론》, 7.
• 〈21세기 희망의 기획 신진보주의〉(대담), 《사회평론 길》, 9(9).

1994 • 〈그람시, 맑스주의, 포스트맑스주의〉, 《사회경제평론》, 7.
• 〈탈냉전시대 경제지상주의와 인간화의 새 방향〉, 《기독교사상》, 431.
• 〈21세기 한국의 전망과 선택〉, 강원대 《산업과 경제》, 4.
• 제도경제연구회 시작.

1995 • 〈맑스주의, 자유주의, 생태주의 – 쟈크 비데 근대성이론에 대한 연구노트〉, 《동향과 전망》, 27.
• 〈자본주의의 두가지 모순 – 노동정치와 생활정치〉(번역), 《동향과 전망》, 28.
• 〈한국자본주의 문답〉, 《동향과 전망》, 27.
• "Critique of Jacques Bidet's theory of modernity," 1th Congrès Marx International, Paris 발표.

1996 • 제도경제연구회 기획, 《자유주의 비판》(공저), 풀빛. 〈진화론적 자유주의와 자생

적 시장사회의 유토피아 – 하이에크 근대성론의 비판적 검토〉 기고.
- 〈조절이론의 전환〉, 서울대 《경제논집》, 35(2–3).
- 〈냉전분단체제와 권위주의적 산업화〉, 《사회경제평론》, 9.
- 〈세계화, 근대화, 민주화〉(좌담), 《동향과 전망》, 29.
- 강원사회연구회 창립 주도적 참여.

1997 • 〈한국경제발전의 세계시장적 조건: 미국의 자유보호주의와 한미 섬유류 교역의 정치경제(1961–66)〉, 《경제발전연구》, 3.
- 〈한국의 경제발전과 발전국가론〉, 《산업과 경제》, 7(2), 강원대 산업경제연구소.
- 〈연접된 자율성과 한국의 경제발전〉(피터 에번스와 좌담), 《동향과 전망》, 36.
- 〈권위주의 발전국가와 강원지역의 저발전〉, 강원사회연구회 기획, 《강원사회의 이해》, 한울.

1998 • 제도경제연구회 기획, 《위기 그리고 대전환》(공편), 당대.
- 《한국사회에 주는 충고 – 당대비평 특별호》(공편역), 삼인.
- 〈박정희 정권과 발전국가 모형의 형성〉, 《경제발전연구》, 5(2).
- 〈디제이노믹스는 우리의 희망인가〉, 《당대비평》, 5.
- 〈한국의 발전국가 자본주의와 발전딜레마〉, 《창작과 비평》, 101.
- 〈신자유주의와 한국자본주의〉, 강원대 《산업과 경제》, 8(1)
- 〈IMF 관리체제와 김대중 정부의 경제정책〉(공저). 한겨레신문, 참여연대 공동기획 토론회 "김대중 정부 100일을 진단한다" 발표.
- 〈한국경제 패러다임의 성찰과 전망〉, 서울사회경제연구소, 워킹페이퍼 86.
- "The Korean developmental state model reconsidered– Industrial policy and state–Jaebol coalition 1961–72," Institute of East Asian Studies Colloquium, UC Berkeley 발표.

1999 • 〈한국의 경제위기와 IMF 체제 – 종속적 신자유주의의 모험〉, 《사회경제평론》, 13.
- 〈역사적 관점에서 본 한국경제의 위기 해석〉, 《경제학연구》, 47(4).
- 〈위기와 대전환 – 신자유주의 보수 혁명과 한국 민주주의의 전망〉, 《당대비평》, 7.
- 〈20세기 자본주의와 제3의 길의 전망〉(공저), 《문화과학》, 18.
- 〈한국경제 패러다임의 반성과 전환〉, 서울사회경제연구소 기획, 《한국 경제 반세기의 회고와 반성》, 새날.
- 〈분단체제와 남북한 사회의 자기반성–극단의 시대를 넘어서〉(공저), 강원사회연구회 편, 《분단강원의 이해》, 한울.

- 〈글로벌 신자유주의에 맞선 대구라운드〉, 《창작과 비평》, 106.

2000 • 〈발전국가체제와 발전딜레마〉, 《경제사학》, 28.
- 〈세계자본주의 패권모델로서의 미국경제〉, 《사회경제평론》, 15.
- 〈부마항쟁, 발전안보국가, 민주주의〉, 부마항쟁기념사업회 기획, 《한국 민주주의의 회고와 전망》, 한가람.

2001 • 제도경제연구회, 참여사회연구소 공동기획, 《한국경제 재생의 길은 있는가》(공편), 당대(문광부 우수학술도서).
- 참여사회연구회 기획, 《20세기 한국의 야만: 평화와 인권의 21세기를 위하여》, 1, 2권(공편), 일빛.
- 〈다시 민족경제론을 생각한다〉, 《동향과 전망》, 48.
- 신자유주의 극복을 위한 대안연대회의 창립 주도적 참여.

2002 • 《스티글리츠의 경제학》(공역), 한울.
- 《스티글리츠의 미시경제학》(공역), 한울.
- 강원사회연구회 기획, 《강원경제의 이해》(공저), 한울. 〈강원경제 반세기: 주변을 통해서 본 현대 한국경제〉 기고.
- 〈민주주의 이행과 시장의 시대〉, 《시민과 세계》, 2.
- 반년간 잡지 《시민과 세계》 창간(참여사회연구소 발간) 주도적 참여, 공동편집인.

2003 • 제도경제연구회 기획, 《자본주의 대 자본주의: 연금개혁의 비교자본주의론》(공편저),
- 《개발독재와 박정희 시대》(편저), 창비사(2005년 프랑크푸르트 국제도서전 '한국의 책 100선'에 선정).
- 〈개발국가론 딛고 넘어서기〉, 《경제와 사회》, 57.
- 〈전환시대의 경제개혁과 한국의 새 발전모델〉, 《시민과 세계》, 3.
- 〈참여정책의 경제정책〉, 《시민과 세계》, 4
- 〈시장경제로 가는 한국적 길 – 김대중모델의 빛과 그림자〉, 상해재경대학 주최 국제심포지엄.
- 〈개발주의 경쟁과 글로벌 스탠더드〉, 제10회 지중해연구소 학술대회 발표문.
- 〈스티글리츠의 제도경제학과 포스트워싱턴 컨센서스〉(서평), 《경제와 사회》, 58.
- 〈일본의 시민사회파와 정치경제(학) 비판: 平田淸明의 유산과 현재성〉(서평), 《사회경제평론》, 21.
- 샹탈 무페, 〈시티즌십이란 무엇인가〉(해제), 《시민과 세계》, 3.

2004 • 〈공화국과 자본주의〉, 《시민과 세계》, 6.

• 〈칼 폴라니의 제도경제학과 시장사회 비판 – 60주년에 다시 읽는 《대전환》〉, 《사회경제평론》, 23.

• 〈폴 스위지의 맑스주의와 세 개의 현대 – 실패와 유산〉, 《사회경제평론》, 22.

• 〈세계화 시대 시민국가와 다중적 시민정치를 위하여〉, 《시민과 세계》, 5.

• 〈이행기 한국시장경제와 동반성장의 뉴패러다임〉, 한국사회경제학회 봄 학술대회 발표.

• 〈급진적 자유화와 양극화의 함정, 대안적 동의를 위하여〉, 사회경제학계 공동학술대회 '양극화하는 한국사회, 대안은 무엇인가' 주제의 기조발제.

• 〈세계화의 깨어진 약속과 대안의 길〉, 스티글리츠, 《세계화와 불만》 서평, 《책으로 읽는 21세기》, 길출판사.

• 〈市場の時代と韓國財閥體制の轉換〉, 大阪商業大學比較地域研究所, 《地域と社會》(7月).

• 대통령자문 정책기획위원회 위원.

2005 • 《재벌의 소유구조 통계》(공저), 관악사.

• 《양극화의 함정과 동반성장의 산업발전전략》(대통령자문정책기획위원회 제출보고서).

• 〈양극화의 함정과 민주화의 깨어진 약속〉, 《시민과 세계》, 7.

• 〈전환시대의 한국자본주의론 – '61년 체제'와 '81년 체제'의 시험대〉, 《역사비평》, 71.

• 〈자유화, 양극화 시대와 무책임 자본주의 – 사회통합적 시민경제의 대안〉, 《아세아연구》, 48(3).

• 〈내재적 발전론의 탈구축을 위하여〉, 《고종황제역사청문회》, 교수신문사 수록.

• 〈개발독재와 돌진적 산업화〉, 참여사회연구소 해방60주년 기념심포지엄, '다시 대한민국을 묻는다 – 역사와 좌표' 심포지엄 발표문.

• 〈대중독재 논쟁과 시민적 진보의 길 – 동원의 시대를 넘어서〉, 임지현 편, 《대중독재》, 책세상.

• 〈개발자본주의 개념구성 시론〉, 제2회 사회경제학계 공동학술대회 및 고박현채 선생 10주기 추모학술대회 발표.

• 참여사회연구소(참여연대 부설) 소장.

2006 • *Developmental dictatorship and the Park Chung-hee era: the shaping of modernity in the Republic of Korea*, N. J.: Homa Sekey

Books.
- 〈반공개발독재와 돌진적 산업화〉, 《시민과 세계》, 8.
- 〈개발자본주의론 서설 – 홉스적 협력 자본주의와 그 딜레마〉, 《역사비평》, 74(신정완 외, 《우리안의 보편성》, 한울 재수록).
- 〈마르크스의 모순, 아렌트의 모순〉, 《문학과 사회》, 76.
- 〈우리는 어디에 서 있는가〉, 《시민과 세계》, 9.
- "Political economy of Korean development after liberation– a critical reflection," *Korean Journal*, 46(3).
- 〈한미FTA 서비스부문 개관〉, 한미FTA저지범국민운동본부정책기획연구단 엮음, 《한미FTA 국민보고서》, 그린비.
- 〈양극화 함정의 산업경제와 선진화의 방향 – 한국은 동반성장의 길을 건너 뛰는가〉(공저). 대통령자문 정책기획위원회 지방순회토론회, '양극화 해소를 위한 사회경제적 과제와 정책'.
- 〈한미 FTA와 시장사회로 가는 한국적 길 – 탈공공화와 제2차 신자유주의 보수혁명〉, 참여사회연구소 창립 10주년기념 심포지움, '공공성과 한국사회의 진로' 발제문(프레시안 4회 연재).
- 〈한미 FTA의 함정과 위험: "두 국민" 분열 전략인가 동반 발전 전략인가〉, 한미FTA 국민운동본부와 한국개발연구원 공동 토론회, 서비스 분야 발제.

2007
- 《세계화 시대 한국자본주의 – 진단과 대안》(편저), 한울.
- 참여사회연구소 기획, 《다시 대한민국을 묻는다》(공편), 한울.
- 〈민주화이후 20년 한국사회경제학회 20년〉, 《사회경제평론》, 29(1).
- 〈민족경제론과 대중경제론〉, 《사회경제평론》, 29(2).
- 〈우리 시대 후발 '이중혁명'에 대한 비판적 성찰 – 산업화와 민주화의 한국적 길〉, 《역사비평》 80(부산민주항쟁기념사업회부설 민주주의사회연구소 편, 《4.19기억의 연장 그리고 오늘》, 글방 문화, 2008 재수록).
- 〈87년, 그후 20년의 정치경제학〉, 《황해문화》, 54.
- 〈세계화 시대 개방과 연대가 만나는 한국적 길은 있는가〉(《비평14》 기고; 학술단체협의회 편, 《한미FTA와 한국의 선택 수정 보완 수록, 한울).
- 〈상호성과 시민경제론의 두 흐름 – 새 정치경제학과 행복경제학〉, 《시민과 세계》, 12.
- 〈과거의 생환, 자학과 자만 사이〉(권태준 책, 《한국의 세기 뛰어넘기》 서평),

《시민과 세계》, 10.
• 〈한국의 탈추격 시스템, 어디로 가는가 – '생산 · 복지 체제'의 성격에 대한 시론〉(공저), 제4회 사회경제학계 공동학술대회.
• 알터파터, 《자본주의의 종말》, 동녘(번역 감수).
• 한국사회경제학회 회장.

2008 • 대안연대회의 기획, 《한국사회, 삼성을 묻는다》(공편), 후마니타스.
• 宇澤弘文, 《사회적 공통자본 – 진보적 공공경제학의 모색》(번역), 필맥.
• 〈내우외환 위기와 한국경제의 진로 – MB노믹스의 위협과 그 너머〉, 《시민과 세계》, 14.
• 〈경제발전의 명암〉, 한국행정연구원 편, 《한국행정 60년: 1948-2008》.
• 〈한국형 후발 '이중혁명'의 경로〉, 부마항쟁기념사업회 부설 민주주의연구소 기획, 《4.19 기억의 연장 그리고 오늘》, 글방문화.
• 〈이명박 정부와 촛불집회〉, 《촛불이 민주주의다》, 해피스토리 기고. (참여사회연구소, 경향신문 외 공동주최, '촛불집회와 한국 민주주의' 시국 대토론회 발제문).
• 〈이명박 정부의 경제정책에 대한 평가와 진단〉, 학단협창립 20주년 기념 연합심포지움 발표문.

2009 • 키이스 포크, 《시티즌십 – 시민정치론 강의》(공역), 아르케.
• 〈시민정치와 진보의 미래〉, 《시민과 세계》, 16.
• 〈호혜의 경제, 공생의 사회 – 칼 폴라니에게 배우는 공동체의 사회경제학〉, 《행복경제디자인》, 바로세움 수록(대구참여연대 시민학교 '무너지는 경제 해법을 묻다' 주제 강의 원고).
• 〈학현경제학의 한 해석–녹색 사민주의 경제학과 내발적 발전론의 굴절〉, 한국경제발전학회, 한국사회경제학회, 서울사회경제연구소 공동주최 학술대회, '위기의 시대 분배와 발전의 경제학'에서 발표(《학현선생의 경제사상과 경제이론》, 2009 수록).
• 〈시민정치와 시민민주주의의 구상: 공화국의 생환과 진보의 재구성〉, 참여사회연구소 시민정치연구센터 창립심포지엄 기조발제.
• 〈자유의 프레임전쟁과 진보적 자유〉, 레이코프, 《자유전쟁》, 나익주 역, 프레시안북 수록.
• 〈'거대한 전환'의 재생, 칼 폴라니의 재발견〉, 《거대한 전환》 서평, 《황해문화》, 65.
• 〈다시 우리 시대 진보를 말한다〉(백낙청, 최장집 책 서평), 《황해문화》, 52.

2010 • 〈개발동원체제론 – 우리 안의 보편성과 특수성〉(조희연, 《동원된 근대화》 서평),

《역사비평》, 91.

- 〈미국의 진보와 보수 – 사상적 기원, 역사 그리고 전망〉(좌담), 《시민과 세계》, 18.

2011
- 〈외환위기 이후 한국의 축적체제〉, 《동향과 전망》, 81.
- 〈정글자본주의에서 복지자본주의로 – 복지생산체제 혼합전략〉, 《사회경제평론》, 37(1)(참여사회연구소 창립15주년 기념 국제심포지엄 '복지국가의 길을 묻다' 발표문 기고(《대한민국 복지국가의 길을 묻다》, 이매진, 2012에 재수록)).
- 〈대한민국 헌법의 경제이념과 제119조의 한 해석〉, 《동향과 전망》, 83(서울대 공익인권법센터 '2016경제민주화심포지움'에서 수정보완발표, 조국 편, 《경제민주화의 이론과 과제》, 수록).
- 〈권위주의적 근대화의 역사적 기원: 식민지 기원론의 비판적 검토〉, 《역사비평》, 97.
- 〈우노코조의 단계론과 현대자본주의론 – 마르크스 경제학의 제도론적 진화를 위하여〉, 《사회경제평론》, 35.
- 〈미국과 유럽은 어떻게 다른가 – 유러피언 드림과 사람사는 세상〉, 《노무현이 꿈꾼 나라》, 동녘.
- 〈헌법 제119조와 민주공화국의 경제이념 – 재벌공화국에서 민주공화국으로〉, 민주당헌법제119조경제민주화특별위원회 주최 '헌법 제119조 우리시대에 던지는 의미는' 주제 토론회 발제문.
- 〈정글자본주의를 위한 독재자를 기다리나〉(토론문), 사회통합위원회 경제인문사회연구회 주최, '공정한 한국경제를 위하여 – 장하준 그들이 말하지 않는 23가지 비판과 반비판' 세미나.
- "Dynamics of Dualization in Korea: From Developmental Dualization to Exclusive Dualization"(공저), Paper presented at Seoul National University Asia Center conference "Global Challenges in Asia."
- "Leashed capitalism"(공저), 한국사회경제학회 국제학술대회("Global economic crisis and innovation of economics") 발표.
- 〈시장경제학의 대실패, 고전의 숲에서 새 길 찾기〉(이정전 책 서평), 《시민과 세계》, 19.
- 〈시장의 거대한 실패, 경제시민의 시민경제학을 위하여〉(장하준 책 서평), 《경제와 사회》, 89.

2012
- 《한국 경제론의 충돌 – 그들이 말하지 않는 경제민주화》, 후마니타스.

- 민주화운동기념사업회 기획, 《식민지 유산, 국가형성, 한국민주주의》, 1, 2권(공편), 책세상.
- 〈한국경제 97년 체제의 특성에 대하여〉, 《동향과 전망》, 86.
- 〈《시민과 세계》 10년과 시민적 진보의 길〉, 《시민과 세계》, 21.
- 〈재벌개혁이 낡은 화두?…그들은 쾌도난마하지 못했다〉, 프레시안 5월(이 글을 필두로 장하준 그룹과 경제민주화 논쟁 시작).
- 〈강원지역 사회경제의 상황과 전망〉(공저), 한국사회경제학회 '지역균형발전의 정치경제학' 학술대회 발표.
- 〈개혁지각(遲刻) 한반도, 상생의 봄을 위한 이중과제〉(1, 2), 프레시안 1월.

2013
- 민주화운동기념사업회 기획, 《사회경제 민주주의의 경제학》(공편), 돌베개.
- 〈소유, 통제 그리고 자본주의의 다양성 – 법인자본주의론의 재구성에 기반하여〉, 《동향과 전망》, 89.
- 〈조절이론의 진화와 전망: 역사적 분석에서 다양성론으로의 이동〉(공저), 《사회경제평론》, 42.
- 〈어떤 경제/민주화인가〉, 《시민과 세계》, 22(《시민과 세계》 창간 10주년 기념포럼 발표논문).
- 〈한국경제 전환의 인식과 대안: 진보적 자유주의와 신개발주의를 중심으로〉, 《경제와 사회》, 100.
- 삼성노동인권지킴이 고문

2014
- 《한국자본주의 모델》, 책세상.
- 참여사회연구소 기획, 《민주정부 10년 무엇을 남겼나》(공편), 후마니타스.
- 삼성노동인권지킴이, 참여사회연구소 등 공동기획, 《위기의 삼성과 한국 사회의 선택》(공편), 후마니타스.
- 〈후기 폴라니와 경제문명사의 도전〉, 《사회경제평론》, 43.
- 이병천 · 정준호 · 최은경, 〈삼성전자의 축적방식 분석 – 세계화시대 한국 일류 기업의 빛과 그림자〉, 《동향과 전망》, 92.
- 〈공공성 담론과 한국진보의 기획〉, 김균 편, 《반성된 미래》, 후마니타스.
- 세월호 참사의 진실을 밝히기 위한 '가만히 있지 않는 강원대교수 네트워크'(약칭 가넷) 모임 시작.

2015
- 칼폴라니사회경제연구소 기획, 《사회적 경제 사상 연구 및 실제적 적용에 관한 연구》(공저).

- 〈세월호 참사, 국가를 묻다 – 불량국가의 정치경제〉, 《기억과 전망》, 33.
- 〈한국은 평화복지국가를 건너뛰는가〉, 참여사회연구소 심포지엄 '안보개발국가를 넘어 평화복지국가로' 주제 발제문.
- 〈세계화 시대 자본의 귀환과 민주적 자본주의의 위기〉(해제), 볼프강 슈트렉, 《시간 벌기 – 민주적 자본주의의 유예된 위기》, 돌베개.
- 제주대학교 SSK 연구단, '공동자원과 지속가능사회'(한국연구재단 지원) 공동연구 참여.

2016
- 민주화운동기념사업회 기획, 《한국의 민주주의와 자본주의》(공편), 돌베개(학술원 우수학술도서).
- 참여사회연구소 기획, 《안보개발국가를 넘어 평화복지국가로》(공편), 사회평론(학술원 우수학술도서).
- 가넷 기획, 《세월호가 남긴 절망과 희망》(공편), 한울(세종도서 학술부문 우수학술도서).
- 〈현대 한국에 민주적 자본주의의 준거모델은 있는가〉, 《공공사회연구》, 6(4).
- 〈한국은 독일모델에서 무엇을 배울까 – 박정희와 김대중을 중심으로〉, 《동향과 전망》, 98.
- 〈복지정치와 시민적 길 – 시민적 복지국가를 향해〉, 《시민과 세계》, 28.
- 〈외부경제, 사회적 분업, 산업세계의 다양성 – 마샬의 《경제학원리》와 숲의 경제학〉, 《경제발전 연구》, 22(1).
- 공공사회학회 고문.

2017
- 칼 폴라니, 《인간의 살림살이》(공역), 후마니타스.
- 〈공공성, 자치사회화, 커먼즈 – 공공협치의 투트랙전략〉, 최현 외, 《공동자원론, 오늘의 한국사회를 묻다》, 진인진.
- 〈현대도시와 총유제 현대화의 가능성〉, 최현 외, 《동아시아의 공동자원》, 진인진.
- 〈현대한국에 민주적 자본주의 준거모델은 있는가 – 성공담론을 넘어서〉, 일본 니이가타대학 국제심포지엄 발표문.
- "Polanyian Double Movements and Democratic Social embeddedness: Red Vienna and Democratic Athens"(공저), 제14차 칼 폴라니 국제학술대회(한국) 발표.

2018
- 《촛불항쟁과 새로운 민주공화국 – 민교협정치시평》(공저), 한울.
- 〈민주화이후 30년 한국은 어떤 사회경제 대안을 남겼나〉, 《시민과 세계》, 31(한

국사회정책학회 춘계학술대회 기조강연문 기고).

- 〈자본주의 다양성과 한국 모델의 교훈〉, 참여사회포럼(강원대학교 정년 기념강연).
- 칼폴라니사회경제연구소 아시아 이사장.
- 《경제사상과 전환시대 자본주의》(庸齋李炳天敎授定年紀念論叢 Ⅰ)(편저), 해남.
- 《한국 자본주의 발전궤적과 진로》(庸齋李炳天敎授定年紀念論叢 Ⅱ)(편저), 해남.

집필자 소개(가나다순)

서익진

그르노블사회과학대학교 경제학박사
현재 경남대학교 경제금융학과 교수
저역서: 《시장경제, 만능인가 기본인가》, 경남대출판부, 2013
《자본주의 정치경제학: 조절이론 매뉴얼-기초와 발전》(공역), 한울, 2017
논문: "La crise de 1997 et l'économie nécoliberale de type coréenne," *Recherches Internationales*, 2014
《문화적 도시재생 유형의 사례분석》, 주거환경, 2016

송원근

고려대학교 경제학박사
현재 경남과학기술대학교 경제학과 교수, 한국경제발전학회 회장
저서: 《재벌개혁의 현실과 대안찾기》, 후마니타스, 2008
《사회경제민주주의 경제학》(공편), 돌베개, 2013
《위기의 삼성과 한국사회의 선택》(공편), 후마니타스, 2015
논문: 〈삼성 재벌의 지배구조 변화와 이재용 시대〉, 《사회경제평론》, 2014
〈경제민주화 출발점으로서 재벌개혁의 방향〉, 《동향과 전망》, 2016
〈사회적 유대를 교환하는 경제를 향하여?: 『21세기 시민경제학의 탄생』에 대한 비평〉, 《사회경제평론》, 2016

신승배

성균관대학교 사회학박사
현재 제주여성가족연구원 연구위원
저서: 《우리 사회는 공정한가》(공편), 한국경제신문, 2012
《한국 사회의 공정성》(공편), 성균관대출판부, 2013
《한국사회의 불평등과 공정성 인식》(공편), 성균관대출판부, 2015
논문: 〈한국인의 행복감 결정요인〉, 《사회과학연구》, 2015
〈한국 정규직과 비정규직 노동자의 삶의 질〉, 《인문사회21》, 2017
〈한국 청소년 삶의 질 결정요인〉, 《사회과학연구》, 2018